De Geração a Geração

Coleção Estudos
Dirigida por J. Guinsburg

Conselho Editorial: Anita Novinsky, Augusto de Campos, Bóris Schnaiderman, Carlos Guilherme Mota, Celso Lafer, Gita K. Guinsburg, Haroldo de Campos, Leyla Perrone-Moisés, Maria de Lourdes Santos Machado, Modesto Carone Netto, Paulo Emílio Salles Gomes, Regina Schnaiderman, Robert N. V. C. Nicol, Rosa R. Krausz, Sábato Magaldi, Sergio Miceli, Willi Bolle e Zulmira Ribeiro Tavares.

Equipe de realização — Tradução: Sérgio P. O. Pomerancblum; Revisão: Jorge Vasconcelos, Plinio Martins Filho.

S. N. Eisenstadt

DE GERAÇÃO A GERAÇÃO

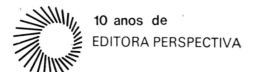

10 anos de
EDITORA PERSPECTIVA

Título original inglês:

From Generetion to Generetion

© 1956 The Free Press, a Division of Macmillan Publishing Co., Inc.

Direitos em língua portuguesa reservados à
EDITORA PERSPECTIVA S. A.
Av. Brigadeiro Luís Antônio, 3025
Telefone: 288-8388
01401 São Paulo Brasil
1976

Sumário

PREFÁCIO XI

1. GRUPOS ETÁRIOS E ESTRUTURA SOCIAL: O PROBLEMA 1

   I. A natureza das diferenças etárias e da gradação etária na estrutura social.
   II. As pré-condições básicas da gradação etária; as exigências do processo de socialização e de continuidade do sistema social.
   III. A importância da gradação etária para o desenvolvimento e integração social da personalidade.
   IV. Gradação etária e maturação social; cerimônias de iniciação.
   V. Distribuição de papéis e definição dos limites dos grupos com base na idade. Grupos etariamente heterogêneos e homogêneos. Problema do livro: o lugar ocupado pela idade na estrutura social e sob que condições existem os grupos etariamente homogêneos.
   VI. A natureza dos grupos etariamente heterogêneos e homogêneos; a família como grupo etariamente heterogêneo; extensão familiar; sistemas de parentesco; as variáveis-padrão que regulam as relações de parentesco e grupos de descendência como grupos etariamente heterogêneos.

VII. A hipótese básica: a existência de grupos em sociedades não reguladas por critérios de parentesco ou outros critérios particularistas.

VIII. Explicitação da nossa hipótese: o desenvolvimento das necessidades na interação com companheiros da mesma idade, em sociedades não-particularistas.

IX. Explicitação da nossa hipótese; a importância da distribuição de papéis com base na homogeneidade etária e estabelecimento de grupos etariamente homogêneos em sociedades não-particularistas.

X. A segunda hipótese básica; grupos etários nas famílias autoritárias e nos grupos de parentesco.

XI. Resumo: apresentação formal da hipótese.

2. ALGUNS TIPOS DE GRUPOS ETÁRIOS 37

I. Introdução.
  A. Tribos Primitivas, Segmentárias e Acéfalas.
     Os Nuer
     Os Nandi
     Sociedades etárias dos Índios Plains
  B. Aldeias Primitivas Conciliares (Acéfalas): os Yako
  C. Chefias e Monarquias Primitivas Centralizadas: os Swazi, os Nupe, os Nyakyusa
  D. Aldeias Camponesas: Grupos Etários entre os Camponeses Irlandeses
  E. Sociedades Modernas
     Grupos juvenis Informais e Semi-informais e cultura juvenil
     Movimentos Juvenis Israelenses
     Movimento de Liberação da Juventude Alemã
     O *Kibutz*
     O *Komsomol*

3. GRUPOS ETÁRIOS EM SOCIEDADES SEM PARENTESCO (UNIVERSALISTAS) 97

I. Critérios institucionais e derivações dos princípios integrativos universalistas (sem parentesco).

II. Grupos etários nas tribos africanas segmentárias e sem parentesco; análise comparativa.
 III. Grupos etários nas aldeias africanas descentralizadas; análise comparativa.
 IV. Grupos etários entre os Índios Plains; análise comparativa.
 V. Grupos etários em reinos primitivos (chefias); análise comparativa.
 VI. Grupos etários no Reino semifeudal dos Nupe.
 VII. Grupos etários na Antiga Grécia: Esparta e Atenas; análise comparativa.
 VIII. Características dos grupos etários primitivos e históricos.
 IX. Condições gerais para a emergência de grupos etários nas sociedades modernas.
 X. Características sociais básicas dos sistemas educacionais modernos.
 XI. O desenvolvimento de agências e organizações juvenis e da "juventude-problema" nas sociedades modernas.
 XII. O desenvolvimento de grupos e movimentos juvenis espontâneos nas sociedades modernas.
 XIII. O desenvolvimento histórico dos grupos juvenis modernos e a emergência de grupos juvenis em situações de contato cultural e imigração.
 XIV. A distribuição dos grupos juvenis entre os diferentes setores das sociedades modernas.
 XV. Características gerais dos grupos juvenis modernos.
 XVI. Características comuns dos grupos etários; diferenciação dos tipos principais; o problema dos capítulos seguintes.

4. ESPECIALIZAÇÃO E ESTRUTURA DOS GRUPOS ETÁRIOS 171

 I. Significado da especialização e da orientação para a realização; critérios de análise.
 II. Especialização nas tribos primitivas segmentárias.
 III. Especialização nas aldeias primitivas e monarquias centralizadas.

IV. Especialização e orientação para a realização entre os Índios Plains.
V. Especialização e orientação para a realização no Estado Nupe.
VI. Os efeitos da especialização e da orientação para a realização na estrutura dos grupos etários primitivos.
VII. Especialização e orientação para a realização na Antiga Grécia.
VIII. As funções dos grupos etários nas sociedades especializadas primitivas e históricas.
IX. Análise comparativa da especialização no contexto das sociedades particularistas.
X. O lugar da idade no sistema social — nota comparativa.
XI. Especialização e orientação para a realização nas sociedades modernas e sua influência geral na estrutura dos grupos juvenis modernos.
XII. Efeitos da especialização e da orientação para a realização nos vários tipos de grupos juvenis modernos.
XIII. Algumas características básicas e funções dos grupos juvenis modernos.
XIV. Grupos etários em sociedades orientadas em termos coletivos e individuais.

5. GRUPOS ETÁRIOS EM SOCIEDADES FAMILISTAS 233

I. A segunda hipótese — a emergência de grupos etários numa estrutura familiar "autoritária".
II. Para tribos primitivas: (a) Murngin; (b) Tiv Tiv; (c) Nyakyusa.
III. Sociedades camponesas e material comparativo geral.
IV. Características básicas do segundo tipo de grupo etário.

6. AS FUNÇÕES DOS GRUPOS ETÁRIOS NO SISTEMA SOCIAL: GRUPOS INTEGRATIVOS E DESINTEGRATIVOS 253

SUMÁRIO

I. Análise das condições sob as quais os grupos etários desempenham funções integrativas e anormativas; explicitação geral do problema.

II. As funções dos grupos etários nas sociedades primitivas.

III. As funções dos grupos etários nas Antigas Esparta e Grécia.

IV. As funções dos grupos etários nas sociedades modernas; uma previsão geral.

V. As funções dos grupos etários nas sociedades modernas com fortes orientações coletivas.

VI. As funções dos grupos etários nas sociedades modernas e seus setores com orientações mais individualistas.

VII. A análise dos tipos principais de grupos etários anormativos.

    A. Em situações de contato cultural

    B. Delinqüência juvenil

    C. Organizações juvenis de movimentos e partidos revolucionários

    D. Movimentos juvenis rebeldes (o movimento juvenil alemão).

VIII. Comentários finais.

Prefácio

Este livro tem por objetivo analisar os vários fenômenos sociais conhecidos como grupos etários, movimentos juvenis etc., e averiguar se é possível especificar as condições sociais sob as quais surgem, ou os tipos de sociedades nas quais ocorrem. A tese principal deste livro é que a existência desses grupos não é fortuita nem casual e que surgem e existem somente sob condições sociais muito específicas. Tentamos, também, demonstrar que a análise destas condições não tem apenas um interesse etnológico ou de antiquário, mas que pode possibilitar a compreensão das condições de estabilidade e continuidade dos sistemas sociais.

O problema dos grupos etários tem estado na vanguarda do que poderia ser chamado estudo comparativo das instituições, desde o início da antropologia científica. O clássico ensaio de Schürtz sobre "Altersklassen und Männerbünde" (Classes Etárias e Associações Humanas) tentou mostrar a importância desses grupos no contexto do desenvolvimento evolutivo geral da sociedade humana. Com o declínio dos esquemas evolutivos, o tema foi retomado em base etnográfica por R. Lowie em suas várias análises, compiladas no livro *Primitive Society*. Desde então, o interesse pela questão tem diminuído um tanto, embora o problema dos movimentos juvenis, culturas juvenis etc., tenha sido constantemente discutido na literatura sociológica. Esperamos que este livro possa de certa forma renovar este interesse e mostrar a importância do assunto para uma análise comparativa das estruturas sociais.

A análise apresentada neste livro baseia-se num estudo comparativo de várias sociedades — primitivas, históricas e modernas. Examinamos com atenção a maior parte dos estudos antropológicos, etnológicos e históricos conhecidos, que fossem relevantes para o nosso problema e nos quais é mencionada a existência de grupos etários, movimentos juvenis etc. Utilizamos também a maioria das pesquisas sociológicas e sociopsicológicas sobre a adolescência, grupos de iguais e movimentos juvenis em várias sociedades modernas, bem como vários levantamentos sociais sobre esses problemas. Tentamos analisar a estrutura social daquelas sociedades em que existem grupos etários, comparando-as umas com as outras e com sociedades em que não existem grupos etários. Baseados nesta comparação poderíamos testar as hipóteses em que se baseia este estudo, corroborá-las e elaborá-las. Esta análise comparativa foi feita de duas maneiras diferentes, embora interligadas. Em primeiro lugar, comparamos sociedades totais. Isto foi realizado particularmente dentro do contexto de sociedades primitivas e históricas. Segundo comparamos vários setores e segmentos das sociedades totais e vários grupos especiais, fundamentalmente dentro do contexto das sociedades modernas. Neste caso, a análise foi menos estrutural tendo antes focalizado a organização dos grupos, as atitudes de seus membros etc.

Além destas numerosas fontes de material, valemo-nos também, em linhas gerais, para ambos os tipos de análise comparativa, do projeto de pesquisa sobre Cultura Juvenil e Movimentos Juvenis em Israel, executado sob a direção do Dr. J. Ben-David e o autor, pelo Seminário de Pesquisa em Sociologia da Universidade Hebraica. Os resultados deste projeto de pesquisa, no qual tentamos combinar a abordagem estrutural e a psicológica, serão publicados separadamente e proporcionarão, esperamos, uma maior elaboração das hipóteses apresentadas neste livro.

Nos vários estudos comparativos, esforçamo-nos por utilizar somente o material que nos possibilitasse formular uma análise tão completa quanto possível de uma determinada sociedade. Achamos que só desta maneira poderiam ser razoavelmente testadas e em forma total as hipóteses apresentadas no primeiro capítulo deste livro; assim, tentamos minimizar as referências àquelas fontes que fornecessem somente uma indicação geral sobre a existência de grupos etários, desprovidas de uma análise total do seu esquema social. Embora estas fontes fossem geralmente mencionadas, deixou-se sempre claro até que ponto nossa análise se baseava nelas.

Valeria mais a pena, talvez, indicar aqui o plano geral do livro. No primeiro capítulo é discutido o problema geral do lugar ocupado pelas diferenças etárias no sistema social e apresentadas as hipóteses básicas sobre as condições nas quais surgem os grupos etários. No segundo capítulo apresentamos descrições de alguns grupos etários típicos, de maneira a possibilitar ao leitor uma impressão direta, tanto da estrutura geral dos grupos etários como de sua variedade. Com base nestas descrições indicamos as diferenças mais importantes na estrutura dos diferentes grupos etários a serem investigadas posteriormente. Grande parte das descrições de grupos etários feitas neste capítulo são tomadas diretamente de fontes etnográficas ou históricas, com modificações mínimas. No terceiro capítulo a hipótese básica do estudo, ou seja, que os grupos etários existem em sociedades universalistas (*i.e.*, em sociedades em que a família ou qualquer outro grupo particularista não é a unidade básica da divisão social do trabalho) é testada com base no material comparativo. No quarto capítulo tomamos as várias diferenças na estrutura dos grupos etários constatadas ao final do segundo capítulo, analisamo-las sistematicamente e relacionamo-las com os diferentes princípios de organização social. No quinto capítulo é analisado um tipo especial de grupo etário, que surge em determinadas sociedades familistas. No capítulo sexto tentamos explicar em que condições os grupos etários e os movimentos juvenis desempenham funções integrativas na sociedade, ou se tornam *foci* ou anormativas.

É naturalmente óbvio que é impossível descrever ou dar conta de toda a grande variedade dos fenômenos dos grupos juvenis e etários. Muito há para ser feito a respeito e se a análise fornecida neste livro puder servir como útil iniciação terá cumprido sua função.

O trabalho de pesquisa em que se baseou este livro foi efetuado durante mais de quatro anos. Durante esse período contraí dívidas com muitas pessoas que me ajudaram, tanto discutindo comigo problemas relacionados com o trabalho, criticando várias formulações experimentais que fiz, como auxiliando-me a obter vários materiais.

Gostaria primeiramente de agradecer aos meus amigos da Universidade Hebraica, com quem pude discutir os problemas desta pesquisa. Entre eles em primeiro lugar meu estimado professor M. Buber, a quem estou reconhecido por minha iniciação na Sociologia em geral e que não economizou tempo nem atenção para discutir estes problemas. Entre meus colegas gostaria de apresentar meus agradecimentos ao Dr. J. Ben-David, Dr. C. Frankenstein, Dr. Y. Garber-Talmon e Dr. J. Katz, por suas valiosas sugestões e discussão, e ao Dr. Ben-David e Dr. Katz, também por haverem lido com grande atenção o manuscrito e à Sra. R. Weinberger por sua assistência no trabalho de pesquisa. Meus alunos que participaram em várias discussões e seminários também me ajudaram muito no esclarecimento de diversos pontos. Gostaria também de agradecer a meus amigos Dr.

A. Fuchs, Dr. Ch. Wirszubski e Sr. Z. Zucker (Jaawetz), pela ajuda no trabalho relacionado com a Antiga Grécia.

Fui beneficiado também com as críticas e discussões, tanto escritas como orais, de muitos amigos do exterior, entre os quais gostaria de agradecer em forma especial à Srta. E. Bott, Prof. R. Firth, Prof. D. Forde, Prof. M. Fortes, Sr. M. Freedman, Prof. Th. Geiger, recentemente falecido, Prof. M. Ginsberg, Prof. M. Gluckman (e seu seminário em Manchester), Dr. A. Inkeles, Prof. C. Lévi-Strauss, Prof. S. F. Nadel, Dr. J. Peristianyi, Prof. I. Schapera e Dr. D. M. Schneider. Algumas partes deste livro, especialmente aquelas que tratam de aspectos psicológicos da adolescência, devem muito ao trabalho do Prof. E. H. Erikson, a diversas discussões com ele e ao seminário conduzido por ele em Jerusalém em 1953.

Este livro foi fortemente influenciado pelo trabalho do Prof. T. Parsons e é com grande prazer que registro tanto minha dívida pessoal geral com respeito a este trabalho, assim como minha gratidão por diversas discussões com ele sobre o tema deste livro e por sua atenção e seus comentários ao ler o texto datilografado.

Minha maior dívida é para com o Prof. E. A. Shils, sem o qual este livro não teria nunca sido escrito nem publicado desta forma. Discutiu comigo em detalhe os problemas e plano do livro, ajudou-me a dominar os principais problemas da análise sociológica e a aplicá-los ao problema dos grupos etários, encorajou-me a terminar de escrever este trabalho, leu seus vários rascunhos, melhorando-os mediante vários comentários bastante detalhados. Se for encontrado algum mérito neste livro, a maior parte dele se deverá aos seus conselhos e discussões, embora nem ele nem quaisquer dos outros amigos mencionados sejam responsáveis por quaisquer inconvenientes do mesmo.

Gostaria também de agradecer ao Prof. J. N. Demareth por emprestar-me uma cópia de sua tese de doutoramento sobre "Status e Personalidade do Adolescente" e aos corpos de funcionários da Biblioteca Universitária e Nacional Judaica de Jerusalém, da Biblioteca Britânica de Economia e Ciência Política, ao Instituto Antropológico Real, ao Instituto Africano Internacional, ao Instituto de Oxford de Antropologia Social e ao Musée de l'Homme por sua ajuda na reunião de material para este trabalho.

Gostaria de agradecer também ao Dr. G. S. Wise, Presidente do Conselho dos Governadores da Universidade Hebraica, cuja autorização da pesquisa sociológica possibilitou a execução da pesquisa sobre os Movimentos Juvenis em Israel.

Como última mas nem por isso menos importante, gostaria de agradecer à Sra. Judith Schorr por sua inestimável ajuda na melhora do estilo deste trabalho e na preparação de vários rascunhos do manuscrito, à Sra. Sh. Weintraub por sua ajuda no aprimoramento do inglês e à Srta. H. Tenenbaum e sua equipe pelo trabalho de datilografia.

Centro de Estudos Avançados das Ciências do Comportamento

Agosto, 1955.

1. Grupos Etários e Estrutura Social: O Problema

I

A idade e as diferenças etárias estão entre os mais básicos e cruciais aspectos da vida humana e determinantes do destino humano. Durante sua vida, todo ser humano passa por diferentes fases etárias e, em cada uma adquire e usa diferentes capacidades biológicas e intelectuais. Cada fase, nesta progressão, constitui um passo irreversível no desenrolar de sua vida, desde o começo até o seu final. Em cada fase executa diversas tarefas e assume diversos papéis em relação a outros membros de sua sociedade: de criança, ele torna-se pai; de aluno, professor; de jovem vigoroso, transforma-se num adulto que envelhece gradualmente.

A progressão gradual e o desabrochar do poder e capacidades não é simplesmente um fato (inevitável) universal, biologicamente condicionado. Embora os processos biológicos básicos sejam provavelmente mais ou menos semelhantes em todas as sociedades humanas, sua definição cultural varia — pelo menos em detalhes — de uma sociedade a outra, e todas elas têm que defrontar-se com problemas decorrentes do fenômeno idade. Um pouco mais adiante, tentaremos explicar o que são exatamente esses problemas. No momento é importante observar que, em todas as sociedades humanas, este processo biológico de transição através das diferentes fases etárias, o processo de crescimento e envelhecimento, está sujeito a definições culturais. Ele torna-se uma base para a definição dos seres humanos, para a formação de atividades e relacionamentos mútuos e para as diferentes distribuições dos papéis sociais. Embora a significação das diferentes idades e a extensão e limites das idades, que formam categorias etárias ou faixas etárias relativamente unitárias, variem de uma sociedade para outra, não conhecemos nenhuma [1] sociedade que não distinga as várias "idades" e não as defina por meio de normas e valores de sua tradição cultural. Em todas as sociedades os fatos biológicos básicos e comuns são marcados por um conjunto de definições culturais que atribuem a cada grupo etário (ou, para usar um termo mais técnico, graus etários [2]) suas características básicas.

Qual é natureza geral destas características? A despeito da grande variedade nos detalhes, alguns traços comuns podem ser distinguidos. Um "grau etário" é usualmente definido em termos amplos como um "tipo humano" geral e não como qualquer traço ou papel específico, pormenorizado. Os jovens e vigorosos guerreiros de uma tribo primitiva, os "sábios anciãos", são expressões que não se referem a qualquer atividade específica, pormenorizada, mas a um padrão mais geral e difuso de comportamento que é próprio de um dado estágio da vida. É verdade, é claro, que se pensa, às vezes, que atividades específicas são características de uma determinada idade, tais como a excelência na coragem guerreira dos jovens, a exibição da destreza física etc. Estas atividades, porém, não são os únicos traços específicos que definem, por si mesmos, a "natureza" de uma certa idade; elas servem, isto sim, mais como expressões simbólicas, até mesmo rituais, de um padrão de comportamento mais geral. Uma definição cultural de uma faixa etária ou de uma gama de idades é sempre uma ampla definição de potencialidade e obrigações humanas numa dada fase da vida. Não é uma prescrição ou expectativa de um papel detalhado, mas de disposições gerais, básicas, no sentido das quais podem ser constituídos papéis mais específicos e às quais eles podem ser atribuídos *. Ao mesmo tempo, ela não é meramente

---

1. R. LINTON, *The Cultural Background of Personality*, Londres, 1947, pp. 43-45. Ver também Ch. BÜHLER, *Der Menschliche Lebenslauf als psychologisches Problem*, Leipzig, 1933.

2. Os termos "grau etário" e "grupo etário" foram formalmente definidos de maneira mais sucinta por A. R. RADCLIFFE-BROWN em Age Organization Terminology, *Man*, 1929, nº 13. De acordo com esta definição, que será utilizada ao longo de todo este livro, um grau etário é "a divisão reconhecida da vida do indivíduo ao passar da infância à idade avançada".

* Neste trabalho, alguns termos técnicos sociológicos serão usados repetidamente. A maioria deles foi cunhada por T. Parsons e E. Shils. (Ver T. PARSONS e E. SHILS, *Towards a General Theory of Action*, Harvard 1951 e T. PARSONS, *The Social System*, Glencoe 1951). Como o leitor não especializado pode não estar muito familiarizado com estes termos, nós os explicaremos aqui, de modo abreviado. Os mais importantes desses termos são: papel, variáveis-padrão de orientações de valor e os cinco pares de variáveis-padrão: afetividade-neutralidade afetiva, auto-orientação vs. orientação coletiva, universalismo-particularismo, realizações-qualidade (no original, *achievement-ascription*, literalmente, realização-atribuição) e indeterminação-especificidade.

De acordo com esta análise, uma sociedade, ou um grupo, é um sistema de posições ou *papéis* ocupados pelos diferentes indivíduos. O *papel* é a unidade básica de integração social. Ele compreende apenas um segmento do comportamento total do indivíduo. Qualquer indivíduo representa muitos papéis na sociedade — pai, filho, traba-

uma categoria classificatória, como é usada, às vezes, em censos estatísticos. Por explícitas que sejam suas formulações, ela sempre envolve uma avaliação do significado e da importância de uma idade para o indivíduo e para a sociedade, dando assim à definição uma conotação totalmente ideológica. Ela contém certas expectativas definidas de atividades futuras e de relacionamentos com outras pessoas nas mesmas, ou em diferentes estágios de sua vida. Nos termos desta definição, as pessoas como que mapeiam os amplos contornos da vida humana, de suas próprias expectativas e possibilidades, e colocam-se a si mesmos e a seus semelhantes em várias posições, atribuindo a cada um um dado lugar dentro destes contornos.

Isto nos leva à segunda característica básica das expectativas dos papéis dos graus etários, isto é, que nenhuma única dessas expectativas se situa por si só, mas constitui sempre parte de uma série. As características de um grau etário não podem ser totalmente compreendidas, exceto na sua relação com as características de outros graus. Quer seja vista como um *continuum* desenrolando-se gradualmente

---

lhador, membro de associações etc. O fato importante acerca dos papéis é que o comportamento de um indivíduo com relação a outros indivíduos é por eles organizado em padrões bastante distintos.

Todo papel envolve uma interação entre pelo menos dois indivíduos. Em cada uma de tais interações e papéis há diversas possibilidades inerentes de comportamento, diversas alternativas que são dilemas entre os quais os indivíduos têm que escolher; estes dão origem às cinco "variáveis-padrão" ou "orientações de valor" que definem estas alternativas.

A primeira alternativa é entre as variáveis-padrão de afetividade--neutralidade afetiva. Há papéis nos quais os indivíduos podem procurar gratificação imediata na própria ação social na qual está empenhado. Aqui ele escolhe a afetividade ou gratificação direta expressiva. Por outro lado, há papéis nos quais o indivíduo leva a cabo seu ato em busca de um fim mais remoto. Estes, são os papéis mais *instrumentais*, onde é escolhida a neutralidade afetiva.

A segunda alternativa é entre auto-orientação ou orientação coletiva. Há papéis (como o do homem de negócios) nos quais é permitido que se persigam objetivos individuais. Por outro lado, há papéis (por exemplo o de médico, sacerdote etc.) onde um indivíduo deveria conduzir-se de acordo com uma orientação voltada para a coletividade, seu bem-estar e objetivos.

A terceira alternativa é entre universalismo e particularismo. Há papéis dos quais se espera que seus ocupantes comportem-se em termos de categorias *universalistas* gerais, às quais pertencem aqueles com os quais eles interagem. Um médico deve tratar igualmente todos os seus pacientes e, um servidor público, todos os que vêm para tratar de assuntos públicos. Em outros papéis (como no relacionamento entre parentes), o modo corrente de comportamento é tratar as outras pessoas de uma maneira especial, de acordo com sua particular relação com o indivíduo.

A quarta alternativa é aquela da realização vs. qualidade. Como se deve julgar o incumbente de um papel — por seu desempenho, eficiência, realização em qualquer campo, ou pelo que ele *é*, por suas qualidades — sejam elas estéticas ou hereditárias, ou apenas pelo fato de ser ele membro de um grupo ou de uma categoria de pessoas — em outras palavras, por sua posição *qualitativa*.

A última alternativa é entre indeterminação ou especificidade. O desempenho de um certo papel pede, às vezes, uma gama de deveres imprecisos como na relação mãe-filho ou geral, nas relações entre amigos; enquanto que em outras situações, tem-se que prestar um serviço único, especializado — como o de um funcionário de um banco etc.

ou como uma série de agudos contrastes e características opostas, são plenamente explicados e compreendidos em termos de suas relações recíprocas. Vê-se o menino trazer em si mesmo, as sementes do adulto; ou então, como adulto, ele deve adquirir novos padrões de comportamento nítida e intencionalmente opostos aos de sua infância. No processo de envelhecimento, um adulto evolui naturalmente ou decai. (Mas um só pode ser compreendido nos termos de sua relação com o outro.) Somente quando considerados conjuntamente é que constituem o mapa total das possibilidades humanas, dos potenciais da vida humana; e como todo indivíduo, geralmente, tem que passar por todas elas, sua complementaridade e continuidade torna-se óbvia (mesmo se definida em termos descontínuos e contrastantes [3]).

O mesmo é verdadeiro — embora, talvez, com um significado algo diferente — para as definições etárias dos dois sexos. Cada grau etário é definido diferentemente para cada sexo e estas definições são usualmente relacionadas e complementares, na medida em que a "imagem sexual" e a identidade sempre constituem um elemento básico da imagem do homem em todas as sociedades.

II

Como podemos explicar o fato universal de que em toda sociedade as diferenças e semelhanças etárias entram na formação das "imagens do homem" desta sociedade, da definição cultural da vida e dos destinos humanos? E por que estas definições são sempre difusas e complementares?

Parece que estes fatos estão enraizados em algumas das necessidades e exigências da vida social. As principais pré-condições desses fatos universais são os seguintes: a) a plasticidade da natureza humana; b) as exigências da socialização e do aprendizado; e c) as alterações da mortalidade e da população no sistema social.

Uma das principais tarefas com que se defronta toda sociedade e sistema social é estabelecer as condições para a perpetuação de sua própria estrutura, normas, valores etc., apesar das mudanças forjadas em sua composição por mortes e nascimentos. Por este motivo a passagem de um indivíduo pelos diferentes estágios é algo que não só a ele diz respeito,

---

3. O problema de definições descontínuas de graus etários foi indicado pela primeira vez e analisado por R. BENEDICT em Continuities and Discontinuities in Culture Conditioning, *Psychiatry*, I, 1938, pp. 161-167 e foi também ressaltado por K. DAVIS em Adolescence and the Social Structure, *The Annals of the American Academy of Political and Social Science*, v. 236, 1944, pp. 3-17 e em The Sociology of Parent-Youth Conflict, *American Sociological Review*, v. 5, 1940, pp. 523-535. Ver também CH. BÜHLER, op. cit.

mas uma questão de importância crucial para todo o sistema social, enfatizando os perigos em potencial da descontinuidade e ruptura e a necessidade de superá-los. É por esta razão que o indivíduo, em todos os momentos de sua vida, não só desempenha determinados papéis e interage com outras pessoas, mas é também obrigado a garantir, por seu desempenho, um certo grau de continuidade do sistema social. Em outras palavras, os papéis desempenhados pelo indivíduo em qualquer estágio da sua curta faixa de vida devem ser definidos de modo a "aguçar" e enfatizar suas relações com pessoas de diferentes graus de desenvolvimento pessoal, *i.e.*, seu papel como transmissor ou receptor da herança cultural e social. Assim, a posição do indivíduo neste *continuum* torna-se de importância crucial para definição de seus próprios papéis e atividades, no que diz respeito às suas expectativas com relação às outras pessoas.

As principais maneiras pelas quais se dá a transmissão e as pré-condições básicas tendem a acentuar a ênfase dada às diferentes idades. Esta transmissão é possível devido à plasticidade da natureza humana, *i.e.*, devido ao fato de que o comportamento humano não é determinado por hereditariedade mas que, ao contrário, esta herança biológica é moldada de tal forma que só pode tornar-se efetiva através do aprendizado e da aquisição de padrões de comportamento não herdados e biologicamente não transmissíveis [4]. Inclusive o próprio processo de maturação das várias qualidades biológicas inerentes a um indivíduo é lento e depende, em larga medida, da interação constante e da aprendizagem com outras pessoas. A plasticidade da natureza humana, sua capacidade inerente de aprender e adquirir padrões de comportamento, assim como o longo período de dependência da criança em relação aos adultos, são a base sobre a qual se estabelece a continuidade social (a transmissão da herança social). Este processo de aprendizagem não é, entretanto, um processo mecânico, típico de laboratório, através do qual o indivíduo adquire características de personalidade distintas. Fora de limites muito estreitos, é somente através da socialização, *i. e.*, através da comunicação e do aprendizado com outros seres humanos, com os quais um homem mantém um tipo de relacionamento generalizado, que o aprendizado humano e particularmente o aprendizado gradual e contínuo característico do bebê e da criança em desenvolvimento pode se efetuar [5]. Embora não possuamos um conhecimento deta-

---

[4]. Este problema foi permanentemente enfatizado na bibliografia pertinente. Um bom resumo pode ser encontrado em K. DAVIS, *Human Society*, Nova York, 1950, pp. 24-52, 195-234. Pela sua importância para a teoria social em geral, ver T. PARSONS & E. SHILS, "Values, Motives and Systems of Action" em PARSONS & SHILS (ed.) *Towards a General Theory of Action*, Harvard, 1951, p. 61 e ss.

[5]. PARSONS, T. *The Social System*. Glencoe, 1951, Cap. VI.

lhado acerca do processo de socialização, alguns fatos não podem ser questionados: a) a socialização se efetua através do vínculo da criança com os adultos (inicialmente, sua mãe ou a substituta dela, seu pai, e então, gradualmente se estende a outras pessoas), *i.e.*, baseia-se no fato de que a criança quer estes adultos como objetos de suas ações; b) a natureza desta ligação é difusa e generalizada, *i.e.*, está centrada nas personalidades totais destes adultos, nas disposições gerais deles para com a criança (seu amor pela criança) e não, inicialmente pelo menos, em ações específicas; c) a segurança de uma tal ligação, é uma pré-condição básica do desenvolvimento de uma criança em um ser social, *i.e.*, o desenvolvimento de suas capacidades tendo em vista as expectativas e desempenho de papéis; d) através da socialização (que opera primariamente no âmbito da família) a criança desenvolve predisposições para o desempenho de papéis primários; e) com base nestas predisposições gerais, papéis mais detalhados e específicos são aprendidos em várias situações específicas [6]. A possibilidade de interação com outras pessoas, especialmente adultos e a garantia de uma ligação contínua a elas constitui, talvez, a maior necessidade básica da personalidade humana, sem a qual seu desenvolvimento e integração não podem ser alcançados ou mantidos. Os mais importantes mecanismos de aprendizagem estão enraizados nesta necessidade geral, especialmente o mecanismo de identificação, *i.e.*, o processo pelo qual o adulto ansiado torna-se um modelo para as orientações gerais [7].

Esta importância crucial de ligação e identificação no processo de aprendizagem (*i.e.*, no processo de transmissão da herança social e manutenção da continuidade social) acentua a diferença entre os vários estágios etários. A criança deve, necessariamente, aprender seu comportamento segundo o comportamento de um determinado adulto, mais velho que ela mesma e, neste relacionamento criança-adulto, as diferenças de idade são necessariamente acentuadas e enfatizadas como justificação e explicação das exigências feitas pelo adulto à criança. Estas exigências são sempre feitas em termos da experiência social, conhecimento, compreensão do adulto etc., *i.e.*, em termos de sua posição no período de vida, na medida em que esta se relaciona (ou se opõe) à posição da criança. O processo de socialização e de aprendizagem compreende, necessariamente, um elemento normativo e de avaliação e as exigências feitas à criança durante este processo

---

6. PARSONS, T. Op. cit.
7. Esta análise-sumária do processo de socialização acompanha aquela de PARSONS & SHILS (op. cit., p. 125 e ss. e p. 227 e ss.), e é também baseada na brilhante análise de J. BOWLBY em *Why Delinquency*, Londres, 1949, pp. 33-37.

são legitimadas nos termos da avaliação diferencial da experiência social dos adultos comparada com a da criança. O adulto é descrito como sendo mais experiente, melhor e mais sábio, como um repositório de virtudes normais, no sentido das quais a criança deve ser educada. É por isso que tem autoridade, impõe respeito e tem que ser obedecido. Esta ênfase na idade é geralmente acentuada pelo fato de que, durante o período de socialização, a criança não é a única na sua faixa etária, mas uma de um grupo de crianças cuja similitude básica é por elas sentida e enfatizada pelos edultos.

Esta ênfase nas diferenças etárias, na relevância da idade como qualificação e obrigação para o desempenho de diversos papéis é também, em grande medida, influenciada pelo aspecto acumulativo dos diferentes tipos de conhecimento que são necessários para o desempenho de diferentes papéis e cuja aquisição consome tempo e portanto também implica uma progressão etária. O mesmo é verdadeiro com relação às várias capacidades físicas necessárias para o desempenho de vários papéis-capacidades, que podem ser relacionados com os diferentes estágios do desenvolvimento biológico [8].

As duas principais características das definições etárias diferenciais — difusas e complementares — podem também ser melhor explicadas em termos de sua relação com as exigências da socialização e da transmissão da herança social. Se a ênfase nas diferenças etárias decorre da característica básica da socialização — a vinculação e a identificação da criança com os adultos — ela leva necessariamente a marca do caráter difuso e geral destas diferenças, sendo sua principal função, então, desenvolver as várias disposições gerais para o papel de criança e torná-la capaz de entrar num relacionamento genérico com outras pessoas na sua sociedade. Isto se dá, principalmente, através da extensão das relações dos adultos em relação à criança específica, para incluir muitas outras, tanto as suas como as coetâneas delas. Um dos mais importantes mecanismos de tal extensão, com o qual nos preocuparemos mais tarde neste livro, é a extensão da terminologia de parentesco [9].

A complementaridade das definições de idade difusa é também facilmente compreendida quando consideramos seu lugar no processo de socialização. A função das definições de idade diferenciais é tornar o indivíduo capaz de aprender e adquirir novos papéis para tornar-se um adulto etc., e, desta

---

8. Este aspecto foi enfatizado por R. LINTON, *The Cultural Background of Personality*, op. cit., e por K. DAVIS, "Adolescence and Social Structure", op. cit.

9. Para uma mais completa discussão do problema da extensão da terminologia de parentesco ver: G. P. MURDOCK, *Social Structure* Nova York, 1949, pp. 31-184; A. R. RADCLIFFE-BROWN, "Introduction" em A. R. RADCLIFFE-BROWN & D. FORDE, *African Systems of Kinship and Marriage*, Oxford, 1950, pp. 1-86.

maneira, manter a continuidade social. Dá-se ênfase à diferença entre a criança e o adulto para permitir que a criança se torne um adulto; e sua identificação com o adulto só pode ser mantida se ele se vê numa relação significativa (ainda que de oposição) com o adulto. Porém, ainda mais importante é o fato de que, em última análise, a criança deve tornar-se um adulto. Deve, portanto, desenvolver algumas expectativas com relação a seus futuros papéis como um adulto, para incluí-los em sua perspectiva de vida, em sua própria percepção do seu futuro. Uma tal relação não pode ser mantida se diferenças etárias são acentuadas como completamente dicotômicas e não relacionadas. A necessidade de garantir a continuidade da progressão do indivíduo através dos diversos estágios reclama alguma complementaridade por parte das definições de idade diferenciais.

III

Torna-se compreensível, com base no que foi exposto, que as definições e a diferenciação de idades são de grande importância tanto para o sistema social como para personalidade individual. Para o sistema social serve como uma categoria segundo a qual vários papéis são distribuídos a diversas pessoas; para o indivíduo, a percepção de sua própria idade torna-se um importante elemento de integração devido à sua influência na sua auto-identificação. A autocategorização de uma pessoa como pertencente a um dado estágio etário funciona como uma importante base para a sua autopercepção e expectativas de papel com relação aos outros.

A importância da gradação etária pode ser analisada com maior extensão se levantarmos alguns problemas mais específicos envolvidos no processo de socialização.

O desenvolvimento bem sucedido de padrões de comportamento que se conformam às normas e expectativas de papéis de uma sociedade envolvem um alto grau de integração da personalidade e concomitante desenvolvimento de atitudes especiais no quadro da personalidade do indivíduo. Entre estas a atitude do indivíduo para com a autoridade e sua cooperação são extremamente cruciais para o funcionamento adequado da personalidade no conexto do sistema social. Estas atitudes podem ser subdivididas em três categorias principais: a capacidade de obedecer a pessoas investidas de autoridade; a capacidade de cooperar com seus iguais; e a pré-disposição em aceitar responsabilidade e assumir autoridade em relação a outras pessoas. Em uma sociedade quase todos os indivíduos são chamados a desempenhar papéis envolvendo essas três disposições, e sem elas são, provavelmente, incapazes de alcançar uma total realização de seu *status* na sociedade [10]. Estas atitudes e disposições gerais de papéis são aprendidas no processo de socialização e através da integração da criança com seus "agentes socializantes". Aqui, novamente, torna-se crucial a ênfase nas diferenças de idade — na distribuição diferencial de papéis baseada em diferenças de idade. As relações entre os diversos graus etários são, necessariamente, definidas em termos autoritários e o agente socializante adulto é o primeiro protótipo de autoridade com que a criança se depara. Seu relacionamento mútuo determina a presteza da criança em acatar a autoridade e, mais tarde, assumir a responsabilidade e exercer a autoridade por meio da internalização da "imagem" do adulto. Um dos componentes básicos da complementaridade das definições dos graus etários é sua estrutura de autoridade diferencial, *i.e.*, em que medida a autoridade é exercida por um grau etário e aceita pelo outro. Através do desempenho de vários papéis com relação a membros de graus etários outros que não o seu, o indivíduo desenvolve predisposições gerais com relação à aceitação e o exercício da autoridade e a distribuição diferencial de papéis fundada na idade (e as concomitantes definições de idade diferenciais) facilitam este desenvolvimento, na medida em que aguça e focaliza diferenças de autoridade pelas diferenças no tempo de vida e experiência social. Da mesma maneira, pode-se supor que padrões de comportamento cooperativos desenvolvem-se, principalmente, através da cooperação de um indivíduo com companheiros de mesma idade, *i.e.*, aqueles cuja posição no curso da vida não difere significativamente da posição deste indivíduo, pois nas relações com eles não existe qualquer elemento rigidamente autoritário na definição da situação [11].

Descobrimos, assim, que relações entre diversos graus etários são necessariamente simétricas do ponto de vista da autoridade, do respeito e da iniciativa. Os graus etários mais idosos geralmente exercem alguma autoridade sobre os mais jovens; podem dirigir, formal ou informalmente, suas atividades e ganhar seu respeito. Esta assimetria básica de poder e autoridade é característica da interação entre diferentes faixas etárias e gerações como um todo. Esta interação pode ser um tanto informal, como no caso de pessoas com pequena diferença de idade entre si (*e.g.*, rapazes mais velhos, etc.); em outros casos pode ser formalizada e oficialmente prescrita. Mas constitui um importante elemento na relação entre diversos graus etários e enfatiza a complementaridade

---

10. Esta suposição é analisada em PARSONS & SHILS, op. cit., pp. 150-151 e relacionada e baseada naquela de J. PIAGET, *The Moral Judgment of the Child*, Londres, 1932.
11. J. PIAGET, op. cit., p. 326 e ss. Para melhor ilustração desses grupos de crianças em várias sociedades, ver: M. FORTES, *Social and Psychological Aspects of Education in Taleland*, Oxford (I.I.A. Memoranda), 1938. O RAUMM, *Chagga Childhood*, Oxford (Instituto Internacional Africano).

das imagens e as expectativas etárias. Um pré-requisito básico para a manutenção bem sucedida da continuidade social é, como vimos, a ênfase acentuada do respeito às pessoas idosas, *i.e.*, à idade [12].

IV

A importância crucial que a diferenciação etária e a interação dos membros de diferentes graus etários possui para a continuidade do sistema social pode ser vista mais claramente no fato de que, na maioria das sociedades, a realização plena da qualidade de membro é definida em termos da transição de um grau etário para outro. Como bem se sabe, as faixas etárias exatas, que são definidas de uma maneira unitária e diferenciadas de outras faixas, variam de uma sociedade para outra, tanto no que se refere ao número de anos que compreendem, como quanto ao número de graus etários entre os quais se situam. Há, entretanto, um ponto focal no curso da faixa etária de um indivíduo que é, em certa medida, enfatizado na maioria das sociedades conhecidas, isto é, a aquisição do pleno *status* de adulto ou de plena qualidade de membro do sistema social. No âmbito de todas as sociedades há alguma definição — seja qual for o grau de sua formalização — de "homem adulto" ou de membro pleno da sociedade e do ponto no qual o indivíduo pode adquirir toda a parafernália do pleno *status* e adentrar aos primeiros estágios do período da faixa adulta. Este ingresso, geralmente — e, ao que parece, necessariamente — coincide com o período de transição da família de orientação para a de procriação, pois é através desta transição que se dá a mudança definida dos papéis associados à idade, de receptor a transmissor da tradição cultural, de filho para pai. Um dos principais critérios de definição da idade adulta é a maturidade sexual legítima, *i.e.*, o direito de constituir família e não simplesmente o direito à relação sexual. Esta mudança crucial dos papéis associados à idade do indivíduo é enfatizada — com maior ou menor vigor — em praticamente todas as sociedades humanas, quando as duas definições de idade ainda interagem nele. Nas diversas cerimônias realizadas nesta ocasião — *rites de passage* de diferentes tipos [13] — a interação dos vários graus etários e gerações é intensificada de várias maneiras simbólicas ou rituais. Aqui, também as características básicas de definição etária são nitidamente focalizadas: sua relação com a "imagem humana", na qual a apreciação de si mesmo por parte do indivíduo é enfatizada

---
12. K. Davis, "The Sociology of Parent-Youth Conflict", op. cit., e R. Linton, op. cit.
13. van Gennep, A. *Rites de passage*, Paris, 1904.

pela justaposição e integração de imagens corpóreas (sexuais) e de normas de avaliação; é aqui que a dupla complementaridade dos papéis sexo-etários encontra sua expressão mais articulada. Os melhores exemplos concretos da dramatização ritual deste período ou faixa de transição são as cerimônias de iniciação de várias tribos primitivas (ou, com alguma diferença de ênfase, das cerimônias nupciais das sociedades tribais camponesas). Por serem abundantes na literatura antropológica descrições detalhadas desta cerimônias, não entraremos em minúcias; tentaremos apenas analisar suas características mais marcantes. Estas podem ser assim resumidas:

a) nestes ritos os adolescentes pré-adultos transformam-se em membros plenamente adultos da tribo, sendo essa transformação realizada através de

b) uma série de ritos nos quais os adolescentes são simbolicamente despojados das características juvenis e investidos com as características da idade adulta, de um ponto de vista sexual e social. Esta investidura simbólica, carregada de profunda significação emocional, pode ter várias manifestações concretas: mutilação corpórea, circuncisão, assunção de um novo nome, renascimento simbólico [13a] etc.;

c) completa separação dos adolescentes do mundo de sua juventude e, especialmente, de seu *status* de íntima ligação às suas mães, *i.e.*, articulam-se sua independência "masculina" completa e imagem masculina autônoma (o oposto é geralmente verdadeiro relativamente à iniciação das meninas);

d) dramatização do encontro entre as diferentes gerações, uma dramatização que pode assumir a forma de uma luta, competição etc., e na qual a complementaridade básica é acentuada, seja ela do tipo contínuo ou descontínuo; assim, em todos os ritos de iniciação, os membros das diferentes gerações devem agir conjuntamente, uns como professores, outros como "alunos". Os mais velhos, às vezes, assumem formas assustadoras e enfatizam que sem eles os adolescentes não podem se tornar adultos. Com bastante freqüência, a descontinuidade entre a adolescência e a idade adulta é expressa simbolicamente através do "renascimento" dos adolescentes, mediante sua morte simbólica como crianças e seu renascimento como adultos;

e) transmissão do saber tribal e dos padrões gerais de atitudes e comportamento, ambos através do ensinamento formal e de atividades simbólicas rituais de diversos tipos. Esta transmissão das disposições do saber e dos papéis é combinada com

---

13a. Os aspectos psicológicos dos ritos de Iniciação e Puberdade foram recentemente analisados por B. BETTELHEIM, *Symbolic Wounds*, Glencoe, 1954.

f) um relaxamento do controle concreto por parte dos adultos sobre os outrora adolescentes e sua substituição por controles mais gerais, internalizados e simbólicos e com

g) a investidura dos novos membros da faixa etária adulta em novos papéis de exercício da autoridade; *i.e.*, a substituição de controles externos concretos, por outros mais internalizados, está claramente ligada à mudança da posição do indivíduo no quadro da autoridade [14].

A maioria destes elementos dramáticos pode também ser encontrada, embora sob forma um tanto mais diluída, nas várias festividades folclóricas tradicionais das comunidades camponesas, especialmente naquelas (como as festas rurais) nos quais são enfatizados a juventude e o casamento [15].

Embora esta dramatização do período de transição para a idade adulta não seja encontrada em todas as sociedades humanas (principalmente naquelas de tipo mais "moderno"), onde quer que ela exista focaliza agudamente todos os elementos básicos e funções das definições etárias diferenciais e seu papel crucial para a continuidade social; o mesmo é verdadeiro com relação ao período ou estágio de transição para a idade adulta.

Aqui, o problema a que aludimos anteriormente é esclarecido mais extensamente: as expectativas que se voltam para os indivíduos, no que se refere à sua idade, constituem-se num dos mais fortes e mais essenciais elos entre o sistema da personalidade do indivíduo e os sistemas sociais dos quais participa [16]. Por um lado, estão entre os mais importantes critérios segundo os quais um indivíduo define seus direitos e deveres com relação aos outros; servem também para definir os tipos de unidades contidas no sistema social, aos quais são atribuídos tarefas e papéis. A importância das definições etárias diferenciais, tanto para a autopercepção individual, como para a continuidade do sistema social, pode ser vista com maior clareza nos casos negativos, *i.e.*, quando esta continuidade é rompida de uma maneira ou de outra, como no caso de vários tipos de grupos delinqüentes e revolucionários juvenis. Sempre que isso ocorre, a diferença entre várias

---

14. A melhor e mais completa descrição dos ritos de iniciação conhecida pelo autor pode ser encontrada em O. RAUMM, *Chagga Childhood*, op. cit., p. 150 e ss. e em G. WAGNER, *The Bantu of North Kavirondo*, Oxford, 1949, pp. 334-382. A bibliografia antropológica proporciona farto material sobre estas descrições, que podem ser encontradas na maioria das monografias antropológicas.

15. Ver A. VARAGNAC, *Civilisations Traditionelles et Genres de Vie*, Paris, 1948, pp. 138-182. R. THURNWALD em *Die menschliche Gesellschaft*, B. II, Leipzig, 1931, pp. 281-284, já frisava que entre os camponeses os ritos familiares e de casamento tornam-se mais importantes que os ritos de iniciação. Ver também, para uma completa documentação de uma sociedade: L. Löw, *Lebensalter in der Jüdischen Literatur*, Szegedin, 1875.

16. Sobre a articulação do sistema da personalidade e do sistema social ver PARSONS & SHILS, op cit., p. 146 e ss.

gerações e grupos etários pode se tornar acentuada, aguçando-se ao ponto de chegar a um ponto de ruptura e a geração mais jovem pode desenvolver uma imagem de si própria completamente oposta à imagem complementar da geração adulta, rebelando-se contra ela. Um dos melhores exemplo disso é o movimento juvenil alemão ou mesmo, em termos mais amplos, todo o movimento romântico moderno, no qual a extrema oposição entre as gerações foi acentuada por meio de uma ênfase num novo tipo de homem [17]. Voltaremos a este assunto em capítulos subseqüentes deste trabalho.

V

Nossa análise mostrou que a interação dos membros de diferentes graus etários é essencial para o funcionamento e continuidade do sistema social. Não se trata apenas de que pessoas de diferentes idades atuam conjuntamente dentro do sistema social, mas de que sua interação, pelo menos em alguma medida, repousa e é definida em termos de suas idades relativas. Esta pode assumir as mais variadas formas. Em primeiro lugar, certos papéis podem ser distribuídos segundo a idade, *e.g.*, vários papéis dentro da família, na esfera de autoridade ou nas esferas econômicas e ocupacional. A divisão geral do trabalho numa sociedade baseia-se, necessariamente, em alguma medida, nas diferenças etárias, sendo que várias unidades sociais podem ser reguladas de acordo com o critério etário. Assim, o direito de assumir uma certa ocupação pode ser condicionado ao fato de o indivíduo alcançar uma certa idade e o mesmo pode aplicar-se a outras esferas e papéis sociais.

Além disso, mesmo quando a idade não serve como critério explícito para a distribuição de papéis, esta é por ela influenciada consideravelmente com grande freqüência, *e.g.*, segundo critérios baseados na idade existentes em muitas organizações formais, na crença de que em certas profissões como a Medicina, Direito etc., a experiência é da maior importância etc.

Ademais, a gradação etária obviamente implica que aqueles que pertencem a um certo grau etário tenham geralmente algumas experiências semelhantes e comuns; pode ser-lhes exigido que se comportem em muitos casos de maneira semelhante e tenham relações semelhantes com membros de outros graus etários. Têm, por um lado, muitos valores, interesses e expectativas em comum e, por outro lado, muitos pontos comuns de contato com membros de outros graus

---

17. Ver H. BRUNSWICK, *La Crise de l'Etat Prussien du XVIIIe Siècle et la Genèse de la Mentalité Romantique*, Paris, 1949.

etários. Nosso principal objetivo aqui é compreender de que maneira se organizam, na sociedade, as experiências comuns a um certo grau etário e a relação destas com outros graus etários. Temos, aqui dois problemas principais e inter-relacionados de que trataremos. O primeiro é em que medida a distribuição dos papéis se faz segundo a idade. Sob que condições sociais a idade se constitui num critério decisivo para a distribuição dos papéis e para a delimitação dos grupos? O segundo problema é: a potencial comunhão de interesses dos membros de uma mesma faixa etária conduz a alguma interação concreta, como por exemplo pertencer a um grupo etário semelhante e, no caso afirmativo, em que medida? Em outras palavras, em que medida o fato de pertencer a uma faixa etária comum serve como base para a atribuição da qualidade de membro e delimitação dos grupos na sociedade? Trataremos primeiramente do segundo problema, pois assim será mais fácil analisar o primeiro.

Se a análise que fizemos é correta deveríamos supor que a homogeneidade etária como tal, *i.e.*, o fato de pertencer à mesma faixa etária, não deve, com freqüência, servir como critério. Nossa análise mostrou que a importância da gradação etária para a continuidade social acarreta a interação complementar entre os diversos graus etários. Em conseqüência, apesar de os membros de um certo grau etário possuírem muitas características similares, sua interação (na medida em que se estrutura em termos de idade) deveria verificar-se principalmente com membros de outros graus etários, de maneira a assegurar esta complementaridade e a contínua interação das diferentes gerações. Embora a interação com companheiros da mesma idade (seus iguais) seja obviamente importante (principalmente no que diz respeito ao desenvolvimento de cooperação espontânea e de orientações no sentido de normas de interação mais amplamente universais), a análise, como foi apresentada até agora, sugere que grupos etariamente heterogêneos — nos quais a complementaridade dos graus etários é permanentemente articulada e enfatizada — são mais importantes que os grupos etariamente homogêneos, que podem ter apenas um caráter transitório ou subsidiário. O mesmo se aplica a outras estruturas mais formalizadas — como igrejas, exércitos etc. Aqui, também, a idade constitui um fator importante na distribuição de papéis; posições superiores, em larga medida, embora não totalmente, são destinadas a pessoas mais velhas, com mais experiência. Estas pessoas mais velhas têm autoridade sobre as mais jovens, recrutadas mais recentemente, e, embora o critério etário não seja o mais importante para a distribuição de papéis dentro de tais organizações (às vezes, o conhecimento especializado é muito mais importante), ainda assim, em larga medida, encontra-se nestas organizações uma interação assimétrica entre diferentes graus etários. Por outro lado, membros do mesmo grau etário formam vários subgrupos dentro destas organizações. Desta maneira, mesmo a partir destes exemplos, pode-se concluir que os grupos etariamente heterogêneos são os mais comuns e talvez os únicos que podem existir numa sociedade.

Mas, apesar disso, esta conclusão a que chegamos a partir de nossa análise está, em grande medida, em contradição com os fatos. Embora (como será mostrado a seguir) existam muitas sociedades para as quais isto seja verdade, para outras isto não ocorre. Nestas últimas existem muitos grupos de grande importância no sistema social, no qual a qualidade social de membro é explicitamente atribuída a membros do mesmo grau etário e os limites deste grupo definidos em termos de homogeneidade etária. Exemplos bastante evidentes disso são os conjuntos, grupos e regimentos etários primitivos, os dormitórios de jovens de muitas tribos da Índia, os movimentos jovens modernos, grupos de iguais, quadrilhas de delinquentes juvenis etc. Assim, defrontamo-nos aqui com um problema que requer uma explicação: trata-se da questão que constitui o tema principal deste livro. Como podemos justificar estes fatos? Podem eles ser explicados por nossa análise anterior, ou estão em total contradição com ela? Tentaremos provar, aqui, que eles podem ser explicados nos termos dessa análise, por meio de uma dedução mais rigorosa e de uma modificação de nossas hipóteses básicas. Veremos que estes grupos etários podem desempenhar — e, com bastante frequência — as mesmas funções que postulamos para a interação de elementos etariamente heterogêneos, como instrumentos de socialização do indivíduo e como mecanismos de continuidade do sistema social. Nosso problema, então, será descobrir que condições do sistema social favorecem ou, alternativamente, evitam a emergência de grupos etários, que tipos de grupos podem ser etariamente homogêneos e quais são suas funções no sistema social. Para podermos construir uma hipótese que explicasse essas diferentes condições, deveríamos, primeiramente, elaborar alguns pontos mencionados em nossa análise anterior.

VI

Em primeiro lugar, deveríamos definir com maior precisão o significado sociológico exato de relações e grupos etariamente homogêneos e heterogêneos. Os dois tipos de relações etárias têm algumas características comuns que são muito importantes para nossa análise subseqüente: na medida que os atores categorizam-se a si mesmos baseando-se em quaisquer distinções etárias (sejam elas semelhanças ou diferenças), sua orientação mútua baseia-se em critérios de qualidade e não de realização. De acordo com a análise anterior, todos os critérios etários são difusos, e, conseqüentemente, todas as relações moldadas segundo estes critérios têm também uma orientação difusa.

Mas, além dessas semelhanças há algumas importantes diferenças nas estruturas dos grupos etariamente homogêneos e heterogêneos. Na medida em que qualquer relação é definida com base na heterogeneidade etária, ela acentua as diferenças etárias, ao passo que a homogeneidade implica, em certa medida, similaridade etária. No primeiro tipo de orientação, a orientação mútua dos atores (na medida que é sempre definida em termos de idade) é regida por suas idades relativas e por suas posições relativas no ciclo da vida. A expressão total de tal relação é o princípio de senioridade (relativa) que é completamente elaborado em alguns sistemas de parentesco [18]. Na segunda relação, idade *relativa* e diferenças de idade tornam-se menos importantes e o que importa aqui é a experiência *comum* a idades similares, que ocupa uma posição absoluta na escala das gradações etárias. Na primeira, particularista, prevalecem as relações hierarquicamente assimétricas e, geralmente, pessoais. Na segunda, encontramos uma maior ênfase na experiência comum e na eqüidade básica. Aqui, as relações etárias são muito mais inclusivas e unitárias e as posições de superioridade e inferioridade dos diferentes graus etários são menos acentuadas. Estas são expressas, se é que o são, intergrupalmente, e não em relações individuais. Portanto, embora o critério básico de atribuição da qualidade de membro do grupo seja também particularista, sua organização interna é muito mais aberta a orientações e arranjos universalistas. Estas orientações, em certa medida, estão geralmente expressas de maneira implícita na maioria nos grupos infantis informais, mesmo nas sociedades particularistas. Mas podem tornar-se mais evidentes e muito mais articulados nos grupos onde existe uma homogeneidade etária total [18a].

Com base nestas distinções, podemos agora começar a analisar sob que condições cada um destes grupos existe. O

---

18. Ver, por exemplo, BASCOM, The Principle of Seniority in the Social Structure of the Yoruba, *American Anthropologist*, XLIV, 1942, pp. 37-46.

18a. Ver sobre este ponto a análise de T. Parsons em PARSONS, BALES *et al.*, *Family, Socialization and Interaction Process*, Glencoe, 1955.

ponto de partida de nossa discussão deveria ser o fato de que em toda sociedade, qualquer que seja ela, a primeira e mais básica relação da qual participa um indivíduo é do primeiro tipo, *i.e.*, etariamente heterogênea, qualitativa, particularista e difusa. Estes critérios caracterizam as relações familiares em todas as sociedades e estes grupos e relações são os primeiros e mais básicos agentes socializantes em qualquer sociedade. Mesmo naquelas sociedades onde realmente encontramos agrupamentos etariamente homogêneos e distribuições de papéis, tais grupos tornam-se efetivos apenas num momento posterior da faixa de vida do indivíduo, depois de viver um certo período no seio da família e regulado por relações de parentesco.

Qual é a significação destas características para a vida familiar, para o indivíduo e para a sociedade? Sua maior importância parece residir no fato de que indicam os vários tipos de relações sociais e atividades que se acham combinadas no seio da família. É a combinação destas várias atividades (que logo serão enumeradas) que permite à família desempenhar sua função socializante e ser a viga mestra da solidariedade e continuidade social. Na família, o indivíduo aprende os vários tipos de atividades que exigem dele, na qualidade de membro pleno da sociedade e as várias maneiras de superar as tensões e frustrações inerentes à vida social disciplinada. É na família que a criança aprende, gradualmente, a adiar a gratificação imediata de suas necessidades e a regular seu comportamento de acordo com as diversas normas e regras. Enquanto que, durante as primeiras fases de vida, a criança sem dúvida esforça-se por obter um máximo de gratificação imediata, aprende gradualmente, através da das relações com a mãe, o pai etc., a regular a conduta mediante a qual alcança essas gratificações. Tudo isto pode acarretar graves frustrações e tensões na criança. As tensões são provavelmente mais agudas devido à ênfase dada pelos pais à importância de atividades instrumentais reguladas, *i.e.*, atividades que são apenas meios para alcançar fins mais remotos mas que não proporcionam, em si mesmas, satisfação ou gratificação *imediata*. A criança aprende as várias habilidades e relações instrumentais, sua regulamentação e como superar as tensões inerentes a elas, devido à sua constante ligação e identificação com os adultos. A confiança nesta ligação, como vimos, constitui a necessidade básica da personalidade em desenvolvimento. Esta ligação constitui a base para o desenvolvimento da identificação, que já mostramos ser um dos mais importantes mecanismos de aprendizado e de socialização. No processo de socialização no seio da família, a segurança da ligação e manutenção de relações solidárias com os adultos é assegurada apenas na medida em que o indivíduo aprende tanto as várias habilidades e relações instrumentais, como as regras segundo as quais estas são reguladas. Assim, descobrimos no âmbito da família um processo tríplice de aprendizado: a) aprendizado de atividades instrumentais que são b) regulamentadas de acordo com certos padrões ou valores, c) com base na solidariedade com adultos e outros membros da família. Deste modo, as tensões e frustrações que se originam das atividades instrumentais e da necessidade de adiar a gratificação e de ver os outros (e de ser visto por eles) como meios que visam a um fim, são aliviadas, aqui, por meio da consecução de solidariedade e por gratificações expressivas por meio de certos padrões de comportamento. Assim, assegura-se às crianças o amor dos pais se se comportarem de acordo com as regras por eles estipuladas e esta garantia de amor é uma das mais importantes gratificações que a criança recebe se aprender a comportar-se de maneira apropriada. Além disso, algumas atividades exigidas às crianças — e aos pais — são realizadas em nome da solidariedade da família, por amor ao bem-estar comum e aos objetivos da família. A importância da cooperação no seio da família para a família é inculcada nas crianças e mostrada também no comportamento dos adultos. Assim, é compreensível que a feição importante da vida familiar seja que as atividades instrumentais são reguladas de acordo com critérios solidários e expressivos e são a eles subordinados. Isto se dá durante o processo de socialização e é com base neste fato que o indivíduo desenvolve uma personalidade e identidade coerentes. Mas estas relações continuam além da socialização no âmbito da família e regulam também todas as atividades adultas na família. A vida em família, no que se refere ao adulto, impõe muitas atividades e relações instrumentais no tocante a posses, relações de propriedade etc. e compreende um amplo círculo de pessoas. Todas estas atividades, entretanto, do mesmo modo que o foram no período anterior, são agora reguladas dentro dos limites de solidariedade e de relações expressivas. Pode-se dizer, portanto, que a família constitui um grupo ou sistema social que mantém um constante equilíbrio entre estes vários tipos de atividades que, desta maneira, supera as tensões originadas da necessidade de regular as atividades instrumentais e que, conseqüentemente, mantém a estabilidade emocional e a segurança do indivíduo, bem como a solidariedade e continuidade sociais.

A estrutura familiar também facilita o desenvolvimento daqueles mecanismos de integração da personalidade que estão relacionados com a atitude perante a autoridade. A família nuclear consiste, geralmente, não apenas de pais e filhos, mas também de irmãos, entre os quais existe geralmente uma homogeneidade e eqüidade básicas no quadro das relações familiares [19]. Estas relações, entretanto, são secundárias e submetidas às relações mais autoritárias entre os pais e os filhos. Estas relações autoritárias podem também ser estendidas às relações entre irmãos, se um dos irmãos se identificar com os pais através da senioridade.

Este equilíbrio entre relações instrumentais, solidárias e expressivas, entretanto, não está confinado apenas à família nuclear. Em todas as sociedades, estende-se a um círculo muito mais amplo de pessoas através da extensão de parentesco. Esta expressão, na verdade, significa duas coisas diversas embora interligadas: extensão da terminologia e das relações de parentesco além dos membros do núcleo familiar; e a extensão da solidariedade do grupo familiar e da identificação grupal além do grupo familiar nuclear.

No que diz respeito ao primeiro, esta extensão geralmente se dá através de mecanismos de generalização e de identificação com os padrões gerais de comportamento dos objetos primários de ligação (pais e irmãos) a outras pessoas que, por seu turno, podem ter servido como tais objetos para os pais [20]. Os padrões de comportamento da criança com relação a seus pais e irmãos estendem-se a outras pessoas que são "equiparadas" a seus pais e irmãos. O famoso princípio de "equivalência de irmãos", formulado por A. R. Radcliffe-Brown, é um dos exemplos mais claros dessas extensões de parentesco [21]. O significado dessa extensão tem implicações de largo alcance: somente através de tal extensão é que os padrões de comportamento e solidariedade, aprendidos no seio do núcleo familiar, podem ser transferidos a um círculo mais amplo de pessoas que estão fora do grupo parental extenso e cujas relações com o ego compreendem necessariamente um conjunto mais amplo de relações instrumentais (direitos, deveres e posses mútuas etc.) e entre os quais o indivíduo deve encontrar seu companheiro para formar sua família de procriação [22].

Do ponto de vista da estrutura da personalidade, a extensão de parentesco permite que o jovem possa conservar sua segurança emocional enquanto se desenvolvem as habilidades, padrões de comportamento e adequação das necessidades mais particulares e específicas para o desempenho de papéis mais instrumentais. A segurança emocional é mantida por meio da transferência de ligação e de identificação com pessoas

---
19. Davis, K. *Human Society*. Op. cit.
20. Ver G. P. Murdock, op. cit., Caps. 1, 5.
21. Radcliffe-Brown, A. R. The Mother's Brother in South Africa. *South African Journal of Science*, XXI, 1924. Reeditado como Cap. I de *Structure and Function in Primitive Society*, Londres, 1952.
22. Uma breve discussão teórica de casos concretos dessa extensão é feita por E. E. Evans-Pritchard em The Study of Kinship in Primitive Societies, *Man*, nov. 1929, e The Nature of Kinship Extensions, *Man*, jan. 1932. Algumas das suposições gerais são analisadas por G. P. Murdock, op. cit. Caps. 1, 6, 7.

com as quais se relaciona mais diretamente que seus pais e irmãos; nas relações com estas, o indivíduo deve continuar a renunciar à gratificação imediata. Do ponto de vista do sistema social, a transferência e manutenção da solidariedade no âmbito de um amplo nexo de relações — que podem, às vezes, compreender toda a coletividade — efetua-se por meio da extensão de parentesco.

A extensão da solidariedade se dá, não apenas através da extensão da terminologia de parentesco, mas também, e talvez principalmente, por meio do estabelecimento de grupos incorporados mais amplos que a família nuclear mas, apesar disso, baseados numa descendência comum, real ou imaginária. Embora a terminologia de parentesco regule as relações entre parentes, tanto da linha paterna como materna, que podem viver em diversas unidades familiares e encontrarem-se dispersos pela sociedade, podem também existir muitos grupos incorporados baseados na descendência comum. A família extensa, a linhagem, o clã, e o meio são os exemplos destacados de tais grupos que podem existir nas diferentes sociedades. Pela própria terminologia de parentesco e devido às regulações da exogamia incestuosa, todos os que são por elas compreendidos não podem formar um grupo. Tais grupos, *e.g.*, as linhagens, podem apenas constituir-se por meio da exclusão de certas categorias de parentes e pela acentuada ênfase em outras categorias. Estas categorias tornam-se os símbolos de identificação do grupo, como, por exemplo, a crença num ancestral comum que prevalece em várias linhagens e clãs. A identificação e orientação para a coletividade gerada no seio do núcleo familiar são transferidas a estes grupos pelo indivíduo. Não são, entretanto, simples grupos de pessoas ligadas emocionalmente umas às outras. Estes grupos são, geralmente, portadores dos direitos incorporados e constituem-se em unidades jurídicas dentro do sistema social. Assim, servem de bases para a distribuição de papéis e de facilidades e de portadores da identidade coletiva dentro do sistema social.

VII

As relações de parentesco e os grupos de descendência comum constituem-se nos dois principais tipos possíveis de extensão de comportamento existentes na família. Quando ambos atuam numa sociedade, o fazem geralmente de uma maneira complementar, sendo as tendências centrífugas de um contrabalançadas pelas tendências centrípetas do outro [23].

23. A natureza complementária das relações de parentesco e grupos de descendência foi brilhantemente analisada por M. FORTES, *The Dynamics of Clanship among the Tallensi*, Oxford, 1945 e em *The*

Em ambos, os critérios básicos de qualidade, indeterminação e particularismo, bem como, em diferentes graus, a orientação coletiva da família são operativos e regulam um círculo muito mais amplo de relações, direitos e deveres recíprocos. No quadro das relações de parentesco e dos grupos familiares ampliados, o alcance das relações instrumentais é ainda muito maior e mais amplo que no âmbito da família nuclear. É maior o alcance das relações jurídicas e semicontratuais e a elas está relacionado um número muito maior de tipos de atividades políticas, econômicas e outras. Ainda assim, a estrutura básica dessas relações é a da solidariedade, e é regulada segundo as orientações de valor esboçadas acima. Por essa razão, tanto a extensão de parentesco como os grupos familiares ampliados são importantes para a socialização da criança e para a extensão gradual de suas relações e atividades. Já no núcleo familiar a criança adquire algumas disposições gerais com respeito a seus parentes e os padrões de seus deveres e obrigações para com eles. À medida que ela cresce e amplia a esfera de suas atividades, essas disposições latentes tornam-se cada vez mais importantes e definidas. Deste modo, garante-se a continuidade entre o padrão de socialização e outras fases posteriores da vida.

As relações de parentesco, assim como as relações familiares, organizam-se com base na distribuição de papéis etariamente heterogênea. Por meio dos vários mecanismos da equivalência entre irmãos, os padrões de autoridade e respeito que existem no núcleo familiar estendem-se às relações entre as diversas gerações de parentes. Desta maneira, o equilíbrio entre a gratificação instrumental e expressiva estende-se a uma esfera maior de atividades e as relações de parentesco e os grupos de descendentes servem também como extensões da família no cumprimento de suas funções: a integração da personalidade e manutenção do sistema social.

As relações de parentesco e os grupos de descendência, porém, não podem por si mesmos manter a estrutura social ou integrar a personalidade e, em todas as sociedades, há sempre outras esferas e princípios de arranjos e papéis institucionais: econômicos, políticos, religiosos, relações de *status* e orientações de valor a eles relacionados.

Nem todas estas diversas instituições estão limitadas à unidade familiar e de parentesco; pelo menos algumas delas

---

Web of Kinship among the Tallensi, Oxford, 1949. Uma análise resumida deste problema foi elaborada por M. FORTES em sua conferência em Chicago na reunião da Associação Antropológica Americana: The Structure of the Unilineal Descent Group, *American Anthropologist*, v. 55, 1953; e pode também ser encontrado na análise de F. EGGAN do sistema Hopi em "The Hopi and the Lineage Principle", em *Social Structure Studies presented to A. R. Radcliffe-Brown* (ed. M. Fortes), pp. 120-144, e em *The Social Organization of the Western Pueblos*, Chicago, 1951.

são reguladas segundo orientações de valor bastante diferentes daquelas da família. Assim, as relações econômicas apresentam sempre uma forte tendência no sentido do universalismo e da especificidade, ao passo que atividades políticas, religiosas e outras, em algumas sociedades podem também ser reguladas segundo regras mais específicas e voltadas para as realizações, sendo que as qualidades que determinam a cidadania política podem ser outras que não a idade e os laços de consangüinidade. Assim, toda sociedade possui algumas esferas que se regulam segundo critérios que são diferentes dos que prevalecem na família. Portanto, o padrão de equilíbrio particular entre as relações instrumentais, de solidariedade e expressivas existentes no âmbito da família, não se mantém automaticamente em outras esferas. Este só pode ser alcançado se os princípios que regem a vida familiar — qualitativos, de difusão e particularismo — forem os mais importantes no sistema de valores da sociedade, pois regulam e limitam todas as outras esferas e valores. Tal situação é paralela à da família, na qual as relações instrumentais e universalistas não são completamente inexistentes, mas apenas subordinadas a normas expressivas e de solidariedade.

Na medida em que esses critérios governam as várias esferas institucionais da sociedade, a extensão da solidariedade e da identificação, baseadas principalmente em relações etariamente heterogêneas e unificadas em relações de parentesco, pode efetuar-se com relativa facilidade. Pode-se admitir também que, nestes casos, os critérios são de importância relativamente grande para a distribuição de papéis e tarefas dentro do sistema social. Porém, na medida em que estes critérios não são os critérios últimos que regem os diversos papéis e relações institucionalizados e não são os mais importantes do sistema de valores da sociedade, deverá ocorrer um "ponto de ruptura" na facilidade da transferência da identificação e da solidariedade que se baseiam em relações etariamente heterogêneas. Nestes casos e na posição estrutural precisa do sistema social onde os papéis se institucionalizam, segundo diferentes critérios e valores, surge uma tendência no sentido de relações etariamente homogêneas e agrupamentos voltados para a transferência de identificação e extensão da solidariedade desde um conjunto de relações até o outro, sendo este diferente por ser estruturado segundo critérios diferentes.

Como esta questão constitui o tema central deste trabalho, devemos explorá-la em maior profundidade. Esta hipótese baseia-se na suposição de que, na medida em que o sistema geral de normas da sociedade se harmoniza com as normas familiares (ainda que a família e a unidade parental não constituam a unidade fundamental da sociedade), a transferência da identificação e extensão da solidariedade é um processo relativamente fácil, uma vez que o indivíduo está capacitado para alcançar sua plena qualidade de membro por meio de padrões de comportamento adquiridos no âmbito da unidade familiar. Quando, porém, os principais princípios integrativos da estrutura social diferem daqueles que regem o comportamento da família e do parentesco, este suave desenvolvimento de uma solidariedade familial a uma solidariedade cívica ou outro tipo de solidariedade incorporada é impossível, uma vez que o indivíduo tem que mudar seus padrões de comportamento num certo ponto de sua vida para ser capaz de alcançar um pleno *status* na sociedade (o mesmo é válido, naturalmente, para qualquer subsistema dentro da estrutura social); e a solidariedade do sistema social só pode manter-se eficazmente por meio de padrões de comportamento diferentes daqueles existentes no âmbito das unidades de parentesco. Em sociedades universalistas que valorizam as realizações (como a moderna sociedade americana) um indivíduo não consegue alcançar pleno *status* se, no seu trabalho, se comportar segundo os critérios particularistas e qualitativos da vida familiar; um comportamento assim mostraria, também, ser uma tensão sobre o sistema social [24]. Sendo restritos os padrões de orientação característicos da família, ocorre nestes casos uma reação defensiva no sentido das relações e grupos etariamente homogêneos.

VIII

No que diz respeito ao desenvolvimento da personalidade individual, o fato de pertencer a um grau etário diferente (*e.g.*, o adulto nas suas relações com a criança) torna-se um foco simbólico, pois a identificação da criança com ele (por meio da aquisição de amplas disposições de papéis que se harmonizam ou são compatíveis com aqueles do adulto) a auxiliar a tornar-se um membro maduro de sua sociedade. Se os padrões de comportamento condizentes com um membro pleno da sociedade, no mais importante de seus *status*, diferem daqueles desempenhados nas relações criança-adulto (ou nas relações de parentesco, em geral), a identificação com o adulto não será completa; ou a identificação poderá ser imperfeita por outras razões. Nesses casos, ocorre uma diferenciação entre a identificação *geral* com o adulto — assunção de suas disposições gerais — e o desempenho

---

24. Este problema foi amplamente discutido por Parsons & Shils, op. cit., p. 234 e ss. e por T. Parsons, *The Social System*, op. cit., pp. 176-180. Ver também T. Parsons, "Age and Sex in The Social Structure" em *Essays in Sociological Theory*, Glencoe, 1949, pp. 218-233 e R. Williams Jr., *American Society*, Nova York, 1951, pp. 36-78 e ver também Ch. Bühler, op. cit.

de papéis definidos, específicos dele. Para alcançar uma plena maturidade social, a criança deve despojar-se de pelo menos alguns padrões de comportamento que ela desempenhou *vis-à-vis* a este adulto ou a adultos em particular. A imagem que a criança, ou o adolescente, tem de si mesma inclui muitas expectativas futuras que diferem dos papéis que ela desempenha com relação aos seus pais. O pai moderno, das cidades da Europa e Estados Unidos, geralmente não se comporta do mesmo modo no lar com seu grupo familiar e no seu ambiente de trabalho. E se o objetivo do filho for alcançar algum tipo de *status* ocupacional, deve aprender a comportar-se diferentemente da maneira que o faz com seu pai, no âmbito de sua vida familiar, ainda que sua orientação geral para o campo ocupacional derive de sua identificação com o pai. Em tais casos o filho deve, por assim dizer distanciar-se da identificação com os adultos de sua infância e suas expectativas de vida devem ir além dos papéis reais e das identificações concretas daquele período.

Esta necessidade de afastamento do elemento etariamente heterogêneo é especialmente aguda nos casos em que os princípios integrativos da sociedade são universalistas. A transição das relações particularistas às relações universalistas é provavelmente mais difícil do ponto de vista da personalidade, na medida em que requer uma mudança relativamente profunda de atitudes emocionais com respeito a objetos e de critérios que norteiam as relações dos indivíduos com estes e ameaça a segurança emocional de ligação inerente às relações particularistas. Outras variáveis-padrão como a orientação para a especificidade e para as realizações podem ser, às vezes, compatíveis com a divisão de trabalho regida por relações de parentesco, se os grupos de parentesco se tornarem as unidades principais de especialização e realização. Isto, porém, raramente ocorre sob um princípio universalista de distribuição. Nestes casos é grande a tensão potencial sobre a personalidade, na medida em que o objeto de ligação particularista etariamente heterogêneo não é um "guia" suficiente para se alcançar *status* social, no que diz respeito às particularidades de seu comportamento.

Nestas condições, supomos, o indivíduo desenvolve disposições no sentido de necessidades de um novo tipo de interação com outros indivíduos que tornariam a transição mais fácil para ele. Esta transição exige que o indivíduo aprenda a agir de acordo com princípios universalistas, *i.e.*, escolher seus objetivos, comportar-se com relação a eles e esperar deles um comportamento de acordo com padrões generalizados e universalistas que não têm relação com seus atributos particularistas; e a expectativa de tais relações pode colocar em risco o equilíbrio emocional do indivíduo. Assim, procura objetos de ação tais que possam, por um lado, permitir-lhe conservar, em certa medida, seu equilíbrio emocional geral, e, por outro lado, que lhe proporcionem relações diferentes e de um alcance maior que as relações familiares, que o capacitem a agir de acordo com critérios e orientações diversos daqueles que presidem de maneira mais marcante as relações etariamente heterogêneas. O elemento de equilíbrio emocional — mesmo dentro desses critérios mais amplos de atribuição da qualidade de membro — pode ser alcançado apenas se ele é aceito como tal (ou está certo de ser aceito como tal) e como personalidade "total"; e ainda se o ato de compartilhar de certos objetivos e experiências lhe proporciona relações grupais solidárias. Em outras palavras, ele procura relacionamentos que sejam qualitativos e, apesar disso, baseados em outras qualidades que não laços de consangüinidade (*e.g.*, amizade) e que sejam, em grande medida, difusas, solidárias e orientadas no sentido da coletividade; ou busca alcançar a qualidade de membro no âmbito de um tipo específico de grupo *primário* onde essa qualidade de membro e o comportamento do membro são regulados concordantemente. Ao mesmo tempo, espera que o conteúdo desses relacionamentos se oriente não segundo os padrões de orientação da família mas sim, e principalmente, no sentido da possibilidade de entrar em relacionamento com qualquer membro de sua sociedade que possua essas qualidades.

De todos os tipos de relacionamento, os que se estabelecem entre companheiros de mesma idade são, provavelmente, os únicos adequados a estas formas de inclinação para as necessidades. São qualitativos como vimos enquanto que sua forma difusa é "garantida" pelo caráter difuso das definições etárias. Têm, também, uma tendência inerente para a solidariedade devido a) à definição comum do período de vida e destino; e b) devido ao fato de compartilharem as mesmas tensões emocionais e experiências durante o período de transição e de tensão emocional. Estas tensões são várias e múltiplas. Os companheiros da mesma idade têm necessidades sexuais semelhantes, impulsos heterossexuais e temores que podem ter conexão com a necessidade de deixar a família na idade crucial da maturação sexual. Geralmente, sentem as mesmas fraquezas e incertezas quanto aos seus papéis futuros e têm uma necessidade comum de participação e comunhão. Podem, em alguns casos, até mesmo possuir algumas necessidades (espirituais, ideológicas) de "encontrarem-se a si mesmos" e de formar sua identidade. Todos estes motivos fazem com que eles naturalmente se aproximem uns dos outros.

Agrupamentos de crianças ou de adolescentes são comuns a todas as sociedades, qualquer que seja sua estrutura.

Em todas as sociedades as crianças reúnem-se por várias razões, brincam juntas — muitas vezes, de adultos — e, desta maneira, aprendem os vários tipos de regras de comportamento cooperativo e algumas normas universalistas que são de importância secundária nestas sociedades. Mas é apenas em sociedades universalistas que estes grupos se tornam mais articulados e desenvolvem uma forte identificação comum baseada nas várias necessidades mencionadas acima [25].

Estes grupos desenvolvem, em parte, como defesa contra possíveis futuros papéis, uma tentativa no sentido de conservar um padrão de relacionamento diverso daquele que a perspectiva futura sugere. Mas, por outro lado, já existem nestes grupos orientações — latentes ou manifestas — no sentido destes futuros papéis, da mesma maneira que elas existem na maioria dos grupos recreativos de crianças em qualquer sociedade. Estas duas atitudes — defesa contra futuros papéis e orientações no sentido destes — estão presentes em todos esses grupos etários e representam alguns de seus principais componentes.

IX

Um argumento paralelo pode ser identificado no que se refere à continuidade e solidariedade do sistema social. Na medida em que os principais princípios integrativos do sistema social são diferentes daqueles que regem o comportamento familiar e da parentela, é óbvio que a solidariedade deste último não é suficiente para garantir a continuidade e a solidariedade do sistema todo [26]. Tal solidariedade depende de alguns mecanismos integrativos precisos que definem os limites dos objetivos e dos valores inividuais e coletivos, dando primazia a estes últimos valores. (Ainda que haja predomínio de padrões de valor puramente individualistas, a distribuição de papéis e valores necessita, em alguma medida, de uma regulação orientada para o coletivo.) No caso de uma sociedade universalista, a orientação para o coletivo por parte do sistema de parentesco e dos grupos de descendência não pode, pois, ser simplesmente estendida àquela orientação de toda a estrutura social. A distribuição de vantagens e recompensas no âmbito do sistema social não se baseia, neste caso, apenas em critérios de parentela e as recompensas inerentes à interação em situações de relacionamento de partenesco são insuficientes para manter a continuidade da *motivação* e da solidariedade.

25. Ver O. RAUMM, *Chagga Childhood*, op. cit., STAYT, *The BaVenda*, Oxford, (I.I.A.).
26. Os princípios integrativos dos sistemas de parentesco globais foram amplamente analisados por C. LÉVI-STRAUSS em *Les Structures Elementaires de la Parenté*, Paris, 1949.

A distribuição de papéis, de vantagens etc., baseada em critérios universalistas (e de realização e de especificidade) e efetuada através de outras agências e grupos que não os grupos de parentesco e de descendência, coloca sob tensão a solidariedade e a estabilidade do sistema social de diversas maneiras. Em primeiro lugar, como que perturba o equilíbrio entre orientações expressivas, solidárias e instrumentais inerentes ao sistema de parentesco e descendência. Orientações no sentido de universalismos, realização e especificidade tendem a ampliar o alcance tanto de relações puramente instrumentais como dos valores individualistas. Além disso, em sociedades universalistas há uma tendência inerente no sentido de segregar papéis instrumentais, solidários e expressivos em diversos setores e grupos, em cada um dos quais um dos padrões de valor é supremo. Em conseqüência, a regulamentação dos direitos, deveres e posses não é estabelecida por uma hierarquia de valores e as diferentes orientações e princípios de distribuição de papéis têm um alcance maior.

Em segundo lugar, como decorre do que foi dito acima, não é alcançada facilmente uma compatibilidade entre a distribuição de papéis e de recompensas, ou quase que automaticamente, como no caso dos sistemas de parentesco. Na regulação de papéis e recompensas existe um elemento contingente de maior peso e, no que se refere ao risco de alcançar recompensas e gratificações, há um maior elemento de risco. Este elemento de contingência pode ser observado com maior clareza no fato de que limites seguros, estáveis, particularistas e direitos mútuos de grupo, dão lugar a relações universalistas inespecíficas, nas quais qualquer indivíduo pode reclamar certos direitos. Nestas condições, as relações entre diversos graus etários, que são tão necessários para a continuidade de uma sociedade, podem tornar-se tensas. Relações etariamente heterogêneas manifestadas em relações familiares e de parentesco são também segregadas em esferas especiais. As atitudes de autoridade e respeito e a solidariedade por elas geradas não são, por assim dizer, automaticamente transferidas a outras esferas da sociedade. Surge, então, o problema da manutenção de uma solidariedade global, a despeito da segregação das várias esferas e de encontrar meios para transferir a solidariedade básica da família e das unidades de parentesco para esferas não familiares, ainda que de um modo um tanto diferente e segundo alguns critérios distintos.

A consecução dessa solidariedade não pode ser assegurada sem a existência de ligações entre as relações de parentesco e as de outras esferas e ainda sem fornecer um princípio atributivo que mantenha a primazia de orientações e gratificações expressivas e solidárias sob uma forma diferente. Por esta razão, as agências e grupos integrativos que se baseiam somente em orientações e critérios instrumentais também seriam inadequados. Surge, então, no âmbito do sistema social, uma necessidade funcional de um princípio atributivo que assegure uma gratificação estável (*i.e.*, que se baseie tanto na indeterminação como na qualidade) sem ser circunscrito pelos estreitos limites dos grupos de parentesco e de descendência comum, ou de qualquer outro grupo parcial baseado em critérios particularistas que impedem que seja alcançada uma solidariedade global. Em outras palavras, esse princípio deveria tornar possível a manutenção de gratificação e solidariedade estáveis, expressivas, através da interação de todos os membros da sociedade e, ao mesmo tempo, deveria adaptar estas gratificações a objetivos coletivos. Este princípio, afirmamos, deve ser o de homogeneidade etária, pois a) os princípios de heterogeneidade etária, que estão sempre enraizados na situação familiar e a ela relacionados, estão excluídos, por definição, devido ao fato de serem inerentemente inadequados para manter a solidariedade da sociedade; e b) outros princípios integrativos que não enfatizam absolutamente o elemento etário (como orientação para realizações, especificidade etc.) não garantiriam a primazia de uma orientação *expressiva* com relação a *todos* os membros do sistema social.

A importância do critério etário neste contexto é enfatizada pelo fato de que todos estes problemas de extensão de solidariedade e transferência da identificação decorrem da transição do indivíduo de um estágio de seu espaço de vida para outro, e estão, sempre, necessariamente relacionados com as suas perspectivas no tocante a diversos graus etários e às suas atitudes de respeito, de autoridade etc., em relação a estas idades. Isto é evidente, considerando o fato de que em todos casos assim o "grau etário" mais enfatizado é o que cobre a faixa que vai desde que o indivíduo deixa sua família de orientação até o momento em que estabelece a sua família de procriação. Vimos, anteriormente, que esta faixa é da maior importância no que se refere ao entrelaçamento das diversas gerações e à interação mútua das pessoas etariamente heterogêneas. As sociedades nas quais os mecanismos integrativos globais não são harmônicos com os padrões que regulam as relações (de parentesco) etariamente heterogêneas, utilizam esta faixa da vida para o estabelecimento da solidariedade dos grupos etariamente homogêneos e a consecução da plena maturidade social (*status*) se dá não somente através da interação das diferentes gerações e graus etários em um grupo, mas também, em grande parte, mediante a ênfase na solidariedade do grupo etário e a interação incorporada entre os diversos graus etários, cada um deles organizado em grupos etariamente homogêneos.

Vemos, então, que a distribuição de papéis e a constituição de agrupamentos com base na homogeneidade etária são tão necessárias do ponto de vista social, como do ponto de vista da integração da personalidade do indivíduo. Existe, então, uma congruência básica entre os dois aspectos. Esta congruência, no entanto, não envolve uma compatibilidade e harmonia totais. O indivíduo pode, sob certas condições, encontrar objetos de gratificação de suas disposições em relações etariamente homogêneas que não são institucionalizadas dentro do sistema social. A harmonia ou compatibilidade totais entre os dois ocorre apenas em condições específicas que serão posteriormente investigadas neste trabalho. Embora tenhamos baseado nossa análise em termos explicitamente "funcionais", i.e., em termos das funções que os grupos etários desempenham no sentido de conseguir a integração da personalidade e pela solidariedade e continuidade do sistema social, não supomos uma identidade completa entre estas duas funções, pois o que pode ser funcional do ponto de vista de um sistema, pode ser disfuncional do ponto de vista de outro [27].

A extensão da harmonia e compatibilidade nos grupos etários, entre os objetos das disposições de necessidade do indivíduo e os papéis oficiais a ele atribuídos, no âmbito do sistema social, será um dos problemas centrais da nossa análise. Pode-se mencionar aqui, porém, que a existência de vários grupos de delinquentes juvenis mostra, claramente, que tal compatibilidade não é absolutamente inevitável e constitui uma das melhores confirmações de nossa hipótese.

Podemos, agora, com base em nossa discussão prévia, passar a formular nossa hipótese. Em sociedades que são regidas por critérios universalistas e valores que, por sua própria natureza, diferem dos da família e das unidades de parentesco, os membros da sociedade desenvolvem, no ponto de transição de papéis característicos das relações entre parentes a outros institucionalizados segundo diferentes critérios, uma necessidade de interagir e estabelecer relações sociais reguladas segundo critérios e qualidades difusos e adscritos diversos dos estabelecidos por laços de consaguinidade, que podem ser comuns a todos os membros da sociedade. Desenvolvem uma necessidade de formar, ou associarem-se, a grupos solidários primários, que são regulados conformemente e que são, em parte, uma defesa contra seus futuros papéis e, por outra parte, orientados no sentido deles. Os grupos

---

[27]. Os problemas da função e disfunção foram analisados por R. K. MERTON, "Manifest and Latent Functions", *Social Theory and Social Structure*, Glencoe, 1949, pp. 21-83.

que mais se adaptam a esses propósitos são grupos etariamente homogêneos nos quais a imagem que um dado grau etário tem do homem tornar-se um importante símbolo de identificação coletiva [28]. No quadro destas sociedades, a distribuição de papéis e a definição de grupos tendem a ser feitas com base em critérios etariamente homogêneos. O alcance desses grupos etariamente homogêneos ("grupos etários") é limitado às esferas "transitórias" entre relações de parentesco e aquelas regidas por variáveis-padrão de realização e de especificidade. Sua função é estender a solidariedade do sistema de parentesco a todo o sistema social por meio de uma ênfase na difusa qualidade de membro do grupo etário.

Ao enunciar esta hipótese não estamos supondo que em todas as sociedades "universalistas" os grupos etários se estendam à totalidade do sistema social; argumenta-se que eles se estendem àquelas esferas de papéis que não são institucionalizadas de acordo com critérios não qualitativos e não difusos. Em outras palavras, a institucionalização de papéis com base na homogeneidade etária é limitada pela extensão em que o âmbito da distribuição universalista básica de papéis, a integração do sistema social — no âmbito da distribuição universalista de papéis — se baseia na especialização e em unidades especializadas.

Esta hipótese, naturalmente, não nega a necessidade de relações etariamente heterogêneas no âmbito do sistema social. Ela apenas presume que, em certos tipos especiais de sociedades, o entrelaçamento de diferentes graus etários não ocorre apenas no contexto de grupos etariamente heterogêneos, mas também através da interação incorporada de grupos etariamente homogêneos, que podem ou não conservar os tipos gerais de atitudes mútuas (respeito etc.) entre os graus etários. Em que medida o fazem e, em geral, de que maneira se organizam nestas sociedades as relações entre gerações, serão um dos pontos principais de nossa análise.

Esta discussão leva-nos a um outro problema que nos preocupa e que foi mencionado anteriormente, isto é, sob que condições o critério de idade se torna importante para a distribuição geral de papéis na sociedade. Podemos sugerir aqui que a impotrância deste critério depende do grau de harmonia entre os princípios integrativos gerais e o sistema de valores da sociedade e as principais características da "idade" como categoria social, ou, em outras palavras, que a importância da idade como critério para a distribuição de papéis aumenta à medida que os padrões de valor difusos, qualitativos e particularistas, predominem no sistema de valo-

---

28. O termo "primário" significa aqui, como é usado geralmente, "grupos primários". Ver K. DAVIS, *Human Society*, op. cit., p. 289 e ss., e E. A. SHILS, *The present State of American Sociology*, Glencoe, 1948, p. 40 e ss.

res de uma sociedade. É de importância, naturalmente, saber quais as qualidades enfatizadas, se aquelas relativas a alguns fatos biológicos, laços de consangüinidade etc., ou outras relacionadas principalmente com a qualidade de membro de vários grupos, não baseadas em critérios hereditários. Obviamente, no primeiro caso a importância do critério etário seria maior. Em sociedades universalistas, a importância do critério etário, embora menor que em sociedades particularistas comparáveis, crescerá na proporção em que prevalecerem as orientações qualitativas e difusas.

X

Nossa hipótese até agora tratou, por um lado, das relações entre a família e os grupos de parentesco e, por outro lado, examinou outras esferas institucionais da estrutura social e assumimos que os grupos etários surgem quando as disposições de papéis inculcados no âmbito da família (e da parentela) são incompatíveis com aquelas da estrutura total e, portanto, impede que o indivíduo alcance um *status* maduro. Os obstáculos com que o indivíduo se defronta para alcançar um pleno *status* social e a concomitante mudança de sua posição etária não estão, entretanto, necessariamente limitados às relações entre a unidade familiar e o sistema social total. Tais obstáculos podem também desenvolver-se na estrutura da família e dos grupos de descendência. Aqui, duas instituições ou elementos institucionais constituem esses obstáculos inerentes: a) a instituição da autoridade; b) o elemento institucional do tabu do incesto e da proibição de relações sexuais no seio da unidade familiar. Vimos, anteriormente, que as relações entre diferentes gerações necessitam de um forte elemento de autoritarismo que é, naturalmente, básico para a manutenção das principais funções socializantes da família. Este elemento autoritário pode tornar-se tão acentuado a ponto de impedir que os elementos mais jovens alcancem pleno *status* social e assumam funções que signifiquem exercício da autoridade. Podem ser bloqueadas todas as possibilidades de acesso às diferentes facilidades que constituem condições necessárias para que se alcance um pleno *status* social. Facilidades econômicas (um lar independente); facilidades rituais e políticas (o desempenho de alguns papéis rituais e políticos) podem aqui ser incluídos, assim como as facilidades necessárias para estabelecimento de uma nova família de procriação e para que o indivíduo atinja uma maturidade sexual procriativa legítima, como são as facilidades econômicas necessárias para oferecer um dote etc.

O tabu do incesto e a proibição de relações sexuais no âmbito da família nuclear (e também, usualmente, na família extensa) podem tornar-se tão severos a ponto de proibir quaisquer manifestações de atividades sexuais no seio da unidade familiar e pode, desta maneira, impedir que o indivíduo alcance plena maturidade sexual enquanto estiver ainda vivendo com a família de orientação. Tais proibições, usualmente, assumem uma forma ritual que consiste em se manterem afastados os indivíduos, especialmente os parentes por afinidade pertencentes a diferentes gerações [29].

Os dois tipos de impedimentos — os causados pelo bloqueio ao acesso às facilidades e aqueles causados pela distensão e aguçamento do tabu do incesto — podem, naturalmente, tornar-se interligados em casos concretos (como, por exemplo, quando os mais velhos utilizam poderes rituais superiores baseados no tabu do incesto para se absterem de estipular um dote para seus filhos); mas são analiticamente separados.

Na medida em que, no seio da família ou da unidade de parentesco, existam semelhantes obstáculos no sentido de impedir que o indivíduo possa alcançar plena maturidade social e *status*, a interação harmoniosa entre as gerações fica ameaçada ao máximo e as tensões entre elas tendem a se acentuar. O mecanismo de transferência da identificação é aqui diferente daquele descrito para as sociedades universalistas. Naquelas, o objeto de identificação pode representar apenas disposições gerais e não papéis concretos, mas não existem necessidades inerentes de identificações inadequadas com estas disposições gerais e com o objeto como tal. Nestas famílias que agora estamos examinando, o processo de identificação utilizado é algo inadequado devido às várias condições analisadas acima, que impedem que o indivíduo alcance pleno *status* na família. Nestes casos, são enfraquecidas a solidariedade e complementaridade das definições etárias no âmbito da família e os membros "inferiores" da unidade familiar tendem a superenfatizar sua solidariedade mútua *vis-à-vis* às gerações mais velhas, em vez de, quase que automaticamente, subordiná-la à solidariedade global da unidade familiar total. O elemento de homogeneidade etária que, como vimos, existe no seio de toda família e unidade de parentesco, tende a acentuar-se e dá origem a grupos etariamente homogêneos. Na medida em que estes grupos se originaram das tensões entre as gerações e sua função é descobrir válvulas de escape para estas tensões, podem funcionar como mecanismos de ajustamento secundário ou, em alguns casos, como ponto de partida para a formação de grupos anormativos [30]. Como resultado, sua estrutura difere, em

---

29. O caso mais interessante desse ato de evitar pode ser encontrado entre os Nyakyusa. Ver M. WILSON, *Good Company*, Oxford, 1951, e ver mais detalhadamente a análise no Cap. 5 deste livro.
30. Para uma definição exata destes termos, ver T. PARSONS, *The Social System*, Cap. 7.

importantes aspectos, da estrutura daqueles grupos etários que surgem sob as condições enunciadas na primeira hipótese. Investigaremos, em seguida, estas diferenças [31].

A distinção entre os dois tipos de condições, que dão origem a grupos etários, e entre os diferentes grupos etários conseqüentes, é principalmente analítica. Na realidade, os dois tipos de condições e grupos etários podem freqüentemente coexistir. No Cap. 5, analisaremos estes casos com maior minúcia.

XI

A hipótese fundamental deste trabalho pode, agora, ser formulada em termos mais precisos e formais:

A. O critério etário como princípio de distribuição de papéis é mais importante nas sociedades em que as orientações básicas de valor se harmonizam com as orientações da imagem humana da idade, *i.e.*, particularistas, difusas e qualitativas. Nessas sociedades, percebemos usualmente que a família e/ou a unidade de parentesco é a unidade básica da divisão social do trabalho. As relações etariamente heterogêneas entre essas unidades são as formas básicas de interação entre os graus etários, ao passo que relações etariamente homogêneas são de importância apenas subsidiária.

B. Por outro lado, nas sociedades em que a família ou a unidade de parentesco não podem assegurar, ou até mesmo impedem, que seus membros alcancem pleno *status* social, tendem a surgir grupos etariamente homogêneos. Podem existir dois tipos de condições e sociedade onde isto ocorre.

1. Aqueles sistemas sociais nos quais a distribuição de papéis, de recompensas e facilidades, não é baseada em critérios que levam em conta o fato de o indivíduo ser membro de um certo grupo de parentesco, ou ainda, baseado em quaisquer outras unidades e critérios particularistas. Nestas sociedades os papéis institucionalizados importantes do sistema são independentes da família e de outras unidades parti-

---

31. Não formulamos a suposição de que todas as definições descontínuas dos papéis das crianças e dos adultos (segundo a definição de R. BENEDICT, op. cit.) implicam a emergência de grupos etários mais ou menos formalizados. Essa descontinuidade tem freqüentemente sido frisada como um dos principais determinantes da insegurança do período da adolescência em várias culturas (*e.g.*, nas várias obras de M. Mead). Para um resumo completo desta evidência, ver M. SHERIF & H. CANTRIL, *The Psychology of Ego Involvement*, Nova York, 1946, Caps. 8, 9.
Não obstante, nem sempre a insegurança da adolescência origina fortes grupos etariamente homogêneos. De acordo com a nossa hipótese, isto ocorre somente em sociedades "sem parentesco". Nas sociedades "com parentesco" essa insegurança resolve-se dentro da unidade familiar, ajudada por vários ritos de iniciação. Como exemplo disso, ver J. WHITING, *Becoming a Kwoma*, New Haven, 1951.

cularistas. Nestas sociedades, caracterizadas por mecanismos integrativos determinados em termos universalistas, os papéis e disposições de papéis incorporados ao âmbito da família e desempenhados no seio desta não são harmônicos com o sistema social mais amplo e a identificação com membros etariamente heterogêneos da família não assegura que o indivíduo alcance plena maturidade social e *status,* nem plena participação no sistema social. Nestes casos, a solidariedade das relações etariamente heterogêneas tendem a romper-se e surge uma tendência no sentido da emergência de grupos etariamente homogêneos. Esta tendência surge pois a) o indivíduo desenvolve inclinações orientadas para necessidades no sentido do desempenho de papéis baseados em critérios qualitativos, difusos, universalistas e de solidariedade; e b) a distribuição de papéis e recompensas baseadas nesses critérios intensificam a solidariedade desses sistemas sociais. Esses critérios são aplicáveis em termos de limites entre grupos e apenas aos grupos etariamente homogêneos.

O alcance das atividades desses grupos etários limita-se a papéis institucionalizados desempenhados entre a família e unidades de parentesco e outras esferas integradas de acordo com critérios de orientação para realizações e especificidade; em outras palavras, o alcance das atividades dos grupos etários está inversamente relacionado com a extensão da especialização dos grupos dentro da estrutura básica e universalista da sociedade.

2. Quando a estrutura familiar ou dos grupos de descendência bloqueiam a possibilidade de os membros mais jovens alcançarem maturidade social dentro dela, devido a que a) os membros mais velhos bloquearam o acesso dos membros mais jovens às facilidades sem as quais é impossível o pleno desempenho de papéis adultos; e/ou b) o aguçamento dos tabus de incesto e de restrições sexuais no seio da unidade familiar adia o momento em que os membros jovens alcançam plena maturidade sexual.

Deve ficar claro, naturalmente, que estas suposições não passam de hipóteses amplas e gerais, que deverão ser diferenciadas e formuladas com maior precisão no curso deste trabalho. Aqui, expusemos apenas as condições mais gerais sob as quais tendem a ocorrer grupos etários e ainda não diferenciamos entre os vários tipos de grupos etários e suas inter-relações com vários aspectos do sistema social. A diferenciação e elucidação do problema e da hipótese serão objeto dos capítulos subseqüentes. Mas mesmo apenas esta análise já mostrou que as condições sob as quais ocorrem grupos etários estão intimamente relacionadas com as pré--condições básicas de existência e continuidade dos sistemas sociais e que os grupos etários participam do desempenho de algumas das tarefas básicas de uma sociedade. A natureza exata desta tarefas, entretanto, difere com relação às diversas sociedades, em função das tarefas desempenhadas nestas sociedades pelos outros grupos.

2. Alguns Tipos de Grupos Etários

Neste capítulo descreveremos alguns sistemas típicos de grupos etários de várias sociedades. Até agora, estivemos discutindo grupos etários em geral, sem chamar a atenção para as diferenças entre eles. Além disso, foram discutidos em abstrato, sem descrevê-los concretamente em quaisquer minúcias. Neste capítulo, faremos descrições bastante detalhadas dos vários tipos de grupos etários utilizando, na medida do possível, o material descritivo original de etnógrafos, historiadores e sociólogos modernos com apenas leves modificações e paráfrases. Não descreveremos nem enumeraremos aqui todas as sociedades nas quais são encontrados grupos etários. Em vez disso, descreveremos alguns sistemas de grupos etários que parecem ser mais representativos de um parâmetro muito mais amplo. Em cada caso, também indicaremos, brevemente, em que sociedades são encontradas organizações e características semelhantes de grupos etários. Todos os grupos etários que forem tratados aqui representarão, em seu conjunto, os principais tipos de grupos etários que sabemos haver em várias sociedades. Não faremos, aqui, uma análise detalhada das sociedades onde são encontrados estes grupos etários, mas examinaremos com maior vagar apenas a organização interna desses grupos etários.

Os grupos etários apresentados aqui — e os discutidos ao longo do livro — pertencem, primariamente, a três tipos de sociedades: a) tribos e sociedades primitivas (*e.g.*, a maioria das sociedades africanas analisadas aqui, as tribos dos índios Plains etc.), b) sociedades históricas ou semi-históricas (*e.g.*, os Nupe e Mende, na África, as antigas Grécia e Roma e, com um propósito comparativo, Europa e China medievais etc.) muitas delas sociedades rivais e c) várias sociedades modernas. É óbvio que esta distinção entre sociedades primitivas, históricas e modernas é principalmente descritiva e não analítica; apesar disso, porém, a distinção tem algumas assunções analíticas. A distinção refere-se, principalmente, à extensão da diferenciação e especialização sociais, à existência de classes dominantes e elites culturais especiais e ao grau em que se verificam orientações de valor universalistas. No decorrer de nossa análise aplicaremos a estas várias sociedades distinções analíticas mais sofisticadas mas, por ora, tendo em vista os propósitos descritivos gerais, esta distinção tripartite será suficiente. O propósito de apresentar estas descrições neste capítulo tem dois objetivos. Por um lado, fornecerão uma descrição concreta dos vários grupos etários e facilitará desta maneira, a apresentação do material nos capítulos subseqüentes deste livro. Por outro lado, elas nos mostrarão, a partir de agora, quais são as diferenças mais significativas entre os vários tipos de grupos etários, diferenças que serão justificadas pelas análises a serem feitas posteriormente.

Antes de apresentar essas descrições e uma análise detalhada de cada tipo de grupo etário, vale a pena apontar os principais elementos da estrutura dos grupos etários que deveriam ser analisados e comparados. Podemos distinguir alguns desses elementos básicos com base em nossa discussão e análise anteriores. Como foi observado, nosso principal problema é em que medida o critério etário é um elemento constitutivo da formação de grupos. Por isso, estamos interessados, também, no ordenamento e estrutura interna desses grupos. Finalmente, postulamos que os grupos etários desempenham um determinado papel na estrutura social em geral, embora a natureza precisa deste papel possa variar Estes são, então, os três principais elementos da análise comparativa — o critério de qualidade de membro de grupos etários, sua estrutura interna e o lugar que ocupam na estrutura social. Cada um deles pode ser subdividido da seguinte maneira:

I. CRITÉRIO DA QUALIDADE DE MEMBRO

A. Em que medida a idade (a homogeneidade etária) constitui um critério explícito para a atribuição da qualidade de membro

B. Em que medida o fato de o indivíduo ser membro do sistema de grupos etários é um fato comum e universal no âmbito da sociedade

C. A faixa etária compreendida pela qualidade de membro no contexto do sistema de grupos etários e com que precisão é definida e se identifica a esta faixa etária

D. Em que medida um grau etário (ou uma parte dela) se organiza num grupo etário específico.

II. ESTRUTURA INTERNA DO SISTEMA DE GRUPO ETÁRIO

A. Diferenciação interna dos grupos etários e em que medida se constituem numa parte de um sistema

B. Tipos de relações existentes entre vários grupos do sistema

   1. Direitos e deveres recíprocos dos indivíduos. Princípios de distribuição de papéis no âmbito do sistema

   2. Atitudes gerais dos indivíduos, reciprocamente (respeito, competição etc.)

   3. Em que medida os conjuntos sênior exercem autoridade sobre os júnior

   4. Ordem de passagem dos conjuntos de um grau a outro

   5. Em que medida existe autonomia e autocefalia no sistema total dos conjuntos de grupos etários

C. Em que medida ocorre a organização formal e incorporada dos grupos etários particulares

D. Em que medida ocorre a organização incorporada de grupos etários ao nível de toda a sociedade

E. Estrutura interna do grupo etário particular

   1. Relações mútuas entre membros: solidariedade, divisões, intensidade de vinculação

   2. Em que medida se desenvolve uma ideologia de um grupo ou de uma geração

   3. Grau de autonomia do grupo

   4. Critério para a distribuição interna de papéis e de autoridade no âmbito do grupo.

III. POSIÇÃO DO GRUPO ETÁRIO NO ÂMBITO DO SISTEMA SOCIAL

A. Em que medida os grupos etários regem o comportamento e distribuição dos papéis entre os membros do sistema social (membros do grupo e também outras pessoas)

B. Em que medida os papéis dos grupos etários são completamente aceitos e legitimados na sociedade

C. Em que medida os grupos etários são dirigidos por vários agentes do sistema social, não sendo eles mesmos membros do grupo etário (este critério relaciona-se com a extensão de autonomia do grupo etário)

D. Em que medida a qualidade de membro de grupos etários é um pré-requisito de (e/ou um indicador do) *status* social de seus membros

E. Em que medida os grupos etários desenvolvem qualquer tipo de comportamento anormativo, seja ele de agressão ou de retraimento

F. Em que medida os grupos etários desenvolvem uma ideologia anormativa.

Nos parágrafos seguintes, descreveremos os principais tipos de grupos etários e aplicaremos a eles os critérios enunciados acima, na medida em que o material disponível o permita.

A. *Tribos acéfalas, primitivas e segmentárias*

Os Nuer [1] são uma tribo pastoril nilótica (Nilo-Hamítica) do Sul do Sudão. Seu sistema de grupos etários foi amplamente descrito por E. E. Evans-Pritchard.

O sistema de grupos etários proporciona aos Nuer uma estratificação social baseada no fator idade, uma estratificação que permeia toda a tribo. Do ponto de vista do indivíduo, a organização dos grupos etários começa com a iniciação, com a passagem desde o grau etário e *status* infantil ao *status* de adulto. A iniciação compreende não apenas a mudança de um grau etário a outro, mas também o ingresso num conjunto no qual o indivíduo permanece pelo resto de sua vida. Os membros de cada conjunto têm um nome comum, *status* semelhante e padrões de comportamento recíproco, que regem suas relações com membros de conjuntos etários sênior e júnior.

Todos os rapazes iniciados durante um certo número sucessivo de anos pertencem a um único conjunto etário (Ric). Há, geralmente, um intervalo de quatro anos entre o final de um desses conjuntos e o início do próximo. Um certo *wut glick*, "Homem do Gado" * é, em cada tribo, o responsável pela abertura e encerramento dos períodos de

---

1. A bibliografia mais importante sobre os Nuer são os trabalhos seguintes de E. E. EVANS-PRITCHARD: (a) "The Nuer Tribe and Clan", *Sudan Notes and Records*, v. XVI, p. 1, XVII, parte I, p. 1; (b) "The Nuer, Age Sets", *Sudan Notes and Records*, 1933-5, v. XIX, parte II; (c) *The Nuer*, Oxford 1940 (Trad. bras. *Os Nuer*, São Paulo, Ed. Perspectiva, no prelo); (d) *Marriage and Kinship Among the Nuer*, Oxford, 1951; (e) "Kinship and the local Community Among the Nuer", em A. R. RADCLIFFE-BROWN & D. FORDE, *African Systems of Kinship and Marriage*, Instituto Internacional Africano (Oxford), 1950.

A descrição dada aqui foi adaptada de E. E. EVANS-PRITCHARD, (b) e (e) pp. 257-261.

* No original *Man of the Cattle*. (N. do T.)

iniciação, dividindo desta maneira os conjuntos. Realiza o rito apropriado no seu distrito e quando a notícia se difunde outros distritos começam também a iniciação. Pode-se considerar dez anos como o período médio entre a iniciação de um conjunto e a do seguinte. O número de conjuntos não é fixo (durante o período da pesquisa o número era seis, mas havia muito poucos sobreviventes do grupo sênior) nem seus nomes, que são fortuitos, se repetem de maneira cíclica. Cada conjunto etário tem duas ou três subdivisões (de acordo com os anos de iniciação), mas todos os elementos de um conjunto são conhecidos pelo nome da primeira divisão. No caso de os irmãos pertencerem ao mesmo conjunto etário, geralmente se encontram em divisões distintas.

O sistema de conjuntos etários dos Nuer, não constitui, como em outras tribos, a organização militar da tribo, nem um grupo incorporado com atividades comuns. É em relações sociais mais gerais, principalmente de ordem doméstica ou parental, que o comportamento é especificamente determinado pelas posições das pessoas na estrutura do conjunto etário. Quando um rapaz ingressa no estágio adulto, seus deveres e privilégios domésticos são radicalmente modificados. Aquele que não passava de um inferior e um criado de todos, torna-se um adulto independente. Esta mudança de *status* é epitomizada no tabu da ordenha através do qual se separa das mulheres, com as quais se identificava quando rapaz — um tabu que tem origem na sua iniciação e que permanece em efeito pelo resto de sua vida. A alteração do *status* é também expressa por outras tarefas domésticas, hábitos de alimentação etc. Quando da iniciação, o rapaz recebe uma lança de seu pai ou tio e torna-se um guerreiro. Recebe também um touro do qual tira um nome, tornando-se pastor. Deste momento em diante, até tornar-se marido e pai, seus principais interesses são dançar e fazer amor. Torna-se um verdadeiro "homem" no momento em que tiver lutado na guerra (batalha) e não tenha mostrado covardia, que tiver duelado com seus companheiros da mesma idade, cultivado seus jardins e se casado.

A mudança de *status* juvenil para o de adulto é súbito e grande, mas os modos de comportamento peculiares a cada um não distinguem um conjunto de outro, pois os privilégios da idade adulta são desfrutados igualmente pelos membros de todos os conjuntos. Os conjuntos são, entretanto, estratificados por um critério que leva em conta a senioridade e por relações bem definidas entre eles

No contexto do sistema de conjuntos etários a posição de todo Nuer do sexo masculino é definida em relação a qualquer outro Nuer do sexo masculino e seu *status* em relação ao dos outros homens é de senioridade, igualdade ou junioridade. É difícil descrever este *status* em termos de comportamento, pois as atitudes que ele impõe é, freqüentemente, de uma natureza muito geral. Podemos, entretanto, observar os seguintes pontos:

1) Há certos costumes rituais que devem ser observados e comportamentos a serem evitados entre membros do mesmo conjunto, mas também entre conjuntos. As mais importantes destas são a segregação dos conjuntos nas cerimônias do sacrifício e a rigorosa proibição de que os membros de um conjunto sepultem um companheiro da mesma idade, ou de compartilhar a carne dos animais sacrificados por ocasião da sua cerimônia fúnebre; mas há ainda outras injunções rituais.

2) Um homem não pode casar-se ou ter relações sexuais com a filha de um companheiro da mesma faixa etária, por ser ela sua "filha" e ele é seu "pai". Outro costume a ser observado é que, embora um homem possa, sempre, ter relações sexuais com a filha de um companheiro da mesma idade a que pertence seu pai, não deverá casar-se com ela a menos que tanto seu pai como o pai dela tenham morrido e isso apenas após as partes envolvidas no casamento terem trocado entre si animais como compensação ao grupo etário dos pais.

3) Os membros do mesmo conjunto etário relacionam-se entre si em termos de igualdade total. Um homem, no seu relacionamento com companheiros da mesma idade, não tem um comportamento cerimonioso mas, ao contrário, diverte-se, brinca ou faz suas refeições com os companheiros de maneira natural e descontraída. Os companheiros da mesma idade associam-se em todas as atividades relacionadas com o trabalho, guerra e lazer. Espera-se que mutuamente se ofereçam hospitalidade e compartilhem suas posses. Lutar é considerado um modo apropriado de comportamento entre companheiros da mesma idade, mas um homem não deve lutar com um membro pertencente a um conjunto sênior. A camaradagem entre companheiros da mesma idade deriva do reconhecimento de uma união mística entre eles, ligando seus destinos, que se origina de um laço de união quase físico e análogo ao vínculo do verdadeiro laço de parentesco, por terem conjuntamente vertido seu sangue.

4) Espera-se que os membros de um conjunto etário mostrem respeito aos **membros de conjuntos sênior** e esta deferência pode ser observada nas discussões, na etiqueta, na divisão dos alimentos e assim por diante. Sempre que surja uma questão acerca da propriedade de um discurso ou de uma ação, esta é julgada levando em conta as posições relativas das pessoas envolvidas na estrutura do conjunto

etário, se o *status* inerente às relações de parentesco não estiver também aí presente.

As relações entre os conjuntos estão definidas no idioma de relacionamento familiar. Os membros do conjunto etário do pai de um homem são seus "pais" e os membros do conjunto etário dos irmãos de seu pai são também seus "pais", embora num sentido menos preciso. Os filhos dos membros do conjunto etário de um homem são também seus "filhos" e podem pertencer a diversos conjuntos. As esposas dos membros do conjunto etário do pai de um homem são "mães" destes e as esposas dos membros do próprio conjunto de um homem são, analogamente, "irmãos" entre si, embora a analogia, aqui, seja raramente expressa, pois a camaradagem entre os companheiros da mesma idade é fortemente enfatizada no idioma do sistema, pois são todos *ric,* companheiros etários uns dos outros.

Vemos, assim, que após sua iniciação a organização dos conjuntos etários dos Nuer altera, em grande medida, o comportamento de seus membros. Retira-os da estrutura particularista da família e amplia o âmbito de seus relacionamentos, estendendo-o a todos os membros da tribo que têm idade aproximadamente igual às suas. Essa estrutura organiza as relações mútuas entre todos os membros da tribo, passando pela família e pelas unidades de parentesco e ampliando as relações gerais de respeito e de igualdade para com os mais velhos entre os membros do mesmo conjunto etário. Nesta tribo que, como veremos, se organiza amplamente em bases universalistas, o sistema de conjuntos etários mantém e amplia as relações assimétricas entre vários graus etários para a interação de todos os membros da sociedade.

Podemos, agora, passar a classificar e elaborar as principais características do sistema de conjuntos etários dos Nuer, de acordo com os critérios comparativos gerais esboçados acima.

I

A. A idade constitui, aqui, um critério específico para a atribuição da qualidade de membro de um conjunto e a faixa etária coberta pelos conjuntos etários estende-se desde a iniciação até a morte. Está estritamente compreendida nesse critério.

B. Os vários graus etários organizam-se em diversos conjuntos etários, embora não exista qualquer relação definida entre vários graus etários e os diferentes conjuntos. O sistema do conjunto etário tende a ressaltar enfaticamente a diferença entre os *status* juvenil e adulto e o arrolamento em um conjunto etário está ligado a cerimônias de iniciação; mas não há maior correspondência entre o fato de o indivíduo ser membro de um conjunto etário e o fato de avançar um grau etário.

C. Ser membro de um conjunto etário é um fato universal na sociedade.

II

Os vários conjuntos etários não constituem grupos incorporados ou uma hierarquia incorporada unificada. À medida que os conjuntos sênior vão desaparecendo e que outros mais jovens vão sendo iniciados, um conjunto vai gradualmente alcançando posições de senioridade relativa, não existindo, porém cerimônias especiais de transição incorporada.

Os grupos etários estabelecem o padrão geral de comportamento e de atitudes apenas entre seus próprios membros e com vistas às suas atitudes recíprocas que se expressam com maior evidência em ocasiões rituais.

Entre estes padrões de comportamento, são de especial importância os que enfatizam a igualdade entre companheiros da mesma idade e a atitude de respeito para com os mais velhos.

As relações que dizem respeito aos grupos etários constituem, em certa medida, extensões da relação de parentesco no que se refere à terminologia e às proibições exogâmicas.

III

O fato de ser membro de um grupo etário é universal e rege o comportamento global dos membros da sociedade. Os deveres, papéis e relações prescritas pelos grupos etários são plenamente reconhecidos e legitimados por todos os membros da sociedade. Ser membro de conjuntos etários é um indicador básico do *status* social de um indivíduo e é, também, um pré-requisito básico para que um indivíduo possa alcançar um *status* social pleno.

As atividades dos grupos etários conformam-se aos valores e normas da sociedade, não sendo encontrado aqui nenhum comportamento anormativo ou ideologia.

O Sistema Cíclico de Grupos Etários dos Nandi (Quênia). Os Nandi são uma tribo segmentária do Quênia [2].

---

2. A bibliografia mais importante sobre os Nandi é: A. C. HOLLIS, *The Nandi, Their Language and Folklore*, 1909; G. W. HUNTINGFORD, Miscellaneous Records Relating to the Nandi and Kory Tribes, *JRAI*, 1927; G. W. B. HUNTINGFORD, The Nandi Pororiet, *JRA*, 1935; G. W. B.

Entre os Nandi, todo indivíduo do sexo masculino pertence a um dos sete conjuntos etários. Cada um destes foi subdividido em quatro "fogos", dois sênior e dois júnior. Os conjuntos compreendiam dois grupos de rapazes, um de guerreiros e quatro de anciãos. O conjunto dominante era o dos guerreiros, que saíam para a guerra e desfrutavam da maioria dos privilégios. As funções dos conjuntos mais idosos são de natureza mais consultiva e jurídica. O conjunto guerreiro é responsável pela segurança do território e pelo bem-estar de seus habitantes.

O sistema de conjuntos etários dos Nandi é cíclico.

Neste tipo de sistema cíclico um homem nasce num conjunto e permanece nele por toda a vida. Este conjunto é, geralmente, o que segue àquele a que pertence seu pai, em ordem decrescente. Há um número fixo de conjuntos, cada um dos quais tem um nome definido e os conjuntos sucedem-se uns aos outros numa repetição periódica. Há, entre os Nandi, sete dessas faixas com nomes fixos, perfazendo um ciclo repetitivo de aproximadamente 105 anos, o que significa que cada idade constitui a idade guerreira (*i.e.*, fornece os guerreiros) uma vez em cada século. A intervalos de cerca de quinze anos, cada faixa combatente cede lugar à próxima abaixo dela, cujos membros estiveram, durante os 15 anos, qualificando-se para o exercício das atividades guerreiras através da circuncisão. Os membros da faixa que se retira sobem uma posição e tornam-se anciãos. O resultado é que, a cada 15 anos, cada faixa sobe uma posição.

Estes conjuntos etários, que dividem a tribo em sete grupos, proporcionam uma fonte de potencial humano para fins militares e também um importante meio para regular o comportamento. Constituem, portanto, um setor importante do sistema social. Todos os membros de qualquer faixa são iguais *vis-à-vis* uns aos outros, mas se relacionam com os membros de conjunto de maior senioridade ou junioridade de maneira parecida àquela com que são tratados os membros sênior e os subordinados num exército moderno. E quando um irmão mais novo de um homem pertence a um conjunto de maior junioridade que o seu, como ocorre freqüentemente quando há um longo intervalo entre o nascimento dos dois irmãos, então, em vez de serem socialmente iguais, como deveriam ser se fossem aplicadas as regras de

---

HUNTINGFORD, The Political Organization of the Nandi, Tese B. Sc., Universidade de Oxford, 1947 (não publicado) e do mesmo *The Nandi of Kenya*, Londres, 1953.
Uma análise excelente da estrutura política de algumas tribos dos Nandi é feita por E. E. EVANS-PRITCHARD, The Political Structure of the Nandi speaking People of Kenya, *Africa*, XIII, 1940, pp. 250-268. A descrição dada aqui baseia-se, em sua maior parte, nessas fontes e especialmente nos vários escritos de G. W. B. Huntingford.

parentesco, as regras de subordinação dos conjuntos etários sobrepõem-se às regras de parentesco, de modo que o irmão mais novo tem um *status* claramente inferior ao do mais velho.

A transferência do governo de um conjunto etário para outro ocorre numa cerimônia especial (o *sowet*) da qual participa toda a tribo. Durante esta cerimônia tem lugar, geralmente, uma prova simbólica de força entre o conjunto dos que passam a assumir a função guerreira e dos que cedem o posto, relutantes em renunciar a seus privilégios (entre algumas outras tribos do grupo Nandi e especialmente entre os Kipsigs, existe uma real animosidade entre conjuntos etários adjacentes, sendo que o que está no poder apenas cede seu lugar após algumas verdadeiras lutas). Os conjuntos de mais idade alternam-se no desempenho de sua tarefa de mediadores entre os conjuntos adjacentes.

O sentimento de camaradagem entre os companheiros da mesma idade é muito forte, levando-os mesmo a compartilharem suas esposas, mas a terminologia de parentesco não se estende a eles. A admissão ao conjunto etário dos guerreiros proporcionava vários privilégios não admitidos a quaisquer outros conjuntos, entre eles, privilégios quanto ao comportamento relativo a questões sexuais. Após a circuncisão, os guerreiros gozavam de uma grande permissão sexual, tomando jovens não iniciadas como suas namoradas. Um guerreiro não se casava com a namorada, mas podia continuar suas relações com ela depois de casar-se (na medida em que pertencesse ao conjunto guerreiro). Quando não mais pertenciam ao conjunto guerreiro, os homens tinham que se restringir às esposas. (Isto explica a incidência de ciúme entre conjuntos sobrepostos.) A ação de conjuntos incorporados restringia-se, principalmente, às divisões locais (provisões) e os guerreiros constituíam a principal força combatente dos regimentos (*porokiet*). Entretanto, não são bastante claras quais eram, exatamente, as relações entre os regimentos dos conjuntos etários e as divisões *porokiet* entre os Nandi.

A divisão em conjuntos etários constituía a maneira mais importante de atribuir *status* a um indivíduo e pertencer a um determinado conjunto etário constituía o mais importante indicador do *status* geral de um homem na tribo.

Aqui, podemos observar que o critério etário tinha uma função muito importante na distribuição de papéis e de prestígio na tribo e a maioria dos papéis importantes eram atribuídos em função da idade. No âmbito das unidades de parentesco, que eram também as principais unidades econômicas, as pessoas mais velhas geralmente ocupavam as posições mais importantes. Nas esferas política, ritual e jurídica, os papéis eram, como vimos, atribuídos aos conjuntos etários. Existiam muito poucos papéis importantes que não estivessem relacionados a estes critérios de distribuição.

Do ponto de vista dos nossos principais critérios comparativos, os grupos etários Nandi apresentam as seguintes características:

I

A idade constitui um critério explícito para a atribuição da qualidade de membro de grupos e o fato de pertencer à categoria de membro de grupos etários tem vigência por toda a vida do indivíduo — desde o nascimento até a morte, embora este apenas passe a ser um membro ativo após sua iniciação. Ser membro de grupos etários é um fato universal na sociedade. Existe uma estreita correspondência entre os graus etários e os grupos etários e cada grau etário é, geralmente, organizado em um grupo (ou grupos) próprio.

II

Existe uma hierarquia e um sistema de grupos etários incorporados e organizados ciclicamente. As relações entre os diversos grupos etários são reguladas pela especialização fixa de funções e pela transição de um conjunto de um grau a outro, em intervalos periódicos.

Os grupos etários desempenham muitas atividades importantes — educacionais, políticas, guerreiras etc. — sendo cada uma delas, normalmente atribuída a um grupo etário especial. Estas atividades compreendem as mais importantes atividades da tribo — com exceção a) daquelas reguladas pela família e b) das atividades econômicas.

Os grupos etários determinam o padrão de comportamento, enfatizando a solidariedade e a igualdade entre os companheiros da mesma idade e o respeito aos mais velhos.

Existem fortes sentimentos de competição e animosidade entre conjuntos adjacentes — especialmente quando chega a ocasião da transferência das funções governamentais — moderadas pela mediação dos conjuntos etários de maior senioridade.

O sistema, no seu todo, é autônomo e acéfalo, como o são, em certa medida, cada um dos grupos etários em particular. Mas os grupos de maior senioridade geralmente exercem alguma autoridade sobre os mais jovens e entretêm suas atividades.

III

Os grupos etários regulam muitos aspectos do comportamento geral dos membros da tribo e são totalmente aceitos e institucionalizados. A maioria dos papéis importantes são distribuídos através dos grupos etários. Como já foi observado, os grupos etários são dirigidos pelos graus mais elevados aos quais são distribuídas as principais tarefas integrativas da sociedade.

Ser membro de grupos etários é pré-requisito básico de *status social* e um importante indicador do *status* de uma pessoa no seio da sociedade.

Os grupos etários são totalmente conformista e não desenvolvem quaisquer tendências anormativas ideológicas ou de comportamento.

As Sociedades Etárias dos Índios Plains[3]. Entre cinco das tribos dos Índios Plains — os Hidatsa, Mandan, Arapaho, Gros Ventre e Blackfoot — existem certas características comuns que, em primeiro lugar, descreveremos em forma sucinta; em seguida, daremos uma descrição mais detalhada de uma delas, os Hidatsa. A maioria das sociedades incitava ou induzia seus membros a distinguirem-se na guerra. A categoria de membro, ou antes, de proprietário em cada sociedade é adquirida por um grupo de companheiros da mesma idade do sexo masculino que compra, coletivamente, de um grupo mais velho, os direitos que prevalecem na sociedade (que compreendem, principalmente, os direitos de desempenhar diversas funções cerimoniais, de executar danças e de usar os vários objetos cerimoniais como, por exemplo, cachimbos etc.). Os mais velhos nunca compram sociedades dos mais jovens. Os compradores e vendedores são considerados, em termos rituais, como "filhos" e "pais", respectivamente. A progressão através dessas sociedades é regulada pela idade e é bastante acentuada a sensação dos indivíduos de estarem evoluindo juntamente com o grupo etário. Sentem que um homem deve pertencer ao mesmo grupo etário que seu companheiro da mesma idade. A base ime-

---

[3]. A bibliografia sobre os índios Plains é abundante, porém existem poucas análises completas. Variados detalhes e uma ampla discussão podem ser encontrados em: R. H. LOWIE (ed.), Plains Indian Age Societies — Historical and Comporative Summary, *Anthropological Papers of the American Museum of Natural History*, XI, parte XIII. Entre os escritos mais importantes estão: C. WISSLER, *Blackfoot Societies;* R. H. LOWIE, *Societies of the Hidatsa and Mandan Indian;* A. SKINNER, *Societies of the Iowa Indian.* Ver também: A. BOWERS, *Mandan Social and Ceremonial Organization,* Chicago, 1950; H. ELKIN, The Northern Arapaho of Wyoming em R. Linton (ed.), *Acculturation Among Seven Indian Tribes,* Nova York, 1940, pp. 207-259; L. HANKS e J. RICHARDSON, *Tribe Under Trust,* Toronto, 1950.

Existe uma interessante análise comparativa de W. F. WHYTE, Age Grading of the Plains Indians, *Man,* Jun. 1944, nº 56. Esta descrição segue a de R. LOWIE, *Primitive Society,* que já contém algum material comparativo.

diata para a outorgação da qualidade de membro, porém, não é a idade mas a compra. Algumas vezes, um determinado grupo pode permanecer sem um nome cerimonial, se se recusa a comprar um título do grupo mais velho após ter vendido seu próprio nome a um grupo mais jovem. Não é necessário que haja uma relação fixa entre um certo complexo cerimonial e uma idade específica.

Os Hidatsa possuíam uma série de organizações militares, muitas das quais assemelhavam-se bastante às dos Crow, como poderíamos esperar, em parte, levando em conta a identidade parcial de seus nomes. Assim, a sociedade dos Fox, Lumpwood, Hammer e dos Dog são comuns a ambas tribos e, com freqüência, podem ser observadas semelhanças até mesmo em pequenos detalhes. Os funcionários dos Crow Foxes reaparecem nos Hidatsa com precisamente os mesmos deveres e, em ambas as tribos, os homens Dog carregam consigo chocalhos peculiares feitos de *dewclaws* * atados a uma vara, enquanto certos funcionários andam com faixas cortadas. Mas, enquanto certos clubes correspondentes eram fundamentalmente parecidos e, indubitavelmente, serviam a necessidades sociais similares de seus membros, o modo de admissão a eles era completamente diferente.

Os Hidatsa não eram convidados a se unirem individual e gratuitamente, nem tentados pelas pessoas presentes; eram coletivamente obrigados a comprar seu título de membro, ao qual, a partir desse momento, renunciavam os antigos portadores, de maneira que a transação no seu conjunto equivalia a uma transferência dos direitos de propriedade.

Havia, porém, uma outra diferença básica entre os dois esquemas de organização, em adição às diferentes maneiras de adquirir a qualidade de membro. O clube dos homens adultos dos Crow eram organizações coordenadas com as quais os homens, via de regra, estavam permanentemente associados. Entre os Hidatsa, as sociedades militares formavam uma série graduada e, no curso de suas vidas, os homens passavam de um grau a outro. Entre os Hidatsa a progressão é uniformemente coletiva e os compradores são todos companheiros de mesma idade. Em outras palavras, os Hidatsa levavam em conta um duplo critério para a atribuição da qualidade de membro, compra *e* idade. Nenhum grupo de pessoas pode, automaticamente, tornar-se um Fox ou Dog quando tenham atingido uma determinada idade; podem tornar-se membros apenas após pagarem as taxas necessárias. Por outro lado, nenhum homem pode tornar-se um Fox ou um Dog individualmente, mas apenas juntamente

---

* Dedo rudimentar ou pequena saliência em forma de dedo de alguns quadrúpedes, *e.g.*, cão, gado, veado etc. (N. do T.)

com todo um corpo de noviços, tendo todos eles uma idade aproximadamente igual à sua.

Em 1833, o príncipe Maximiliano encontrou toda a população masculina, exceto os meninos, agrupados em dez sociedades. Os mais jovens eram os Stone Hammer e sua idade oscilava entre dez e onze anos; jovens de catorze a quinze anos constituíam os Lumpwood; rapazes de dezessete a dezoito anos possuíam a sociedade de posição acima na gradação e assim por diante continuava a escala até chegar ao clube Raven que congregava os homens mais velhos da tribo. Estritamente falando, não é verdade que os homens da tribo se dividiam em dez sociedades, mas em dez *classes etárias*. As sociedades, em verdade, correspondem a graus e, de acordo com o esquema dos Hidatsa, que impede a promoção automática, certos graus ficariam vagos sempre que uma classe etária tivesse vendido seu título de membro, pois, em caso contrário, seus membros teriam que esperar muito tempo até que pudessem ser capazes de adquirir o grau acima da gradação. Em outras palavras, cada classe etária constituía-se numa unidade permanente, que nem sempre ocupava um lugar definido na série.

Havia uma aliança algo engraçada entre as classes dos Hidatsa que ocupavam posições alternadas. Quando a classe etária 2 tentava adquirir a categoria título de membro em poder da classe 3 ela podia se apoiar na colaboração da classe 4 e de outras classes pares, ao passo que prevalecia um vínculo similar entre as classes de numeração ímpar. Pode-se procurar a razão deste vínculo alternado nas relações entre as classes adjacentes. Entre estas havia, necessariamente, uma "luta de classes", uma vez que os vendedores sempre estorquiriam os maiores pagamentos possíveis; desta forma, as classes alternadas se uniriam devido ao seu antagonismo comum com a classe intermediária, que era a espoliada em potencial do grupo abaixo dela e a futura vítima do grupo imediatamente acima.

Embora as mulheres Crow não possuíssem sociedades próprias, suas irmãs Hidatsa possuíam uma série pequena, porém paralela, um tanto aumentada por empréstimos dos Mandan vizinhos. O modo de compra era idêntico ao do clube dos homens e havia mesmo uma afiliação direta com a série dos homens, na medida em que certos grupos de mulheres auxiliavam as classes pares e ímpares masculinas, respectivamente. Naturalmente, estas classes não eram francamente militares, mas registram-se associações marciais indiretas.

As sociedades, geralmente, desempenhavam diferentes deveres gerais na tribo, principalmente durante os períodos em que acampavam conjuntamente. Assim, os Blackfoot, os All Comrades eram responsáveis pela segurança do campo, ao passo que entre os Arapaho toda uma série de conjuntos ficava sob a orientação do grau dos anciãos.

As sociedades etárias eram especialmente importantes no campo ritual e, em certa medida, no político. Sua importância era mais evidente naqueles períodos quando os diversos bandos da tribo acampavam conjuntamente. Quando estavam separados, a importância das sociedades era muito menor.

A grande importância atribuída às qualidades guerreiras e à riqueza nestas sociedades fazia diminuir, necessariamente, o peso exercido pelas sociedades etárias e pelos critérios etários em geral. Aqui, ao contrário do que ocorria com os Nuer e os Nandi, um número muito maior de esferas da vida social relacionava-se diretamente com a organização do grupo etário. Do ponto de vista do nosso critério geral, os índios Plains apresentam as seguintes características:

I

A idade constitui um critério explícito para a atribuição da qualidade de membro, embora o elemento de "compra" esteja presente como elemento subsidiário na definição do grupo. Os grupos etários estendem-se desde a adolescência até à morte e as diferentes definições de grupos etários estão estritamente compreendidas neste critério, embora possam ocorrer algumas exceções individuais. Ser membro do grupo etário é um fato universal na sociedade.

II

A. Os grupos etários possuem uma organização unificada que se faz sentir em toda a tribo e que regula o comportamento de todos os membros *vis-à-vis* uns aos outros.

B. Os grupos etários possuem organizações incorporadas e suas atividades são orientadas para a obtenção de *status* cerimonial, por meio da aquisição de danças e atuações cerimoniais.

C. Existe uma hierarquia bem definida entre os vários grupos, interligados pelas compras e vendas mútuas de privilégios cerimoniais.

D. As relações entre grupos adjacentes são competitivas e semi-agressivas, ao passo que entre os grupos alternados são mais amistosas.

E. Existe, em certa medida, extensão da terminologia de parentesco, porém em grau menor que nos casos anteriormente citados.

F. As atividades dos grupos etários promovem os sentimentos de solidariedade entre companheiros de mesma idade e de respeito pelos mais velhos.

G. Cada um dos grupos etários tem grande autonomia porém, às vezes, suas atividades no acampamento, como deveres de policiamento etc., são dirigidas pelos chefes.

III

Os grupos etários regem muitos aspectos do comportamento de seus membros, especialmente no que diz respeito a atitudes mútuas de igualdade, senioridade etc. Suas atividades são plenamente aceitas e institucionalizadas dentro da sociedade e tomar parte nelas é, usualmente, um pré-requisito indicador de *status* social pleno. São excepcionais os casos de um indivíduo não aceitar papéis inerentes a um determinado grupo etário ou de "fracassar" temporariamente em comprar as aquisições cerimoniais. Caso contrário, não se observam outras tendências anormativas.

B. *Aldeias primitivas conciliares (acéfalas)*

Os *Yako* [4] são um povo que habita o Sudeste da Nigéria e que vive em cinco aldeias compactas afastadas poucas milhas umas das outras; cada uma dessas aldeias era anteriormente independente, tanto no que se refere à sua organização política, como no que diz respeito à organização dirigente. Podemos observar, nestas aldeias, um certo grau de especialização econômica e de interdependência entre as mais amplas unidades familiares. Os mais importantes centros de poder e de influência são os vários tipos de associações titulares e conselhos especiais da zona e os cabeças da aldeia, os quais não estão intimamente relacionados, quer com os cabeças da parentela familiar, quer com os grupos etários. Baseiam-se, principalmente, no exercício do poder e nas realizações por parte dos indivíduos. A maioria destas aldeias divide-se, territorialmente, em distritos, cada um com uma população de 1500 até mais de 3500. Não possuem um sistema de governo totalmente centralizado. Eles e seus grupos etários foram amplamente descritos por D. Forde.

Os conjuntos etários masculinos (*nko,* sing. *eko*) organizam-se em cada zona e no *Umor* o estabelecimento formal

---

4. As referências sobre os Yako são os escritos e livros de D. FORTEDE: (a) Kinship in Umor, *American Anthropologist,* v. 41, 1939; (b) Government in Umor, *Africa,* XII, 1939; (c) Marriage and the Family Among the Yako in Southeastern Nigeria, *L. S. E. Monographs in Anthopology,* 1941; (d) Ward Organization Among, the Yago, *Africa,* v. XX, 1950; (e) Double Descent Among the Yago, A. R. RADCLIFFE-BROWN e D. FORDE, op. cit.
A descrição segue a de D. FORDE (b) e (d).

de um novo conjunto etário de jovens em vias de se casar deveria, em princípio, seguir-se ao ritual quadrienal *Ligwomi*. Um novo conjunto etário passa a existir formalmente quando é chamado pelo Chefe da Zona a quem apresenta seu líder escolhido e seu representante. O grande jarro de vinho decorado do novo conjunto etário é por eles preparado e exibido, pela primeira vez, na praça da zona. Os outros conjuntos também apresentam seus jarros e o novo conjunto recolhe alimentos ofertados e vinhos de palmeira para enchê-los. Antes que comecem a beber, o Chefe da Zona, rodeado pelos anciãos, salpica com giz o jarro do novo conjunto, benzendo-o prescrevendo aos membros uma boa conduta. Embora quatro anos sejam considerados como um intervalo apropriado entre a formação de dois conjuntos, o que parece ter sido geralmente observado no passado, nos anos recentes, devido ao aumento da população, o intervalo entre a formação de um conjunto e o seguinte tem mostrado uma tendência decrescente.

Em qualquer momento, existem cerca de dezesseis conjuntos em cada zona e entre eles estão distribuídos homens cujas idades vão desde 17 ou 18 anos até acima de 70 anos, mas a força numérica dos conjuntos diminui acentuadamente após a meia-idade, com o aumento de senioridade. Os conjuntos etários, em cada zona, são alternadamente designados *okprike* e *agbiagban* e, além disso, cada conjunto é identificado pelo nome de líderes sênior, sendo conhecidos como os *okprike* ou *agbiagban* de fulano ou beltrano. Embora os conjuntos de diferentes zonas constituam-se independentemente e não haja coordenação entre suas cerimônias de estabelecimento, eles se equiparam na prática. Assim, um homem de uma zona de uma aldeia pode identificar os conjuntos, em outras zonas, que correspondem ao seu e são considerados como equivalentes quanto à idade. Da mesma forma, embora menos necessário, um homem de uma aldeia pode determinar o conjunto etário de qualquer zona de outra aldeia que é considerado como correspondente ao seu em senioridade. Na eventualidade de um adulto migrar, ele será aceito como membro deste conjunto na zona de sua nova residência.

O princípio de agrupamento etário opera muito antes do reconhecimento formal de um conjunto e a qualidade de membro de conjunto etário de um homem já foi, de fato, estabelecida na sua infância. Gradualmente, durante sua infância, os meninos de uma zona ordenam-se numa série de grupos de senioridade crescente e, à medida que os membros de cada grupo atingem a idade de casar, o grupo estabelece-se, formalmente, como um conjunto etário. Se, entretanto, um conjunto em potencial é constituído de um número muito grande ou muito pequeno de indivíduos, segundo a opinião do Chefe da Zona, pode ser dividido ou parte de seus membros assimilada pelo conjunto uma posição abaixo na hierarquia etária, na ocasião.

Entre as meninas de uma zona os grupos formam-se igualmente durante a infância e os diversos grupos podem ser distinguidos por ocasião das danças que têm lugar nas festas da zona especialmente durante e após a festividade do Novo *Yam*. Porém, os conjuntos etários femininos similarmente formados por combinações dos grupos menores, não são formalmente estabelecidos numa cerimônia pública, como os dos homens, embora escolham seus líderes e, como os grupos masculinos, atuem incorporadamente executando tarefas como, por exemplo, capinar os caminhos, a pedido do Chefe da Zona.

Um conjunto etário masculino e, ademais, subdividido em um número de grupos de amigos mais íntimos ou companheiros conhecidos como *liboma* (sing. *koboma* — dedo). Estes grupos de companheiros de mesma idade são concebidos como um subgrupo do conjunto etário maior e estabelece-se uma analogia com as linhagens de um clã: "temos um *liboma* em *eko* da mesma forma como temos *yeponoma* em *kepun*". Mas os grupos de companheiros de mesma idade não são subdivisões mutuamente exclusivas e abrangentes de um conjunto etário. Embora se trate de uma ocorrência excepcional, um homem pode pertencer a mais de um *koboma* ao mesmo tempo, de modo que as categorias de membro acham-se, em certa medida, sobrepostas. Além disso, os próprios limites zonais do sistema de conjuntos etários podem ser ultrapassados, na medida em que um conjunto de companheiros de mesma idade aceite o ingresso de um homem de um conjunto etário equivalente, de uma outra zona. Um conjunto etário preocupa-se com o casamento ou morte de um de seus membros ou dos parentes próximos dos membros e é consideravelmente importante o papel desempenhado pelos conjuntos etários na condução dos ritos e dos festejos nos quais é estabelecido o *status* marital. Mas, nestas ocasiões, nem todo o conjunto etário funciona como um grupo incorporado; os principais participantes são os companheiros etários do membro que vai se casar, aos quais podem se acrescentar companheiros menos íntimos de outros conjuntos e que tenham com ele outras ligações.

Os conjuntos etários, entretanto, como grupos incorporados têm obrigações definidas para com a zona, das quais a mais proeminente é a de proteger as casas do fogo na estação seca, quando a maioria das pessoas está ausente da aldeia durante o dia, limpar o terreno e cultivar a terra para formar novas plantações. Para realizar esta guarda, espera-

-se que todos os conjuntos etários masculinos sirvam um dia por vez, num sistema de rodízio, mas os conjuntos mais idosos, se forem em número muito pequeno, reúnem-se todos para formar um único grupo.

Em geral, um conjunto etário cuida de seus próprios elementos relapsos, cobrando uma multa sob a forma de alimento ou vinho de palmeira, de qualquer um que, sem um motivo razoável, deixe de desempenhar sua parte; mas uma pessoa ou conjunto que se recusasse a cumprir seus deveres costumeiros, sem um motivo razoável, seria punida com uma multa pelo Chefe da Zona.

Duas ou três vezes ao ano, as classes etárias são também chamadas a cortar a vegetação crescida que obstrói os caminhos que atravessam os terrenos das plantações do *yepun* da zona. Uma terceira tarefa regularmente prescrita às classes etárias é a manutenção dos principais mananciais de onde se obtém a água que serve a zona. A limpeza dessas fontes é geralmente efetuada durante a estação de cultivo, em junho ou julho, por uma ou mais das classes júnior sob a direção de alguns homens mais velhos. Em adição a estes deveres regulares, uma ou mais das Classes pode ser convocada para realizar uma tarefa particular na zona, como abrir um novo caminho no mato ou, com menos freqüência, executar algum trabalho necessário à aldeia em sua totalidade, como a reconstrução ou reforma da casa do Chefe da Aldeia.

O chamamento das classes etárias é um dos deveres do pregoeiro da zona, conhecido como *Edjukwa*. O *Edjukwa* não tem autoridade independente, mas simplesmente convoca pessoas ou assembléias por instância das autoridades competentes da zona ou da aldeia e a direção do sistema de classes etárias repousa, em larga medida, nas mãos de membros de três ou quatro classes de maior senioridade, que geralmente incluirão quase todos os homens proeminentes da zona. Sempre que é tomada uma decisão a respeito de qualquer trabalho, o *Edjukwa* percorre toda a zona, batendo em seu tambor e anunciando os nomes do grupo que irão desempenhar a tarefa, qual a natureza deste trabalho e quando será realizado.

As classes etárias dos Yako apresentam características que os diferenciam de modo marcante dos Nuer, Nandi e dos Índios Plains. A maior diferença reside no fato de que as relações sociais globais, que são reguladas pela sociedade e por critérios gerais, registram aqui uma presença menos marcante. Isto se deve, principalmente, à grande extensão de especialização social, política e, em certa medida, econômica e devido ainda à existência de muitas associações especiais onde está centrada a maioria dessas atividades.

Do ponto de vista de nossos critérios formais, os grupos etários dos Yako apresentam as seguintes características:

I

A idade constitui um critério claramente definido para o indivíduo possuir a qualidade de membro de um grupo e a faixa etária coberta pelos grupos etários estende-se desde a iniciação até a meia-idade avançada. Não existe uma idade formalmente definida após a qual um indivíduo não mais possuirá a qualidade de membro de um grupo etário — eles, gradualmente, deixam de existir ao chegarem à meia-idade avançada. Até então o critério etário está bastante intimamente relacionado e ser membro de um conjunto etário é um fato universal na sociedade. Não existe uma relação entre graus etários precisos e grupos etários, *i.e.*, os vários grupos etários podem não chegar aos principais graus etários.

II

A. Os grupos etários organizam-se e desempenham certas atividades específicas sob o comando de seus representantes.

B. O grupo etário estabelece os padrões de auxílio mútuo (especialmente no que diz respeito a problemas de casamento etc.) entre seus membros, mantém a disciplina interna e, em menor medida, estabelece alguns padrões de atitudes gerais de respeito aos mais velhos.

C. Estes padrões gerais de comportamento entre companheiros etários manifestam-se com maior evidência por ocasião dos diferentes *points de passage,* casamento, nascimento, morte etc., de seus membros.

D. Os grupos etários possuem uma organização separada, porém, paralela, nas principais divisões territoriais da sociedade.

E. Os diversos grupos etários não constituem uma hierarquia unitária autônoma, embora os diversos conjuntos estejam interligados de uma maneira geral. Não há transição incorporada de um grau a outro — apenas uma senioridade gradual e crescente.

III

O critério de grupos etários não governa o comportamento e as atitudes de todos os membros da sociedade *vis-à--vis* uns aos outros e o alcance das regulações do grupo sobre o comportamento dos membros não é tão amplo como os casos anteriores (Nuer, Nandi).

As atividades do grupo etário são, entretanto, totalmente aceitas e reconhecidas no seio da sociedade. Os grupos etários não constituem grupos totalmente autônomos ou autocéfalos, na medida que, na maior parte de suas atividades, são dirigidos por "estranhos", "funcionários" * da aldeia etc. A admissão aos grupos etários é um pré-requisito básico para um indivíduo alcançar pleno *status* social, porém, o fato de um indivíduo ser membro de grupos etários mais avançados não é um importante indicador de *status* social. Ser membro de várias associações é, para esse fim, muito mais importante.

Os conjuntos etários não apresentam quaisquer tendências ideológicas ou de comportamento anormativo.

C. *Chefias e monarquias primitivas e centralizadas*

Os *Swazi*[5], da África do Sul, constituem uma monarquia centralizada primitiva, fundada pela conquista e amalgamação das tribos conquistadas (clãs) em um estado baseado na fidelidade direta ao rei. Dedicam-se, principalmente ao pastoreio, contando cerca de 60 a 70 000 pessoas.

Os grupos etários dos Swazi são organizados no exército, constituindo os "regimentos etários". Compreendem todos os homens adultos da nação e regulam suas atividades. O sistema regimental desenvolve-se com base no fator fisiológico da idade, que não respeita os limites locais. A circuncisão era parte dos ritos de iniciação que acompanhavam a admissão de um indivíduo a um regimento, mas este velho costume foi abandonado por um dos reis.

É o rei quem forma os novos regimentos e exerce o controle em última instância. Não há um período constante entre os regimentos, mas o período médio é, geralmente, de cinco a seis anos. O número de anos varia conforme as condições da época, porém, um novo grupo deve ser formado quando aquele uma posição adiante na gradação estiver maduro para o casamento, para o que deve ser pedida a permissão ao rei. Se, no seio de um regimento, houver grandes diferenças de idade, pode ser subdividido em duas partes, uma mais jovem e outra mais velha. O anúncio de um novo regimento é feito a um conjunto representativo de pessoas reunidas em uma ocasião apropriada no *kraal* do gado da

---
* Aspas do tradutor (N. do T.)
5. A melhor bibliografia sobre os Swazi é a de H. HUPER (Beemer): (a) The development of the Military Organization in Swaziland, *Africa*, 1937; (b) *An African Aristocracy*, Oxford (Instituto Internacional Africano).
A descrição segue a de H. BEEMER (a), p. 67 e ss.

capital. É dever de cada chefe anunciar o evento a todos os jovens de sua área que, mais tarde, podem convocar os jovens à sua aldeia. Durante a inauguração, está presente apenas um núcleo composto de jovens que vivem na capital.

O exército é composto de regimentos centrais reais que servem permanentemente na capital, contingentes locais sob as ordens de chefes locais e regimentos que se encontram na capital apenas para um serviço temporário. Os soldados reais têm um *status* especialmente alto, não igualado por quaisquer outros soldados. Os regimentos reais são compostos por voluntários especiais, que visam a este posto buscando alcançar o alto *status* social inerente à posição (por exemplo, quando um soldado-mensageiro real é enviado, recebe toda a assistência possível e deve ser abatido um animal em cada aldeia em que ele passe a noite).

À testa de todos os regimentos da nação encontra-se um *induna yemabutvo,* ou comandante-chefe dos regimentos, que é oficialmente nomeado pelo rei. Deve comandar o exército em qualquer expedição nacional e assume o controle de todas as companhias locais. Encarrega-se de suas acomodações e cuida para que a presença destas seja do conhecimento dos governantes. É escolhido entre os cidadãos comuns por sua habilidade na manutenção da disciplina, seu conhecimento da organização militar e por ser leal e digno de confiança. O comandante chefe trabalha em coordenação com um príncipe designado pelo rei como seu representante.

O rei, juntamente com estes dois "funcionários", seleciona em quaisquer dos clãs funcionários assistentes (*emapini*) que são de grande utilidade na supervisão dos trabalhadores e na execução das ordens do rei. Além disso, os indivíduos dotados de habilidade pessoal tornam-se conhecidos como *itilomo* cp. *umlomo,* uma boca) e ocupam posições de honra, sendo solicitadas suas opiniões quanto a questões relativas aos regimentos. Finalmente, para manter vivo o conhecimento tradicional o rei seleciona, pelo menos, um "ancião" (*umuntu lomdzala*) para atuar como exemplo e tutor dos jovens. Ensina-lhes a se comportarem respeitosamente para com os regimentos e exige-se respeito (*inhlonipo*) de todos os membros de um grupo mais jovem a todos os membros de um grupo mais velho. Todo representante de autoridade civil é membro de um regimento e, geralmente, pertence ao *staff*. O *staff* de cada regimento é um pálido reflexo do *staff* de todo o exército. O corpo de funcionários não é definido com muita precisão mas compreende, geralmente, um funcionário ou *induna* de nascimento plebeu e um príncipe, bem como um punhado de homens de confiança que são responsáveis pela execução de quaisquer tarefas atribuídas a seu grupo. Um *staff* similarmente constituído organiza as atividades dos contingentes locais, mas onde quer que um chefe controle uma jurisdição territorial, devido a critérios de hereditariedade, ele nomeia, ao invés de um príncipe da classe dominante, um membro de seu próprio clã.

Os membros de um grupo local desempenham a maior parte de seu trabalho para seu próprio chefe. Quando são convocados à capital comparecem sob o comando de um funcionário que se torna, imediatamente, subordinado ao *induna yemabutvo*. Chefes importantes que controlam grandes distritos podem convocar um único regimento de seus contingentes locais. Seus homens obedecerão ao chamado comparecendo à capital em formação regimental. A participação em trabalhos nacionais esporádicos, porém, não eleva um membro do grupo local ao *status* de *umbutvo*.

O regimento é composto de pelotões, que possuem suas próprias cabanas centrais para a realização de reuniões e que servem, também, de hospedaria geral para forasteiros. Um pelotão pode ser composto de um número qualquer de esquadrões, que são grupos de 8 a 20 rapazes cada um e que se acham enfileirados durante exercícios e danças, embora não compartilhem, necessariamente, da mesma cabana. A menor unidade existente é constituída de um grupo de amigos íntimos que compartilham das mesmas acomodações, porém, o esquadrão não é, necessariamente, composto de pessoas que vivem nas mesmas cabanas.

A incorporação a um regimento é uma continuação da educação da criança, mais informal, e constitui os primeiros passos da transição para a idade adulta, de um grau etário para outro. Enquanto estiver dentro do acampamento, o soldado pode desfrutar de relações sexuais não procriativas, que são mantidas sob estreita supervisão para evitar que essa liberdade seja usada de modo irresponsável. Não se permite que mulheres casadas entrem no acampamento. Não se permite que os soldados se casem até que o rei dê sua permissão formal a todo um regimento, concedendo-lhes, assim, o *status* de adulto, que perdura até que se tornem velhos avós. Deste modo, punha-se em prática o reconhecimento e a definição social dos estágios etários.

As principais atividades dos regimentos são as que se relacionam com a condução da guerra em escala nacional e, nos tempos de paz, com a execução de obras públicas pelo território da nação iniciadas pelo rei, pela rainha-mãe ou pelos chefes locais. Quando não estão empenhados em qualquer trabalho, os soldados na cidade freqüentam as cortes reais, ouvindo discussões e adquirindo o saber tribal.

Cada regimento tem uma vida acentuadamente incorporada e é distinto de outros regimentos. Porém, dentro de cada regimento, é mais íntima a ligação entre indivíduos coetâneos originários da mesma localidade e, particularmente, entre aqueles que ficam juntos mais ou menos permanentemente no acampamento.

Apesar da persuasão geral no sentido da promoção do respeito pelos elementos de maior senioridade, é freqüente a ocorrência de rivalidade e ressentimento entre várias classes etárias. Um regime sênior tem prioridades na distribuição de comida, tem direito primeiro à mulher e assume a liderança nos rituais. Os homens mais jovens não aceitam de bom grado essa subordinação e podem promover uma rebelião armada. Em geral, entretanto, são reprimidos pela lealdade ao mesmo chefe e pela solidariedade local.

Entre as classes etárias os líderes políticos, cuja posição social é determinada por nascimento, continuam pertencendo à elite. Sua posição não é contestada pelos plebeus, que alcançam reconhecimento entre as classes etárias e cujas perspectivas de progresso dependem da vontade da aristocracia (real) estabelecida.

Os grupos etários Swazi apresentam as seguintes características:

I

A idade constitui um critério explícito para a atribuição da qualidade de membro e ser membro de grupos é um fato universal na sociedade. A faixa etária coberta pelos grupos etários estende-se desde a iniciação até o início da meia-idade. Posteriormente, não há mais que uma pequena participação ativa naqueles. Não existe uma relação estreita entre graus etários e grupos etários.

II

A. Os grupos etários organizam-se incorporadamente em regimentos. Suas funções são principalmente militares e também servem ao rei como força de trabalho em "obras públicas".

B. Os grupos etários enfatizam as virtudes e comportamento militares, manutenção da acentuada solidariedade entre companheiros da mesma idade e padrões gerais de respeito aos mais velhos. Existe, entretanto, um acentuado espírito de competição entre os vários regimentos etários.

C. Os grupos etários constituem um sistema hierárquico unificado, organizado e dirigido pelo rei, que atribui papéis específicos a cada regimento, com pequena autonomia (etário-grupal) interna. Não há uma transição incorporada de regimentos de um grau a outro, mas apenas avanço gradual.

III

A vida do grupo etário influencia muitos aspectos da vida exceto a da vida familial e ergue-se em forte oposição a esta última, oposição esta que se manifesta na proibição do casamento que afete os guerreiros mais ativos. Suas atividades são totalmente aceitas e institucionalizadas no sistema social. Não possuem mais que uma pequena autonomia — na medida em que são fundamentalmente dirigidos pelos funcionários reais. Ser membro de um regimento etário é um pré-requisito básico para a obtenção de *status* social e prestar serviço nos regimentos constitui um dos principais canais de mobilidade social para os indivíduos da plebe. Os grupos etários não apresentam quaisquer tendências para atitudes anormativas.

Os *Nupe* [6]. Os Nupe são um reino semifeudal da Nigéria, baseado na conquista feita pelo clã Fulani. Constituem-se numa sociedade altamente diferenciada, com grandes diferenças entre o campo (principalmente aldeias) e a cidade, nas quais as classes dominantes se concentram e nas quais encontramos guildas de manufatura, mercadores etc. A religião oficial é o islamismo, que desempenha um papel de grande proeminência na vida social do Estado.

O sistema de conjuntos etários é típico de todo o país e desempenha um papel proeminente na sua vida social e política. Não se trata, porém, de um sistema unificado e centralizado, uniformemente aplicado por todo o território. Consiste de vários e diferentes conjuntos etários nas aldeias e nas cidades os quais, embora organizados de maneira semelhante, não constituem um sistema social centralizado. Dever-se-ia diferenciar, principalmente, entre os conjuntos etários das aldeias e os da capital (Bida).

A maioria das aldeias possui três graus etários: o grau I é chamado *ena dzakengizi*, "sociedade das crianças" (idade: 10-15); o grau II, *ena gbarufuzi*, "sociedade dos jovens" (idade: 15-20); e o grau III, *ena nuzazi*, "sociedade dos velhos" (idade: 20-30 e a maior parte destes já casados). Os meninos cuja idade está abaixo da idade de admissão do primeiro grau são conhecidos como *wawagizi*, "os pequenos"

---

6. A autoridade máxima sobre os Nupe são os trabalhos de S. F. NADEL: (a) *A Black Byzantium*, Oxford, 1942; (b) The Ganni Ritual of Nupi, A Study in Social Symbiosis, *Africa*, XIX, 1949.
A descrição é baseada em The Ganni Ritual, pp. 177-179; *Black Byzantium*, p. 394 e ss.

e podem formar grupos próprios similares que não são, entretanto, oficialmente reconhecidos e os quais são referidos como sendo "somente para brincadeira". Os homens que abandonam o grau mais elevado, embora não mais compartilhem incorporadamente as atividades do grau etário, continuam a reconhecer sua ex-categoria de membro pelo resto da vida e espera-se que se auxiliem mutuamente, como amigos fariam, que compareçam às respectivas festas familiares e mostrem interesse nas respectivas carreiras políticas. Acima de tudo, conservam os títulos adquiridos quando ainda pertenciam ao grau sênior. A aquisição de títulos que é acompanhada de direitos e obrigações bem definidas, é de suma importância na vida organizada segundo estas faixas etárias. Cada membro de um grau etário é portador de um título a ele conferido por seus companheiros. Em cada grau etário, os títulos organizam-se segundo uma hierarquia rígida sendo a atribuição de um determinado título função do sucesso e da popularidade que o jovem seja capaz de conquistar no seu conjunto etário. A hierarquia de títulos, a correspondente diferenciação quanto aos deveres e privilégios e, na mesma medida, o constante entrechoque de ambições e rivalidade são cópia do sistema de ordem e subordinação dos adultos que, por seu turno, é uma das principais característica da vida política dos Nupe. As responsabilidades dos graus etários podem, assim, ser consideradas como uma antecipação planejada de responsabilidades adultas ou como uma típica "educação para a cidadania".

O grau I é constituído de todos os meninos de idade condizente que se reúnem (excluídas apenas as crianças aleijadas e retardadas), elegem seu líder e distribuem os vários títulos. Para sermos mais precisos, cada faixa possui dois líderes: um, chamado *etsu* ou "rei", pertencente ao respectivo grupo etário sendo por ele eleito; o outro, chamado *ndakotsu*, "avô do rei", pertencente ao grau imediatamente superior, no qual ele deve possuir uma alta posição. No grau III, o *ndakotsu* é um homem que já não pertence aos graus etários. Cada *ndakotsu* ocupa o cargo apenas por um exercício e, antes de abandonar seu posto designa seus próprios sucessores entre aqueles que fazem parte do grupo do qual foi líder. Os líderes organizam todas as atividades do grau etário e mantêm a disciplina interna. Conseqüentemente, não se permite aos pais qualquer influência na condução das classes etárias ou na seleção dos meninos para admissão do primeiro grau. Durante o ritual *ganni,* pode-se observar os pais tentando ansiosamente proteger seus filhos da disciplina cruel a que são severamente submetidos nessas ocasiões, embora não tenham sucesso nas suas tentativas de interferir. Apesar de um pai ou irmão mais velho sempre auxiliarem um menino a cumprir as várias tarefas de hostilidade para com seus companheiros etários que dele se esperam, os graus etários conservam-se como uma organização de adolescentes totalmente autônoma. Os adultos que desempenham algum papel na vida dos graus etários o fazem apenas na qualidade de membros retirados e que ocupam altas posições no grau sênior.

Na maioria das aldeias, as faixas etárias subdividem-se de acordo com a localidade, cada zona da aldeia possuindo suas próprias associações locais de graus etários e sendo o número médio de componentes de 15 a 20 elementos. Nas aldeias aqui consideradas, (a regra varia ligeiramente) cada grau etário dura seis anos e é reconstituído no sétimo ano. Nesta ocasião, um novo grau I é formado e os membros dos graus I e II existentes são promovidos *en bloc* aos graus imediatamente superiores na hierarquia, ao mesmo tempo que os membros do grau III retiram-se da vida de graus etários. Esta promoção incorporada não significa que todos os indivíduos permaneçam nas mesmas posições que ocupavam anteriormente; as posições são redistribuídas, alguns membros ascendem e outros descendem na hierarquia. Não há uma cerimônia pública em conexão com este evento e também não é rigidamente estabelecida a data em que este ocorre. A reconstituição dos graus etários tem lugar, privadamente, na casa dos *ndakotsu* "aposentados" *, geralmente no início das chuvas. Além disso, as promoções de graus e posições são assuntos puramente privados e nos quais ninguém que não esteja afeto aos graus mostra qualquer interesse.

Na capital, o alistamento não é universal; tem lugar separadamente, circunscrito aos vários alojamentos e baseia-se mais em alistamento, debate e adesão a um líder de uma facção política local livremente escolhido.

As posições hierárquicas nos graus etários são bastante copiadas do sistema hierárquico político existente na comunidade, à qual o *ena* pertence. O sistema não é uma cópia exata, embora o *ena* tenda a organizar seus elementos de acordo com a ordem de precedência prevalecente quanto à hierarquia política. Em Bida não são observadas distinções entre diferentes classes de hierarquias políticas e posições militares e civis, os títulos inerentes a cargos e títulos de nobreza real são concedidos indiscriminadamente. O *ena* da aldeia permanece mais fiel ao sistema hierárquico da comunidade e poderia adotar, por exemplo, seus títulos típicos e possivelmente incomuns, dos mais velhos. Porém, na medida em que o número de membros do *ena* — especialmente dos graus mais jovens — pode ser consideravelmente maior que o número de anciãos da aldeia portadores de títulos, po-

---

* Aspas do tradutor. (N. do T.)

dem ter que ser introduzidos novos escalões que não pertençam ao sistema hierárquico tradicional. Estes, de preferência, são escolhidos a partir do sistema hierárquico da capital. A nova geração está realmente sempre disposta e ansiosa por adotar estas inovações. A conseqüência disso é resultarem sistemas hierárquicos heterogêneos quanto à sua natureza e um tanto arbitrários no que diz respeito à precedência. Porém, não devemos esquecer que os próprios sistemas hierárquicos de muitas aldeias são da mesma forma, heterogêneos e arbitrários, incluindo títulos Bida entre seus escalões hierárquicos tradicionais.

As tendências integrativas no *ena* são expressadas em cada uma das atividades típicas dos graus etários. Na aldeia, estas tendências orbitam em torno de três centros de vida social: trabalho, recreação e religião. Em Bida, o primeiro dos *ena* encontra-se reduzido a dimensões insignificantes; o segundo é conduzido a uma quase suprema importância; o terceiro permanece, no todo, o mesmo, sendo apenas transferido a um plano diferente a religião maometana.

Algumas das características do sistema de conjuntos etários dos Nupe diferenciam-se daquelas outras que já foram examinadas anteriormente por nós. As diferenças mais importantes são as seguintes:

I

A idade é um importante critério na formação de grupos e é mais ou menos implícita aos membros da sociedade. A qualidade de membro de um grupo etário cobre a faixa de vida que vai desde o início da adolescência até o início da idade adulta. Ser membro de um grupo etário depende de uma decisão voluntária porém, nas aldeias, é um fato quase universal. Não há correspondência entre graus etários e grupos etários.

II

A. Não existe uma organização central de alcance nacional; cada localidade desenvolve seu próprio conjunto. Estes conjuntos, embora similares em muitos aspectos, não se equivalem exatamente uns aos outros (como, por exemplo, no caso dos Yako).

B. Os grupos etários possuem, dentro do grupo, uma organização incorporada dotada de atividades determinadas. Nas aldeias, essas atividades organizam-se principalmente em torno do trabalho e recreação, ao passo que nas cidades se organizam principalmente em torno das atividades recreativas

C. Em cada localidade existe uma hierarquia de conjuntos e estes experimentam um progresso incorporado quase automático de um para outro grau e uma completa harmonia dos conjuntos (especialmente nas cidades). Essa autonomia e independência é enfatizada, particularmetne, com relação à família. O inter-relacionamento dos conjuntos se dá através dos membros dos conjuntos mais velhos, na medida em que estes desempenham funções de apadrinhamento e patronagem com relação aos conjuntos júnior.

D. As atividades dos grupos etários são padronizadas essencialmente como imitação do sistema de *status* da sociedade adulta — especialmente do ponto de vista de seu sistema interno de posições e títulos. Modelam as disposições gerais de papéis que são importantes para a assimilação dos valores da sociedade em geral e, ao mesmo tempo, fomentam uma acentuada solidariedade grupal entre seus membros e enfatizam relações de respeito aos mais velhos.

III

Os grupos etários são reorganizados no quadro da sociedade, mas executam tarefas preparatórias e educativas e não desempenham nenhuma tarefa totalmente institucionalizada (especialmente nas cidades). Entretanto, participam realmente de alguns dos mais importantes festivais da sociedade. Regulam, principalmente, as atividades internas de seus membros e não seu comportamento global ou o comportamento de outros membros da sociedade.

Ser membro de grupos etários é um pré-requisito importante, ainda que não o principal, para que o indivíduo desfrute plenamente da qualidade de membro da sociedade. A posição de um indivíduo na vida adulta é pouco influenciada pelas posições relativas de *status* entre os grupos etários.

Os grupos etários não apresentam quaisquer tendências específicas no sentido de um comportamento anormativo.

As aldeias etárias dos Nyakyusa[7]. Os Nyakyusa são um povo de língua bantu que habita o extremo setentrional do Lago Nyasa. São proprietários de gado e dedicam-se também ao cultivo da terra. Sua instituição mais peculiar

---

7. Sobre os Nyakyusa, ver: G. WILSON, An Introduction to Nyakyusa Society, *Bantu Studies*, X (1936); G. WILSON, Introduction to Nyakyusa Law, *Africa*, X (1937); G. WILSON, *The Land Rights of Individuals Among the Nyakyusa*, Instituto Rhodes-Livingstone, escrito 1; M. WILSON, *Good Company*, op. cit.

Esta descrição segue a de M. WILSON, Nyakyusa Age-Villages, *JRAI*, v. 79 (1951).

e única é a das "aldeias etárias". Os parentes não vivem juntos. Uma aldeia é constituída por um grupo de companheiros etários juntamente com suas mulheres e filhos pequenos, enquanto que os homens pertencentes a uma mesma linhagem encontram-se distribuídos pelo âmbito dessa chefia e podem, até mesmo, viver em chefias diferentes.

A aldeia etária origina-se quando vários jovens pastores, entre 10 e 11 anos de idade, se reúnem nos arredores da aldeia de seus pais. Como os meninos de outras culturas, também estiveram se exercitando na construção de cabanas aí dormindo e passando suas horas de folga, embora ainda freqüentem as cabanas de suas mães para fazer suas refeições. Um menino não deveria e não come sozinho, obedece a esta norma fazendo suas refeições em companhia de um grupo de amigos, visitando alternadamente a mãe de cada um dos membros de sua turma. Este sistema é considerado não apenas apropriado para os meninos (como entre nós), mas também como um costume moral. Entre os Nyakyusa, comer em companhia de companheiros etários é uma pedra angular da moralidade e um menino que freqüentemente chegue desacompanhado a sua casa para fazer as refeições é severamente repreendido.

Sair da aldeia dos pais para dormir é algo que, na concepção dos Nyakyusa, está diretamente ligado à sua idéia de decência. Segundo eles, um menino que está crescendo não deveria ter consciência das atividades sexuais de seus pais *e, portanto,* não deveria dormir em sua casa ou mesmo numa cabana separada, mas sim numa aldeia totalmente diferente. Como eles dizem, "a noite está cheia de conversas obscenas" e que isto não é impróprio quando se trata de pessoas da mesma idade, mas sim na presença de pessoas de outras gerações. Sua concepção de "companhia mista" não se refere a homens em presença de mulheres, mas sim de pais e filhos.

Uma aldeia de meninos, quando se inicia, é bastante pequena, não contando talvez com mais de dez ou doze membros, mas vai crescendo à medida que meninos da aldeia dos pais ou de outras aldeias das redondezas alcançam idade suficiente para serem admitidos. Quando os membros fundadores têm quinze ou dezesseis anos, a aldeia é, geralmente, fechada à admissão de quaisquer outros meninos de dez anos de idade, que devem então formar uma nova aldeia própria. As condições variam de acordo com a densidade populacional nas redondezas e outros fatores; porém, geralmente a faixa etária no interior de uma aldeia não é maior que cerca de cinco anos, contendo a aldeia de 20 a 50 membros.

Os meninos que, desta maneira, constituem uma aldeia continuam a viver juntos pelo resto de suas vidas. Quando se casam, trazem suas mulheres para a aldeia e, quando o último deles morre, a aldeia desaparece. À medida que seus filhos vão crescendo mudam-se da aldeia paterna, para construir suas próprias aldeias. As filhas com freqüência também se mudam, casando-se com homens de outras aldeias, mas podem casar-se, e o fazem com freqüência, com um companheiro etário de seu pai e permanecer na aldeia. Uma aldeia (*ikipanga*) consiste de um grupo de indivíduos coetâneos do sexo masculino e seus dependentes, nem todos da mesma localidade e conserva sua identidade, não importa como se mude de local.

Os homens de uma aldeia têm todos aproximadamente a mesma idade e estão ligados uns aos outros devido à vida comum compartilhada desde o início de sua juventude, porém, as mulheres em qualquer aldeia possuem idades e experiências diferentes. Os homens casam-se geralmente com suas primeiras esposas que tenham 10 anos menos que eles, mas nem todos os homens de uma aldeia se casam ao mesmo tempo e, à medida que eles vão envelhecendo, continuam a se casar com meninas que tomam como esposas júnior. Com freqüência, a esposa júnior é uma sobrinha — filha de um irmão — do sênior. Além disso, as esposas são também herdadas dos irmãos mais velhos e dos pais, de modo que um homem pode ter esposas mais velhas que ele e outras que são muito mais jovens.

Uma vez em cada geração há uma grande cerimônia na qual o poder administrativo e a liderança militar são passadas da velha geração para a nova. Nesta cerimônia faz-se um novo acordo regulamentando a utilização da terra, os homens da geração que se retira mudando-se para um lado da aldeia para deixar espaço para a expansão das aldeias da geração mais jovem, mas não se trata de uma simples transferência de terra de uma aldeia de pais para outra de filhos; os limites entre as chefias são todos novamente estabelecidos e os velhos mudam-se mesmo se houver terra desocupada disponível para seus filhos. As únicas terras excluídas do novo acordo são os campos de grande valor cultivados nas crateras dos vulcões extintos, e estes, como o gado, são transmitidos por hereditariedade à esfera das linhagens.

Nessa cerimônia, que é chamada *ubusoka,* "a estréia", cada aldeia de jovens é formalmente estabelecida em suas próprias terras. Um de seus membros é escolhido como líder e é demonstrado seu *status* relativo na hierarquia das aldeias da chefia. Simultaneamente, são reconhecidos como chefes os dois filhos mais velhos dos chefes que estão deixando o posto e o território a ele pertencente é dividido entre seus dois filhos.

Os líderes da aldeia são sempre homens do povo. Os filhos de chefe e os filhos de líderes de aldeias da geração anterior não são elegíveis pois, conforme afirmam os Nyakyusa, se em cada geração fosse escolhido o filho de líder ele se tornaria um chefe. Os líderes por seu turno, são o povo, os *comuns*, e está sempre sendo ressaltada a diferença entre os chefes (*abanyafyale*) por um lado, e por outro os comuns (*amafumu*). Os líderes de aldeia são os *amafumu por excelência*, isto é, os "grandes comuns".

Em qualquer momento há três graus etários: o dos velhos que se "aposentaram" * da administração, mas cujos líderes têm certas funções rituais a desempenhar; o da geração governante, que é responsável pela defesa e pela administração; e o dos jovens e dos meninos que ainda não "estrearam" mas que, quando necessário, combatem sob a liderança dos homens da geração de seus pais, porém o fazem em suas próprias unidades etárias.

Dentro de cada grau existe um número variável de aldeias, cada uma delas composta de coetâneos. As idades dos homens, em cada grau, variam naturalmente em função da data da última cerimônia de "estréia". Imediatamente antes dessa cerimônia, os velhos "aposentados" terão todos mais de 65 anos de idade, ao passo que a geração governante inclui todos os que têm entre 36 e 65; imediatamente após esta cerimônia, todos os que têm mais de 35 anos são "aposentados" e os que estão na faixa dos 10 aos 35 assumem o poder. Os membros mais jovens de uma geração que assumem o poder no início desempenham um papel muito pequeno na vida pública, mas alguns indivíduos podem obter poder herdando a posição ocupada por seu irmão mais velho.

O agrupamento etário é, em certa medida, modificado pelo sistema de hereditariedade, pelo qual o herdeiro de um homem, que é seu irmão pleno mais jovem e etariamente mais próximo, ou, em certas circunstâncias, um meio-irmão ou seu filho mais velho, pode assumir os encargos de sua propriedade (rural, incluindo terreno, casa e anexos) e sua personalidade social. Um herdeiro, embora seja muito mais jovem que outros homens da aldeia, é tratado como um deles.

O padrão das aldeias etárias dos Nyakyusa não tem paralelo em quaisquer outras sociedades humanas conhecidas e, portanto, algumas de suas características são também únicas. Trataremos aqui apenas das características mais gerais:

I

A. O critério de idade relativa (encontrado principalmente no sistema de gerações de família) constitui um cri-

° Aspas do tradutor. (N. do T.)

tério de atribuição da qualidade de membro à qual todos se atêm, com algumas exceções menores.

B. Os grupos etários iniciam-se antes da adolescência e tornam-se particularmente acentuados durante a maturação sexual e o período de transição para o casamento, continuando a existir pelo resto da vida.

II

A. Os grupos etários se estabelecem separadamente em cada aldeia e criam novas aldeias próprias. Encontram-se unificados por todo o território segundo um padrão geracional, dotados de princípios de organização similares.

B. Forte solidariedade e união entre companheiros etários constitui um dos principais valores da sociedade.

C. Não existe uma hierarquia e organização gerais das aldeias etárias como tais. São coordenadas pelos chefes e pelas instituições políticas superiores da tribo.

III

A. Os grupos etários constituem as principais unidades territoriais da tribo — as aldeias — e, por este motivo, abrangem toda a vida social de seus membros. Porém, não existe qualquer organização específica e adicional, do *grupo etário* como tal.

B. Existe uma acentuada ênfase ideológica sobre o antagonismo entre idades no seio da família, especialmente no que diz respeito a questões sexuais.

D. *Aldeias camponesas: grupos etários entre camponeses irlandeses* [8]

O comportamento dos diferentes grupos etários é do tipo mais íntimo e quotidiano e, em conseqüência, reflete aquelas diferenças de *status* às quais o casamento dá reconhecimento formal e explícito. Apesar de os agricultores irlandeses considerarem seu comportamento como uma parte da vida diária demasiado natural para pedir alguma elucidação por parte deles, seu comportamento é facilmente notado pelo observador. Em uma casa ordinária de um camponês, por exemplo, o homem da casa e quaisquer outros homens mais velhos porventura presentes sentam-se em cadeiras dispostas em frente

---

[8]. A descrição de vida do camponês irlandês baseia-se aqui em: C. ARENSBERG & S. KIMBALL, *Family and Community in Ireland*, p. 132 e ss. e C. ARENSBERG, *The Irish Countryman*, Nova York, 1950, p. 107 e ss.

à lareira. O lugar correspondente à parte saliente lateral da lareira cabe à dupla de velhos à direita. As pessoas mais jovens, os filhos e filhas, sentam-se em outras cadeiras atrás deles à sua volta pelo aposento, ou em assentos junto às janelas da cozinha retangular que é o principal aposento da casa típica de um pequeno agricultor. Este ordenamento é mais evidente por ocasião do *cuaird* ou visita, quando os velhos do distrito aparecem na casa de vizinhos e "amigos" para sentarem-se juntos em volta da lareira, passando juntos as noites de inverno, conversando, cantando, comentando as notícias e contando velhas lendas e folclore. Os homens e mulheres mais jovens, se estiverem presente ao *cuaird,* sentam-se atrás deixando geralmente o centro da função para os velhos e as crianças ficam de pé, mais atrás, em silenciosa admiração. Os homens mais jovens têm, naturalmente, suas próprias atividades embora, hoje em dia, essa divergência possa ser mais acentuada que antigamente. Ultimamente, em Clare, pelo menos começaram a jogar cartas nos pequenos distritos do interior, usando gado miúdo nas apostas.

Quando toda a população está fora de casa, aos domingos os agrupamentos formados são especialmente interessantes. Há grupos familiares ocasionais dirigindo seus cabriolés * porém, geralmente os homens mais velhos caminham num grupo próprio e as mulheres de mais idade em outro. Os rapazes e as moças andam em grupos independentes uns dos outros. Nas tardes de domingo os rapazes podem ser vistos juntos nas encruzilhadas mais próximas, em grupos de dez a trinta, ao passo que os homens mais velhos ficam mais em casa ou visitam-se mutuamente. Antes da missa, quando o tempo permite, os homens reúnem-se fora da igreja e não entram até que todas as mulheres tenham entrado e o padre tenha chegado. Enquanto os grupos estão fora, esperando a missa começar e tagarelando, os homens mais velhos e os mais jovens mantêm-se em grupos separados. Nos velórios, casamentos e batizados observam-se os mesmos agrupamentos etários.

Não há naturalmente nenhuma prescrição formal para tal comportamento, nem existe um tabu formal que proíba um comportamento diverso; essa conduta, ao contrário, resulta mais das divisões da família e da solidariedade entre os indivíduos que possuem um *status similar* na medida que estas forças são atuantes na vida diária. É bastante evidente a conexão que existe entre os graus etários e o *status* marital.

Se um comportamento deste tipo reflete gradação etária no seio da família e as transições entre os graus etários que

---

* No original *jaunty car*: cabriolé irlandês, sem capota e com dois bancos longitudinais. (N. do T.)

são parte da transformação da família no casamento, o mesmo ocorre para o arranjo interior da casa.

Porém, dentro de um sistema de valores no qual os velhos representam o nexo de parentesco e são honrados no seio da comunidade, os jovens não vêem a questão tão claramente. Existe tanto de respeito quanto de antagonismo na sua avaliação verbal dos homens e mulheres mais velhos. Os jovens reconhecem-se como constituindo um grupo distinto, com interesses e sentimentos próprios, opostos aos velhos no quadro da vida rural. Usam a palavra "nós" e contrapõe seu uso à palavra "eles", significando os mais velhos. Reconhecem certos lugares, ocupações e formas de atividades como próprios e mostram um interesse muito maior neles que nos de outros grupos. A sugestão de que deveriam assumir seus lugares nas reuniões dos velhos é recebida com uma zombaria reminiscente do tom que empregam ao falar das mulheres. Mas a rivalidade entre seus sentimentos de respeito e sentimento egocêntrico, como os controles impostos por seus pais para mantê-los em silêncio respeitoso na presença dos mais velhos, impõe-lhes o silêncio. Em conseqüência, não se pode encontrar entre eles a expressão verbal de atitudes baseadas no fato de pertencerem a uma certa idade relativa. Devemos procurar estes sinais nas expressões particulares de contrariedade, aborrecimento e impaciência quando reprimidos.

Expressões de sentimento acerca de idade são produto de um sistema de valores no qual o indivíduo emite um juízo de valor de acordo com a posição que ocupa. Expressam, não apenas um agregado de indivíduos, mas também uma mutualidade de sentimento. Além disso, constituem um conjunto de categorias nas quais cada pessoa assume sua posição relativa.

O jogo (a dinheiro) e os bailes, naturalmente, não esgotam a lista de atividades dos jovens. Têm outras atividades, jogos, esporte, concursos e papéis brincalhões em ocasiões solenes, como por exemplo em casamentos, quando desempenham o papel de espantalhos (mascarados). Porém, todas estas atividades, das quais não participam diretamente os membros velhos da comunidade, possuem um traço comum, no sentido de que não desempenham um papel de destaque na organização dos elementos da sociedade que não sejam os jovens. Servem outras funções.

Todas estas atividades aproximam os jovens rapazes e moças entre si e em torno de interesses comuns. Proporcionam-lhes um raio de ação dentro do qual são comparativamente livres, mas que os mantém afastados dos centros de poder que dispõem sobre a vida comunitária; esse poder lhes é negado. Nesta esfera, podem desenvolver normas, valorações e condutas complexas.

Porém, estas elaborações não servem primordialmente para unir mais firmemente a sociedade como um todo. Estão associadas ao menor prestígio dos jovens. Em conseqüência, a casa dos velhos, por outro lado, deriva numa dupla função. Une os velhos da mesma forma que o jogo e os bailes aproximam os jovens, na verdade, de maneira mais acentuada. Isto ocorre em termos da posição comum dos homens velhos como receptáculos do respeito da comunidade e em termos de suas posições individuais como integradores de suas famílias. A diferença é estrutural. As atividades dos jovens os unem em linhas que transcendem a esfera da família, da panelinha e até mesmo ligam jovens de diferentes comunidades. Porém as atividades dos velhos fazem mais; unem ambos, jovens e velhos. A integração dos jovens é mais imprecisa e menos inclusiva, apesar de que o número de indivíduos, transitoriamente reunidos para jogar e dançar, possa ser maior.

As principais características dos grupos etários irlandeses são as seguintes:

I

O critério etário não é o único critério de formação de grupos e panelinhas etárias. São também determinadas pela progressão do indivíduo no que se refere ao seu *status* marital e familiar. Assim, o critério não é muito coerente e nem está sempre implícito. Os indivíduos são membros de panelinhas etárias desde a adolescência até se constituírem em chefes de família.

II

A. Os grupos são organizados em panelinhas, com grau variável de coesão e estabilidade, cujas principais atividades são as "sociais" e recreativas.

B. Não existe uma hierarquia consensual de diferentes grupos etários: ela é dissensual entre os vários grupos etários.

III

A. Os grupos etários não são totalmente institucionalizados e existem fortes elementos de antagonismo entre grupos etários, especialmente entre os jovens e os grupos etários das pessoas velhas, com diferentes ênfases em valores comuns e vários padrões de comportamento.

B. Ser membro de um grupo etário é um fator significativo determinante de *status* social, porém, não preponderante; o pleno *status* só é alcançado na idade madura.

Nas páginas anteriores, descrevemos e analisamos alguns tipos de grupos etários que nos pareceram, em linhas gerais, ser representativos dos grupos etários encontrados em várias sociedades primitivas e camponesas. Embora seja óbvio que cada tipo de grupo etário descrito possua muitas características particulares próprias, alguns de seus traços mais importantes são similares àqueles característicos de outros sistemas de grupos etários. Assim, indicaremos brevemente aqui em que tribos encontramos sistemas de grupos etários que são, em linhas gerais, semelhantes àqueles descritos nas páginas anteriores. Por meio da discussão nos capítulos seguintes indicaremos as diferenças mais significativas existentes entre eles.

O tipo de sistema de grupos etários existente entre os Nuer é também, em linhas gerais, encontrado entre:

Os Bantu Kavirondo, Gusii, Topotha, Latuka e outras tribos nilóticas; entre os Turkana e outras tribos do agrupamento Karamajong.

O tipo de sistema de grupos etários existente entre os Nandi é também, em linhas gerais, encontrado entre:

Os Suk, Kipsigis, Meru, Murle, Dorobo, Kamba, Kikuyu, Galla, Pokomo, Masai e algumas outras tribos vizinhas.

Aqui porém, a principal diferença é que nem todas essas tribos possuem um sistema cíclico de conjuntos etários (principalmente entre os Masai), onde é fundado em linhagens.

O tipo de sistema de grupo etário existente entre os Yako pode também ser encontrado em várias tribos Ibo e Ibibio e em grupos Ika, entre algumas das tribos Yoruba e em várias outras comunidades camponesas africanas.

O tipo de sistema de grupos etários que existe entre os Índios Plains parece também ser encontrado entre algumas outras tribos sul-americanas, embora a informação disponível a seu respeito não seja suficiente para afirmá-lo (ver Apêndice ao Cap. 3).

O tipo de sistema de conjuntos etários existente entre os Swazi pode também ser encontrado entre os Zulu, em vários grupos Tswana: parece que já existiu anteriormente entre os Lovedu e, em certa medida, também entre os antigos espartanos. Ele provavelmente existiu também nos antigos impérios inca e asteca.

O tipo de grupos etários existente entre os Nupe aparentemente pode também ser encontrado entre as tribos Bamileke entre algumas das tribos Bérbere estabelecidas em cidades no Norte da África.

O tipo de sistema de grupos etários existente entre os Nyakyusa pode ser encontrado entre os Tiv, porém com uma importante diferença — *ausência de aldeias etárias*.

O tipo de grupos etários existente entre os camponeses irlandeses, aparentemente, pode ser encontrado com algumas diferenças, entre diversas tribos da Índia, onde é bastante predominante a instituição das casas e dormitórios jovens. (A respeito destes dois últimos tipos, ver com maiores detalhes, a discussão do Cap. 5 deste livro)*.

E. *Sociedades modernas* [9]

Nas páginas seguintes, daremos breves descrições de diferentes tipos de grupos, organizações e movimentos juvenis existentes em vários setores de sociedades modernas. Em primeiro lugar, descreveremos, bastante resumidamente, alguns tipos de grupos juvenis mais informais — tipos que são muito bem conhecidos na literatura pertinente. A seguir, passaremos a descrever, um pouco mais detalhadamente, alguns exemplos dos grupos jovens mais organizados.

Grupos juvenis informais em vários setores de sociedades modernas. Os grupos juvenis informais ou semiformais são muito difundidos na maioria dos setores das sociedades modernas e são encontrados em todos os países europeus, nos Estados Unidos etc. A despeito das muitas diferenças locais, podemos discernir alguns tipos gerais. Estes grupos formam-se, geralmente, dentro de uma determinada vizinhança ou próximos a uma escola ou local de trabalho. Consistem de rapazes (e, às vezes, meninas) de um certo grupo etário. Geralmente, existe uma diferença entre grupos pré-adolescentes e adolescentes. Os primeiros podem ser mais heterossexuais, ao passo que estes últimos são, em sua maioria, constituídos por membros do mesmo sexo embora, como grupo, possam participar de diversas atividades em conjunto

---

* Nas Notas ao Cap. 3, indicamos bibliografia acerca destas e de outras sociedades de tipo semelhante.
9. O material descritivo é abundante. Ver, por exemplo, R. LANDIS, *Adolescence and Youth*, Nova York, 1947; K. DAVIES, *Modern American Society (Readings in the Problems of Order and Change)*, 1948, pp. 627-667; H. BELL,*Youth Tell Their Story*, Washington, 1938; N. McWILL & E. MATTHEWS, *The Youth of New York City*, Nova York, 1940.
As melhores descrições sistemáticas são as de: A. B. HOLLINGSHEAD, *Elmtown's Youth*, Nova York, 1949; R. L. HAVIGHURST & H. TABA, *Adolescent Character and Personality*, Nova York, 1949; K. DAVIS, "Adolescence and the Social Structure", op. cit.

com um grupo paralelo do outro sexo [10]. Estes grupos podem desenvolver uma forte, embora informal, organização própria com vários "ritos secretos" com "funcionários especiais" etc. Um desenvolvimento tal é mais evidente em várias irmandades constituídas sejam de homens ou de mulheres; mas existe também, ainda que sob uma forma embrionária, em outros grupos desse tipo [11]. Esses grupos de jovens podem, em alguns momentos, estar afiliados a uma determinada organização formal — tanto uma escola, como alguma organização ou movimento juvenil: escoteiros, uma organização juvenil de um partido político ou organização religiosa, uma organização esportiva etc. Nestes casos, os vários grupos da vizinhança ou de pequenas localidades entrelaçam-se numa estrutura mais ampla. Nesse caso revelam algumas das características organizatórias dos movimentos juvenis mais organizados que serão descritos posteriormente. Mas mesmo nestes casos, o pequeno grupo juvenil tem uma autonomia muito forte e solidariedade própria e nem sempre aceita integralmente as diretrizes dos representantes da organização central. Isto se evidencia especialmente na forte adesão à sua liderança informal, como oposição à liderança "oficial" estebelecida desde cima. Porém, esta última desempenha, ainda assim, um importante papel na vida do grupo — mesmo não sendo sempre plenamente aceita. O alcance da organização e especialmente os valores destes grupos variam muito de acordo com a classe e a composição étnica do grupo. É interessante notar que muitos destes grupos informais são freqüentemente homogêneos do ponto de vista de classe e de afiliações étnicas [12].

Conseqüentemente, por exemplo, num dos estudos que tratava de grupos juvenis de classe média concluímos que seus valores mais importantes são os seguintes:

> Os principais valores da cultura de iguais do adolescente eram participação social, lealdade ao grupo e responsabilidade e realizações individuais. Como meio de participação social, são convenientes habilidades tais como a dança, a possibilidade de gastar dinheiro e ter boas roupas. A lealdade ao grupo tomou a forma principalmente de lealdade à escola e às suas atividades, mas os grupos juvenis de igrejas e as panelinhas informais do mundo social do adolescente também exigiam lealdade. Realizações e responsabilidades individuais significavam para a maioria dos jovens ir bem na escola, conseguir um emprego de meio período e ser um membro responsável de diversos clubes ou outras organizações.

10. Ver op. cit. e W. F. WHYTE, *Street Corner Society*, Chicago, 1943.
11. Ver J. BOSSART, *Parent and Child*, Nova York, 1953, e B. BETTELHEIM, *Symbolic Wounds*, op. cit., especialmente pp. 98-100.
12. Ver HOLLINGSHEAD, op. cit.; HAVIGURST, op. cit.; W. F. WHYTE, op. cit.

O ginásio era o principal local da cultura do casal adolescente. Bailes escolares, disputas atléticas, corridas no feno * e atividades do clube, bem como as salas de leitura e salas de aula, são locais onde os rapazes e meninas aprendem a se comportar social e moralmente como jovens senhores e jovens senhoras.

Assim sendo, os dois grupos mais poderosos na escola, os professores e a panelinha dominante entre os adolescentes, contribuíam conjuntamente para a fixação de padrões. A maioria dos estudantes seguia sua liderança. Somente na esfera das relações entre rapazes e meninas havia um conflito considerável entre os professores e pais de um lado, e os adolescentes do outro...

Para conseguir sucesso na cultura de iguais, um rapaz ou uma menina deve ir à escola, ser um aluno razoavelmente bom, participar das atividades escolares e ir aos bailes e festas da escola. Ao usar estes métodos durante um processo de ajustamento bem sucedido, estariam aprendendo a moralidade da classe média. A maioria dos jovens se esforça por se adequar a esta situação [13].

Embora a estrutura organizatória do grupo e os valores de vários jovens de classe alta e média possam ser diferentes em um e outro lugar, e de país a país, seus principais valores e orientações parecem similares. Em alguns lugares pode-se dar ênfase especial aos "esportes" e "jogos", e a um autogoverno dos rapazes com uma hierarquia solidamente organizada (como nas escolas públicas inglesas) — enquanto que em outros se enfatizam os vários valores coletivos, encontrando-se atividades políticas e religiosas orientadas para a comunidade.

Apesar da íntima relação entre os valores do grupo juvenil e da cultura juvenil e aqueles do estrato ao qual pertencem, geralmente existe também uma grande diferença de ênfase entre os dois. Ainda que o grau de diferença possa variar muito de lugar a lugar, de certa forma existe em todos os lugares. É talvez mais pronunciado em certos grupos de jovens americanos, entre os quais se desenvolveu uma cultura juvenil distintiva que foi analisada da seguinte forma por T. Parsons [14]:

Contrastando com a ênfase que se coloca na responsabilidade do papel do adulto, a orientação da cultura juvenil é mais ou menos especificamente irresponsável. Uma de suas distinções predominantes é "passar bons momentos" dando especial ênfase às atividades sociais em companhia do sexo oposto. A segunda característica predominante do lado masculino reside na proeminência do atletismo, uma ampla gama de realizações e competições que se colocam em nítido contraste com os padrões preliminares de realização do adulto no que diz respeito à capacidade profissional e executiva. Em sentido negativo nota-se uma forte tendência a repudiar o interesse pelas coisas do adulto e a sentir pelo menos uma certa recalcitrância à pressão das expectativas e disciplina do adulto.

---
* No original *hay rides*. (N. do T.)
13. Adaptado de R. Y. HAVIGHURST & H. TABA, op. cit., pp. 35-41.
14. PARSONS, T. "Age and Sex in the Social Structure of the United States". *in*: *Essays in Sociological Theory*. Glencoe, 1949.

Além disso, a destreza no atletismo, típico padrão da cultura do jovem, parece colocar ênfase no valor de certas qualidades de atração, especialmente em relação ao sexo oposto. É decisivamente um considerável padrão humanístico em vez da competência no desempenho de funções específicas. Estereótipos tais como "cara legal" são bem significativos. Do lado feminino existe, correspondentemente, uma forte tendência a acentuar a atração sexual em termos de várias versões do que poderia ser chamado o modelo *glamour girl*. Se bem que estes padrões que definem papéis tendam à polarização sexual — por exemplo, entre o astro atleta e a menina socialmente popular — são complementares num determinado nível, pois ambos enfatizam certos aspectos de uma personalidade total em termos da expressão direta de certos valores, em vez de significação instrumental.

Embora se possa talvez encontrar esta forte diferença de ênfase somente em grupos bem específicos, a tônica geral nas relações solidárias e difusas, de aceitação mútua qualitativa dos membros e uma atitude concomitante um tanto ambivalente para com o mundo do adulto, podem ser encontrados na maioria de tais grupos juvenis. Em alguns casos que logo serão analisados em detalhe, esta atitude ambivalente pode expressar numa intensificação da atividade política.

O modelo de grupos juvenis entre trabalhadores especializados etc., diferem do anterior principalmente nos seguintes pontos:

A faixa etária coberta por esses grupos é normalmente um tanto mais curta (bem como mais baixa a idade matrimonial) e dá-se mais ênfase aos aspectos instrumentais da vida escolar (*e.g.*, educação vocacional), menor grau de organização em panelinhas, clubes etc., menos ênfase ao atletismo e esportes organizados (embora haja uma grande apreciação pela coragem e destreza) e uma ligação relativamente mais débil com as organizações e movimentos juvenis, com as organizações políticas etc., salvo se forem movimentos específicos de trabalhores juvenis[15]. Entre eles também encontramos maior incidência na freqüência de cinemas, algumas festas com bebidas etc. — e uma apreciação relativamente elevada pelas atividades do lazer que proporcionam uma expressiva satisfação direta.

É um tanto diferente o quadro dos grupos juvenis entre os setores mais baixos da sociedade [16], que tendem a coincidir especialmente nos Estados Unidos com grupos étnicos

---

15. Sobre a bibliografia referente aos movimentos de jovens trabalhadores, ver em detalhe Cap. 3, nota 112.

16. Sobre este ponto, ver: W. F. WHYTE, *Street Corner Society*, op. cit.; A. DAVIES & J. DOLLARD, *Children of Bondage*, Washington, 1940.
A bibliografia sobre a juventude inglesa e européia é quase totalmente descritiva. Ver, por exemplo: B. REED (ed.), *Eighty Thousand Adolescente, A. Study of Young People in the City of Birmingham*, 1950.
A miaoria do material pertinente está resumida em M. FLEMING, *Adolescence*, Londres, 1948.

específicos. As principais diferenças podem ser talvez resumidas da seguinte forma, de maneira bastante generalizada. Rapazes e meninas da classe mais baixa, especialmente filhos de trabalhadores não-especializados, gastam a maior parte de seu tempo fora de casa, mais do que os adolescentes da classe média. As atividades do grupo abrangem muitos outros aspectos e esferas da vida e a casa é antes um hotel-restaurante. Estes grupos estão normalmente afiliados, em menor grau, às organizações patrocinadas por adultos (escoteiros, clubes etc.) e às esferas de atividades institucionais estabelecidas (escola etc.); e estão muito mais separados da esfera de organização oficial. Por outro lado, paradoxalmente, a tensão entre adultos e crianças da classe mais baixa é menor — ou pelo menos de outro tipo — do que aquela manifestada nos grupos e cultura juvenis da classe média. Apesar de existirem tensões concretas entre pais e filhos, chegando ao ponto de abandono da casa etc., estas tensões não incluem necessariamente uma atitude ambivalente para com a totalidade do mundo cultural dos pais na qualidade de adultos e não definem necessariamente a vida dos jovens e adolescentes como sendo completamente diferente da dos adultos. O padrão de comportamento que prevalece nesses grupos — tendência à bebida, jogos, várias formas de recreação desorganizada, despesa de dinheiro não planificada, experiência sexual prematura e às vezes algum grau de promiscuidade, grande quantidade de agressividade etc. — constitui, em grande medida, uma continuação do padrão da vida do adulto nestes setores; ou pelo menos existe uma ênfase mais forte em alguns dos padrões de comportamento aceitos pelo grupo adulto e não uma oposição distintiva.

Outro tipo de grupo juvenil muito importante e predominante na América e em muitos outros países, é o grupo de delinqüentes juvenis, a "quadrilha" [17]. Visto já ter sido descrita com tanta freqüência, não há necessidade de dar outros detalhes e algumas características gerais serão suficientes neste momento. A quadrilha pode ter origem tanto no quadro de "culturas juvenis" ambivalentes, com em alguns dos grupos da classe mais baixa. Suas características essenciais são as seguintes:

As atividades de seus membros são geralmente dirigidas no sentido da violação aberta dos mores e normas da socie-

---

17. Sobre a delinqüência juvenil e grupos delinqüentes em geral, ver: P. W. TAPPAN, *Juvenile Delinquency*, Nova York, 1949; RECKLESS, *The Crime Problem*, Nova York, 1950; Th. W. SELLIN, *Culture Contact and Crime*, Nova York, 1938.

Uma das primeiras descrições bem nítidas é o famoso livro de F. TRASHER, *The Gang*, Chicago, 1927.

Uma análise interessante pode ser encontrada em: S. KOBRIN, *The Conflict of Values in Delinquent Areas*, American Sociological Review, v. 16, (1951) pp. 653-661.

dade na qual vivem — roubando, furtando, vários tipos de comportamento agressivo em grupo ou individualmente — atos estes que podem ser dirigidos aos adultos como pessoas, ou às normas e símbolos sociais e culturais. Podemos distinguir diversos tipos desses grupos, especialmente do ponto de vista de suas relações com o mundo do adulto [18]:

a) Aqueles grupos que estão mais ou menos relacionados com os grupos de adultos anormativos organizados — sindicatos do crime etc. — com elevado grau de organização, possuem um forte símbolo hierárquico de *status* interno e diferenciação de *status,* padronizado em conformidade com aquele setor criminal do adulto.

b) Aqueles que estão mais em contato com o mundo adulto cumpridor das leis e vivem, por assim dizer, num estado de constante tensão e normas duais. Nesses grupos o quadro de membros oscila consideravelmente entre as esferas delinqüentes e entre os graus de estrutura e organização internas.

c) Aqueles grupos que não entram em contato com nenhuma secção do mundo adulto e estão fora do controle do adulto e que conseqüentemente manifestam o grau máximo de agressão interna e outras características anormativas.

Uma característica destes grupos sociologicamente importante é que sua anormatividade se orienta fundamentalmente mais contra os métodos normativos das sociedades do que contra seus fins, os quais procuram alcançar através de meios não-institucionais. Esta tendência é geralmente associada à forte ênfase ideológica das diferentes características do jovem e do "homem forte", que o diferenciam dos valores estabelecidos que conformam o mundo do adulto. Parece que nesta ênfase ideológica estes grupos estão mais ligados em alguns aspectos à "cultura juvenil" da classe média, do que a algumas partes do grupo juvenil da classe trabalhadora ou mais baixa. O mesmo pode ser dito, em linhas gerais, de sua estrutura interna; esses grupos — como também os grupos de "cultura juvenil" da classe média — geralmente desenvolvem um sistema de *status* próprio, que proporciona prestígio de acordo com seus fins específicos e ênfases de valor.

A discussão antes mencionada dos vários grupos e cultura juvenil formais e semi-informais foi feita em forma breve e superficial, considerando que os fatos são bastante bem conhecidos. Durante nossa discussão nos capítulos seguintes, analisaremos muitos detalhes adicionais, mas no presente estágio bastará a descrição dada anteriormente.

---

18. Ver sobre este ponto R. MARTON "Social Structure and Anomie" em *Social Theory and Social Structure*, op. cit., p. 125 e ss.

Movimentos voluntários da juventude de Israel [19]. Grande parte da população adolescente de Israel participa de organizações e movimentos juvenis especiais. Esses grupos começam a recrutar crianças de idade relativamente precoce — nove a dez anos — mas suas atividades atingem seu ponto máximo no período adolescente. Calcula-se que aproximadamente 30 por cento dos adolescentes do país encontram-se organizados nestes movimentos; porém, é muito maior o número daqueles que passaram por eles e têm relação, de uma maneira ou de outra, com a vida social de quase todos os rapazes e meninas. Distinguem-se três tipos principais:

a) o tipo pioneiro, que enfatiza ideais sociais e sionistas e cujo evidente objetivo é incorporar seus membros às cooperativas e estabelecimentos agrícolas;

b) o movimento da "juventude trabalhadora", que objetiva o avanço educacional e ocupacional de seus membros; e

c) um tipo fundamentalmente recreativo, com forte ênfase no esporte e nas atividades do lazer. Existem ao todo aproximadamente nove ou dez movimentos. O alistamento é voluntário, efetua-se mediante pesquisa de opinião pública, influências sociais informais (a totalidade de grupos de amigos ingressa ao mesmo movimento etc.), e pela substituição de seus membros, mas com um forte núcleo permanente.

O mais característico de todos é o tipo "pioneiro", relacionado historicamente com os movimentos juvenis sionistas na Diáspora.

Todos os movimentos pioneiros possuem organizações centrais, afiliadas tanto aos partidos políticos como, de maneira mais geral, à Federação Geral do Trabalho. O *staff* central, composto de jovens adultos, inclui membros de estabelecimentos agrícolas em caráter voluntário ou por designação no cargo e um núcleo mais urbano. Ambos grupos recebem um certo salário ou honorários. Em certos casos os instrutores-chefes vivem numa "comuna" na cidade, preparando-se para o trabalho no estabelecimento e ao mesmo tempo desempenhando suas obrigações na qualidade de instrutores (*madrichim*). Entretanto, isto ocorre principalmente com os instrutores mais velhos e da organização central, ao passo que os instrutores de grupos juvenis são comumente membros de grupos mais idosos e ainda freqüentam a escola.

19. O material sobre Israel baseia-se em pesquisas do Seminário de Pesquisas em Sociologia da Universidade Hebraica, Jerusalém. A primeira fase da pesquisa foi resumida pelo autor em S. N. EISENSTADT, Cultura Juvenil e Estrutura Social em Israel, *The British Journal of Sociology*, jun. 1951. A segunda fase foi resumida por J. BEN-DAVID, A Participação nos Movimentos Juvenis e o *Status* Social, *Megamoth*, 1954 (hebraico). Outros relatórios serão publicados posteriormente.

Os membros do movimento organizam-se em grupos pequenos e locais, compostos de 20-30 membros, vários desses grupos num "regimento" e estes finalmente num "estrato" levando em consideração os grupos etários. Cada pequeno grupo possui sua própria organização — instrutor, secretária, tesoureiro etc. — e o mesmo é válido para o nível superior ainda que com um maior grau de organização formal.

O último grupo etário organizado é o *garin hachschara* (núcleo de treinamento), um pequeno grupo que se dedica a preparar-se ativamente para a vida no estabelecimento (geralmente compõe-se de adolescentes estudantes). O número de membros destes grupos é, porém, bastante pequeno em proporção ao número total de membros de quaisquer dos movimentos, já que somente alguns poucos membros se preparam efetivamente para sair e ser "pioneiros", pois a grande maioria fica no caminho.

As principais atividades dos membros são: (1) sociais e esportivas (excursões); (2) culturais; e (3) inculcação da ideologia social e pioneira do seu movimento específico. Desempenham também algumas funções mais gerais, tais como coleta de fundos para os Fundos Nacionais etc, e nos dias do Mandato funções para-militares e políticas como ajudar o Haganá (Exército de Defesa) etc. Se bem que a maior parte de seu tempo é realmente gasta em atividades sociais e culturais, bailes etc., dão uma ênfase toda especial ao aspecto negativo de mera "recreação" e em particular àquele do tipo de "salão". Dão mais importância, portanto, às danças folclóricas, às relações não-sofisticadas entre os sexos etc., e têm uma aversão verdadeiramente ascéptica pelo fumo, jogo, roupas vistosas etc. (calções cáqui são parte obrigatória de seu vestuário). O conjunto de sua ideologia enfatiza o fato de, por serem jovens, terem mais oportunidades — e os conseqüentes deveres — para realizar os valores básicos dos pioneiros etc., mais do que os adultos que já estão contaminados pelas atividades mundanas (naturalmente as ênfases variam entre os vários movimentos). Entre os tipos de movimentos juvenis mais voltados para a recreação e entre o "tipo-limite", os escoteiros, observa-se um interesse especial pelo desenvolvimento do caráter individual, de virtudes cívicas e varonis. Entre os tipos mais pioneiros estes valores inter-relacionam-se de forma inseparável com outras metas sociais: servir ao país, entender e realizar as metas comuns e distintivas do movimento sionista em suas várias partes (especialmente os valores pioneiros) e a crença de que a juventude é mais apta para compreender estes valores que os adultos. Por estas razões, não se entusiasmam muito com serem diretamente dirigidos por adultos. Mesmo sendo integralmente leais à causa política de um determinado partido, conservam certa distância da liderança adulta, por não propiciar uma comunicação efetiva com as alas e hierarquias da juventude. São dirigidos principalmente por jovens coetâneos ligeiramente mais velhos de sua organização. O sucesso de um determinado grupo, estrato etc., depende, em grande escala, da existência de um talentoso instrutor-líder que possa dirigir-se direta e pessoalmente à juventude. O *status* oficial não é suficiente; o que vale é a "personalidade", com forte propensão de tipo carismático. Um líder assim deveria "praticar aquilo que proclama" e saber-se-ia que tem intenção de seguir no trabalho dos pioneiros. Do contrário, metade de seu poder de atração se perderia, independentemente de qual fosse seu *status* oficial dentro da organização.

Este fato constitui uma das principais dificuldades e permanente ponto de crítica dos movimentos. Na medida em que os membros adquirem mais idade, cada vez mais se sentem menos inclinados a se tornarem pioneiros, enquanto que, ao mesmo tempo, ainda têm que desempenhar várias tarefas no movimento e encontram-se social e fortemente ligados a ele. Não existem nunca suficientes instrutores-pioneiros para dirigir e após o ponto máximo de atividade no meio da adolescência o entusiasmo por seu instrutor decresce um tanto, já que se aproximam da maturidade e chegam ao limiar da vida e da realização profissional do adulto.

Embora os membros dos movimentos juvenis geralmente não participem mais desde o princípio da maturidade — com exceção de um pequeno grupo de oficiais etc. —, a camaradagem que se estabelecera entre eles tem maior duração e continua na vida de adultos, dando origem às vezes a panelinhas de adultos em várias esferas da vida.

Na organização dá-se uma forte ênfase aos ritos comuns e particularmente àqueles de passagem de um estrato a outro, de um grau etário a outro. Contudo, a maior coesão se dá nos grupos menores ou na maioria de todo o "regimento", nas reuniões de grupo a nível nacional somente em ocasiões especiais, excursões, festividades etc.

O movimento de liberação da juventude alemã [20]. Entre os vários tipos de grupos etários e juvenis da sociedade moderna, os movimentos juvenis alemães têm ocupado um lugar de destaque, servindo de certa forma como protótipo da rebelião da juventude, de um movimento social específicamente juvenil. É difícil dar um quadro claro e breve desses

---

20. A bibliografia sobre os movimentos juvenis alemães é vasta. Neste estágio devem ser consultados os seguintes: H. BECKER, *German Youth, Bond or Free*, Londres, 1946; R. SCHMID, *German Youth Movements, A Typological Study*, tese de doutoramento, Universidade de Wisconsin, 1939; Ch. LÜTKENS, *Die Deutsche Jugendbewegung*, Frankfurt, sobre o Meno, 1927; H. BLUEHER, *Der Charakter der Jugendbewegung*, 1921.

movimentos, porque variavam em detalhes e se transformavam profundamente no curso de seu desenvolvimento. Faremos rapidamente, portanto, um simples e superficial esboço de alguns dos aspectos mais importantes dos movimentos. Em vários outros capítulos ampliaremos e elaboraremos esta descrição.

O primeiro movimento juvenil alemão, mais tarde os *Wandervogel* *, teve seu início no fim do século XIX, num dos novos centros industriais da Prússia-Steglitz. Começou como um grupo de escolas juvenis, comandado por um jovem líder, que procurava libertá-los da atmosfera "sufocante" da estrutura burocrática e formal da escola e da casa. De início suas atividades concentravam-se fundamentalmente em excursões ao campo, em comportar-se de maneira contrária aos mores predominantes da vida burguesa, tais como ir a essas excursões aos domingos de manhã, usando roupas claras e esportivas, despendendo todo o dia no campo entre os "montes de feno", cantando canções folclóricas e de maneira geral liberar-se da atmosfera da casa e da vida escolar. Rapidamente, muitos desses grupos se constituíram em diferentes partes da Prússia e Alemanha, demonstrando que existia uma tensão generalizada e algumas pré-condições para seu aparecimento. No início não eram muito numerosos e, entre os vários grupos, estabelecia-se um contato muitas vezes baseado na personalidade e força condutora do líder. No início o movimento não tinha objetivos que pudessem especificamente definir o alcance de suas atividades. Não existiam atividades definidas e todas as atividades dos membros eram encaminhadas no sentido da procura de um novo modo de vida, do desenvolvimento de um novo tipo e pessoa que pudesse livrar-se de todos os enfeites da sociedade contemporânea, enfatizando somente a natureza interior do homem, seu ser mais íntimo. Ainda que estas atitudes fossem essencialmente individualistas, ao preparar, por assim dizer, uma fuga individualista dentro de um pequeno círculo de amigos, foram adquirindo lentamente uma maior orientação para a comunidade, um significado e ênfase nacionalista. A fuga para a natureza, a ênfase no asceticismo (abstenção de bebidas, fumo etc.) e o fato de "andarem sem destino" (por isso o famoso nome de *Roamers,* os *Wandervogel*) foram adquirindo um significado popular e nacionalista e tornou-se um anelo para a instituição de uma verdadeira comunidade nacional (*Gemeinschaft*), no lugar da comunidade artificial que existia naquele tempo. Toda a ideologia — ou ideologias — do movimento sofreram uma forte influência do movimento romântico e as semelhanças entre os dois são óbvias. A totalidade das atitudes do movimento para com a ordem social estabelecida

---

* Literalmente: aves de arribação. (N. do T.)

era deveras ambivalente: por um lado, uma tentativa de separação de seus membros da sociedade e uma atitude negativa no que diz respeito a seus valores e normas; por outro lado, uma tentativa de recriação da sociedade e uma utópica ênfase no espírito e nos valores comuns. "(O movimento juvenil) era puramente secular mas colorido por um entusiasmo religioso ou místico... Procurava criar indivíduos livres e verdadeiros, mas ao mesmo tempo agitava-se no desejo de conseguir um país novo e verdadeiro, um *Gemeinschaft*, que fosse tanto um símbolo de renascimento da nação, como o único lugar onde tal liberdade pudesse ser universalizada. Entrava em choque com todas as autoridades estabelecidas e desejava uma nova autoridade, um verdadeiro *Fürher* em vez de lideranças burocráticas institucionalizadas"[21]. A revolta contra a autoridade — pais, professores, oficiais — gradualmente deu origem a uma ideologia que preconizava ser a juventude um tipo diferente de ser humano, tipo único através do qual esta plena realização da humanidade poderia ser alcançada. Após vários estágios avançou no sentido de uma ideologia de "cultura jovem" (*Jugendkultur*[22]), como um tipo distinto de vida cultural e social. A primeira declaração da distinção da juventude e de seus direitos a modelar seu próprio destino foi feita em 1913 numa reunião de Hohe Maissner, onde se declarou que: "Juventude Alemã Livre, por sua própria iniciativa, sob sua própria responsabilidade e com profunda sinceridade, é independente para construir sua própria vida. Para o bem de sua liberdade interior deverá, sob toda e qualquer circunstância, agir sempre unida".

Apesar de algumas características básicas comuns, o movimento da juventude alemã nunca adquiriu uma unidade organizatória a nível nacional. Desenvolveu-se lentamente de pequenos bandos de *roamers* até ser um movimento mais amplo e dividiu-se em várias dissidências devido a lutas internas que abalaram sua unidade. Estas divisões originaram-se principalmente de desacordos quanto às características carismáticas do seu primeiro líder, no surgimento de novos líderes e constantes lutas entre eles. Nunca se obteve um completo êxito nas numerosas tentativas para unir os diferentes setores do movimento e as divisões continuaram durante toda a história do movimento. Por detrás destas lutas ocultavam-se, entretanto, alguns problemas cruciais que o movimento enfrentava. O primeiro relacionava-se com a atitude do movimento para com a ordem social contemporânea. O prematuro sectarismo implicava uma completa se-

---

21. H. KOHN, Youth Movements, *Encyclopedia of the Social Sciences*.

22. O termo *Jugentdkultur* (cultura juvenil) foi cunhado por C. Wyneken. Ver, por exemplo, G. WYNEKEN, *Schule u. Jugendkultur*, Jena, 1919.

paração da sociedade — uma separação que se tornou cada vez mais difícil ao passo que aumentava a idade de seus membros. Entretanto, o fervor religioso do movimento necessariamente tinha que implicar uma tendência "missionária" — um desejo de incutir o espírito do movimento em todas as esferas da vida; no campo da política, movimentos sociais e educacionais. Este dilema entre o retraimento e a alienação perante a transformação e dominação da vida social tornou-se particularmente agudo com o passar do tempo, na medida em que muitas instituições responsáveis pelos movimentos juvenis — albergues da juventude etc. — foram englobadas nas organizações de bem-estar da juventude, escolas etc. Do ponto de vista político o problema tornou-se ainda mais agudo depois da Primeira Guerra Mundial e da Revolução. O segundo problema que o movimento enfrentou foi o do crescimento de seus membros e a relativa burocratização do movimento, o que obrigatoriamente significou a perda de seu principal *élan* e da identificação carismática com o líder, bem como no seio do grupo.

As dissidências dentro do movimento aumentaram muito mais depois da Primeira Guerra Mundial, devido ao aumento da atividade e interesse na política e os partidos políticos começaram cada vez mais a invadir o âmbito dos movimentos juvenis. A tensão interna e a ambivalência da ideologia e atitudes dos movimentos juvenis não se resolveu, acentuando-se devido à desilusão do pós-guerra até que os movimentos se extinguiram, sendo de certa forma, absorvidos pelo movimento da juventude nazista [23].

O *kibutz*. Descreveremos agora os padrões de vida em grupo que existem entre as crianças no *kibutz*. Como indicamos anteriormente, vivem a maior parte de sua vida afastadas dos adultos. Dormem, comem e estudam em casas próprias. Sua vida é organizada em grupos definidos, que geralmente são formados com base nas *diferenças de idade* em vez de "idades", porque o nível de idade absoluto pode não ser fixado e varia de acordo com as circunstâncias, com o número de crianças de uma determinada idade que vivam nesse momento no *kibutz* etc. Entretanto, a relativa diferença de idades (mais jovem-mais velho) é quase sempre mantida. Cada grupo conduz sua própria vida na escola e em casa, possuindo suas próprias instituições e programas. Geralmente, tem suas próprias salas de estar, salas de jantar e demais dependências, seus próprios instrutores e algumas vezes até professores. (Num *kibutz,* por exemplo, a distri-

---

23. Esta fase é amplamente analisada por H. BECKER, op. cit., Cap. II.

buição de grupos etários [24] tem-se feito da seguinte maneira: cinco grupos, correspondendo aos graus escolares, cada um abrangendo crianças com diferença de dois anos de idade, de seis anos e meio até dezesseis anos e meio.) Os princípios básicos e a estrutura do trabalho das crianças, estudos e vida são estabelecidos pela Assembléia Geral sob a recomendação do comitê educacional e devem ser executados pelos professores, instrutores etc. O resultado desses princípios e de sua aplicação à rotina e problemas diários é deixado a critério deles e das organizações "autônomas" do grupo etário. A vida do grupo etário, como entidade, centraliza-se em três pólos: a) Escola — a educação, que compreende temas comuns com forte ênfase na educação técnica e agrícola e nos fundamentos ideológicos do movimento pioneiro sionista. São ensinados por professores que freqüentemente dividem seu tempo entre diferentes grupos etários de acordo com suas especiais qualificações profissionais. Nos grupos etários mais jovens, entretanto, organiza-se de tal forma que um professor *principal* é designado para uma classe, recebendo apenas um mínimo grau de ajuda de fora, em alguns assuntos especiais. b) Trabalho — normalmente, cada grupo (ou dois grupos juntos) tem uma certa parcela de terra para cultivo e os grupos mais velhos geralmente também participam, em diferente escala, do trabalho dos vários setores econômicos do estabelecimento. Para esses assuntos cada grupo etário possui seu próprio comitê, que planifica a divisão do trabalho, a distribuição das diferentes tarefas às crianças etc. Este comitê é geralmente dirigido pelo próprio instrutor do grupo (*madrich*) que também funciona como intermediário junto aos chefes dos diferentes setores econômicos da colônia. Para trabalhar a sua parcela de terra o grupo recebe conselhos de seu instrutor e dos vários especialistas ou professores de distintas matérias agrícolas. c) A vida cultural e social do grupo — as atividades mais importantes são: biblioteca e distribuição do jornal, edição do seu próprio jornal, planejamento de jogos e festas (é de grande importância e interesse notar que em quase todas as ocasiões festivas — Schabat, os vários feriados etc. — as crianças não participam da festa geral, mas organizam festas especiais para si próprias, nas quais os adultos participam no máximo como espectadores, sendo o Pessach "Seder" a única exceção notável, a festividade culminante do ano, no qual as crianças e adultos participam juntos), várias discussões, determinação da sua propriedade comunal e várias atividades de escotismo. (Estes geralmente formam parte do movimento juvenil ao qual as crianças pertencem oficialmen-

---

24. A descrição dos graus etários do *kibutz* é uma adoção da obra do autor, *Age Groups and Social Structure, an analysis of some aspects of socialization in the communal and cooperative settlements in Israel*, Jerusalém, 1950, p. 56.

te.) Todas essas atividades são organizadas pelas próprias crianças, dirigidas e aconselhadas por seus instrutores (às vezes por crianças de grupos etários mais velhos). Quase toda atividade é organizada e supervisionada por um comitê eleito entre as crianças e o número de membros dos comitês é normalmente grande, a fim de permitir a participação de um maior número de crianças. (Em alguns *kibutzim* o número de membros dos comitês abrange mais da metade do número total de crianças.) Paralelamente, a vida no setor adulto, a autoridade suprema aqui é a assembléia de todas as crianças. As reuniões da assembléia são muito freqüentes. Quase todos os membros participam de todas as atividades levadas a cabo pelo grupo etário. Os instrutores convocam freqüentemente o grupo inteiro para discutir diferentes problemas surgidos na vida em comum. Isto é utilizado como um meio de educação muito importante, especialmente para inculcar os vários fundamentos ideológicos e normas práticas da vida do *kibutz*. O principal método pedagógico consiste na discussão e explicação aberta, habilmente conduzidas pelo instrutor ou professor. Assim sendo, a aceitação de várias normas de comportamento baseia-se na participação ativa do grupo e leva consigo todo o peso da aprovação do grupo. É portanto muito natural que uma das mais importantes ocasiões para se fazer uma reunião do grupo todo para uma detalhada discussão seja um comportamento indisciplinado e turbulento de um dos membros, uma briga com um professor ou instrutor. Tais brigas podem originar várias tensões, especialmente porque as crianças costumam queixar-se de medidas disciplinares injustas, de repreensões ou de palavras ásperas dos professores etc. Se o assunto não puder ser decidido por uma das crianças mais velhas, por membros de maior influência dos comitês, ou pelo instrutor, então convoca-se uma reunião do grupo interior e ambas as partes expõem seu caso iniciando-se uma discussão total. Contudo, esta discussão é conduzida pelo professor ou instrutor, de maneira a encaminhar-se pelo menos no sentido de uma completa explanação do comportamento de ambas as partes e do reatamento do comportamento aprovado do grupo. Freqüentemente, o membro adulto implicado no caso pode ser censurado por desvio das formas de comportamento apropriadas. Qualquer que seja o resultado dessa discussão está sempre presente a intenção de servir como catarse e como guia para a inculcação de normas grupais sobre o outro.

Um aspecto muito importante da vida das crianças é a transição de um grupo etário a outro. Entretanto, não implica uma mudança de pessoal, já que é o grupo inteiro que muda de *status*. A identidade do grupo é geralmente preservada do começo ao fim da faixa de vida das crianças (como crianças).

Quase todos os grupos têm seu próprio nome (geralmente nome de um animal, planta ou árvore; às vezes um nome designando uma atividade como pescar, cantar etc.). Este nome *não* muda durante a passagem do grupo de um grau a outro e é desta forma que a preservação da identidade do grupo adquire uma expressão simbólica definida. Os graus escolares exatos podem diferir de um a outro *kibutz*, mas os traços principais são encontrados em quase todos os *kibutzim*: compreendem aproximadamente quatro ou cinco graus etários que variam de acordo com a idade escolar, desempenho no escotismo, idade relativa etc. A transição de um grupo de grau a outro expressa-se quase sempre sob a forma de uma festividade, organizada de maneira bastante cerimonial, na qual todos os outros grupos etários e os adultos participam como espectadores. A transição de um grupo etário a outro, que muitas vezes ocorre junto com a transição de um grau escolar a outro — apesar de ser geralmente quase automática — depende de várias atuações e realizações do grupo, na escola, no trabalho ou nas atividades do escotismo. Quase todas as atividades do grupo durante os meses precedentes, orientam-se no sentido de um desempenho bem sucedido nessas atividades. Assim, a cerimônia de transição surge como ponto culminante de um longo período de febril atividade. A mais importante das cerimônias é a de graduação, quando as crianças adquirem o *status* de pré-adultos (candidatos à qualidade de membro pleno do *kibutz*), ou imediatamente *status* de adulto. (Não existem normas fixas e qualitativas em todos os estabelecimentos, no tocante a este assunto. Alguns insistem no cumprimento de um período transitório de "candidatura" e outros não.) Nestas ocasiões, o grau e intensidade da cerimônia varia em diferentes *kibutzim*. Alguns deles possuem diferentes cerimônias de graduação e aceitação como membros plenos, e outros não. Em outras palavras, em alguns lugares os jovens de ambos os sexos são aceitos como um *grupo* de novos membros, ao passo que em outros esta aceitação possui um caráter mais individual. Entretanto, o aspecto de cerimônia e festividade existe em quase todos os estabelecimentos.

Existe outro aspecto do grupo etário que deveria ser enfatizado, a participação igualitária de meninos e meninas nos mesmos grupos. Não há grupos separados por sexos. Vivem também nos mesmos edifícios, embora, geralmente, em quartos separados. Esta característica também provém das bases ideológicas do movimento pioneiro, mas sua com-

---

25. A descrição aqui é adaptada de H. FAINSOD, Youth Under Dictatorship. *American Political Review*, 1951.

preensão total só poderá ser alcançada através da análise de seu lugar dentro da estrutura social.

O *komsomol*. O *komsomol* é a organização global e oficial da juventude e da infância da U.R.S.S., organizada pelo governo e pelo partido comunista.

O processo de treinamento semipolítico e oficial inicia-se no jardim de infância, onde brincar, cantar e contar histórias são os meios usados para inculcar os sentimentos patrióticos. A criança é inscrita primeiro nos "Pequenos Outubristas", onde começam suas responsabilidades civis e educacionais. Aos nove anos de idade já pode ser membro dos "Jovens Pioneiros", onde se inicia sua educação política para assumir posições mais significativas. A qualidade de membro nos Jovens Pioneiros é virtualmente universal no grupo etário elegível (de nove a quinze anos). O esforço para poder se afiliar é tão grande nos primeiros anos que a ameaça de exclusão é freqüentemente uma sanção suficiente para disciplinar até o mais rebelde membro. A entrada nos Pioneiros realiza-se com uma impressionante cerimônia de iniciação repleta de simbolismos.

Uma vez alistado nos Pioneiros, o novo membro passa a fazer parte de um "elo" de oito a doze jovens que elegem seu próprio líder. Os "elos" unem-se numa "brigada" de aproximadamente quarenta membros da mesma classe ou das adjacentes. Cada brigada escolhe seu "conselho" representado por cinco pessoas, que funciona sob o comando de um líder do *komsomol* designado para supervisionar e dirigir as atividades da brigada. Estas atividades variam de acordo com o nível de idade dos Pioneiros. Nas classes jovens, a doutrinação política freqüentemente é feita através de contos da infância de Lênin ou Stálin, ou histórias do heroísmo dos jovens Pioneiros na guerra contra os nazistas. Com as crianças mais velhas acentua-se mais a instrução política.

Entretanto, a instrução política em sentido restrito é tão-somente um aspecto do programa dos Pioneiros. Existem também várias atividades organizadas, tais como excursões para estudo da natureza, a museus e lugares de interesse histórico, competições de atletismo, reuniões literárias, teatrais ou musicais e liberdade para dedicar-se a passatempos favoritos na escola e na chamada Casa dos Pioneiros, que são os centros dos programas extracurriculares. Exige-se a participação em trabalho socialmente útil, que pode abarcar uma ampla gama de atividades, tais como ajudar a publicar um diário-mural dos Pioneiros, juntar sucata, trabalhar no jardim da escola ou num *kolkhoz* vizinho, ou mesmo ajudar a combater os "preconceitos religiosos" dentro de casa. A tendência competitiva destas atividades extracurriculares e até mesmo de interferência nos programas escolares tem suscitado freqüentes protestos das autoridades escolares soviéticas contra o sobrecarregamento da criança com atividades paralelas. A tendência atual é integrar as atividades Pioneiras tanto quanto possível com as da escola, realçar as obrigações escolares como sendo a principal responsabilidade do Pioneiro e organizar o programa Pioneiro de maneira a não entrar em conflito com o currículo escolar.

Aos catorze anos de idade a criança pode ser eleita membro dos *komsomol,* logicamente desde que preencha as condições de admissão. Estas condições incluem a recomendação de um membro do partido comunista ou de dois membros do *komsomol,* que tenham sido membros da organização durante pelo menos um ano. A recomendação dada pelo conselho de uma brigada Pioneira é equivalente a uma recomendação de um membro do *komsomol.*

Conseqüentemente, o alistamento nos *komsomol* é um processo muito mais seletivo que a admissão nos Pioneiros. Considerando que os Pioneiros operam com uma organização virtualmente universal para todas as crianças de determinado grupo etário, não mais da metade dos estudantes de dez anos de idade das três classes superiores ingressam aos *komsomol* e aproximadamente só um quarto daqueles do grupo etário elegível (catorze a vinte e seis anos) tornam-se membros do *komsomol.* O *komsomol* é o reservatório de recrutamento dos membros do partido; e aos olhos da direção do partido pelo menos, este é o período de tutela em que podem ser provadas as qualificações e ardor político.

A organização dos *komsomol* é similar ao modelo hierárquico de seu irmão maior, o partido. No alto da pirâmide estão as organizações primárias, fábricas, fazendas coletivas, instituições educacionais e outras instituições estatais. Cada organização primária deve ter pelo menos três membros e forma-se com o consentimento do comitê da cidade ou distrito que a supervisiona. No caso de uma organização que possua mais de cem membros, pode subdividir-se em subgrupos de armazéns de fábricas, diferentes faculdades de uma universidade etc. No caso de um grupo ter menos de dez membros escolhe-se um secretário que exerça a liderança. Em grupos maiores podem servir de núcleo diretor um comitê, um burô, ou um secretário. Ambos exercem seus deveres no *komsomol* além do emprego regular. Secretários do *komsomol* de período integral são habitualmente designados pelo aparelho central somente em casos de importantes empresas ou instituições, onde exista um numeroso quadro de membros e um programa de trabalho que exija a atenção exclusiva de um funcionário do *komsomol.* Na maioria dos casos, as organizações primárias do *komsomol* funcionam sob o controle dos comitês e secretários do *komsomol* da cidade ou do distrito; porém, nas Forças Armadas e em instituições onde foram constituídas seções políticas especiais, a responsabilidade orienta-se diretamente para o chefe da seção política ou para o seu assistente encarregado das atividades do *komsomol*.

Ao nível da cidade ou do distrito o poder supervisor concentra-se num comitê, que por sua vez elege um burô e um número de secretários. Os níveis superiores seguintes da hierarquia do *komsomol* são as organizações regionais e da república. Neste caso o padrão de organização é essencialmente o mesmo. Neste nível, os secretários podem ser designados membros do partido se tiverem pelo menos três anos de experiência no *komsomol*. Operando sob suas ordens encontramos equipes numerosas de funcionários do *komsomol* de período integral, com responsabilidades específicas, que colocam em ação a ampla gama de atividades da organização.

A organização administrativa central consistia, em 1949, num Comitê Central de 103 membros e 47 candidatos, uma comissão de controle de 31 membros, um burô de 11 membros, cinco secretários e um grande secretariado, operando todos sob a direção geral do Primeiro Secretário. Teoricamente, o órgão superior do *komsomol* é o Congresso Geral *, que de acordo com o Regulamento, deve reunir-se pelo menos uma vez cada três anos. Fizeram-se reuniões com razoável freqüência até o 10º Congresso em 1936.

Embora as responsabilidades da organização do *komsomol* abranjam uma vasta gama de atividades diversificadas, dá uma importância maior à política, ao contrário do que ocorre nos Pioneiros. Estas atividades incluem:

1) instrução política dos membros do *komsomol*;

2) instrução política e de comando ministrada aos Pioneiros pelos *komsomol*, a jovens não-afiliados e a outros grupos;

3) treinamento militar e para-militar, educação física e esportes;

4) liderança e assistência na realização dos programas governamentais e do partido;

5) atividade social e cultural.

A doutrinação política de todos os membros do *komsomol* é a preocupação central do partido. Como observamos anteriormente, inicia-se seriamente nos Pioneiros e aumenta em extensão e intensidade à medida que as crianças crescem.

* No original: *All Union Congress*. (N. do T.)

Os vários grupos etários existentes nas sociedades modernas possuem algumas características comuns:

I

A idade é considerada um critério para tornar-se membro do grupo, apesar de não estar explicitamente definida. Os grupos juvenis prolongam-se geralmente durante a adolescência e somente até o início da idade adulta; a qualidade de membro não é universal nem é distribuída igualmente por todos os setores da sociedade.

II

Entre todos os grupos juvenis modernos, os pequenos grupos primários formam o núcleo básico da organização — um núcleo pode ser incorporado ou não a organizações formais mais amplas.

III

Todos os grupos juvenis modernos desempenham principalmente tarefas preparatórias e concentram-se nas atividades culturais e recreativas de seus membros. Regulam somente as relações internas e comportamento de seus membros, mas não seu comportamento global nem o de outros membros da sociedade.

Além destas características comuns, cada um dos tipos apresentado manifesta algumas características próprias. As mais importantes são:

Os grupos juvenis semiformais e informais e a cultura juvenil:

1. Pequeno grau de institucionalização, apesar de suas atividades serem legítimas em grande parte. (Obviamente, isto não é válido para os grupos de delinqüentes juvenis.)

2. Organização desunificada, apesar de se desenvolver em forma similar em muitas partes do país. No caso de organizações e movimentos juvenis pode existir uma hierarquia unificada e formal. Grupos baseados fundamentalmente na qualidade de membro, geralmente homogêneos do ponto de vista de classe e de afiliação por grupo étnico.

3. Organização incorporada, constituída de pequenos grupos e panelinhas com vários sistemas próprios de *status* e de organização. Distintos graus de coesão e estabilidade.
4. Elevado grau de autonomia, moderado pela supervisão geral de um adulto.
5. A maioria das atividades concentradas na recreação, relações heterossexuais (nos últimos estágios da adolescência) e na emulação geral de certos aspectos da cultura dos adultos.
6. Atitude ambivalente para com a cultura do adulto, forte ênfase nas características humanas gerais e difusas em oposição às realizações mais específicas e na habilidade física, maturidade precoce. No entanto, em muitos casos são aceitos os valores dos adultos (com exceção, logicamente, das quadrilhas etc.).

O movimento juvenil alemão

1. Falta de institucionalização e um acentuado elemento de anormatividade e rebeldia contra a ordem social estabelecida.
2. Grupos incorporados, mas sem uma organização unitária; desenvolvimentos paralelos em diferentes partes do país.
3. Relações estreitas entre vários grupos, mas nunca uma completa unificação; contínuas desavenças e divisões.
4. Organização em grupos sectários e próximos, com elevado grau interno de solidariedade e identificação, forte identificação com o líder carismático. Completa autonomia, grupo dirigido pelo líder, com um forte elemento de identificação homossexual.
5. Múltiplas atividades — principalmente recreativas, culturais e educacionais.
6. Atitude completamente negativa perante os padrões de autoridade existentes e uma ideologia especificamente juvenil e romântica, que apresenta a juventude como o único ser humano completo, diferente e livre.
7. Apesar dessas atitudes, uma acentuada tendência à liderança carismática e autoritária, comunidade popular e nacional e forte orientação para a comunidade.
8. Movimento originado entre os adolescentes, mas desenvolvido lentamente no sentido de um grupo mais adulto, enfrentando assim uma permanente crise entre a realidade e a enfatização da "ideologia da juventude".

Comparemos estas características com as dos *Movimentos da Juventude de Israel:*

1. Institucionalização e legitimidade.
2. Organização a nível nacional, mas de grupos pequenos que constituem os focos fundamentais da solidariedade e da vida social.
3. Organização hierárquica e passagem coletiva do grupo de um grau a outro.
4. Princípios gerais e programas de atividades determinados pelos líderes de vários movimentos (na maioria adultos), afiliados aos partidos políticos, movimentos sociais etc. Não obstante, elevado índice de autonomia social dos grupos menores.
5. Um dos principais pontos de tensão dos movimentos é a relação entre os líderes adultos e os membros liderados em geral.
6. Os valores dos movimentos não constituem uma negação dos valores da sociedade adulta; pelo contrário, dão-lhe uma ênfase especial.
7. Os movimentos desenvolvem uma ideologia geral dos jovens, como sendo, potencialmente, os melhores realizadores dos valores básicos da sociedade.

Grupos juvenis dos komsomol e kibutzim apresentam as as seguintes características diferentes:

1. Organização ampla, total, unificada e a nível nacional (ou da comunidade).
2. Organização hierárquica e passagem coletiva dos grupos de um grau a outro, dirigida pela sociedade adulta, com distintos graus de autonomia social interna (maior no *kibutz*).
3. Identificação de valores com os da sociedade adulta, vida do grupo etário constituída principalmente pela preparação para chegar a ser um membro pleno da sociedade adulta.
4. Especial ênfase nos valores coletivos e comuns da sociedade.

As descrições anteriores proporcionaram-nos uma visão geral dos principais tipos de grupos etários e de algumas de suas diferenças básicas. Embora alguns deles tenham características básicas em comum — o critério da idade, um grupo principal como núcleo básico, algumas atitudes gerais para com a estrutura social em que se formaram etc. —, existem também muitas importantes diferenças entre eles.

Tivemos a oportunidade de observar que diferem quanto ao grau de clareza do critério idade, quanto ao grau de sua universalidade em determinada sociedade e quanto às faixas etárias que englobam. Diferem em sua estrutura interna, na incidência de existência de uma hierarquia unitária dos grupos etários de organizações incorporadas; em suas relações com outros grupos etários e gerações e no grau de sua autonomia e autocefalia. Diferem quanto ao tipo de tarefas que lhes são designadas, na medida em que regulam o comportamento de seus próprios membros e de outros membros da sociedade e na medida em que são conformistas quanto aos valores da sociedade, ou se desviam deles.

Nos capítulos seguintes explicaremos e analisaremos com maior riqueza de detalhes as características comuns dos grupos etários e suas principais diferenças, bem como em que condições sociais surgem eles. Veremos até que ponto esta análise pode ser realizada dentro da estrutura de nossa hipótese básica.

3. Grupos Etários em Sociedades sem Parentesco (Universalistas)

I

A. Neste capítulo tentaremos corroborar a primeira parte de nossa hipótese: isto é, de que os grupos etários tendem a surgir naquelas sociedades cujos princípios integrativos fundamentais são diferentes dos princípios particularistas que governam a família e as relações de parentesco, *i.e.*, em sociedades cujos princípios integrativos são principalmente "universalistas". Em primeiro lugar explicaremos, mais detalhadamente, o exato significado de não-parentesco, critério universalista para a *distribuição de papéis* nas principais esferas institucionais do sistema social. Em segundo lugar, apresentaremos nosso material, ou melhor, aquelas partes e aspectos que tenham mais ou menos relação direta com a nossa hipótese. O material apresentado incluirá tanto comparações entre sociedades com e sem parentesco, como comparações internas dentro da estrutura de não-parentesco, sociedades universalistas. No que diz respeito ao primeiro ponto, tentaremos proporcionar comparações suficientemente detalhadas entre sociedades não muito diferentes suas características sociais e ambiente cultural geral, a fim de minimizar, na medida do possível, a introdução de fatores inexplicados [1], pois daremos mais adiante outras comparações de maior alcance. Quanto ao segundo tipo de comparação, seu propósito consistirá tanto em elaborar a nossa hipótese como responsabilizar-se, pelo menos, por algumas das variações estruturais na composição dos grupos etários. Em ambos casos

---

1. A este respeito nosso procedimento difere, em certa medida, daquele empregado nas várias pesquisas do levantamento *Cross-Cultural* de Yale. Tentamos ater-nos fundamentalmente às descrições mais totalizantes de determinadas sociedades, usando qualquer outro material somente de maneira subsidiária, sem atribuir os mesmos pesos como unidades estatísticas a informações de diferentes valores.

concentraremos nossa análise naquelas sociedades que foram mais ou menos completa e adequadamente descritas, e nos referiremos em forma breve a outras sociedades sobre as quais não existem descrições suficientes.

Em terceiro lugar, descreveremos a composição, atividades, estrutura de autoridade etc., dos grupos etários que surjam sob estas condições, e, em linhas bastante gerais, seu lugar tanto na vida individual como na estrutura social. Tentaremos mostrar que sua natureza e organização estão intimamente relacionadas com as necessidades postuladas em nossa hipótese básica. Ao longo desta descrição será enfatizado uma vez mais o fato, já visto e salientado no capítulo anterior, de que existe uma grande variedade desses grupos, com muitas diferenças quanto à sua composição e natureza, embora algumas características comuns básicas sejam facilmente perceptíveis. Neste capítulo analisaremos e explicaremos somente poucas destas diferenças. Uma análise ou explicitação completa destas condições, sob as quais surgem diferentes tipos de grupos etários, somente será possível quando sejam considerados outros critérios além daqueles de particularismo-universalismo. Estas variáveis adicionais serão analisadas em capítulos subseqüentes. Portanto, o material apresentado neste capítulo não constitui uma análise "funcional" completa dos grupos etários, mas pretende apenas confirmar a primeira parte da hipótese básica; e analisar, em parte com base nas descrições proporcionadas no capítulo anterior, as características gerais dos grupos etários; suas variações só serão analisadas posteriormente.

B. Qual é o significado exato de princípios universalistas de **distribuição de papéis sem parentesco**, dentro das mais importantes esferas institucionais do sistema social? Propomos os seguintes mais importantes derivativos institucionais deste critério:

A. A existência dentro do sistema social de muitos papéis, cujos incumbentes entram em ação com outras pessoas sem se preocuparem com as características familiares, de parentesco, de linhagem, étnicas ou hierárquicas desses indivíduos, em relação às suas. No desempenho destes papéis, os atores agem de acordo com regras gerais de expectativas em relação a outros indivíduos e sem se relacionarem, como incumbentes, com as várias particularidades classificatórias ou de qualidade de membro do grupo.

B. A qualidade de membro na totalidade da sociedade (p. ex. cidadania) não é definida em termos de pertencer a qualquer subgrupo particularista, nem mediada por essa qualidade de membro. A qualidade de membro no conjunto da sociedade implica o desempenho de alguns papéis que não estão incorporados em nenhum grupo como esse e cujos atores entram em ação uns com os outros de acordo com expectativas gerais de papéis.

1) No campo político isto significa que a família, grupo de descendência ou qualquer outro grupo particularista (*e.g.*, casta) não é o grupo autônomo básico que recebe tarefas políticas e que tais tarefas são distribuídas aos membros e grupos que não se baseiam no parentesco e em outros critérios particularistas.

2) No campo dos valores e dos ritos, isto significa que a família e os grupos de parentesco (ou outros grupos particularistas) não são os exclusivos portadores dos valores superiores da sociedade: *i.e.*, as expressões simbólicas desses valores não estão incorporadas principal e exclusivamente nestes grupos, mas podem ser alcançadas nos agregados de papéis fora do domínio destes grupos.

3) O critério econômico de divisão do trabalho não se baseia na família ou na unidade de parentesco, como uma unidade quase completamente autônoma e auto-suficiente e/ou principal unidade de especialização econômica.

4) Do ponto de vista dos critérios de *status*, uma distribuição de papéis universalistas, não-particularista e sem parentesco exige tanto (a) que a diferenciação e estratificação do *status* numa sociedade dependa de papéis ocupacionais, de poder político, propriedades pessoais e riqueza, e não de conexões de parentesco, vínculos étnicos ou relações pessoais; ou (b) uma orientação para a realização individualista, *i.e.*, considera-se a realização pessoal e não as conexões familiares, pessoais ou étnicas, ou as relizações do grupo (como, por exemplo, o famoso *potlach* dos índios norte-americanos).

5) Quanto a estabelecimentos ecológicos e territoriais, essa divisão do trabalho significa que os direitos de residência em qualquer território não são investidos nos grupos de parentesco, étnicos etc., mas abertos a todos os membros qualificados da sociedade de acordo com alguns critérios universalistas (*e.g.*, pagamento de determinada quantia de aluguel etc.).

Logicamente, deveria ser enfatizado o fato de que nenhuma sociedade pode ser inteiramente universalista. Até mesmo naquelas sociedades em que se aplicam claramente os critérios já mencionados, existem muitos subgrupos e setores onde prevalecem os critérios e relações particularistas. São necessariamente governadas pelo critério particularista as relações familiares e de vizinhança, amizades e vários grupos primários, às vezes até certos setores da estrutura econômica e sempre algumas partes do sistema de estratificação. Já observamos nos capítulos precedentes deste livro que os diferentes setores de qualquer sociedade são geralmente organizados segundo diferentes critérios. Estivemos interessados somente nos princípios da integração total das sociedades e nos critérios que concedem a qualidade de membro na sociedade como um todo, bem como na totalidade das relações entre os vários subsetores da sociedade, que podem ser particularistas. Os diversos derivativos institucionais estão relacionados aqui somente com a diferença básica entre os critérios universalistas e particularistas. São somente mencionadas algumas das outras variáveis-padrão (especialmente qualidade-realização) mas só na medida em que se relacionem com o universalismo etc., e não como variáveis totalmente independentes.

Aqui não estabelecemos as diferenças entre grupos de parentesco e outros grupos particularistas e suas relações porque a diferenciação é irrelevante neste estágio da nossa hipótese. Adquirirá importância quando discutirmos a integração das sociedades sobre a base de critérios de não-parentesco particularistas e a relação desses com nosso problema. Afirmamos que cada integração deste tipo implica a definição da família ou do grupo de parentesco, pelo menos como uma das unidades básicas da distribuição de papéis e da divisão do trabalho, embora possa significar transição do grupo familiar e outros grupos particularistas, e conseqüentemente, interrupção da tensão[2]. Portanto, esta distinção não é tão importante quando se relaciona com a emergência de grupos etários sob condições de integração de não-parentesco do sistema social.

Estes vários critérios de distribuição universalista de papéis se bem que claramente inter-relacionados, não coexistem sempre e pode muito bem acontecer que a intensidade dos critérios universalistas seja maior em uma esfera institucional do que em outra. Como veremos, este fato pode influenciar de diferentes formas a estrutura dos grupos etários.

As derivações acima mencionadas da distribuição de papéis sem parentesco e universalista são necessariamente mais gerais. Podem, contudo, servir de ponto de partida para uma análise comparativa e seus detalhes esclarecidos através desta análise.

II

Na análise comparativa a seguir apresentaremos o material por ordem de complexidade, iniciando pelos sistemas sociais "mais simples", menos diferenciados e gradualmente avançaremos para os mais complexos. Começaremos, portanto, pelas chamadas tribos segmentárias, *i.e.*, aquelas que não possuem autoridade centralizada e órgãos administrativos de governo, ou instituições judiciais constituídas. O melhor

2. Ver adiante, Cap. 4.

material disponível sobre grupos etários nestas tribos versa sobre a África e foi exemplificado no segundo capítulo deste livro pelos Nuer e Nandi e, de certa forma, também pelos grupos etários dos Índios Plains. A informação sobre os grupos etários entre as tribos segmentárias da África diz respeito a alguns dos grupos nilo-hamíticos (Nuer, Topotha, Turkana, Bari, Lango, Shilluk) [3]; o agrupamento Karmajong desse grupo (Turkana, Jie, Topotha) [4]; o grupo de idioma nandi (Nandi, Pokot, [Suk] Kipsigis) [5]; Masai [6]; e grupos Meru, Kamba, Kikuyu [7]; Galla [8]; Murle [9];

3. Sobre as várias tribos Nilo-hamíticas ver: L. F. NALDER, *Survey of Mongolia Province*, Oxford (I.I.A.), 1937; C. G. & S. B. SELIGMAN, *Pagan Tribes of the Nilotic Sudan*, Nova York, 1953; C. G. & S. B. SELIGMAN, The Social Origin of the Latuko, *Sudan Notes and Records*, VIII, 1925; A. C. BEATON, The Bari, clan and Age-Class System, *Sudan Notes and Records*, XIX 1936, pp. 109-147; H. DRIBERG, *The Lango*; T. T. S. HAYLEY, *The Anatomy of Lango Religion and Groups*, Cambridge, 1947; e o levantamento geral: A. BUTT, *The Nilotes of the Anglo-Egyptian Sudan and Uganda*, Levantamento da África, Londres, 1952.

4. Sobre o agrupamento Karamajong, ver: P. GULLIVER, The Karamajong Cluster, *África*, v. XXII, 1952, pp. 1-22; P. GULLIVER, *A Preliminar Survey of the Turkana Communities*, School of African Studies, v. 26, Cidade do Cabo, 1951.

5. Sobre as principais tribos do grupo Nandi, ver (além da bibliografia indicada sobre os Nandi no Cap. 2): J. G. PERISTIANY, *The Social System of the Kipsigis*, Londres, 1939; J. G. PERISTIANY, The Age-Set System of the Pastoral Pokot, *África*, XXI, 1951, pp. 188-206; 279-302; J. BEECHER, *The Suk*, Oxford, 1911.

Uma extensa bibliografia pode ser encontrada em I. SCHAPERA, *Some Problems of Anthropological Research in Kenya Colony*, I.I.A. Memorandum XXIII, Oxford, 1949; e ver também o brilhante sumário de E. E. EVANS-PRITCHARD, The Political Structure of the Nandi-speaking Peoples of Kenya, *África*, XIII, 1940, pp. 250-268.

6. Sobre os Masai ver: M. MERKER, *Die Masai*, Berlim, 1904; R. S. B. LEAKEY, Some Notes on the Masai of Kenya Colony, *J.R.A.I.*, v. 60, 1930, pp. 185-209; D. S. Fox, Further Notes on the Masai of Kenya Colony, *J.R.A.I.*, v. 60, 1930, pp. 185-209; D. S. Fox, Further Notes on the Masai of Kenya Colony, *J.R.A.I.*, v. 60 1930, pp. 447-467; D. S. Fox, *An Administrative Survey of the Masai System*, Tankanaika Notes, and Records, 1951.

7. Sobre os Meru, Kamba, Kikuyu, ver: C. CAGNOLO, *The Akikuyu*, Nyeri, 1933; K. R. DUNDAS, The Kikuyu Rika (conjuntos etários), *Man*, 1908, v. 8, pp. 180-182; J. KENYATTA, *Facing Mount Kenya, The Tribal Life of the Gikuyu*, Londres, 1938; J. F. MIDDLETOWN, Systems of Land Tenure among the Bantu of East Africa, Tese PSC, Oxford, 1949; J. F. MIDDLETOWN, *The Kikuyu and Kamba of Kenya*, Levantamento Etnográfico da África, Londres, 1953; N. LARBY, *The Kamba*, Nairobi, 1944; K. G. LINDBLOM, *The Okamba in British East Africa*, Uppsala, 1920; W. M. LAUGHTON, *The Meru*, Nairobi, 1922; E. M. HOLDING, Some Preliminary Notes on Meru Age Grades, *Man*, XLII, 1942, nº 31.

8. A bibliografia sobre os Galla não é muito sistemática. Os melhores trabalhos, no que se refere à nossa análise, são aqueles de A. WERNER, The Galla of East African Protectorate, *J. Afr. Soc.* 13, pp. 121-142; 262-287; E. CERULLI, *Studii Etiopici*, Roma, 1936; ver também E. JENSEN, *Im Lande des Gada*, pp. 315-335, 335-383.

H. Driberg, no seu estudo comparativo dos grupos etários (ver Age Orades, *Enc. Britannica*) menciona os Galla como os originadores do sistema "cíclico", mas não nos proporciona referências adicionais.

Ver também J. H. DRIBERG, *At Home with the Sevage*, Londres, 1938.

Uma descrição comparativa recente e muito boa de alguns dos sistemas de conjuntos etários destas tribos pode ser encontrada em A. H. J. PRINS, *East African Age-Class System* (Galla, Kipsigis, Kikuyu), Groeningen, 1953.

9. Sobre os Murle, ver: B. A. LEWIS, The Murle Political System, tese B. Sc., Oxford, 1950.

Chagga [10]; Bantu Kavirondo [11]; Gusii [12]; Dorobo, Pokomo, Nyika e Teita [13]; e tribos do grupo Nuba [14].

O primeiro passo a ser dado nesta comparação deveria ser extrair índices concretos das tribos segmentárias, do ponto de vista de nossos critérios institucionais básicos. No âmbito dessas famílias (como também entre as tribos mais primitivas que discutiremos aqui) as unidades familiares, de parentesco ou de descendência constituem geralmente o tipo principal de grupo particularista e sempre um dos mais importantes grupos sociais da sociedade. Conseqüentemente, todos os índices que se relacionam com os critérios universalistas-particularistas de distribuição de papéis serão expressos em termos da família e de grupos de parentesco. Não deve ser entendido, porém, que em princípio sejam estes os únicos tipos de grupos particularistas. Sempre que apareça nestas sociedades outro tipo particularista o fato será especialmente registrado.

Os principais critérios de comparação são os seguintes:

a) até que ponto as linhagens e clãs, organizados em unidades incorporadas, são os principais encarregados das tarefas políticas da sociedade e principais canais das atividades políticas da população;

b) até que ponto os clãs, subclãs e linhagens constituem unidades territoriais;

c) até que ponto existem elementos institucionais estáveis para resolver as lutas entre os clãs (etc.) e até que ponto estes papéis são incorporados nas unidades de parentesco;

d) até que ponto se outorga o ritual mais importante, os cargos e posições políticas e de prestígio a membros de linhagens e unidades de parentesco, de acordo com suas virtudes e papéis desempenhados nessas unidades;

10. Não conhecemos nenhum quadro completo sobre os Chagga. A análise de Raumm (*Chagga Childhood*) é muito extensa sobre seu sistema educacional, mas não dá uma descrição completa da sociedade como um todo. Alguma informação pode ser encontrada em: Ch. DUNDAS, *Kilimanjara and Its People*, Londres, 1924; B. GUTTMANN, *Recht der Dschagga*, Munique, 1931.
11. Sobre os Bantus-Kavirondo, o melhor trabalho é de: G. WAGNER, *The Bantu of North Kavirondo*, Oxford (Instituto Internacional Africano), 1951 e seu relatório em M. FORTES & E. E. EVANS-PRITCHARD (ed.) *African Political Systems*, 1940.
12. Sobre os Gussi (Kissi), ver: P. MEYER, *The Lineage Principle in Gussi Society*, I.I.A. Memorandum XXIV, Oxford, 1949; P. MEYER, The Joking of Pals in Gussi Society, *African Studies*, v. X, 1951, pp. 27-41.
13. Sobre os Dorobo, ver: G. W. B. HUNTINGFORD, The Social Institutions of the Dorobo, *Anthropos*, XLVI, 1951, pp. 1-49; G. W. B. HUNTINGFORD, The Social Origin of the Dorobo, *African Studies*, I, 1942 pp. 183-199.
Sobre os Pokomo ver: A. J. H. PRINS, *The Coastal Tribes of N. Eastern Bantu*, Levantamento Etnográfico da África, I.I.A., Londres, 1952.
14. Sobre as várias tribos do Grupo Nuba, ver: S. F. NADEL, *The Nuba*, Oxford, 1947.

e) até que ponto as relações sociais não restritas aos grupos incorporados são reguladas pelos diferentes critérios de parentesco, dentro dos limites da tribo.

Com base nestes critérios podemos distinguir dois tipos de tribos segmentárias. No primeiro tipo constam aquelas tribos em que vários grupos de famílias e linhagens são mais ou menos auto-suficientes e auto-sustentadas entre os vários grupos familiares. O segundo tipo trata daquelas tribos em que é grande essa interação.

No interior das sociedades segmentárias pode ocorrer que uma família ou grupo de parentesco (família extensa, lares) etc. seja uma unidade social quase auto-suficiente (excetuando, naturalmente, o aspecto de casamentos dentro da família que são sempre regulados pelo critério de parentesco). Suas relações com outras unidades semelhantes são superficiais, de pouca significação para a estabilidade e manutenção do grupo e quando ocorrem são reguladas pelos critérios de parentesco (através da extensão de parentesco). De acordo com nossa análise, naturalmente nenhum grupo etário deveria surgir em tais casos. Sociedades como estas podem ser encontradas em muitas regiões do mundo; os melhores exemplo são os esquimós [15] e algumas tribos do Brasil e da Austrália [16]. Em todos estes casos é máximo o grau de auto-suficiência das unidades familiares e mínima a especialização e interdependência social entre vários lares e geralmente só ocorre a intervalos regulares. Se bem que na maioria dessas sociedades as diferenças etárias cumpram um importante papel, na atribuição de *status* no âmbito da família e dos grupos de parentesco e são também de importância geral nas relações sociais — *e.g.*, pessoas mais velhas são tratadas com deferência e respeito e possuem certo grau de autoridade e *status* jurídico — não encontramos em nenhuma delas sequer um traço de grupos etários semi-organizados ou organizados. A vida do indivíduo nessas sociedades é restringida ao círculo familiar e ao grupo de parentesco, onde tem acesso não somente aos preceitos gerais para desempenhar papéis, necessários para adquirir *status* social, como também a muitos dos seus papéis concretos [17]. Entre as tribos africanas observa-se certo grau de auto-suficiência de peque-

---

15. Sobre os esquimós, ver: J. MIRSKY, "The Esquimos of Greenland" em M. MEAD, *Cooperation and Competition among Primitive Peoples*, N. T., 1937, pp. 51-87.
16. Ver ALLAN R. HOLMBERG, *Nomads of the Long Bow*, Smithsonian Institution, Instituto de Antropologia Social, 10, 1950; K. OBERG, *The Terena and the Caduero of the S. Monto Grosso*, Smithsonian Institution, 1949; J. HENRY, *Jungle People*, Nova York, 1951.
Muitos casos similares podem ser encontrados entre as tribos norte-americanas como os Ojibwa, Papago etc. e nas tribos mais simples da Austrália. Ver, por exemplo, A. ELKIN, *The Australian Aborigines*, 1932 e A. R. RADCLIFFE-BROWN, *The Social Organization of Australian Tribes*, Monografias Oceania, 1931.
17. *Ibidem*.

nas unidades entre os Tonga, cujos agrupamentos de povoados e aldeias são unidades relativamente auto-suficientes (principalmente do ponto de vista econômico) e muitas de suas relações mais amplas são jurídicas e rituais, baseadas em relações de parentesco e de clã [18].

Entretanto, este tipo de auto-suficiência é um caso bastante extremo e obviamente uma questão de grau. O caso mais característico que exemplifica este ponto de vista é o dos Turkana (e provavelmente outras tribos dos agrupamentos Karamajong) na África [19]. Entre os nômades Turkana, as famílias extensas e nucleares são os grupos mais estáveis e constantes, com um grau de auto-suficiência econômica e social relativamente grande. As relações com outros agrupamentos semelhantes são fundamentalmente periódicas (possibilitando na época das chuvas uma maior concentração da população) e principalmente em função da realização de casamento dentro da família e de relações sociais e rituais. Embora a maioria das esferas de relações e papéis não sejam estruturados com base nas relações de parentesco, é relativamente pouca a importância destas inter-relações tribais e setoriais do ponto de vista do indivíduo e da sociedade como um todo; o *status* do indivíduo não é definido em termos de qualidade de membro total da tribo e a tribo ou o setor não atua em nenhum âmbito incorporado. Os Turkana apresentam conjuntos etários, nos quais a qualidade de membro é vitalícia; estes conjuntos são importantes para a padronização das relações tribais (vistos especialmente em diferentes preparativos rituais nas festividades), mas tanto sua organização como sua esfera de ação têm pouca importância dentro da estrutura social da tribo. Os conjuntos etários só atuam periodicamente e não constituem estruturas ou relações permanentes e incorporadas. Embora persistam durante toda a vida, são mais importantes após a iniciação e a qualidade de membro não confere *status* social pleno ao indivíduo; é alcançado somente pelo casamento e formação de um lar. Os conjuntos não constituem uma série ou uma hierarquia unitária e não se estabelecem relações diretas entre os vários conjuntos, tão-somente as considerações mais gerais de senioridade relativa. Um conjunto, ou mesmo uma parte ainda menor dele, que consiste de iniciados do mesmo campo, é o grupo mais solidário.

Deste modo, esses grupos etários em vez de apresentarem uma organização fortemente incorporada, nem sequer modelam as relações *vis-à-vis* de todos os componentes da tribo. (Não existe terminologia de parentesco entre eles.) Aqui, como

---

18. Sobre os Tonga, ver: E. COLSON, "The Plateau Tonga", em E. COLSON & M. GLUCKMAN, *Seven Tribes of British Central Africa*, Oxford (Instituto Rhodes-Livingstone), 151, pp. 94-164.
19. Ver P. GULLIVER, *The Preliminary Survey*, op. cit.

nos casos anteriores, as diferenças etárias cumprem um papel importante embora não exclusivo, dentro do sistema de *status* da comunidade. As pessoas mais velhas são tratadas com deferência e respeito e exercem grande influência nas suas famílias, linhagens e grupos territoriais. Porém, estas relações etárias não estão organizadas nos grupos etários incorporados e sua importância debilita-se depois do casamento. Este debilitamento na organização dos conjuntos etários relaciona-se claramente (como se pode observar pelo papel relativamente insignificante que jogam na conquista de *status*) com a reduzida esfera de ação dos papéis e inter-relações que existem fora do âmbito da unidade simples da família nuclear [20].

Uma análise mais detalhada e proveitosa relaciona-se com aquelas sociedades nas quais se observa um maior grau de interação de unidades familiares "isoladas". Quase todas as sociedades antes mencionadas são deste tipo (com exceção dos Turkana etc.), a inter-relação é maior nos aspectos rituais, judiciais e políticos e, embora em grau mínimo, também no aspecto econômico. Em todos estes casos é necessário um determinado mecanismo integrativo, a fim de regular estas interações e relações.

Com o objetivo de estudar esses mecanismos podemos, primeiramente, comparar com todas as outras uma das mais bem estudadas tribos segmentárias que não possui nenhuma espécie de conjuntos etários, os Tallensi [21]. Apesar de ser uma tribo segmentária, a organização social dos Tallensi é complexa, sendo as mais importantes unidades definidas em termos de genealogia e descendência comum. Isto se aplica não somente às unidades da família, nuclear, como também, e principalmente, às relações mais amplas e mais formalmente organizadas. Entre eles a unidade fundamental da especialização e da atividade política é a linhagem, *i.e.*, um segmento do clã através do qual os membros se relacionam genealogicamente entre si. As linhagens podem ser de variadas proximidades entre as gerações e após algumas gerações podem desaparecer; mas persiste a identificação recíproca expressa em termos de genealogia comum. As diferentes linhagens e clãs geralmente são grupos localizados, com uma organização fortemente incorporada. Suas inter-relações se definem em termos incorporados e a interação ritual, judicial e política mais importante de seus membros é conduzida em nome das unidades incorporadas e das linhagens agindo os membros, en-

---

20. Ibidem, pp. 194-95.
21. Devemos o excelente material sobre os Tallensi aos vários trabalhos e livros do Prof. FORTES: *Web of Kinship Among the Tallensi*, 1943; *The Dynamics of Clanship Among the Tallensi*, 1945; *Social and Psychological Aspects of Education in Taleland*, Oxford (I.I.A.), 1938, e sua conferência sobre The Structure of the Unilineal Descent Groups, *American Anthropologist*, v. 66, p. 17 e ss., 1953, que aborda problemas mais gerais e aos quais esta análise deve muito.

quanto indivíduos, como seus representantes. O mesmo se aplica, em grande medida, na mais alta linhagem, às mútuas conexões de seus segmentos. A estrutura ideológica das linhagens é o culto dos antepassados e a da localidade é o culto da Terra, inter-relacionando-se através das atividades incorporadas dos chefes das linhagens. A mútua especialização e interdependência dos clãs e linhagens incorporadas manifesta-se mais claramente nos dois tipos de chefias, os *na'am* e os *tendaam* rituais (guardião da Terra), o primeiro relacionado com a Terra e o segundo dotado de poderes para fazer chover, os quais são designados permanentemente para certos clãs, assegurando seu funcionamento independente e a existência de fatores mediadores rituais em casos de lutas, conflitos etc. O principal fator que impede as possíveis tendências separatistas desses grupos da linhagem são as relações de parentesco extensas, que permeiam os grupos de linhagem e aproximam seus membros. Os Tallensi constituem um excelente exemplo de tribo segmentária totalmente organizada em grupos de linhagem "especializados" e complementares, sendo a inter-relação de seus membros plenamente regulada por essas relações. Conseqüentemente, a vida do indivíduo é inteiramente limitada por essas relações e grupos de parentesco e uma criança alcança gradualmente a total maturidade social por meio de identificação com os membros adultos de sua linhagem. Assim, não é possível encontrar instituições ou grupos etários formalizados entre os Tallensi, com exceção de grupos bastante instáveis e informais de crianças pequenas.

Em outras partes do mundo podemos também encontrar tribos organizadas de maneira similar, cuja estrutura seja regulada por critérios de parentesco e de linhagem. Seria supérfluo relacionar aqui todas essas tribos; é suficiente mencionar aquelas já estudadas mais intensamente e que tenham sido consideradas casos clássicos da pesquisa autropológica. Os Trobiands, Tikopia, Pueblos, várias tribos da Índia, diversas sociedades da Polinésia — manifestam todas, apesar das diferenças entre si, as mesmas características gerais descritas acima. São todas reguladas por vários critérios e orientações de valor particularistas, essencialmente critérios de parentesco; por conseguinte não encontramos grupos etários organizados em nenhuma delas [22]. Na maioria

---

22. Para estes casos, ver, por exemplo: F. Eggan, *The Social Organization of the Western Pueblos*, Chicago, 1951; Ch. Wisdom, *The Chorti Indians of Guatemala*, Chicago, 1947; W. Goodwin, *The Organization of the Western Apache*, Chicago, 1943.

Muitos aspectos similares podem ser encontrados em outras partes do mundo, tais como entre os Trobriands, os Tikopia, os Malekula etc. Ver: B. Malinowsk, *Coral Gardens and Their Magic*, Londres, 1935; B. Malinowski, *Sex and Repression in Savage Society*, Londres, 1937; R. Firth, "We, the Tikopia", Londres, 1936, especialmente Caps. XII, XIV; B. Deacon, *Malekula* (ed. por Wedgewood), Londres, 1934. E ver também, como material comparativo adicional, R. Redfield,

desses casos, o princípio de antiguidade cumpre um papel muito importante na regulação do comportamento, tanto no âmbito dos clãs como de seus inter-relacionamentos, ressaltando assim a importância das relações etariamente heterogêneas [23]. Entretanto, o caso dos Tallensi é mais relevante por ser relativamente fácil compará-los com outras tribos africanas que possuem uma organização de conjuntos etários. Não encontramos, em nenhuma dessas tribos, completa especialização e complementaridade de linhagem e grupos de clãs como entre os Tallensi. Mas a operação de regulação do parentesco do sistema social é uma questão de grau e a comparação desses diferentes graus é muito útil na explicação da distribuição de vários tipos de grupos etários.

Podemos agora analisar as diversas tribos segmentárias, nas quais a interação e integração da sociedade tribal não são realizadas através das unidades familiares e de parentesco e compará-las então de acordo com o grau de prevalência desses critérios de parentesco.

Medidos por esses critérios, deveriam situar-se num dos terminais da escala os Bantu Kavirondo, Gusii e depois os Nuer e outras tribos nilóticas e na outra extremidade o grupo Nandi, Murle e Masai. O primeiro grupo caracteriza-se por um grau menor de regulação sem parentesco em comparação com o segundo. Entre os Nuer ainda existe uma definida relação entre a linhagem, embora se aplique somente à linhagem dominante e não àquelas não-aristocráticas; e existe uma maior dispersão das linhagens entre diversas unidades tribais territoriais do que entre os Tallensi. A linhagem existe, entre os Nuer, como uma unidade incorporada, embora nem todas as interações dos membros da tribo sejam mediadas através da atividade incorporada das linhagens, ou através de relações complementares de parentesco. Nem foram atribuídos cargos fixos complementares e de mediação às linhagens. Conseqüentemente, são mais freqüentes aqui as atitudes de autocompensação e disputas ou lutas sem solução. Ao mesmo tempo, os cargos rituais e de prestígio não são necessariamente investidos em membros de diferentes linhagens e são, por um lado, de natureza pessoal mais por coincidência e, por outro, não têm muita importância polí-

---

The Folk Culture of Yucatan, Chicago, 1943; D. MAC RAE TAYLOR, *The Black Carib of British Honduras*, Nova York, 1951; T. GLADWIN & S. B. SARASON, *Truck Man in Paradise*, Nova York, 1953; G. P. MURDOCK & W. W. GOODENOUGH, Social Organization of Truk, *S.J.A.* III, 1947; A. R. RADCLIFFE-BROWN, *The Andaman Islanders*, Cambridge, 1933; E. & P. BEAGHLEHOLE, Ethnology of Pukapuka, *Bulletin of the Bishop Museum*, CL, 1938; R. WILLIAMSON, *Social and Political Systems of Central Polynesia*, Cambridge, 1924.

Quanto ao material sobre a sociedade judaica tradicional, agradeço ao meu colega Dr. J. KATZ pelo seu *Traditional Jewish Society* (hebraico, mimeografado, Jerusalém, Universidade Hebraica, 1954).

23. *Ibidem.*

tica [24]. Entre os Bantu Kavirondo e Gusii, é ainda muito forte a coordenação entre as instituições rituais e políticas, territoriais e do clã, visto que é menor a dispersão dos grupos da mesma origem e o clã (ou linhagem superior) é ainda a mais importante unidade incorporada ritual e política. Entretanto, mesmo entre eles e especialmente entre os Bantu Kavirondo, nem todas as relações intertribais são organizadas conforme aos princípios de parentesco e certas esferas estão reservadas às realizações individuais (prosperidade e coragem), bem como as relações baseadas nelas [25].

O quadro é totalmente diferente entre o grupo Nandi, os Masai, Kikuyu etc. Não existem linhagens incorporadas, os clãs e subclãs não constituem unidades territoriais e não têm o caráter de princípios coordenados de organização territorial, ao passo que os grupos territoriais compõem-se de elementos heterogêneos familiares e de parentesco. A interação das várias subunidades dessas tribos é regulada por uma hierarquia puramente local e territorial, originária das unidades menores e aumentando seu poder até abranger as maiores e mais "inclusivas". Desta mesma forma organiza-se também o sistema judicial entre esses grupos: as lutas que não possam ser resolvidas dentro de uma pequena unidade local, ou que envolvam várias dessas unidades, são solucionadas por representantes de unidades territoriais maiores; porém, em parte alguma se observa que esses cargos judiciários sejam atribuídos a representantes de linhagens, de clãs ou de outros grupos de parentesco. O mesmo é válido para os cargos rituais. O sistema militar baseia-se geralmente em unidades exclusivamente territoriais (ou então, como às vezes ocorre, no próprio sistema do conjunto etário). Se bem que a bibliografia a respeito dos grupos Pokomo, Teita, Kikuyu-Meru-Kamba e Gallas não seja tão adequada como a dos grupos Nandi, Masai etc., observam-se também entre essas tribos a falta de coordenação entre a organização territorial e do clã, a relativa ausência de linhagens incorporadas com funções políticas e, até certo ponto, a importância relativamente pequena desses grupos quanto a cargos rituais [26]. Algumas interpretações recentes tendem, entretanto, a enfatizar o fato de que os membros mais antigos das famílias extensas desempenham funções políticas, as quais, como veremos, levam a purificar o sistema de conjunto etário. Enfati-

---

24. Ver E. E. EVANS-PRITCHARD, "The Nuer, Age Sets", op. cit.
25. P. MEYER, *The Lineage Principle in Gussi Society*, op. cit.; A. WAGNER, op. cit.
26. Esta análise do grupo Nandi deve-se ao seguinte trabalho de E. E. EVANS-PRITCHARD, *The Political Structure of the Nandi — Speaking People*, op. cit. Sobre os Pokomo etc., ver A. H. J. PRINS, op. cit. A nova interpretação do grupo Meru-Kamba é sugerida por J. MIDDLETOWN, op. cit.

za-se sempre, entre os Murle, a falta de coordenação entre a linhagem e o sistema territorial [27].

As diferenças entre esses tipos de tribos segmentárias relacionam-se intimamente com a organização de seus grupos etários. Em termos gerais, esta relação pode ser assim expressa: a dimensão da organização incorporada de grupos etários e da hierarquia de grupos etários, a faixa etária durante a qual se efetuam relações de grupos etários e a dimensão da regulação do comportamento pelos grupos etários, são maiores naquelas tribos nas quais os grupos de parentesco não desempenham tarefas rituais e políticas e onde não se outorgam direitos territoriais a esses grupos. Quanto mais estas tarefas forem desempenhadas fora dos grupos de parentesco e maior a independência deles, tanto maior será a esfera de ação das relações sociais reguladas pelos grupos etários. Entre os Nuer, Bantu Kavirondo e Dorobo, os grupos etários não são grupos incorporados, organizam e exercem influência somente sobre as atitudes gerais e comportamento de seus membros em suas relações recíprocas, encontrando sua expressão mais evidente nos eventos tribais, respeito cerimonial e geralmente ao enfatizar os modelos de respeito pela antiguidade e pela igualdade entre companheiros de idades semelhantes. Nestas tribos, as atitudes mútuas de membros de diferentes grupos etários — atitudes de respeito, deferência com pessoas mais velhas etc., parecem ser uma extensão dos modelos de autoridade da sociedade toda, no âmbito dos grupos familiares e de parentesco. **Entre estes grupos, *status* e poder são freqüentemente determinados pelas diferenças etárias e outorgados na maioria das vezes a pessoas mais idosas.** Os grupos etários transferem estas atitudes a todos os membros da tribo. Assim, o contingente de *status* atribuído com base na idade torna-se, até certo ponto, independente da posição da família e válido para toda a sociedade. Entretanto, os grupos etários não constituem aqui uma hierarquia incorporada de grupos etários e não atribuem tarefas específicas a cada um deles. Tampouco encontramos entre eles uma clara correspondência entre graus etários definidos na vida dos homens e a organização de conjuntos etários (com exceção da transição da infância à idade adulta). Entre os Gusii a importância das relações dos conjuntos etários diminui com o aumento da idade, quando as relações e papéis do indivíduo são novamente incluídos dentro dos limites da linhagem e das relações de parentesco [28]. O contrário é válido para o grupo Nandi, Masai e Murle e até certo ponto também para o grupo Kikuyu-Kamba-Meru. Aqui os grupos etários constituem grupos incorporados, possuem não somente uma organização

---
27. Lewis, B. Op. cit.
28. Meyer, P. *The Joking of Pals*. Op. cit.

geral de atitudes e comportamento similar à dos grupos anteriores, como também desempenham tarefas específicas. Entregam-lhes várias tarefas de extrema importância do ponto de vista de integração do sistema social — tais como comando das guerras, governo, funções judiciárias. Formam uma hierarquia interligada, cada categoria sua corresponde a um grau etário ao qual, por sua vez, alcança cada grupo após chegar ao estágio apropriado. O estreito entrelaçamento do sistema todo manifesta-se mais nitidamente nos arranjos cíclicos do grupo Nandi e nas oblíquas cerimônias de transmissão do governo, guerras etc., de um grupo etário a outro. Portanto, observamos aqui que a articulação da gradação e da agrupação etárias numa organização hierárquica integrada e incorporada é inversamente proporcional ao grau em que os princípios e grupos de parentesco servem de pontos focais de integração social. Isto parece aplicar-se aos Kikuyu e Kamba, de maneira diversa, se aceitarmos a interpretação antes mencionada. Parece que entre eles os graus governamentais superiores dos mais velhos não são distribuídos igualitariamente a todos os membros do grau etário mais velho, mas somente a alguns deles, geralmente aos chefes dos grupos familiares. É evidente, portanto, que os dois princípios integrativos são incompatíveis, um baseado na idade e outro na senoridade da família.

Uma comparação similar pode ser estabelecida entre duas tribos do grupo Nuba — os Moro e os Tira [29]. Os Tira, como algumas outras tribos do grupo (os Otoro), apresentam um sistema de grupos etários bem formalizado e incorporado, que abrange dos quinze até aproximadamente vinte e seis anos de idade, compreendendo quatro graus. Os Moro, por outro lado, apresentam somente um fluido reconhecimento dos grupos etários, sem grupos ou sistemas formalizados e sem cerimônias de promoção etc. Embora não possa ser feita uma comparação estrutural exata com base no material disponível, podemos sugerir alguns aspectos gerais.

Entre os Moros, os clãs concentram-se localmente nas suas comunidades da montanha, ao contrário dos Tira que estão mais dispersos. Cada uma dessas comunidades montanhesas dos Moro é mais auto-suficiente socialmente que as dos Tira e as relações entre as várias comunidades montanhesas dos Moro são vagas e instáveis. Inclusive entre os Moro nenhuma comunidade montanhesa se limita a um clã. A inter-relação desses clãs, entretanto, tem um caráter "simbiótico" de acordo com a definição de Nadel [30], *i.e.*, desempenham, na qualidade de clãs, funções mutuamente complemen-

---

29. Ver S. F. NADEL, *The Nuba,* op. cit.
30. Para o significado de clã simbiótico, ver: S. F. NADEL, Social Symbiosis and Tribal Organization, *Man,* 1938, nº 85.

tares, particularmente no que se refere aos rituais. Aqui, uma vez mais, confirma-se a nossa hipótese.

III

Enfocaremos agora as chamadas comunidades primitivas aldeãs, exemplificadas no Cap. 2 pelos Yako e às quais de certa forma também pertencem alguns grupos Ibibio, Ika e Ibo e muitas outras comunidades camponesas da África. A título de comparação, analisaremos algumas tribos Yoruba [31]. O grau de independência funcional da organização ritual, jurídica (política e territorial, dos grupos de parentesco nestas tribos, é ainda mais extremado que entre as tribos segmentárias. Entre os Yako, o grupo mais detalhadamente descrito, a aldeia (ou vila) divide-se em várias zonas que formam as unidades administrativas básicas da sociedade. Diversos grupos familiares e patriclãs vivem juntos dessas zonas, embora outros membros de patriclãs possam ser encontrados em outras zonas. Com exceção do nível inferior da unidade familiar, a organização da zona não se baseia na interação incorporada da família e dos grupos de parentesco. O patriclã possui algumas funções incorporadas e seus chefes desempenham papéis tanto de tipo judicial como ritual; porém, somente com relação aos seus próprios assuntos internos e não com relação aos membros de outros patriclãs, em relação aos membros da zona ou aos empreendimentos econômicos e cerimônias rituais comuns, que unificam toda a aldeia. Os assuntos comuns da zona são supervisionados por vários funcionários. Estes funcionários que, como vimos, supervisionam as atividades dos conjuntos etários não são eleitos com base na afiliação de parentesco ou qualidade de membro, mas sim com base na riqueza, idade, sabedoria e outras qualidades e méritos pessoais. A organização das atividades da aldeia em várias associações relaciona-se ainda menos com critérios familiares ou de parentesco. O mesmo é também

---

31. Sobre os Yakö, ver a bibliografia mencionada no Cap. 2. Sobre os Ibo e Ibibio, ver: C. K. MEEK, *Law and Authority in a Nigerian Tribe*, Oxford, 1937; M. M. GREEN, *The Ibo Village Affairs*, Londres, 1948; P. A. TALBOT, *The Peoples of Southern Nigeria*, Oxford, 1926; P. A. TALBOT, *Tribes of the Niger Delta*, Londres, 1932; P. A. TALBOT, *In the Shadow of the Bush*, Londres, 1922; D. FORDE & G. I. JONES, *The Ibo and Ibibio-speaking People of S. E. Nigeria*, Levantamento Etnográfico da África, I.I.A., Londres, 1950; M. S. W. JEFFREYS, *Age Groups Among the Ika and Kindred People*, African Studies, v. IX, 1950.

Sobre as várias tribos Yoruba, ver: N. A. FADIPE, The Sociology of the Yoruba, Tese de doutoramento, Londres, 1939 (não publicado); W. R. BASCOM, The Principle of Seniority in Social Structure of the Yoruba, *American Anthropologist*, 1942, pp. 37-46; D. FORDE, *The Yoruba-speaking Peoples of S. Western Nigeria*, Levantamento Etnográfico da África, I.I.A., Londres, 1951.

válido para a maioria dos povos dos Ibibio, Ibo e Ika [32]. Embora encontremos linhagens de pouca proximidade atuando na qualidade de grupos incorporados, algumas vezes definindo os limites dos povoados etc., a importância da linhagem não é grande na definição tanto de unidades territoriais como de uma interação entre os membros da sociedade. Ainda que muitos povoados possam ter um núcleo ou um determinado grupo de linhagem, este núcleo não define necessariamente os limites do grupo e não constitui um elemento dominante, como por exemplo, a "aristocrática" linhagem Nuer, numa determinada localidade. Mediante incessantes divisões, agregações etc., a localidade, a aldeia e o grupo da aldeia se compõem de diversos grupos de linhagens, regulados como entre os Yako, por critérios plenamente autônomos, segundo os quais a atitude de um aldeão para com outro companheiro não é determinada por ser membro de um determinado grupo de parentesco particularista, mas sim por meio da aplicação de critérios universalistas de membro da zona, da aldeia etc. O mesmo se aplica a outras aldeias camponesas africanas, na medida em que permita alguma interpretação detalhada e precisa [33].

Nestas aldeias observamos, entretanto, um desenvolvimento distinto daquele das tribos segmentárias. Em primeiro lugar, encontramos aqui uma crescente especialização econômica e uma quebra na auto-suficiência econômica da unidade familiar. Obviamente, isto ocorre em certo grau, mas, em termos comparativos amplos, é válido para todas. A capacidade de trabalho dos lares não é suficiente, particularmente durante certas temporadas, para enfrentar seus problemas produtivos. Em segundo lugar, o sistema econômico necessita de uma grande quantidade de trabalho cooperativo a ser realizado por todos os aldeões — limpeza de caminhos, organização do suprimento da água etc. Em terceiro lugar, surgem atividades mais especializadas tais como a caça etc., embora ainda em forma embrionária [34]. Este

---

32. Sobre a estrutura dos povoados dos Ibo e Ibibio, ver: GREEN, op. cit., pp. 75-124; MEEK, op. cit.; TALBOT (1922), p. 311 e ss.; FORDE & JONES, op. cit. pp. 12-15, 15-24, 69-70,71-76; JEFFREYS, op. cit.; H. K. OFFONRY, Age-Grades, Their Power and Influence in Village Life, W. Afr. Review, v. 19, dez. 1948, pp. 1978-1979.

33. Existem poucas análises sistemáticas sobre as comunidades camponesas da África. Uma das melhores descrições gerais pode ser encontrada em: H. LABOURET, Paysans d'Afrique Occidentale, Paris, 1941, p. 120 e ss., p. 172-176 e ss. E ver também D. PAULME, Organisation Sociale des Dogons, Paris, 1940, pp. 377, 469; e D. TAIT, An Analytical Commentary on the Social Structure of the Dagon, África, v. XX, 1950, pp. 175-199.

Ver também, a respeito de uma sociedade camponesa unida em termos de parentesco, D. PAULME, Les gens du riz, Paris, 1953.

34. Sobre estas atividades mais especializadas, ver: FORDE, Warde Organization, op. cit.; P. A. TALBOT, Peoples of Southern Nigeria, Oxford, 1926, pp. 530-551; MEEK, op. cit., p. 115 e ss.; LABOURET, op. cit. De maneira geral este sistema de autoridade foi analisado por P. BROWN, Patterns of Authorit in West Africa, XXXI, 1951, pp. 261-278.

desenvolvimento necessariamente influencia a estrutura de grupos etários das aldeias. Primeiramente, estes são geralmente grupos incorporados com tarefas e funções definidas. Os vários grupos estão organizados num conjunto, embora não com um padrão consecutivo; não vão-se sucedendo uns aos outros como entre os Nandi etc. Estas características relacionam-se, como vimos, com a importância relativamente menor dos critérios e unidades de parentesco como forças integrativas da sociedade. Em segundo lugar, as tarefas dos grupos têm uma relação evidente com as necessidades de cooperação econômica — cortar os arbustos, cultivos cooperativos, manutenção da ordem pública, organização do suprimento de água, limpeza da aldeia etc. Devemos recordar que estas aldeias são unidades de relativa densidade populacional e necessitam, portanto, de todas estas regulamentações. Em terceiro lugar, uma maior especialização econômica acarreta certos riscos, tais como perdas etc. e os grupos etários passam muitas vezes a desempenhar as funções das sociedades de auxílio mútuo. Em quarto lugar, a especialização antes mencionada dá origem a agências integrativas específicas (associações, conselho dos mais velhos etc.) baseadas em grande medida em critérios de realizações. Estas associações, como veremos no próximo capítulo, reduzem o campo de ação das atividades do grupo etário e de sua autonomia.

É um tanto difícil conseguir dados totalmente adequados para estabelecer uma comparação com estas aldeias, *i.e.*, para encontrar organizações sociais similares onde as unidades de parentesco cumpram papel importante como focos de integração, tal como ocorre entre os Yako, Ibo etc. O exemplo mais aproximado pode ser encontrado entre os Yoruba, apesar da inadequação da bibliografia sobre eles [35]. A este respeito poderíamos destacar quatro pontos principais:

a) Entre alguns dos Yoruba, a comunidade territorial parece ser mais restrita às unidades de parentesco do que entre os Yako e Ibo.

b) A coordenação política das várias unidades territoriais efetua-se, pelo menos em alguns locais, por intermédio da interligação incorporada dessas unidades e de cargos, que tendem a ser investidos hereditariamente em diferentes famílias e grupos de parentesco.

c) A qualidade de membro nas associações, cultos religiosos etc., tende muito mais a ficar restrita aos membros de grupos de parentesco do que entre os Yako e Ibo,

---

35. Para uma comparação dos Yoruba, ver: FADIPE, op. cit., pp. 772-774; J. BRIDEL, Notes on Yafba Age-Grades (não publicado, cortesia do I.I.A.).; P. G. HARRIS, Notes on the Age-Grades among the Owe Yoruba (não publicado, cortesia do I.I.A.); TALBOT, *ibid*. E ver também BASDEN, The Niger Ibos, 1938, p. 139.

sendo portanto a estratificação social hereditária entre estes grupos [36].

d) Dentro da estrutura de parentesco dos Yoruba, o princípio de senioridade é ressaltado ao máximo [37].

No tocante ao problema de princípios integrativos que regulam a estrutura da sociedade, mediante os quais a especialização se manifesta em associações grupais etc., é talvez interessante analisar o caso das tribos Mende de Serra Leoa e Libéria (que será aprofundado no próximo capítulo), onde estas associações desempenham funções integrativas e são regulamentadas hereditariamente [38]. Tanto entre vários setores dos Yoruba como dos Mende etc., não encontramos nenhum grupo articulado com exceção de grupos infantis informais [39]. Dentro do quadro de nossa análise comparativa foi considerada uma variável adicional — ainda que na primeira etapa — ou seja, a relação entre tipos de estratificação social e conjuntos etários: a relação positiva entre o surgimento de grupos etários e a estratificação orientada para a realização, que se opõe àquela limitada ao parentesco hereditário e a outros grupos particularistas. Expusemos já o fato de que os grupos etários surgem naquelas sociedades, como entre os Yako, Ibo, etc., em que o *status* social depende, em certa medida pelo menos, da realização individual e não se baseia totalmente na qualidade de membro de grupos hereditários ou de parentesco, como ocorre entre os Mende e algumas tribos Yoruba etc.

IV

Concentremo-nos agora numa breve análise comparativa dos grupos etários dos Índios Plains e tentemos analisar os motivos da existência desses grupos e sistemas etários entre somente cinco das várias tribos, verificando se este fato também pode ser demonstrado pela nossa hipótese. Infelizmente os dados disponíveis são insuficientes para uma completa análise deste aspecto do problema, como o permitiram

36. Ver FADIPE, op. cit.; TALBOT, *ibid;* D. FORDE, *The Yoruba-speaking People,* op. cit., pp. 16-21.
37. BASCOM, C. "The Principle of Seniority". *Op. cit.*
38. Ver, sobre estes, K. LITTLE, *The Mende of Sierra Leone,* Londres, 1951, no qual são resumidas todas as publicações anteriores do autor; E. SCHWAB, Tribes of Liberian Hinterland, *Papers of the Peabody Museum of Am. Arch. and Anth.,* v. XXXI, Harvard, 1947.
Uma discussão mais detalhada destas sociedades e sua ligação com o problema será encontrada no Cap. 4: D. WESTERMAN, *Die Kpelle,* Goettingen, 1921; M. MC-CULLOCH, *Peoples of Sierra Leone Protectorate,* Levantamento Etnográfico da África (I.I.A.), Londres, 1951. E ver também um bom sumário de A. HOEBEL, *Man in Primitive World,* p. 302 e ss.
39. Ver BASCOMB, The Sociological Role, op. cit., LITTLE, *ibid.*

os dados sobre a África. Uma comparação geral pode, entretanto, trazer à luz alguns dados bastante significativos. A sociedade dos Índios Plains caracteriza-se pela importância de várias sociedades e associações que desempenham funções cerimoniais, militares e políticas vitais. Cada tribo compreende diversas dessas associações e cada uma delas funciona num determinado período do ano. Estas associações são de grande importância do ponto de vista histórico da vida do indivíduo, pois é dentro deste quadro que pode alcançar seu *status* e distinções sociais. Diversos privilégios cerimoniais e a dignidade de guerreiro etc., mais ou menos concomitantes com a atribuição da qualidade de membro nas associações, devem ser alcançados pelo indivíduo (ele tem que testar-se) e pelo grupo, já que não são puramente atribuídos qualitativamente. O elemento de "compra" dos direitos e cerimoniais, visto na descrição anterior das sociedades etárias, é uma clara indicação deste fato. O grande número e variedade de associações ressalta o elemento de especialização social existente nestas tribos, como também a conseqüente existência de *status* diferenciais expressos em riqueza, prestígio do guerreiro, posse de poderes sobrenaturais, autoridade política etc. Contendo grupos etários ou não, uma comparação geral entre essas tribos revela notáveis diferenças no a) grau de sua diferenciação no que se refere ao *status;* e b) a natureza, critérios e organização dessas diferenças. Sobre o primeiro, parece que o grau de diferenciação do *status,* baseado na riqueza obtida em capturas e criação de cavalos, é de maior importância entre os Kiowa e Cow (sociedades sem gradação etária) do que entre aquelas que apresentam gradação etária [40]. Em segundo lugar, provavelmente de maior importância, a configuração dessas diferenças de *status* é essencialmente diferente entre os dois tipos de tribos. Entre as tribos sem gradação etária, a qualidade de membro das associações (e diferenças de *status* concomitantes) está em grande medida ligada a grupos específicos, familiares e de parentesco e, sendo formal a qualidade de membro ou pelo menos praticamente hereditária, o jovem consegue as necessárias honras e privilégios através da ajuda dos parentes. Pode-se observar mais claramente este fato quando se trata de honras que dependem das atividades guerreiras baseadas em capturas de cavalos, onde é essencial a posse de grandes manadas de cavalos, tendo-se em vista os riscos envolvidos. No que se refere às sociedades sem gradação etária, os cargos de chefe da tribo tendem também a ser hereditários

---

40. Ver W. F. WHYTE, Age-Grading of the Plains Indians, *Man,* maio-jun. 1944, n. 56, e R. LOWIE, *The Crow Indians,* Nova York, 1935, *passim;* JANE RICHARDSON, *Law and Status among the Kiowa Indians,* Monografia da Sociedade Americana de Etnografia, I, 1940; B. MISHKIN, *Rank and Warfare among the Plains Indians,* Monografia da Sociedade Americana de Etnografia, 1941.

das famílias e linhagens, muito mais do que nas que apresentam gradação, onde estão mais dispersos [41]. Considerando que as várias associações desempenham funções mais ou menos similares, nas tribos com e sem gradação etária e que são até historicamente interligadas [42], a nítida diferença entre aquelas associações baseadas nos princípios familiares e de parentesco e aquelas baseadas na idade mostra-se aqui claramente, particularmente se considerarmos diferentes maneiras de articulação das diferenças de *status*.

Podemos mencionar aqui, de forma resumida, outro aspecto referente à importância do grau de conexão entre os grupos familiares auto-suficientes. As associações etárias (especialmente em tribos como os Arapaho) normalmente funcionam naqueles períodos em que os vários bandos que compõem a tribo renunciam à sua existência autônoma e relativamente auto-suficiente [43].

É característico dos Pueblos [44] a integração das tribos com base em princípios e associações cerimoniais investidos de maneira complementar nos diversos grupos descendentes que compõem a tribo, ao passo que uma forte diferenciação de *status* baseada nas realizações competitivas entre famílias, lares etc., que agem como grupos incorporados representados por alguns de seus membros individuais e orientados não somente no sentido de realizações individualistas, pode ser encontrada entre as tribos Kwakiutl e índios Coastal com sua primeira instituição *Potlatch* [45]. Nenhuma destas possui grupos etários [46].

---

41. Ver M. BOWERS, *Mandan Social and Ceremonial Organization*, Chicago, 1950, p. 38.

42. Esta semelhança e interconexão histórica foi amplamente analisada por R. LOWIE, Plains Indians, Age-Societies, Historical and Comparative Summary, *Anthrop. Papers of the Am. Inst. of Natural History*, XI, parte XIII.

43. Ver H. ELKIN, "The Northern Arapaho of Wyoming", de R. LINTON (ed.), *Acculturation in Seven Indian Tribes*, Nova York, 1940, pp. 207-259.

44. Ver F. EGGAN, *Social Organization of the Western Pueblos*, Chicago, 1951. A análise de Eggan não demonstra totalmente que o grau de integração nessa sociedade centralizada na linhagem pode ser muito pequeno, especialmente se a complementaridade de parentesco for débil. Ver sobre este ponto, em detalhe, M. TITIEV, Old Oraibi, *Papers of the Peabody Mus. of A. Arch. and Eth.*, Harvard, v. XXII.

45. P. DRUCKER, Rank, Wealth and Kinship in Northwest Coast Society, *Am. Anthrop.*, LXI, pp. 55-56; A. H. GOUGHTON, Yokuts and Western Mono Social Organization, *Am. Anthrop.*, XLVII, 1945.
Ver também E. COLSON, *The Makah Indians*, Manchester, 1953.
Ver também, como análise comparativa, D. G. MANDELBAUM, *The Plains Cree*, Anthropological Papers of the American Museum of Natural History, v. XXXVI, parte II, Nova York, 1940 e C. D. FORDE, *Ethnography of the Yuma Indians*, University of California Publications in American Archeology and Ethnology.

46. *Ibid.*

V

Tratamos até aqui de sociedades destituídas de autoridade e administração central (salvo em casos de necessidade de comparação). Nesta oportunidade nossa análise tratará de alguns reinos primitivos centralizados, *i.e.*, tribos com um chefe que exerce o supremo poder e encabeça uma hierarquia política e às vezes até mesmo administrativa. Na maioria desses reinos africanos é pouca a especialização e diferenciação econômicas expressas em padrões de vida e, embora existam diferenças quanto à riqueza, elas não influem grandemente sobre o modo de vida da população. Alguns desses reinos apresentam sistemas de gradação etária bem articulados, do tipo dos regimentos etários dos Swazi, ao passo que outros não. Ao primeiro caso pertencem os Swazi [47], Zulu [48], vários grupos Tswana [49], Baxaefele [50]; ao segundo pertencem os Ashanti [51], Bemba [52], Pondo [53], alguns dos grupos Khosa [54] e os Lozi [55]. Os Lobedu [56] e os Basuto [57] podem servir como tipo-limite, ao passo que temos muito interesse aqui na

---

47. Sobre os Swazi, ver as publicações de H. KUPER, mencionadas no Cap. 2, bem como: H. KRUPER, *The Swazi*, Levantamento Etnográfico da África, Londres, 1952.
48. Sobre os Zulu, ver: M. GLUCKMAN, *The Kingdom of the Zulu in African Political Systems*, op. cit., pp. 25-26; E. J. KRIGE, *The Social System of the Zulu*, Londres, 1936; T. BRYANT, *The Zulu People*, 1949, pp. 461-497, e passim.
G. W. K. MAHLOBO & E. J. KRIGE, Transition from Childhood to Adulthood amongst the Zulus, *Bantu Studies*, VIII, 1934, pp. 157-193.
Ver também a comparação muito interessante de W. S. FERGUSON, The Zulus and Spartans, A Comparison of their Military System, *African Harvard Studies*. II, 1918, pp. 197-224.
49. Sobre os grupos Tswana, ver I. SHAPERA, *A Handbook of Tswana Law and Custom*, Oxford, I.I.A., 1940; I. SHAPERA, The Political Annals of a Tswana Tribe, *Communications from the School of African Studies* n. 18, nov. 1947, Cidade do Cabo; I. SHAPERA, "The Ngwato" no *African Political Systems*, op. cit., pp. 56-83.
50. SHAPERA, I. The Bakxatla Baxatela, *África*, VI, 1933.
51. Sobre os Ashanti, ver um trabalho clássico de RATTRAY sobre *Ashanti Law and Constitution*, 1929; e a moderna análise-sumário de K. BUSIA, *The Position of the Chief Among the Ashanti*, Oxford (I.I.A.), 1951.
52. Sobre os Bemba, ver: A. RICHARDS, The Bemba, em *African Political Systems*, op. cit., pp. 83-121; A. RICHARDS, "The Bemba", em *Seven Tribes of British Central Africa*, op. cit., pp. 164-191; E. WHITELEY, *Bemba and Related Peoples of N. Rhodesia*, Levantamento Etnográfico da África, I.I.A., Londres, 1951.
53. Sobre os Pondo, ver: M. HUNTER, *Reactions to Conquest*, Oxford Cronin, *The Banut Tribes*, de grande valor como comparação para nossa análise.
54. Sobre o grupo Khosa: G. P. LESTRADE, Some Notes on the Political Organization of Certain Khoisa-speaking Tribes, *African Roy. Soc.*, XXIV, 1937. Para comparações semelhantes, ver também: I. SHAPERA, *The Khoisan Peoples of South Africa*, Londres, 1930; G. P. LESTRADE, Some Notes on the Political Organization of the Bechuana, *S. Afr. Journal of Science*, XXV, 1925, pp. 427-432; H. G. LUTTIG, *The Religious System and Social Organization of the Herero*, Utrecht.
55. A análise mais completa sobre os Lozi foi feita por: M. GLUCKMAN, "The Lozi" em *Seven Tribes of British Central Africa*, op. cit., pp. 1-94.
56. Sobre os Lobedu, ver: E. & J. KRIGE, *The Realm of the Rain Queen*, Oxford, (I.I.A.), 1943.
57. O trabalho mais atual sobre os Basuto é de: H. ASHTON, *The Basuto*, Oxford (I.I.A.), 1951.

comparação entre os Heiban e Otoro do grupo Nuba [58]. (O reinado Dahomey [59] mais complexamente organizado pode talvez ser também utilizado na comparação.)

Em todos esses reinos a esfera política é distinta daquelas da linhagem e das relações de parentesco e as posições políticas adquirem um certo grau de autonomia. Em quase todos eles a importância relativa dos grupos incorporados, linhagens, clãs etc., para a definição das unidades territoriais da sociedade e para a vida política geral da tribo, é menor do que entre as diversas tribos segmentárias, com a possível exceção dos Ashanti. A maioria dos reinos fundaram-se por meio de amalgamação, conquista, ou federação de clãs ou tribos menores; e necessariamente diminui um tanto a importância dos grupos de descendência incorporados, particularmente em relação aos grupos territoriais. Mas a diminuição desta importância é relativa, já que em todos esses reinos os clãs, e especialmente o clã real, são ainda importantes na regulação de vários aspectos da vida social. A importância decrescente do grupo de descendência incorporado não significa necessariamente que um grupo não-particularista se desenvolva até chegar a ser o grupo principal da sociedade. O próprio grupo territorial local pode ser composto por grupos de famílias e de lares unidos pela obediência comum a um chefe, cujo cargo é atribuído hereditariamente a uma família ou linhagem. De certa forma este tipo de unidade local existe em todos esses reinos. Porém, à medida que a esfera política se torna mais autônoma, a nossa comparação deve ser feita dentro do marco de relativa importância das unidades sociais para a coordenação política (tanto no caso de unidades familiares locais, como de grupos de descendência incorporados). Sugeriremos, portanto, índices específicos concretos para relações com e sem parentesco, critérios universalistas para a distribuição de papéis no âmbito dessas chefias. Estes índices diferem necessariamente daqueles das tribos segmentárias; mas originam-se igualmente dos critérios gerais expostos no início deste capítulo.

Estes são os principais índices:

(1) Até que ponto a qualidade de membro na tribo (reino) se atribui por meio de obediência direta ao chefe supremo; ou ao contrário, até que ponto é mediada pelos chefes locais, chefes dos clãs etc., e condicionada ao fato de ser membro dessas unidades.

(2) Até que ponto a hierarquia administrativa, cujo nível mais elevado é o rei, está ou pode estar em contato direto com todos os membros da tribo em diferentes locali-

---

58. Ver S. F. NADEL, *The Nuba*, op. cit.
59. Ver Mr. HERSHKOVITS, *Dahomey*, Nova York, 1937.

dades; ou ao contrário, até que ponto tem que ser mediada pelos vários chefes hereditários, que a monopolizam em maior ou menor medida.

(3) Até que ponto as posições políticas (e especialmente a qualidade de membro do conselho do rei) são outorgadas a representantes ou chefes de vários clãs, de linhagens ou de grupos de parentesco locais; ou ao contrário, até que ponto o rei pode livremente preencher estas posições e designar os membros de seu conselho e vários funcionários do Estado, sem respeitar sua descendência. Esta diferença é importante na esfera judicial e também quando se refere à cobrança de tributos e de mobilização.

(4) Até que ponto as posições de *status* são determinadas pela qualidade de membro de grupos de descendência e de parentesco; ou ao contrário, até que ponto existe um elemento de mobilidade individual e livre baseado principalmente nos serviços desempenhados para o chefe.

(5) Até que ponto o rei é a principal e legítima expressão e personificação dos valores rituais máximos da tribo, ou até que ponto esses valores podem também ser expressos em rituais realizados em outros grupos incorporados *.

Em linhas gerais, a diferença entre os dois tipos de reinos "primitivos" pode-se dizer que é uma diferença, na medida em que a esfera política é organizada em nível distinto ao das esferas econômicas e da relação de parentesco local. Em todos esses reinos a família e os grupos de descendência comum constituem ainda unidades básicas da divisão econômica do trabalho; essa diferença aparece em relação à esfera política.

As diferenças gerais são notáveis se usarmos esses critérios para comparar os dois grupos de tribos, ainda que em alguns detalhes (tais como a composição do conselho real etc.) possam existir somente em termos de grau. Entre os Swazi, Zulu e Tswana, a qualidade universal de membro da tribo é ainda mais notável devido à obediência direta ao rei. Esta obediência estabeleceu-se principalmente por meio de conquista, que redundou numa política deliberada, visando destruir a solidariedade política dos vários clãs e tribos menores. Mesmo naqueles casos em que a política dos conquistadores fosse manter a lealdade de um determinado clã, ao permitir certo grau de autoridade a seus chefes, esta autoridade originava-se expressamente do rei, ainda que depois fosse obviamente necessário utilizar os chefes dos vários grupos de parentesco para assumir cargos de supervisores administrativos da pequena unidade. Sua autoridade (efetiva tão-somente no

---

* Não apresentamos índices relacionados com esses reinos, devido à relativa falta de diferenciação econômica entre eles.

âmbito de uma esfera local limitada — as zonas etc. [60]) estava condicionada à do rei. Ainda que a relação do rei com todos os seus súditos se orientasse em termos de parentesco (como vimos de maneira mais evidente no ritual nacional real) e fosse baseada em relações diretas no que concerne a ele, à família e ao clã reais, esta relação era definitivamente universalista do ponto de vista da qualidade de membro, *i.e.*, aberta a qualquer que jurasse obediência e total submissão ao chefe; esta qualidade de membro não estava necessariamente condicionada ao fato de ser membro de qualquer grupo intermediário. O contrário é válido para o segundo grupo de reinos, geralmente constituídos por federações e amalgamação de linhagens, de clãs ou grupos de parentesco locais que se incorporaram como *grupos* dentro da unidade social total, sendo que neste caso a qualidade de membro poderia ser alcançada somente através destas subunidades. O melhor exemplo deste caso é a União Ashanti (Federação), uma federação semiautônoma de linhagens e de agrupamentos de linhagens; existe um caso paralelo entre o reino Bemba, composto de diversos grupos territoriais e de parentesco hereditários, onde as posições políticas fundamentais são investidas hereditariamente.

As mesmas diferenças aplicam-se à hierarquia administrativa dos dois tipos. No primeiro, existe sempre uma possibilidade de aproximação direta do rei e do clã real com todos os seus súditos em questões judiciais e especialmente na cobrança de tributos, em caso de necessidade de chamar o exército tanto para emergências militares como para "trabalhos públicos" e no caso de ter que exercer sua autoridade máxima sobre os vários chefes etc. Quanto ao segundo tipo, a total e legítima dependência dos chefes inferiores ao rei e das atividades organizadas e incorporadas desses grupos é ainda mais evidente entre os Ashanti; um tanto menos entre os grupos Khonze, Bemba e Pondo. A composição do conselho real é mais uma questão de grau, embora até mesmo aqui as diferenças estejam claramente definidas, pelo menos quanto à intensidade. Em todos os lugares, o conselho compõe-se de alguns membros do clã real (família), alguns chefes dos clãs e famílias dominantes e alguns favoritos pessoais do rei. A relativa importância desses elementos efetivamente varia, especialmente os dois últimos. Entre os Swazi, Zulu etc., os conselheiros comuns não são meros conselheiros primitivos e favoritos dos reis, mas sim legítimos membros do conselho (às vezes têm até o monopólio dele), mantendo cargos centrais. Entre os Pondo, Bemba etc., agem com mais iniciativa própria, ao passo que entre os Ashanti quase não

---

60. Ver I. SHAPERA, *African Political Systems*, op. cit. e G. P. LESTRADE, 1937, op. cit.

figuram [61]. Nestas sociedades o conselho compõe-se, essencialmente, de chefes de diferentes unidades, clãs, linhagens etc., que possuem o direito básico de pertencer a ele, sem os quais o conselho não pode nem sequer funcionar. O cargo ocupado por esses conselheiros hereditários entre os Swazi e Zulu, embora importante, não é tão independente dos desígnios do rei como entre os Bemba etc. Em certas ocasiões, o conselho como tal nem sequer funciona como organismo de grande importância, mas o rei se comunica separadamente com cada um dos chefes (entre os Bemba). Esta mesma diferença é válida também para o sistema judicial, de maneira que os chefes e unidades inferiores possam ter autonomia judicial. Entre os Pondo e Achanti (e provavelmente também entre os Bemba) os chefes inferiores (unidades) poderiam até legitimamente cortar suas relações com o chefe supremo [62]. A composição do conselho do chefe e a importância dos favoritos pessoais do rei no organismo político também constitui um índice fundamental de mobilidade de *status* nestas tribos; pois é principalmente através de serviços prestados ao chefe, que um indivíduo pode se destacar já que o rei é a única "fonte de honra".

A manifestação mais interessante da relação direta e sem mediações entre o chefe (rei) e seu povo, é a instituição da assembléia tribal, a famosa Kgotla dos Tswana [63], que é convocada a discutir com o chefe importantes assuntos da tribo; deve ser composta por todos os membros adultos e constitui a maior autoridade da tribo. Embora exista a possibilidade em muitos reinos de que um membro individual compareça às reuniões do conselho, uma institucionalização assim tão completa quanto à composição e obediência política universal como se manifesta na Kgotla encontra-se também entre os Tswana, Zulu e de certa forma entre os Swazi (entre estes dois últimos sua eficácia é um tanto limitada pelas óbvias considerações ecológicas). Isto ocorre paralelamente com a importância ritual universal do rei para com a riqueza de sua tribo.

Deparamo-nos com um tipo completamente diferente de integração política entre os Lozi, baseada em princípios particularistas. Aqui a organização política está fundamentada numa série de títulos que compreendem cargos políticos e símbolos rituais, aos quais são agregados direitos, jurisdições e pessoa, que conformam os principais *status* da sociedade. Cada título é investido num representante específico, em geral

---

[61]. Ver M. HUNTER, op. cit. p. 383 e ss. A. RICHARDS em *African Political Systems*, op. cit. E o trabalho citado nas notas 51 e 54.

[62]. HUNTER, M. Op. cit., p. 395 e ss.

[63]. A melhor descrição sobre a Kgotla pode ser encontrada em: I. SHAPERA, op. cit. e I. SHAPERA, Value and Opportunity of the Bechuanaland Kgotla, *London Times*, ago. 1951.

com base na hereditariedade. Cada pessoa do reino recebe não só um, mas vários desses títulos de tipo político, judicial ou social. Somente o parentesco é uma obediência máxima e unitária. Conseqüentemente, não existem grupos etários nos Lozi [64].

Constatamos aqui, portanto, uma vez mais a correlação universal entre a distribuição universalista de papéis e a emergência de grupos etários. Os critérios universalistas de atribuição da qualidade de membro na comunidade total podem ser verificados ainda mais claramente nesses reinos do que nas tribos segmentárias. Do ponto de vista do nosso problema, parece interessante justapor esses dois tipos de reinos e comparar a execução dessas funções, que entre os Swazi, Zulu e Tswana são atribuídas aos regimentos etários, ou seja, funções militares e desempenho de trabalhos públicos em benefício do rei e dos chefes locais. Entre os estados "com parentesco" aquelas funções são atribuídas às unidades territoriais locais; a cobrança de tributos e de trabalho é quase tão-somente uma questão interna, ao passo que o exército foi organizado em termos puramente territoriais, cada chefe formando seu próprio contingente e conduzindo-o nos combates. Entre os Swazi, Zulu etc., somente as unidades menores do exército se baseiam em localidade, e, dentro do esquema geral, são unificadas em unidades territoriais universalistas a nível nacional. Tal amalgamação nunca ocorreu entre os Pondo, Bemba, Ashanti etc, e o próprio exército é coordenado em termos de princípios de clã. Podem-se observar aqui possibilidades naturalmente exclusivas dos princípios particularista e universalista de integração e sua relação com os grupos etários. Esta exclusividade mútua pode também ser verificada claramente na composição dos próprios regimentos etários. O critério de homogeneidade etária é válido sempre, exceto naquelas posições de comando que são atribuídas por direito hereditário aos membros do clã real, único clã que permanece plenamente efetivo nesses reinos. São as únicas exceções à universalidade do critério etário. Caso contrário, o critério de grupo etário permeia os diversos grupos de parentesco e de descendência comum.

De acordo com esta comparação, os Lobedu podem servir como caso "experimental" interessante [65]. Conforme os informes dos etnógrafos, podemos distinguir duas fases históricas. No primeiro estágio, de unificação política que ocorreu em todas as famílias existentes, linhagens etc., presenciou-se a emergência de grupos etários de caráter distintivamente tribal-militar. No segundo, ocorreu um processo de pacificação gradual e de nova integração, durante o qual

---
64. Ver M. GLUCKMAN, op. cit.
65. J. & E. KRIGE, *The Realm of the Rain Queen*, op. cit.

o poder político foi transferido aos representantes das unidades local e de parentesco. Neste estágio os conjuntos etários perderam grande parte de sua importância e lentamente desintegraram-se.

Outra relevante comparação é entre os Heiban e Otoro, duas tribos do grupo Nuba, a primeira uma tribo descentralizada e sem grupos etários e a segunda uma chefia cuja centralização é ainda uma questão de cerimônia histórica. Um dos problemas fundamentais da centralização era enfraquecer a importância política dos clãs locais e estabelecer uma obediência direta ao chefe; conseguiu-se isto através da formação (ou utilização e formalização) de graus etários sob a direção do chefe, desempenhando deveres econômicos e em certa medida militares [66].

Os impérios inca e asteca [67] são outro exemplo de enfraquecimento dos clãs e parentesco locais, mediante o poder de conquista e conseqüente organização universal em termos etários da população conquistada.

Algumas das características mais notáveis dos regimentos etários, dentro do esquema geral da tipologia dos grupos etários, neste ponto de nossa discussão, podem até relacionar-se definitivamente com a completa subordinação dos regimentos ao rei, sob suas ordens e a atribuição de várias funções a eles. Sua natureza incorporada é um importante fator para a integração da tribo. Esta organização formal, incorporada, não os torna, entretanto, uma hierarquia unitária, autocéfala e auto-regulada, com desenvolvimento autônomo, sucessão de graus etc. Os vários regimentos não estão ligados por meio de entrelaçamento, mas principalmente por meio da pessoa do rei e dos seus representantes. Também não lhes são atribuídas funções totalmente diferentes, mas tão-somente diferentes graus destas, fundamentalmente funções militares. O poder para governar é atribuído somente ao rei, à família real etc.

VI

A existência de um tipo um tanto especial de grupos etários no reino dos Nupe [67a] está também claramente relacionada com a distribuição de papéis não-familiares e sem parentesco, em termos de critérios qualitativos. O grupo

---

66. NADEL, S. F. *The Nuba.* Op. cit.
67. O material sobre os impérios inca e asteca, que se relaciona com nosso problema, está resumido em: W. P. MURDOCK, *Our Primitive Contemporaries*, Nova York, 1949, pp. 402-450; C. WISSLER, *The American Indian*, Nova York, 1938; E. VALLIANT, *The Aztecs*, Pelican Books, 1949.
67a. O trabalho mais completo sobre os Nupe é o de S. F. NADEL, *Block Byzantium*, Oxford (I.I.A.), 1943.

etário dos Nupe pode ser analisado em dois níveis distintos: da aldeia individual e do reino como um todo. Nas aldeias o caso não é muito diverso de outras aldeias camponesas africanas (tais como os Ibo, Yoruba etc.). As várias tarefas econômicas a serem realizadas necessitam geralmente de maior quantidade de força de trabalho do que a que pode reunir e oferecer a família individual (extensa). Os cargos políticos da aldeia (chefia, membro do conselho e a incumbência de várias posições graduadas no conselho) não são todos atribuídos às famílias e linhagens extensas, sendo de certa forma outorgados de acordo com as realizações individuais e com os critérios universalistas de competência. Em ambos os aspectos, portanto, o econômico e político, encontramos alguns índices de divisão do trabalho sem parentesco ao nível da aldeia; a estrutura e tarefas dos grupos etários relacionam-se claramente com ela, especialmente no campo econômico e também no referente à promoção geral da solidariedade na aldeia.

A nível de toda a sociedade, deparamo-nos com um quadro bastante mais complicado. Em certa medida a sociedade Nupe, pode-se dizer, apresenta certa propensão particularista; rigidamente estratificada em castas e baseada nas conquistas, sua organização política é semifeudal, encabeçada por uma casta hereditária e uma casta de funcionários militares e civis. A divisão econômica do trabalho está, em grande medida, ligada a esta estratificação e a especialização econômica nas cidades e em vários ofícios está organizada em diversos grêmios com caráter semi-hereditário e de nenhuma forma baseada em relações particularistas e pessoais. Contudo, existem dois importantes fatores que modificam esta estrutura "particularista" e que são de enorme importância estrutural: primeiro, existe um elemento muito importante nesta sociedade de mobilidade e de orientação no sentido de realizações: a classe dos funcionários civis e militares é recrutada, na maioria dos casos, entre os povos conquistados e não é idêntica à casta conquistadora; um estrato muito importante da sociedade é formado pelos *maalams* muçulmanos (professores), uma profissão aberta a todos e que desfruta de grande prestígio. (No campo econômico também existe uma esfera competitiva "livre", ainda que muito restrita.) Aqui temos um fato de grande importância: esta mobilidade e orientação no sentido da realização é universalista: primeiramente, aberta a todos; em segundo lugar, não é organizada em termos particularistas ou hereditários (particularmente no caso dos *maalams*); e finalmente, é baseada na participação universal, nos valores comuns e máximos da sociedade. Também os critérios de realização são universalistas, *i.e.*, a pessoa é considerada segundo certas propriedades, conhecimentos etc. que adquire e não por suas relações com determinados grupos. Este é o segundo elemento universalista principal na estrutura social dos Nupe, que é mais importante que sua relativamente limitada mobilidade social. Nenhuma unidade particularista (família, grêmio, casta) reúne em forma total os valores básicos da sociedade Nupe, especialmente aqueles que se referem à religião maometana. Esses valores e participação comum na história da sociedade estão incorporados somente no conjunto da comunidade e são igualmente acessíveis a todos. Até mesmo a estratificação social é, até certo ponto, vista como uma corporificação desse valores comuns [67b].

Os grupos etários Nupe relacionam-se nitidamente com os elementos universalistas da estrutura social. Sua organização está orientada no sentido dessa "educação da cidadania" geral e dos valores gerais da sociedade. Os grupos etários funcionam nesses campos institucionais e não, por exemplo, no campo econômico, aquele estruturado em termos mais particularistas (exceto a nível da aldeia).

Em alguns aspectos esses grupos etários diferem muito daqueles discutidos até agora. A diferença principal reside no fato de que eles não formam uma organização unitária, nem uma agência para a distribuição de papéis a toda a sociedade. Formam, pois, um elo intermediário entre os anteriores, grupos etários primitivos e aqueles das sociedades modernas a serem discutidos agora. Deixaremos para o capítulo seguinte a elaboração de uma completa análise dos grupos etários.

Segundo nosso material, o grupo etário dos Nupe constitui um tipo único; existem apenas poucas indicações inadequadas de que exista um tipo similar em outras tribos africanas [67c] e algumas indicações de que existiram também entre algumas das tribos berberes e árabes [67d].

VII

O desenvolvimento dos diferentes tipos de grupos etários na antiga Grécia está também nitidamente relacionado com a emergência de uma organização política e social não baseada nas unidades e critérios de parentesco. Encontramos aqui sociedades nas quais o grau de diferenciação interna das

---

[67b]. Op. cit., pp. 115-147.

[67c]. Um tipo de grupo etário que parece ser similar àqueles dos Nupe foi relatado por R. DELACROZIER, Les Institutions Politiques et Sociales des Populations dites Banileke, *Études Cameronnaises*, n. 25-26, 27-28, 1949. Os dados, entretanto, são demasiadamente vagos e não permitem uma comparação detalhada.

[67d]. Ver H. MINER, *The Primitive City of Timbuctoo*, Princeton, 1953, pp. 151-175.

principais esferas e unidades sociais é maior do que nas diversas sociedades analisadas até agora. O exemplo mais notável desse desenvolvimento é sem dúvida Esparta, após as reformas de Licurgo [68]. Estas reformas (quer tenham sido realmente introduzidas por um só homem, ou desenvolvidas gradualmente) estabeleceram um sistema social e político que constituía uma peculiar combinação de monarquia, oligarquia e democracia. Havia dois reis hereditários em Esparta, mas sua importância era muito reduzida e limitava-se por um lado, principalmente ao desempenho de várias obrigações rituais e, por outro, ao comando (às vezes nominal) em tempo de guerra. Os verdadeiros governantes eram os *éforos,* em número de cinco, que eram oficiais eleitos pelo povo sem possuir qualificações especiais, tais como pertencer a determinada família, clã etc. Lado a lado com estes estava a *Gerúcia* — o Senado — Conselho de 28 velhos junto aos dois reis, eleitos vitaliciamente por sorteio ou aclamação entre todos os homens de idade superior a 60 anos. Parece que os *éforos* e a *Gerúsia* tinham uma participação ativa na iniciação de medidas e legislação governamentais, as quais eram levadas ante a Assembléia Geral — a *Apella* — dos cidadãos de Esparta (ou iguais). Todas estas combinações sociais e políticas baseavam-se numa distribuição internamente universalista de papéis. Dentro do grupo de cidadãos não se concedia lugar especial à família ou à unidade de parentesco. Há razão para supor que esta ordem se desenvolveu fora de uma organização social mais tribal ou familiar e que os grupos etários espartanos se desenvolveram junto com essa organização não familiar. Dever-se-ia, sem dúvida, frisar o fato de que essas combinações políticas universalistas e "democráticas" eram válidas dentro de um estrato social muito restrito — aquele dos cidadãos plenos de Esparta, que se constituíam numa oligarquia bastante fechada em relação a outros elementos da população (os Periecos e Hilotas etc.).

O campo de ação da família em Esparta era também restrito em várias outras esferas. Eram limitadas as funções educacionais da família, que conservava os filhos em casa somente até cumprirem seis anos. Os meninos eram então incorporados a grupos etários formais. Posteriormente, na vida de casados, os homens não participavam totalmente da vida familiar; comiam as principais refeições fora de casa, nos clubes dos homens — *sissitia* — que de certa forma

---

68. O material sobre os grupos etários espartanos é realmente abundante e demonstrado de forma explícita na vida de Plutarco, de Licurgo. Os melhores sumários da pesquisa moderna sobre a organização social de Esparta em geral e sobre os grupos etários em particular podem ser encontrados em: K. T. M. CHRIMES, *Ancient Sparta*, Manchester, 1949; e H. MICHELL, *Sparta*, Cambridge, 1951. Ver também U. T. RUTHERFORD, "The Public School of Sparta", *Greece and Rome*, III, 1934.

constituía uma extensão dos seus grupos etários. O grupo familiar mais amplo — clã, tribo etc. — não parece ter desempenhado papel inportante na vida pública, salvo em algumas ocupações rituais. Na esfera econômica a unidade familiar era muito mais importante, já que constituía a unidade fundamental da produção (agrícola), sendo a fazenda familiar a unidade econômica mais importante entre os cidadãos plenos espartanos. Algumas outras unidades econômicas secundárias organizavam-se em grêmios hereditários — tais como os dos padeiros e cozinheiros — aos quais pertenciam aqueles que não eram cidadãos plenos. Embora entre os cidadãos plenos de Esparta houvesse pouca especialização econômica, ocorreu especialmente nos séculos V e IV a.C. um processo contínuo de desenvolvimento econômico, de mobilidade vertical e de desenvolvimento de unidades agrícolas mais extensas e de vários tipos de latifúndios. Assim, apesar da importância da unidade familiar na esfera econômica, mesmo aqui não eram fixos o *status* e posições familiares.

A estrutura e organização dos grupos etários espartanos estão intimamente relacionadas com a organização política e social sem parentesco. Os grupos etários espartanos se estendiam dos seis aos trinta anos. Esses grupos eram formalmente organizados pelo Estado; constituíam organizações unitárias controladas por adultos. Desde os seis aos dezoito anos, os grupos etários eram a agência educacional e de treinamento mais importante. Dos 18 aos 30 anos desempenhavam várias tarefas militares e para-militares eram a espinha dorsal do exército espartano. Durante quase todo esse período, com exceção dos grupos etários mais jovens, o jovem espartano vivia em quartéis, sob a supervisão e tutela de supervisores especiais e da comunidade adulta em geral e não era autorizado a viver com sua família. Parece que os vários grupos e regimentos etários organizavam-se com base num sistema anual, possuindo cada grau etário um nome específico; embora historiadores modernos não concordem inteiramente sobre os nomes exatos de cada grupo. Após os trinta anos, ao receber a plena cidadania e tornar-se membro da *Apella,* permitiam ao espartano viver em casa, tomar a maioria de suas refeições no seu *sissitia* e ser membro do seu regimento no exército. Aos sessenta anos tornava-se membro do grupo etário mais idoso, entre os quais eram escolhidos os membros da *Gerúsia.*

Não é nossa intenção detalhar aqui os aspectos bem conhecidos da disciplina e educação espartanas. Bastará mostrar que, nas sociedades até agora analisadas, o desenvolvimento e manutenção da organização de grupos etários estão intimamente relacionados com a existência de princípios universalistas de divisão do trabalho e de distribuição de papéis [69].

Podemos traçar um desenvolvimento paralelo em Atenas — embora diferindo muito nos detalhes [70]. Lá, podemos delinear a transição de uma sociedade com organização política tribal particularista e aristocrática, para uma sociedade mais universalista e democrática. Relaciona-se, em grande medida, com a reforma de Clístenes no ano 508 a.C. No lugar do velho sistema de votação, segundo a divisão do Estado em quatro tribos primitivas de parentesco, estas reformas substituíram uma divisão artificial em dez unidades ainda chamadas tribos. Apesar de reter o nome e conceito de tribo, esta transformação indica o término da votação sistematizada com base no parentesco e na solidariedade do clã. A qualidade de membro das dez novas tribos era geográfica, mas segundo um sistema que consistia de três áreas territoriais separadas e não-contíguas combinadas em cada uma das chamadas tribos. Neste processo, os clãs e fratrias existentes não foram destruídos, mas continuaram a existir somente como organizações sociais e religiosas. Do mesmo modo, os principais cargos políticos, como os conselheiros (membros do Conselho-*Bulé*), os *pritanos* (membros do comitê de direção do Conselho) e os magistrados, já não estavam vinculados às unidades de parentesco e eram distribuídos por eleição ou por sorteio e divididos entre os representantes das divisões territoriais, que não se baseavam em laços de parentesco. A qualidade de membro da assembléia do povo era compulsória para todos os cidadãos, sem distinção de família ou unidade de parentesco, embora a cidadania em si fosse em grande medida hereditária. Aqui, como em Esparta — embora em menor grau — encontramos um grupo bastante qualitativo e particularista, no qual a distribuição interna de papéis era em grande medida universalista. As funções econômicas da família aqui eram muito mais restringidas do que em Esparta, em virtude do grau de especialização, da diversidade dos negócios comerciais e das ocupações, de maiores diferenças econômicas e de maior mobilidade.

Encontramos também aqui um desenvolvimento muito acentuado dos grupos etários e juvenis. Porém, ao contrário dos grupos espartanos, esses grupos etários e de jovens não apresentavam uma organização unitária com características uniformes. Encontramos aqui dois ou três tipos distintos

---

69. Op. cit.
70. O material sobre a estrutura política e social de Atenas, é. sem dúvida, abundante. O clássico *The Greek City*, de G. Glotz, é ainda considerado o melhor relatório. Ver também os capítulos apropriados no *Cambridge Ancient History*, v. V, e de P. Choche, *La Democratie Athenienne*, Paris, 1950.

de grupos e organizações etárias. Por um lado, existiam diversos tipos de escolas, ao passo que por outro, existia o grupo mais rigorosamente organizado dos *efeboi* (18-20 anos) [71]. Costuma-se fazer uma distinção entre os vários tipos de escolas: primeiramente, existiam as chamadas escolas primárias, nas quais eram ensinados os rudimentos da escrita, aritmética etc., aos meninos entre as idades de 6 a 14. Supõe-se que a maioria das crianças atenienses freqüentavam estas escolas. Existiam as escolas secundárias, freqüentadas somente por membros das classes mais ricas, dos 14 aos 18 anos aproximadamente. Todas estas escolas eram privadas, com um grau mínimo de supervisão estatal. Desenvolveram-se ao que parece, no século V, em forma simultânea com as reformas democráticas e substituíram o sistema de tipo mais familiar de treinamento e de educação. Em terceiro lugar, existiam as *pilaestrae* e *gymnasia*, escolas de esportes e atletismo, a última sustentada pelo Estado, aberta a todos, também freqüentadas por grupos mais velhos.

Aos 18 anos, o jovem ateniense tornava-se um *efebo* e pertencia ao grupo de *efeboi* até os 20 anos. Neste grupo, formalmente organizado pelo Estado, recebia treinamento militar e desempenhava várias tarefas militares desde os 19 anos. Aos 20 tornava-se um cidadão pleno, era protegido pelo Estado e efetuava o juramento de obediência. Em certa época os *efeboi* organizavam-se num sistema completo de *efebos,* no qual a juventude recebia não somente treinamento militar e possivelmente um treinamento geral de civismo, como também ensinamentos de filosofia, das leis básicas do Estado etc. Certos historiadores pensam que este sistema era mais antigo; outros asseguram que foi introduzido somente no século IV a.C., como última tentativa de reviver o espírito patriótico em Atenas. Contudo, a existência como tal dos *efeboi* está acima de qualquer dúvida; embora não tenha sido provado que eram somente a transformação de cerimônias de imitação tribais, em certa medida as funções que desempenharam eram similares. Com o declínio de Atenas, o sistema de *efeboi* como treinamento universal da cidadania declinou também e somente os membros das classes mais altas continuaram a participar dele.

Encontramos aqui, portanto, um desenvolvimento muito mais complexo da estrutura do grupo etário do que em Esparta. A organização unitária, formal e oficial dos grupos etá-

---

[71]. Uma boa descrição geral sobre a educação na Grécia pode ser encontrada em K. FREEMAN, *The Schools of Hellas*, Cambridge, 1911, bem como K. GRASENBERGER, *Erziehung und Unterricht im Klassischen Altertum*. O melhor tratado moderno é o de H. I. MARROU, *Historie de l'éducation dans l'antiquité*, 1950. Para os sumários de pesquisas recentes será aconselhável consultar os artigos sobre a educação e *efeboi* no *Dicionário Clássico Oxford*, 1948, e para uma discussão mais completa ver PAULY-WISSOWA-KROLL, *Real-Encyclopädie*.

rios, encontra-se somente no caso dos *efeboi*, nas idades de 18 a 20 anos [72]. Abaixo dessa idade não existiam grupos etários uniformemente organizados. Primeiramente, as várias escolas, embora normalmente muito similares quanto a seu currículo, não eram uniformes e não apresentavam conexão entre cada uma delas. Há algumas indicações de existência de escolas "melhores" e "piores", para as quais eram enviadas as crianças das diferentes classes. Em segundo lugar, nem todas as crianças freqüentavam as escolas durante o mesmo número de anos e somente os filhos das famílias mais ricas podiam freqüentar todos os anos. Em terceiro lugar, a *gymnasia* proporcionava uma outra estrutura de atividades juvenis e grande intensidade de vida juvenil espontânea. Em todos estes aspectos a situação em Atenas pode ser vista como precursora dos desenvolvimentos das sociedades modernas — também pela ênfase na identificação e ideologia juvenis.

Situação similar ocorreu na maioria das cidades gregas e helenísticas [73]. Com a expansão da *polis* observamos também a expansão da escola, da *gymnasia* e dos sistemas *efeboi* — ainda que não como grupos universais de cidadãos, mas mais como organizações das classes mais abastadas. O sistema em si, contudo, era um dos principais símbolos da cultura e da sociedade helenísticas.

Examinaremos agora, em forma rápida, o desenvolvimento dos grupos juvenis e da educação na antiga Roma, o que nos possibilitará efetuar comparações mais variadas com a antiga Grécia. A ordem política e social da República Romana estava baseada na família e em critérios particularistas de estratificação e de parentesco, muito mais do que na Grécia. O Senado e o Consulado eram quase totalmente organismos e cargos dos "patrícios", sendo que a qualidade de membro era limitada aos filhos das famílias aristocráticas. Existiam também assembléias mais populares, com seus funcionários especiais, os tribunos, que, embora selecionados da aristocracia, tinham grande influência nos resultados das eleições; porém, esta influência se exercia mais através dos canais de "patronato" [74]. Além disso, na prática o poder das próprias assembléias populares era muito limitado.

72. Uma hipótese interessante sobre o desenvolvimento dos *efeboi* nas cerimônias de iniciação tribais, que não é, entretanto, totalmente corroborada, pode ser encontrada em G. THOMPSON, *Aeschylus and Athens*, Londres, 1941, especialmente Cap. VII.
73. Sobre as cidades helenísticas, ver A. J. M. JONES, *The Greek City*, Oxford, 1940.
74. Sobre o sistema político romano, ver: E. MEYER, *Römischer Staat und Staatsgedanke*, Zurique, 1948; R. SYME, *The Roman Revolution*, Oxford, 1939. G. E. M. DE STE. CROOIX, Sulffragium, from vote to Patronage, *British Journal of Sociology*, mar. 1954.

O aspecto da educação na antiga República Romana está intimamente ligado à organização social [75]. Nas classes mais altas o encargo da educação recaiu sobre a família. A criança era educada primeiramente pela mãe, depois pelo pai, possivelmente ajudado por um escravo doméstico ou por um tutor. Mesmo num estágio posterior, quando o menino de boa família começasse seu aprendizado na vida pública, este aprendizado era normalmente supervisionado por um amigo pessoal ou protetor da família. Os ritos de iniciação dos romanos — a investidura com a *toga virilis* — era também, em grande medida, um assunto familiar. Era este o tipo de educação tradicional elogiado na época do fim da República, por Catão e Cícero, em contraste com as novas tendências helenísticas.

Durante o último século, na metade da República e do Império, ocorreu um novo desenvolvimento. Por um lado, desenvolvimentos políticos e por outro, a influência da cultura grega modificaram enormemente o sistema de vida das classes altas romanas. Em primeiro lugar, desenvolveu-se uma maior especialização no seio dessas classes. A esfera de atividades da família diminuiu bastante e os vários valores universalistas da cultura grega tornaram-se cada vez mais predominantes. A extensão da cidadania romana, embora não muito efetiva na prática política diária, também exerceu sua influência na mesma direção. Todos esses desenvolvimentos não criaram uma estrutura social democrática e universalista, como ocorreu na Grécia. A estrutura social continuou a ser organizada hierarquicamente e dividida em estratos definidos de maneira particularista. Entretanto, a organização interna do estrato mais alto não se transformou em grande medida na direção antes mencionada. Isto deu origem a uma manifesta mudança no sistema educacional — um rápido desenvolvimento de escolas formais para o modelo grego e helenístico, desenvolvimento dos *collegia invenum* especiais patrocinados por Augusto etc. Embora se conhecesse a existência de escolas de diferentes tipos no período inicial da República, pareciam ser subsidiárias à educação da família. Desenvolveram-se somente no último período, como estruturas autônomas; embora continuassem as disputas em Roma, durante um longo período, sobre as relativas vantagens da educação familiar ou da escolar [76].

O desenvolvimento dessas escolas não transformou a natureza socialmente limitada desse tipo de educação, nem

---

75. Sobre a educação romana, ver: MARROU, op. cit., parte III, Caps. I, II, IV, V, VI, VII, e também T. L. JARMAN, *Landmarks in the History of Education*, Londres, 1951, Cap. II. As principais fontes são TÁCITO, *Dialogus de Oratoribus*, Caps. 28-32. A vida de Plutarco, de CATÃO; CÍCERO, *De Republica*.
76. Ver QUINTILIANO, *Institutio Oratoria*, ed. por F. H. COLSON, Cambridge, 1924, Cap. III.

sua restrição dentro dos limites das classes mais altas da sociedade romana — como ocorrera também em várias cidades helenísticas. Essas escolas eram similares a muitos outros sistemas das sociedades e estratos particularistas, que serão discutidos no próximo capítulo. Mas dentro desses limites, tanto o desenvolvimento interno da educação romana como sua comparação com aquele da Grécia antiga, corroboram totalmente nossa hipótese.

VIII

O material antes apresentado proporciona uma total confirmação de nossa hipótese, dentro dos limites primitivos e históricos das sociedades e reinos. Tentamos encontrar uma completa confirmação sempre que isso fosse possível. Dentro de todas aquelas tribos e sociedades sobre as quais existiam descrições e dados bastante completos, foram totalmente corroboradas, sem exceção, todas as correlações estruturais que postulamos como derivantes de nossa hipótese. Entre aquelas sociedades sobre as quais o material disponível não é tão adequado, os contornos gerais sugerem uma validação paralela; em todo o caso, não encontramos nenhuma exceção.

Entretanto, tudo isto é insuficiente para uma total elucidação do problema. Com o objetivo de tornar essas várias correlações estruturais mais significativas em termos de nossas suposições básicas, devemos analisar em forma total as atividades e funções dos grupos etários no âmbito daquelas sociedades onde existam e comparar algumas dessas atividades com as sociedades sem gradação etária. A descrição neste momento está principalmente interessada nas diversas sociedades primitivas; e somente num estágio mais avançado procederemos a elaboração de uma descrição paralela de outros tipos de sistemas sociais. Neste capítulo serão apresentadas algumas das características básicas dos grupos etários, já que nos capítulos subseqüentes apresentaremos uma análise mais completa das diferenças entre eles e das condições sob as quais ocorrem.

Os fatos mais gerais relacionados com as atividades desses grupos são sua formação em grupos embrionários de crianças, mais informais, que podem estar ou não limitados às unidades de parentesco; que o âmbito de suas atividades é sempre mais amplo que o da família e da unidade de parentesco (e freqüentemente oposto); e que todos eles implicam uma mudança de *status* e de avaliação pessoal do indivíduo, num determinado ponto de sua organização.

Agrupamentos informais de crianças existem em todas as sociedades, em diferentes graus, e sua importância tem sido freqüentemente ressaltada no processo de socialização. Em todos os nossos casos constatamos que os grupos etários formalizados, conjuntos etários, regimentos etários etc., formam-se com base nesses agrupamentos informais e possibilitam a extensão e continuidade desses grupos — extensão e continuidade que não existem nas "sociedades de parentesco". Esta extensão, entretanto, não é meramente quantitativa ou temporária; implica uma definitiva transformação qualitativa desses grupos. Esta transformação pode ser mais bem compreendida — do ponto de vista do indivíduo — se a relacionarmos com a aquisição de um novo *status* e, por assim dizer, de uma nova personalidade, de uma nova identidade. O momento em que se reconhecem formalmente esses grupos dentro da sociedade serve sempre como ponto de partida para uma nova fase da vida, a entrada num novo grau etário. Esse ingresso, relacionado na maioria das vezes com a iniciação, inclui todos os vários elementos de iniciação analisados no Cap. 1 [77]. Do ponto de vista do indivíduo, significa a aquisição de uma nova identidade (freqüentemente causada pela assunção de um novo nome, especialmente relacionado com a cerimônia), geralmente o primeiro e principal passo para a obtenção de *status* social pleno. Esta transição está intimamente relacionada com a anulação de antigas restrições e imposição de outras novas. Estas novas restrições ressaltam a destreza física do indivíduo, a necessidade para sua regulação completa e autônoma — em questões sexuais e no desempenho militar e físico — e a necessidade de estar entrosado no sentido de lograr metas socialmente aceitas. O fato mais crucial desta transição, nas sociedades agrupadas por idades, está relacionado com um definitivo "abandono" da família. Este "abandono" não tem caráter simbólico e temporário, como em todas as cerimônias de iniciação, que em realidade implicam somente a redefinição do papel do indivíduo na família. Aqui tem um caráter muito mais real, implicando não somente uma associação simbólica e temporária com os co-iniciantes, mas sim noutro mais permanente e geral. A completa redefinição do *status* de uma pessoa não se efetua integralmente, a menos que se associe com a formação de um grupo formalizado e que o indivíduo dele participe. A nova identidade do indivíduo está inseparavelmente relacionada com a qualidade de membro no grupo de companheiros da mesma idade e com a identidade coletiva do grupo. Este ponto manifesta-se primeiro na impaciência das crianças e adolescentes por formar esses grupos. Esta ansiedade não está orientada — como entre o grupo informal infantil — somente em relação ao divertimento em conjunto e à interação do grupo; está claramente orientada no sentido

77. Ver acima, Cap. 1.

do estabelecimento formal do grupo e do estabelecimento de sua identidade. Esta ansiedade freqüentemente provoca oposição entre as crianças, seus pais e outros membros da família que podem, às vezes, desejar o adiamento da formação do grupo. Em segundo lugar, a importância para o indivíduo do estabelecimento desses grupos pode ser verificada nos casos daqueles rapazes que desistem, por uma ou outra razão, e não se incorporam ao grupo. Perdem sua dignidade e também qualquer possibilidade de serem reconhecidos socialmente; sua maturidade física não corresponde à maturidade social e ficam envolvidos numa situação contraditória e indefinida [78]. Um exemplo muito importante e crucial da importância dessa incorporação no grupo pode ser encontrado nos Zulu, Swazi etc. Aqui o primeiro estágio da iniciação é a família, ou no máximo um assunto puramente local. Este estágio, entretanto, não confere *status* social pleno ao indivíduo; pode ser alcançado somente por intermédio da incorporação num regimento (real). Eis a razão da impaciência dos rapazes por unir-se a esses regimentos, por colocar seus bens a serviço do rei, por vezes até antes de serem oficialmente chamados [79]. Nos primeiros estágios da vida do grupo etário, nos quais prevalecem os grupos espontâneos, geralmente encontramos adolescentes desempenhando diversos papéis sem assumir tarefas definitivas. Neste aspecto assemelham-se mais aos grupos de crianças, nos quais os membros adquirem orientações um tanto mais precisas sobre as normas da sociedade. Este estágio normalmente dura até o fim das cerimônias de iniciação. Logo após percebemos que, ao invés dos grupos infantis das sociedades particularistas, os grupos etários tornam-se cada vez mais formalizados e que diversas tarefas específicas são-lhes designadas.

A nova vida do grupo significa uma extensão das relações e esferas sociais do indivíduo, na qual passa a conhecer pessoas de grupos maiores do que sua família e parentela e exigem-lhe novas tarefas, o que serve de base para a educação no que se refere a novas técnicas e transmissão de novos conhecimentos (o saber tribal e várias informações práticas etc.) [80]. A nova vida do grupo também implica, como veremos, várias restrições, novos padrões de obediência, comportamento etc. Estas restrições e padrões de comportamento, entretanto, são sempre vistos e sentidos como diferentes daqueles impostos na vida familiar, sendo às vezes abertamente opostos. A autoridade do grupo começa onde

---

78. Ver, por exemplo, E. E. EVANS-PRITCHARD, *The Nuer, Age-Sets*, op. cit.
79. Ver, por exemplo, G. W. MAHLOBO & E. J. KRIGER, op. cit.
80. J. H. DRIBERG, The Institution of Age-Grades, *Congrès de l'Institut International des langues et des civilisations africaines*, Paris, 1931, pp. 199-208.

termina a do pai e da família. Suas esferas de ação são distintas (possíveis exceções bastante parciais nos grupos etários estruturados de forma mais gerontocrática, do tipo Kambo e Kikuyu) e a união ao grupo etário geralmente significa conhecimento e legítima emancipação da autoridade da família. A mútua exclusividade das esferas da família e do grupo etário manifesta-se de diferentes formas nas distintas sociedades: em algumas (Meru, Nandi etc.) nota-se o adiamento da vida assentada de casados para o término do período de maior participação ativa nos grupos etários (fundamentalmente de guerreiros), fazendo uma nítida distinção entre as relações sexuais com "namoradas" e as relações sexuais procriadoras com as esposas legítimas. Entre os Meru, por exemplo, o período de vida do homem em que está mais ocupado na constituição da família é o seu período mais passivo no sistema de grupo etário [81] — seja como guerreiro ou "ancião". Na maioria dessas tribos os grupos etários de mulheres são menos organizados do que os dos homens e quase sempre deixam de funcionar automaticamente após seu casamento, ao afiliar-se aos grupos dos maridos [82]. Entre os Yako e especialmente entre algumas das tribos Yoruba e Ibo, o alistamento do rapaz num grupo etário é concomitante com sua gradual emancipação econômica — possivelmente completa — do seu pai (obtém bens próprios [83]). Esta separação entre a família e vida do grupo etário pode ser definida em termos de mera separação (como entre os Nuer, Gusii, Nupe, et al.), ou de posição formal (como entre os Nandi, Masai, Kipsigi, et al.). Explicaremos mais adiante as razões desta diferença, mas já neste momento o fato em si é de grande importância.

Sendo tão importante esta diferença entre o comportamento da família e da parentela e a vida do grupo etário, não se restringe, entretanto, à satisfação de papéis, restrições etc. Esta diferença adquire importância decisiva principalmente através da diferente organização dos papéis e atitudes que compreendem a qualidade de membro do grupo etário. Estes papéis implicam uma definitiva transição de um tipo de relações a outro. O grupo etário constitui-se de acordo com os critérios que permeiam a família e os grupos de parentesco e que se aplicam a todos os membros da tribo. No caso de formação de organizações incorporadas definidas, isto pode-se observar segundo a natureza do alistamento; o rapaz pode deixar o lar de sua família e unir-se a um grupo cuja maioria de seus membros proceda de lugares distantes, sendo portanto

---
81. Ver E. M. HOLDING, op. cit.
82. Sobre os grupos etários das mulheres, ver grande parte do material indicado acima e especialmente: H. KUPER, *African Aristocracy*, op. cit.; HUNTINGFORD, *Social and Political Organization of the Nandi*, op. cit.
83. BRIDEL. Op. cit.

totalmente desconhecidos. Seus vínculos comuns são as qualidades divididas comumente, por pertencerem a uma certa categoria etária classificatória, e não às relações pessoais entre eles. É interessante notar aqui que a solidariedade do grupo etário é diferente — e às vezes até oposta — do relacionamento pessoal particularista existente em muitas tribos, aquele do "melhor amigo" [84]. Entre os Gusii existe uma clara diferença entre as relações respeitosas que o indivíduo deve ter para com os membros parentes sênior e para com os membros dos conjuntos etários sênior. As primeiras estão baseadas em complementaridade e reciprocidade, enquanto que as últimas são mais do tipo de privilégio unilateral, o que ressalta a absolutização das distinções etárias [85]. Esta diferença entre as relações de parentesco e de grupos etários pode também ser observada na padronização geral das expectativas de desempenho de papéis, inculcada por meio desta qualidade de membro. Pode ser verificada tanto nos grupos etários não incorporados (ou talvez ainda mais acentuadamente entre os Nuer, Dorobo, Bantu Kavirondo) como nos vários tipos de grupos incorporados. Como vimos, a atitude mais generalizada inculcada nesses grupos é de igualdade e solidariedade para com os companheiros da mesma idade e de respeito aos membros de grupos etários sênior. Estas atitudes estão despojadas de toda conotação específica e pessoal, possuem um significado completamente impessoal. Estas atitudes ou padrões de comportamento devem expressar-se a respeito de cada membro da categoria etária qualitativa ou grupo etário, sem referir-se a nenhuma relação pessoal anterior. O exemplo mais claro disto é a transformação da terminologia de parentesco, no que que se refere aos companheiros da mesma idade, ou sênior, (júnior), que encontramos entre os Nuer, Bantu Kavirondo, Kipsigi etc. e entre os Índios Plains. Aqui todos os companheiros da mesma idade são chamados "irmãos" ou sênior, "pais" (júnior, "filhos") e muitas das leis de exogamia se aplicam a eles. Mas esta extensão da terminologia de parentesco é diferente da habitual. Perde sua relação especial de parentesco com o ego, seus vínculos com as relações biológicas específicas do ego com respeito aos pais e irmãos. Os termos de parentesco adquirem aqui uma conotação mais geral e apropriada para todos os membros da sociedade, no âmbito da mesma categoria etária. Mediante esta extensão a conotação de parentesco torna-se de certa forma despersonalizada, divorciada das limitações das relações pessoais e frontais. A transferência da identificação compreendida nesta extensão implica

---

84. Sobre o melhor amigo, ver, por exemplo, M. HERKOVITS, op. cit. Sobre a diferença entre a amizade e as relações do grupo etário ver: S. F. NADEL, *Black Byzantium*, op. cit., pp. 398-399.
85. MEYER, P. *The Joking of Pals*. Op. cit., p. 30.

necessariamente a separação da ligação especificamente pessoal com os portadores desses termos de parentesco (pais, irmãos etc.), em vez de simples extensão pessoal.

Além desta diferença entre os grupos de parentesco e os grupos etários, existe outra importante diferença na organização *interna* de cada grupo etário (ou conjunto). Embora sejam necessariamente particularistas os critérios da qualidade de membro dos grupos etários e as relações entre esses grupos, a distribuição interna de papéis é diferente, na medida em que relaciona certas qualidades (idade) que as pessoas têm em relação a outras. Na maioria das sociedades até agora analisadas, a distribuição interna de papéis e tarefas aos grupos etários formais é geralmente universalista e às vezes também orientada no sentido de realizações, embora de maneira limitada. A maioria das tarefas são atribuídas indiscriminadamente a todos os membros ou de acordo com os critérios universalistas de competição. Embora o pequeno grupo de crianças e adolescentes que formam o núcleo do grupo etário total tenha forte orientação particularista, como qualquer outro grupo primário, a distribuição geral de papéis a nível interno é fundamentalmente universalista. Neste aspecto o grupo etário também difere da família e do grupo de parentesco e a qualidade de membro implica uma transição desses últimos tipos de grupos.

Esta transição, relacionada se for o caso, com o rompimento das relações pessoais, efetua-se ressaltando a solidariedade dos grupos etários e identificando-se com ela. Todos os grupos etários dão ênfase e organizam essa solidariedade, ressaltando fortemente a prioridade das metas coletivas do grupo e limitando a esfera de satisfação das metas individuais. As obrigações mútuas dos membros são geralmente múltiples e exigem prioridade — seja em casos de ajuda, hostilidade (mesmo em casos extremos, empréstimo das esposas, como entre os Nandi), lealdade, ou defesa da honra e nome do grupo em diversas atividades grupais, como operações de guerra, trabalhos públicos etc. Onde os grupos etários não estejam organizados corporativamente, esta solidariedade e lealdade manifesta-se em várias práticas rituais, durante as cerimônias e na cerimônia da partilha de refeições (cada graduado recebe uma porção de comida), ocasião em que se expressa a coesão do grupo e sua distinção de outros grupos etários [86].

Esta solidariedade expressa-se, primeiramente, através da supremacia dos papéis expressivos e difusos nas relações entre companheiros da mesma idade. Estas relações, em quase

---

86. Ver E. E. EVANS-PRITCHARD, *The Nuer, Age-Sets*, op. cit., *passim*; G. WAGNER, op. cit.; D. FORDE, *Marriage and the Family Among the Yako*, op. cit., *passim*.

todos os tipos de grupos etários primitivos, implicam necessariamente muitas orientações e atividades específicas e instrumentais, tais como ajuda em várias tarefas, assistência em determinadas ocasiões específicas etc. Estes papéis específicos e instrumentais, entretanto, não são prioritários dentro dos grupos etários. Geralmente são expressões simbólicas ou manifestações concretas de uma atitude geral, que define a maioria das obrigações mútuas e possibilita gratificações expressivas. O indivíduo esforça-se pela reação de seu companheiro por causa da totalidade de experiência que isso implica, já que essa reação, sendo uma expressão de completa aceitação, reforça sua auto-identificação, não devido a qualquer vantagem específica e instrumental. A identificação mútua com os companheiros da mesma idade gratifica a necessidade individual de aceitação e de continuidade da união. Isto manifesta-se mais claramente no caso da extensão da terminologia de parentesco para as relações etárias, mas pode-se perceber também em todos os outros tipos de grupos etários — na ampla definição de ajuda e assistência mútua e no vínculo vitalício que é geralmente mantido entre os companheiros da mesma idade — seja institucionalizadas em progressão incorporada de um grau a outro, seja padronizadas em métodos menos formais [87].

Em segundo lugar, pois, a solidariedade dos grupos etários é fortemente ressaltada, ao tornar-se uma condição para o desenvolvimento da plena identidade do indivíduo e para a integração de sua personalidade. Os vários símbolos de *status,* de participação numa nova situação, como vimos, estão condicionados aqui à participação no grupo. Esta conexão é mais evidente numa outra característica universal de todos os grupos etários, a autodisciplina. Qualquer que seja o grau máximo de autonomia do grupo etário ao nível do pequeno grupo, a autodisciplina e a responsabilidade incorporadas são sempre mantidas [88]. Esta autodisciplina é de vital importância para o desenvolvimento da auto-avaliação da identidade do ego, já que relaciona as experiências pessoais do indivíduo com as metas e valores da comunidade e ajuda-o (e ao grupo) a internalizá-las.

Portanto, em todas as partes os grupos etários compõem-se de agrupamentos de grupos primários com elevado grau de solidariedade, coesão e identificação mútua. Mesmo se

---

87. Ver, por exemplo: D. FORDE, *ibid.*; E. M. HOLDING, op. cit.; C. K. MEEK, op. cit.; e o material sobre as diversas comunidades camponesas primitivas.

88. A autodisciplina realizada pelo grupo etário está descrita na maioria das informações sobre grupos etários. Ver especialmente o material sobre os Yako e Swazi, Cap. 2, e ainda em maior detalhe o material sobre os Nupe e Kikuyu e sobre todas as comunidades camponesas africanas; e ver também A. TESSIER, Les sociétés d'enfants et l'enseignement local, *Bull. de l'enseignment de l'A.O.F.*, 1941, nº 105. Ver também, obviamente, o abundante material sobre Esparta.

todo o sistema de grupo etário for muito formalizado, como entre o grupo Nandi, os Galla, Masai e entre os regimentos etários dos Swazi, Zulu e Tswana, o pequeno grupo solidário forma seu núcleo essencial e a solidariedade do sistema como um todo passa a basear-se numa extensão da identificação engendrada nesse pequeno grupo [89].

Todas estas características dos grupos etários estão obviamente relacionadas com nossa hipótese principal e mostram a importância desses grupos no desenvolvimento da identidade individual e da integração da personalidade, bem como sua relação com a inadequação da família e da estrutura de parentesco, devido a suas relações básicas etariamente heterogêneas. Uma breve comparação com as sociedades reguladas por parentesco evidenciará nitidamente a relevância dessas funções dos grupos etários. Nessas sociedades os grupos infantis embrionários, que ressaltam a cooperação e seu caráter por vezes preparatório em relação à vida adulta, não se articulam nem se formalizam em grupos especiais coesos. Têm importância secundária no desenvolvimento da identidade e personalidade individuais. São importantes somente na medida em que ampliam, até certo ponto, o alcance das relações do indivíduo e que lhe ensinam algumas das regras morais básicas de comportamento e cooperação. Mas não servem de quadros de referência para a formação de sua identidade, que é alcançada basicamente mediante a identificação com os grupos de parentesco. Ainda que se esforce por manter relações contínuas com os pais, ou se transformem temporariamente, o indivíduo pode eventualmente voltar à sua família e aí alcançar a maturidade completa. É como membro do grupo familiar que ele desempenha vários papéis *vis-à-vis* de outras unidades da sociedade e se integra em seus vínculos. Seja ele membro e representante de uma linhagem "primitiva" [90] ou de uma tradicional sociedade rural [91], sua identidade total somente será alcançada através da interação dentro de sua unidade familial (parentesco) e do processo gradual através da escala etária, nos quais ele principalmente sofre a interação com pessoas de outras gradações etárias e progressivamente incorpora as exigências de seus papéis à sua própria personalidade.

Neste momento podemos perguntar o que ocorre com a complementaridade básica das imagens etárias nas sociedades agrupadas etariamente. Postulamos essa complementaridade

---

89. Ver H. KUPER, op. cit.; J. KRIGE, *The Social System of the Zulu*, op. cit., *passim.*; L. S. D. LEAKEY & D. S. FOX, op. cit., *passim*.
90. Ver, por exemplo, M. FORTES, os vários trabalhos sobre os Tallensi citados acima e F. EGGAN, op. cit.
91. Sobre as sociedades camponesas e sobre o material que se relaciona com este problema ver: H. FEI, *Peasant Life in China*, Londres, 1940; J. EMBREE, *A Japonese Village*, Londres, 1944; R. FIRTH, *Malay Fishermen*, Londres, 1946; e uma discussão mais geral de R. FIRTH, *Social Organization*, Londres, 1951.

como fator básico para a manutenção da continuidade e estabilidade do sistema social. Já foi ressaltado o fato de que o agrupamento etário em si pressupõe a existência de diversos grupos e de diferenças etárias. Essas diferenças, entretanto, estão estruturadas de uma maneira especial em sociedades agrupadas etariamente. Sem dúvida, embora os detalhes variem de um lugar a outro, podemos distinguir alguns traços gerais. Primeiramente, dá-se forte ênfase às diferenças e à descontinuidade entre as várias gradações etárias. Podemos constatar esse fato também na forte dicotomização das relações e atitudes sexuais, como foi mencionado anteriormente em relação à vida familiar. Assim, a transição de um grau etário a outro articula-se em especiais *"rites de passage" que se realizam entre todos os membros de determinadas gerações, ou seus representantes,* e não entre os representantes dessas gerações nas unidades familiares particularistas. A transição não se efetua em muitas unidades (grupos) e conseqüentemente sobre um período irregular de tempo, mas articula-se em determinados momentos, periódicos e intermitentes, que são comuns a toda a sociedade. A sucessão de um grupo etário a outro, geralmente concomitante com o intercâmbio de gerações, torna-se uma cerimônia universal ao incluir todos os membros da sociedade, justapondo as distintas gerações pelas suas relações mútuas. Este fato afeta toda a gama de relações entre as diferentes gerações dessas sociedades. Estas relações não se limitam ao âmbito da família e das unidades de parentesco, mas abrangem toda a população da tribo. Implicam uma combinação de respeito e de forte hostilidade potencial para com a geração mais velha, em cujas mãos se concentra poder e autoridade. Esta hostilidade, relacionada com as acentuadas diferenças entre as várias gradações etárias, torna-se mais aguda ao chegar o momento em que uma geração (grupo etário) substitui outra no exercício do poder e da autoridade. Observa-se este fato entre os Nandi, Kipsigi, Masai etc.

Entretanto, na maioria dessas sociedades este elemento de hostilidade é profundamente sansionado e legitimado pela prática da sociedade. A complementaridade das diferenças e imagens etárias e de passagem das gerações está portanto representada, combinando a possibilidade de catarse individual com uma legítima distribuição de papéis e legítimo contraste ideológico. De certa forma esta hostilidade desempenha uma função semelhante à dos "relacionamentos irônicos" apesar de ser mais importante. A similaridade, embora não seja tanta, manifesta-se às vezes de maneira intensa, quando as relações entre grupos etários não-adjacentes são padronizadas pelas relações entre avós e netos — um dos tipos mais difundidos de relacionamentos irônicos [92]. Assim sendo, a transição do indivíduo de uma a outra geração efetua-se com facilidade. Nas diversas cerimônias relacionadas com esta transição os indivíduos modificam sua identidade e assumem a nova imagem etária; começam a comportar-se com o grupo que está abaixo deles da mesma maneira que os grupos etários superiores se comportam em relação a eles. Portanto, a complementaridade das imagens etárias articula-se nas relações entre gerações e simboliza sua fácil interação e são mantidas também, de maneira geral, as atitudes básicas de respeito para com os grupos mais velhos e a aceitação de sua autoridade nessas sociedades.

Este fato leva-nos a um ponto muito importante da análise dos grupos etários nas sociedades primitivas discutidas até este momento. Nessas sociedades, considerando a exceção parcial de Atenas no século IV a.C., a importância dos grupos etários, em termos de desenvolvimento da personalidade do indivíduo, está relacionada com uma completa institucionalização dentro do sistema social e sua função como base da distribuição institucional de papéis e da manutenção da solidariedade do sistema social. Isto pode ser constado na forma pela qual o pequeno grupo primário de adolescentes está ligado à hierarquia do grupo etário formalizado. Assim sendo, os grupos etários funcionam como ponto de encontro entre os sistemas da personalidade de seus membros e do sistema social, articulando-se segundo um ou outro. É quase total a compatibilidade dos dois [93], segundo o que extraímos da bibliografia. Constatamos este fato, primeiramente porque a definição tribal máxima da qualidade de membro deles não se tratava somente de uma tendência inerente à carência de disposições dos membros individuais para obter suas identidades; mas efetivamente ligando todos os membros da sociedade, unificando no âmbito das pessoas apropriadas (categorizadas qualitativamente) e permeando todas as unidades de parentesco "paroquiais", locais etc. Em segundo lugar, esses grupos e critérios funcionam como focos de caracterização mútua das pessoas, e portanto, como um dos mecanismos mais importantes de distribuição de papéis e recompensas, *i.e.*, também como mecanismos integrativos. A distribuição de papéis totalmente institucionalizada tem sido freqüentemente mencionada e exemplificada. Manifesta-se de diferentes formas nas várias sociedades, mas o quadro geral

---

92. Este ponto foi ressaltado por A. R. RADCLIFFE-BROWN na sua Introdução aos *African Systems of Kinship and Marriage*, op. cit., pp. 28-29.

93. É difícil avaliar os materiais existentes em forma total segundo este ponto de vista, considerando que a maioria dos etnógrafos não se colocou esta questão. A impressão geral, entretanto, é de que essa compatibilidade existiu. Ver especialmente: S. F. NADEL, *Black Byzantium*, op. cit., *passim;* O. RAUMM, *Chagga Childhood*, op. cit., *passim;* e o material sobre os Masai indicado na nota 6.

é parecido: determinados papéis, muito importantes do ponto de vista do sistema social e conseqüentes recompensas de prestígio, autoridade etc., são atribuídos aos membros de vários grupos etários. Em conseqüência, a qualidade de membro do grupo etário define tanto o fluxo de facilidades disponíveis para cada indivíduo, como, ao mesmo tempo, coordena sua ação com os papéis atribuídos em termos precisamente qualitativos. A solidariedade do sistema de grupos etários nestas sociedades não é um assunto puramente interno; conforma a base da solidariedade do sistema social como um todo. Por intermédio desses processos atributivos a prioridade da orientação coletiva estende-se por todo o sistema social. Isto pode ser conseguido, fazendo com que as relações dos grupos etários regulem por completo o alcance das relações sociais, ou fazendo com que os grupos etários de menor alcance social (como os Ibo, Yako) se identifiquem com as metas orientadas no sentido da comunidade e desempenhem várias tarefas comuns.

A importância dos grupos etários para a manutenção da solidariedade da sociedade pode ser claramente constatada, tanto em algumas de suas funções educacionais, como no importante papel que sempre desempenham nas cerimônias tribais. Do ponto de vista educacional, devemos salientar que os diferentes grupos etários, regimentos etários etc., servem não somente de transmissores de conhecimentos e do saber tribal, como de canais de comunicação social, através dos quais os membros da tribo se reúnem com seus chefes e participam nas discussões tribais, julgamentos etc. [94], seja como espectadores ou em forma ativa. No que se refere às cerimônias, em alguns casos, *e.g.*, como entre os grupos Nuba e Nandi, os grupos etários são os participantes mais importantes, ao passo que entre os Yako também são elementos importantes nessas cerimônias. Em todas estas tribos, a inauguração de um conjunto etário (ou a transferência de governo a um determinado conjunto etário) realiza-se numa cerimônia de "dimensões tribais" [95]. Estas variações serão analisadas nos capítulos subseqüentes e dependem, como veremos, do alcance de outros mecanismos integrativos existentes no sistema social. Porém, estas variações não afetam o papel basicamente integrativo dos grupos etários nessas sociedades, papel integrativo esse que foi sempre justaposto com êxito ao papel da família e do grupo de parentesco nas sociedades de parentesco.

---

94. Ver, por exemplo, H. KUPER, op. cit.
95. Como excelentes descrições do aspecto dos grupos etários nas cerimônias integrativas, ver: S. F. NADEL, *Black Byzantium*, op. cit.; D. FORDE, Integrative Aspects of the Yoko First Fruit Rituals, *JRAI*, LXXIX, 1949, pp. 1-91; H. KUPER, op. cit.

Esta descrição das funções dos grupos etários, tanto para o desenvolvimento do indivíduo como para a coesão do sistema social, não explica sob que condições isso ocorre. Esta explicação, que sozinha pode propiciar uma completa análise funcional, será dada nos últimos capítulos deste livro.

IX

Concentremo-nos agora numa análise sistemática do surgimento dos grupos etários dentro do quadro das sociedades modernas. A "sociedade moderna" [96], como dissemos, nada mais é que um sinônimo de sociedades altamente diferenciadas, é o exemplo mais completo de uma sociedade regulada em moldes universalistas. As máximas implicações dos critérios universalistas de distribuição de papéis e de orientações de valor universalistas foram elaboradas institucionalmente dentro do quadro das sociedades modernas. Por conseguinte, é também dentro do quadro dessas sociedades que podemos destinguir e analisar a grande variedade e complexidade dos grupos etários e juvenis — uma variedade e complexidade similares e ao mesmo tempo diferentes daquelas sociedades primitivas discutidas até este ponto.

Nossa tarefa será, portanto, analisar em linhas gerais a relação entre essas disposições institucionais das sociedades modernas e os vários tipos de grupos juvenis e etários. Note-se obviamente que o termo "sociedade moderna" (com suas implicações institucionais) é nada mais que um "tipo ideal", traçado a partir de diversos elementos que variam bastante nos vários casos concretos [97].

Analisaremos primeiramente, em termos gerais, aqueles aspectos das sociedades modernas que são mais relevantes para o esclarecimento de nosso problema e da nossa hipótese; e logo após, a relativa distribuição desses aspectos significativos entre os vários setores das sociedades modernas e sua relação com o surgimento de grupos etários e juvenis.

Quase todos os principais critérios de uma sociedade regulada em termos universalistas, já enumerados no início deste capítulo, mantêm-se nas sociedades modernas e encontram sua máxima expressão nas várias sociedades modernas.

---

96. O conceito de "sociedade moderna" é usado aqui com um sentido amplo, segundo principalmente T. Parsons em suas várias discussões (especialmente de Max Weber).

97. Obviamente, as diferentes tendências características da "sociedade moderna" não estão distribuídas eqüitativamente entre as várias sociedades concretas e a discussão aqui dá-se principalmente numa "forma de tipo ideal". Ver também, J. SHUMPETER, *Capitalism, Socialism and Democracy*. Uma boa coleção de material sobre a moderna sociedade americana pode ser encontrada em K. DAVIES *et al.* (ed.), *Modern American Society*, Nova York, 1948.

A qualidade inclusiva de membro delas é baseada geralmente em critérios universalistas de "cidadania" e não está condicionada a pertencer a nenhum grupo particularista ou de parentesco (excetuando-se, naturalmente, quando a lealdade a uma determinada comunidade significar um valor definidamente particularista [98]). A família ou unidade de parentesco não é a unidade básica das atividades políticas e/ou rituais. A especialização econômica está organizada em grupos dirigidos em termos universalistas e não em grupos particularistas mais extensos que a família, como é por exemplo o caso do regime de castas da Índia. A família não é a unidade básica da divisão econômica do trabalho, especialmente nem nos aspectos da produção nem da distribuição, e mesmo no do consumo em menor grau que em outras sociedades. Além disso, o alcance geral das atividades da família diminui constantemente, sendo que vários setores especializados estão, até certo ponto, assumindo sua função nos campos da educação, enfermagem, recreação, etc. [99]. A dimensão e o alcance das relações, reguladas de acordo com os critérios de parentesco, é pouco significativa e em grande medida pouco definida [100].

Devemos sem dúvida destacar o fato de que, mesmo nas sociedades modernas, nem todos os setores da sociedade são regulados conforme os critérios universalistas. Nelas, muitas esferas podem também ser e são reguladas de acordo com vários critérios particularistas — vizinhança, amizade, associações informais, algum tipo de relações e de participação num estilo de vida comum e relações étnicas e da comunidade. Porém, o alcance dessas relações nessas sociedades é mais limitado que em outras, sendo mais predominantes os critérios universalistas nas esferas institucionais da sociedade. Convém também mencionar, como veremos em detalhe mais adiante que o grau de predominância dos critérios universalistas difere de um setor a outro da sociedade moderna. De modo geral, entretanto, as sociedades modernas são o tipo mais puro de sociedade sem parentesco, organizadas em termos universalistas.

Na sociedade moderna (em especial a urbana), a extrema distribuição de papéis sem considerar o parentesco e a regulação institucional, ocasiona uma distinta segregação da vida familiar (especialmente no tocante às suas relações etá-

---

98. Nossa suposição aqui é de que a lealdade a uma determinada comunidade possui uma forte conotação particularista. Ver T. PARSONS, *The Social System*, op. cit.
99. Ver sobre este ponto, em geral, K. FOISOM, *The Family and Democratic Society*, Londres, 1945; W. WALKER & R. HILL, *The Family*, Nova York, 1950; K. DAVIS et al., op. cit., parte IX; J. BOSSARD, *Parent and Child*, Pennsylvania, 1953.
100. Ver. T. PARSONS, *Age and Sex in the Social Structure*, op. cit., pp. 218-233; R. WILLIAMS, *American Society*, Nova York, 1951, Cap. 4.

rias heterogêneas, pais-filhos) das outras esferas institucionais. Os papéis de pais e filho (e adolescentes) representados dentro da família moderna não são somente diferentes, como em outras sociedades baseadas no parentesco, no aspecto das orientações gerais de valor e dos padrões de organização, daqueles de outras esferas institucionais do sistema social. Estão também segregados, em grande medida, de outros papéis representados nas principais esferas da vida adulta. Os pais representam papéis frente a seus filhos, que diferem muitíssimo daqueles que desempenham em outras esferas institucionais (especialmente o pai). A descontinuidade entre o mundo das crianças e dos adultos pode vir a ser agudizada e ressaltada por esta forma de organização dos papéis [101].

Com efeito, a diferenciação entre a estrutura familiar particularista e a ocupacional universalista (e orientada no sentido da realização) e outras esferas não-familiares, também se agudiza e se torna mais forte e complexa, embora apresente grandes diferenças em vários setores das sociedades modernas. Devido à limitação das esferas sociais da família e às principais orientações de valor de significativos setores das sociedades modernas (particularmente as realizações da "classe média" e dos setores orientados para fins individualistas), as relações que ocorrem no seio da família são carregadas de grandes emoções e caracterizam-se por uma acentuada interdependência emocional, apresentando uma forte internalização das imagens dos pais. Esta forte internalização das imagens dos pais é utilizada pelas crianças como a ponte que os levará até a sociedade adulta. Por este meio a criança pode geralmente identificar-se não só como os papéis concretamente desempenhados pelos pais na família, como também com as disposições gerais e papéis de outras esferas. Se bem que esta internalização em si não consiga diminuir a segregação da família de outras esferas, se for positiva, pode fornecer a primeira base para a orientação e transição a outras esferas.

Todas estas características das sociedades e famílias modernas deram origem a vários tipos de grupos e agências dirigidos à juventude. Estas agências e grupos expandiram-se com o desenvolvimento dos modernos sistemas econômicos e políticos, desenvolvimento esse gradual e desigual nas várias sociedades e setores.

Contudo, ao contrário do que ocorreu na maioria das sociedades históricas e de todas as primitivas (com exceção de Atenas e das cidades helenísticas) não é possível encontrar nenhuma organização unitária de grupos etários nas so-

---

101. O problema da descontinuidade foi analisado por R. BENEDICT, Continuities and Discontinuities in Culture Conditioning, *Psychiatry*, I, 1938; K. DAVIS, The Sociology of Parent-Youth Conflict, *Am. Soc. Review*, v. 5, 1940.

ciedades modernas. Podemos destacar três tipos principais de tais grupos e agências que se desenvolveram nas sociedades modernas. O primeiro é o sistema escolar educacional, o segundo são várias agências juvenis mantidas por adultos e o terceiro são grupos juvenis espontâneos. Esses três tipos desenvolvem-se em forma simultânea, conquanto alguns casos possam não ocorrer (especialmente o segundo tipo). Todos eles desenvolvem-se paralelamente aos vários problemas originados do desenvolvimento dos modernos sistemas econômicos e políticos e às suas repercussões na família e na vida dos jovens. De acordo com o exposto, podem ser considerados um sistema. Porém, ao mesmo tempo, existe uma significativa diferença entre eles. Alguns são organizados por adultos e interessam-se pela preparação das crianças para seus papéis adultos e fácil transferência da herança social; outros desenvolvem-se mais espontaneamente, pela inicitiva das próprias crianças, para satisfazer suas necessidades. Apesar da constante interação e interdependência entre esses tipos de grupos e agências juvenis, nem sempre existe entre eles total complementaridade e harmonia. É deveras significativo o fato de que, nas sociedades modernas, ao invés do que ocorre mesmo nas sociedades históricas, observa-se uma notável dissociação entre o sistema educacional e outras formas de organizações e grupos juvenis. Uma das maiores preocupações desta seção, bem como de outras partes do livro, é justamente analisar suas relações e os fatores que as influenciam, sobretudo a família.

Nestas sociedades esta transição para a esfera universalista da sociedade adulta é, entretanto, muito mais dificultosa e complicada que em outras. Tais dificuldades são inerentes à estrutura das relações familiares e podem aumentar pelo fato de que a transição implica particularmente o rompimento com a mãe e com sua imagem — ligação necessariamente muito próxima ainda que, ao mesmo tempo, ambivalente — devido a seu relativo confinamento à esfera familiar e posição formalmente inferior na estrutura de autoridade [102].

X

O sistema escolar. Nas sociedades modernas a especialização econômica e profissional baseia-se na acumulação de conhecimento técnico, cuja transmissão está fora das possibilidades da família e exige a passagem por um período de aprendizagem e preparação, cuja extensão está geralmente relacionada ao grau de especialização. Isto é válido tam-

---

102. Ver T. PARSONS, "The Kinship System of the Contemporary United States", em *Essays,* op. cit., pp. 233-251.

bém para muitos aspectos do conhecimento folosófico, ideológico e religioso, cuja aquisição é um pré-requisito básico para o desempenho de muitos papéis e para a obtenção de *status* e da qualidade de membro pleno na sociedade como um todo. A transmissão deste conhecimento realiza-se em organizações educacionais especiais e institucionalizadas — as escolas. Apesar de existirem variados tipos de escolas educacionais e profissionais em muitas sociedades, somente nas sociedades modernas (e possivelmente em determinados setores das sociedades da antiguidade clássica [103]) têm-se convertido gradualmente num esquema institucional quase universal para a consecução de *status* social total. A primeira característica distintiva é que, ao contrário das chamadas escolas de iniciação das sociedades primitivas, estas organizam a vida das crianças durante um largo período de tempo, geralmente durante vários anos. A segunda característica básica é sua forte acentuação técnica-preparatória.

Sua importância institucional universal é testemunha evidente do decréscimo da esfera de atividade da família e da inadequação da família como única agência educacional. Noutras palavras, elas surgiram porque a família e as relações de parentesco etariamente heterogêneas não são capazes de assegurar uma transmissão contínua e fácil do conhecimento e das disposições dos papéis. A estrutura social e a esfera da escola são obviamente diferentes daquelas da escola e necessariamente implicam uma outra forma de organização das relações entre as várias gerações. A sociedade escolar, tornando-se mais formalizada, estrutura-se com base nos grupos etariamente heterogêneos, que interagem entre si e particularmente com os representantes da sociedade adulta (professores) de maneira mais ou menos incorporada, organizadamente. O mundo da escola é um mundo de grupos etários claramente definidos (graus, classes), conformando uma hierarquia unitária heterocéfala dirigida e orientada por representantes especializados no mundo adulto. Portanto, a gradação etária na escola apresenta, por assim dizer, uma diferenciação dual. Primeiro, há uma diferenciação interna entre as diferentes classes dentro da hierarquia total e, segundo, uma justaposição da organização total de crianças e adolescentes com a sociedade adulta e seus representantes, que são os detentores do poder e da autoridade dentro do sistema [104].

103. Ver Notas 68-76, acima.
104. Uma boa análise das instituições educacionais pode ser encontrada em R. WILLIAMS, *American Society*, op. cit.; Ll. WARNER et al., *Who Shall Be Educated*, Nova York, 1945. Um levantamento geral da evolução da educação moderna, em relação com os vários movimentos sociais, pode ser encontrada em N. HANS, *Comparative Education*, Londres, 1947. E ver também H. KRUCKENBERG, *Die Schulklasse als Lebensform*, Leipzig, 1927.

A diferenciação etária interna da sociedade escolar deve-se primordialmente à exigência de adaptação do potencial psicológico de aprendizagem da criança (e em certa medida também fisiológico) e às especializações e conhecimentos a ser adquiridos [105]. A diferenciação oficial e formal de classes e graus escolares é definida fundamentalmente em termos de especializações e conhecimento avançados: a máxima justaposição da vida escolar com a sociedade adulta é definida, nas sociedades modernas, mais acentuadamente que noutra sociedade, em termos de "preparação" para a idade adulta. Os papéis atribuídos institucionalmente aos escolares de vários graus e idades são sem dúvida preparatórios; *i.e.*, são avaliados em termos de sua contribuição para o *status* futuro e não constituem fins em si mesmos, ou manifestações de *status* total ou da qualidade de membro da comunidade. As relações etariamente heterogêneas na escola, entre professor e alunos, tendem a acentuar a descontinuidade básica existente entre a esfera social das crianças e a dos adultos, bem como a imensa diferença em termos de poder e autoridade existente entre elas. Esta preparação apresenta aspectos simbólicos e técnicos e na medida em que predominam os aspectos simbólicos isso implica uma grande dose de segregação do mundo adulto. (Na medida em que predominem os aspectos técnicos, como por exemplo, em várias escolas técnicas, a exclusão da sociedade adulta é geralmente menos acentuada.) Neste sentido, os agrupamentos etários formalizados da escola moderna diferem dos agrupamentos etários formalizados de qualquer outra sociedade.

Esta é a razão da peculiaridade das relações da escola com a família e com o conjunto da sociedade. Constitui, por um lado, o primeiro estágio da transição da vida familiar para uma sociedade regulada em termos universalistas. A orientação universalista da escola é óbvia e encontra sua máxima expressão no fato de fazer conviver crianças de várias famílias diferentes. Dentro do seu esquema basicamente etário-qualitativo desenvolve-se também — e de certa forma paralelamente à família, porém muito mais intensamente — no âmbito das disposições dos papéis infantis no sentido de realizações e de identificação com os valores universalistas e símbolos de identificação. Por intermédio dos professores, em certa medida também aumenta a identificação das crianças com um agrupamento de adultos mais amplo e gradualmente modifica a natureza desta identificação particularista e pessoal para universalista e impessoal [106]. Por outro lado,

---

105. Ver K. DAVIS, Adolescence and the Social Structure, *The Annals of the American Academy of Political Science*, nov. 1944 e maio 1948, publicação do *Journal of Educational Sociology* sobre School Culture and Group L fe. Ver também V. MALLISON (ed.), *The Adolescent at School*, Londres, 1949.
106. PARSONS, T. Op. cit.

entretanto, constitui junto com a família o mundo das crianças segregado no mundo dos adultos. Esta situação explica-se pelo fato de que os adultos que participam neste mundo desempenham papéis com orientações específicas, distintos de outros papéis da sociedade adulta. Sua especialidade é lidar com crianças. E a ênfase dada à "preparação" para o mundo adulto só acentua a segregação desse mundo.

Esta ênfase na preparação implica, contudo, outro problema. Acarreta um adiamento da maturidade social, para depois de conseguir maturidade sexual e fisiológica. Quanto maior for o período de preparação essencial para a realização de qualquer tarefa especializada, tanto maior será o conseqüente adiamento da formação de uma nova família de procriação. Devido à grande ênfase na preparação para a especialização e aprendizagem de várias habilidades, o aspecto da maturação sexual, dentro da cultura etária formal da escola, não é tão merecedor de reconhecimento simbólico e apreciação ideológica, como o era entre a maioria dos grupos etários primitivos. Esse aspecto é, em geral, vagamente definido e não tem grande expressão no sistema de valor da escola.

Esta situação constitui, sem dúvida, outra dificuldade na transferência da identificação da família para o conjunto da sociedade, por intermédio da escola, e no desenvolvimento da identidade adolescente da criança [107]. Devido a todos estes fatores, a gradação etária e a cultura da escola, as metas fixadas por ela e os papéis desempenhados em seu interior geralmente não constituem — em sociedades modernas ou em alguns dos seus setores — objetivos adequados que respondam às necessidades que surgem na personalidade da criança e do adolescente durante o período de transição, da família para a sociedade total. Por este motivo, a criança e o adolescente apresentam sempre, mais ou menos intensamente, uma propensão para se associarem a grupos etários, nos quais a legitimidade de suas necessidades mais simples serão reconhecidas e permitidas mais atividades espontâneas e nos quais, em alguns casos, terão uma relação mais direta com os símbolos de identificação da sociedade total, tanto a relação existente como aquela pela qual anseiam. Por mais que variem os diferentes grupos etários das sociedades modernas, sejam grupos de iguais, movimentos da juventude etc., quanto à sua composição, organização, valores etc., os primeiros dois aspectos antes mencionados são sempre característicos e em certos casos também o terceiro. Ainda que

---

[107]. Sobre o problema da identidade do ego do adolescente na sociedade moderna em geral e em relação à escola, ver: M. SHERIF, *An Outline of Social Psychology*, Nova York, 1948, pp. 315-339; E. ERIKSON, *Childhood and Society*, Londres, 1950, partes II, IV.

estejam intimamente ligados à escola, mesmo assim são sempre bastante distintos dela [108]. É interessante notar que, mesmo naquelas sociedades possuidoras de organizações juvenis globais e institucionalizadas (*e.g.*, U.R.S.S. e Alemanha nazista), estes movimentos juvenis diferenciam-se da escola, embora possam estar muito relacionados com ela na prática. Somente sob condições muito específicas a escola será capaz de organizar toda, ou quase toda, a vida das crianças e dos jovens dentro de seu campo de ação. Trataremos detalhadamente mais adiante de um caso semelhante, as "clássicas" Escolas Públicas inglesas [109]. Outro exemplo são as várias tendências "progressistas" da educação, onde se observa uma tentativa de abranger a totalidade da vida da criança formando "repúblicas de crianças". Nestes casos, entretanto, a vida escolar está impregnada de elementos e relações diferentes daqueles do sistema escolar, que se orientam no sentido de atividades educacionais preparatórias e especializadas.

XI

A inadequação do sistema educacional, que considera a escola o único instrumento para tratar de *todos* os problemas da juventude, resultou no surgimento de um segundo tipo principal de organizações juvenis a organização orientada para os jovens. Este tipo inclui várias organizações especializadas, patrocinadas por representantes oficiais das instituições da sociedade, que lidam com a juventude e seus problemas.

O número e variedade das organizações e agências juvenis mantidas por adultos é extenso e não há necessidade de enumerá-los nesta oportunidade. Será suficiente dar aqui uma classificação breve e geral. Primeiramente, temos vários grupos e organizações juvenis cujo objetivo é encontrar uma forma de gastar as energias da juventude, canalizando-as para atividades culturais e recreativas, associando-se tanto a clubes especiais recreativos como a grupos tais como Escoteiros, Bandeirantes etc. Todos estes grupos, além de proporcionarem várias formas de recreação, buscam também modelar o caráter geral do desenvolvimento dos jovens, inculcando virtudes cívicas a fim de aprofundar sua consciência social e ampliar seu horizonte cultural e social. Os mais destacados exemplos deste tipo são: A.C.M., as Brigadas Juvenis organizadas na Inglaterra por W. Smith, Clubes de Campo e outros tipos de clubes juvenis nas cida-

---

108. Ver A. Hollingshead, *Elmtown's Youth*, op. cit.; A. Havighurst & H. Taba, *Adolescent Character and Personality*, op. cit.
109. Sobre as escolas públicas inglesas, ver em riqueza de detalhes, as referências no Cap. 4.

des, muitos dos quais estão ligados a grupos políticos e religiosos, os Escoteiros, os Jousters na França, diversos tipos de organizações comunitárias e centros de orientação vocacional etc. Em segundo lugar, existem muitas destas organizações mantidas por organizações especificamente políticas e religiosas, as quais, além de proporcionarem as facilidades acima descritas e de inculcarem virtudes gerais na nova geração, buscam também comprometê-los com as metas específicas da organização e manter ou desenvolver sua lealdade ao partido ou ao grupo [110]. Em resumo, nos países europeus, bem como em diversos países coloniais e em Israel, constatamos que a maioria dos partidos políticos e organizações religiosas esforçam-se por organizar vários clubes e movimentos juvenis. Em terceiro lugar, existem agências que lidam com "crianças-problema" de várias espécies — delinqüentes, crianças desprotegidas e subdesenvolvidas — proporcionando-lhes várias formas de ajuda a fim de ajustá-las ao que se supõe ser a condição normal da criança em sua sociedade específica [111].

Alguém pode agregar entre o segundo e o terceiro tipo, como caso afim, as diversas agências e organizações vocacionais, cujo objetivo é ajudar as crianças e adolescentes, particularmente aqueles elementos provenientes de setores econômicos não privilegiados, a fim de que avancem profissionalmente. Os movimentos juvenis de trabalhadores da Europa Continental (especialmente da Alemanha) e de Israel fazem parte desta categoria [112].

Todas estas organizações têm um aspecto em comum, a afirmação de que a completa integração da juventude na sociedade, a transição bem sucedida da esfera de influência

---

110. Um levantamento de boa qualidade sobre estas agências pode ser encontrado, entre outros lugares, na edição de novembro de 1944 do *Annals of the American Academy*, op. cit. Sobre as organizações políticas, partidárias e juvenis em vários países, ver: A. C. PERCIVAL, *Youth Will Be Led*, Londres, 1951; W. M. MACEAGER, *Making Men — The History of Boys'Clube and Related Movements in Great Britain*, Londres, 1953; *Eighty Thousand Adolescents, A Study of Young People in Birmingham*, dirigido por B. Held, Londres, 1950; *Youth Organizations of Great Britain*, 2. ed., 1949; L. A. MANEFFEE & M. M. CHAMBERS, *American Youth*, Washington, D.C., 1938; a edição de novembro de 1937 dos *Annals of the American Academy of Pol. and Soc. Science* e o levantamento sobre a *Danish Youth* feito pela Comissão Juvenil do Governo Dinamarquês. Ver também H. HARTMAN, *Die Junge Generation in Europa*, Berlim, 1930.
111. Ver um dos textos sobre a delinqüência juvenil e prevenção, como por exemplo aqueles de Tappan, Reckless etc.
112. Sobre os movimentos juvenis de trabalhadores ver: G. DEHN, *Proletarische Jugend*, Berlim, 1929; K. KORN, *Die Arbeiter jugendbewegung*, Berlim, 1923; K. BENDARIK, *Der junge Arbeiter von Heute*, Stuttgart, 1953. Sobre alguns problemas específicos da juventude trabalhadora, ver os levantamentos da Comissão Juvenil Dinamarquesa e também as próximas publicações sobre os movimentos juvenis em Israel.
Ver também H. E. O. JAMES & F. T. MOORE, *Adolescent Leisure in a Working Class District*, *Occupational Psychology*, v. XIV (jul. 1940) e v. XVIII (jan. 1944). E ver também T. FERGUSON & J. CUNNISON, *The Young Wage Earner*, Oxford, 1951.

da família, da infância para o estado de cidadania plena e de participação na vida comunitária, só pode realizar-se atribuindo-se papéis específicos à juventude e aos adolescentes, ressaltando sua identidade comum de adolescente e de jovem e fazendo-os atuar em conjunto em experiências vivenciais comuns. Ao mesmo tempo, ressaltam a importância de atividades expressivas no sentido da consecução dessas metas e a importância da ênfase colocada nas orientações para os valores básicos comuns da comunidade *[113].

É bastante típico o texto seguinte do Manifesto de W. Smith a respeito de suas Brigadas Juvenis, exposto ante as autoridades da Igreja:

> Ele submeteu à aprovação das autoridades da Missão seu esquema para agrupar numa "brigada" os rapazes da escola que tivessem acima de doze anos, onde receberiam ensinamentos de ginástica elementar, exercícios físicos, obediência à palavra de comando, pontualidade e higiene. Deverá ser algo que eles considerem como coisa própria, à qual estão dedicados e da qual tão orgulhosos a ponto de se sentirem envergonhados se acaso fizerem algo que a desacredite. Assim, seria inculcado aquele *esprit de corps* que os rapazes das escolas públicas sem dúvida adquirem, mas que é quase inexistente nos rapazes das escolas elementares. Continuariam os jogos organizados e ele acredita que o resultado seria disciplina e ordem na Escola Dominical, a retenção dos rapazes mais velhos (que normalmente deixariam de freqüentar a escola tão logo pudessem ganhar um salário) e maior interesse pela escola e pela igreja...

Diferentes clubes e organizações colocam distinta tônica nos vários aspectos da vida e atividades juvenis. Alguns — como as Brigadas, várias organizações para-militares, Cadetes etc., — ressaltam intensamente o treinamento físico, outros a religiosidade "espiritual" etc., valores, e ainda outros a sociabilidade, os esportes, excursões etc. Mas todos eles cuidaram da maioria dos aspectos mencionados e esforçaram-se por proporcionar todas as facilidades possíveis para sua realização. Foi desta maneira que pensaram completar a educação formal e que inspiraram na juventude a consciência cívica.

O desenvolvimento de todas estas agências e organizações está ligado historicamente ao crescente impacto da industrialização e urbanização, nos chamados últimos estágios da Revolução Industrial, quando amplos estratos da popula-

---

* Pode ser encontrada lista completa destes grupos e organizações juvenis em várias publicações citadas nas referências 112, 113 e 114 deste capítulo. Entre a juventude da classe trabalhadora geralmente compreende um curto período de vida e torna-se um dos mecanismos de institucionalização secundária.

113. Tomado de A. C. Percival, op. cit., p. 69. Quanto aos programas destas várias organizações, ver principalmente a bibliografia mencionada na nota 110. Ver também G. Coyle, *Group Work with American Youth*, Nova York, 1945.

ção participaram destes processos [114]. Desenvolveram-se agências para atender a juventude trabalhadora e pobre (diversos clubes e lugares de reunião), outras — como a ACM. etc. — como resposta a várias necessidades da crescente classe média. Nos Estados Unidos o desenvolvimento destas agências estava relacionado com a contínua afluência de imigrantes, evolução dos centros metropolitanos etc. — em outras palavras, todos estes processos indicadores da expansão dos critérios universalistas e da diminuição da esfera de vida familiar.

Paralelamente com o desenvolvimento de agências especiais para a juventude, observamos também um desenvolvimento da concepção de uma "juventude-problema" especial nas principais esferas da atividade cultural na Europa e Estados Unidos — na literatura, arte, pensamento educacional etc. O princípio destes desenvolvimentos pode ser traçado possivelmente desde Rousseau, quanto às principais tendências do romantismo europeu, especialmente o alemão [115]. A consciência da juventude vs. velha geração e do problema global das gerações pode ser acompanhada na maioria dos movimentos literários e artísticos e na grande pletora de novas tendências e escolas. Os problemas da juventude, o lugar que ocupa na vida, o fato de ser a expressão máxima de vitalidade — ou decadência — e os problemas das lutas entre as gerações mostraram-se claramente na maioria das principais tendências literárias dos séculos XIX e XX e tendo-se mesmo desenvolvido tipos especiais de obras literárias versando sobre este assunto.

No que diz respeito ao pensamento educacional, o problema da adolescência e da juventude foi desenvolvido e destacado pelos trabalhos de Stanley Hall e de seus numerosos seguidores. Quanto ao pensamento social — especialmente na França e Alemanha — o problema das relações entre as gerações e de sua educação e repercussões morais foi amplamente discutido, atingindo sua máxima expressão no brilhante ensaio de K. Mannheim [116].

Na maioria dos casos todos estes desenvolvimentos estavam bastante ligados aos períodos de transformação social, de mudanças rápidas e de propagação de orientações e organizações universalistas.

---

114. Ver, sobre este ponto, K. DAVIS, *Adolescence and the Social Structure*, op. cit. e C. M. FLEMING, *Adolescence*, Londres, 1948.

115. Um levantamento geral deste problema pode ser encontrado em G. Watson, *Youth After Conflict*, Nova York, 1947, e G. EICHBAUM, *Die Krise der modernen Jugend im Spiegel der Dichtung*, Erfurt, 1930.

116. Ver S. HALL, *Adolescence*, Nova York, 1908 e K. MANNHEIM, "The Problem of Generations", em *Essays*.

XII

Lado a lado com o desenvolvimento desta série de agências juvenis patrocinadas por adultos ocorre um grande desenvolvimento e intensificação da aparição de grupos e de vida juvenil espontânea. Obviamente não são, em si mesmos, desenvolvimentos totalmente inéditos. Grupos de crianças, grupos de jogos etc, universais em todas as sociedades humanas, eram também abundantes na Europa rural e urbana anterior ao surgimento da industrialização, segundo o que nos revelam claramente as crônicas do passado. Desempenharam também todas aquelas funções gerais que analisamos anteriormente.

Porém, com o desenvolvimento da industrialização, dos sistemas políticos modernos e com a crescente limitação da ação da família, intensificou-se e aumentou o campo de ação e a vitalidade daquelas. Tornaram-se mais numerosas, passando a abranger um período de tempo mais longo — até o fim da adolescência; ficaram muito mais solidárias e conscientes de si mesmas; tornaram-se cada vez mais importantes na vida de seus membros e da comunidade como um todo. São bastante variadas e não poderemos delongar-nos aqui nos detalhes. Algumas de suas características mais pertinentes foram descritas no Cap. 2.

Observamos diversas formas de organização — grupos de jogos informais, quadrilhas juvenis, grupos autônomos de recreação, organizações estudantis e movimentos organizados da juventude rebelde do tipo alemão e continental. Em todos esses grupos, como veremos mais detalhadamente a seguir, são intensamente destacadas a consciência juvenil comum e a importância das atividades expressivas. São também destacáveis, uma acentuada predisposição para a orientação no sentido dos valores comuns e geralmente também a exigência de uma distribuição de papéis especiais, com base na homogeneidade etária e similaridade de experiências.

Esta série de grupos juvenis pode ser classificada, *grosso modo,* dentro dos seguintes critérios, indicando sua relativa importância tanto para o indivíduo como para a sociedade: a) o campo de atividades que abrangem; b) o grau de sua coesão interna; c) o grau de conformidade com os papéis institucionais, ou afastamento deles; d) o grau de conformidade ideológica ou rebeldia; e e) em que grau os adultos ou adolescentes de mais idade participam neles.

A interligação destas expectativas de papéis espontâneos por parte da juventude com aqueles que lhes foram atribuídos pelas agências mantidas por adultos não é um processo harmonioso nas sociedades modernas. Tal interligação pode ocorrer e ser bem sucedida em vários setores da sociedade moderna, bem como podem ser consideradas apropriadas para a adequação das necessidades da juventude as metas e atividades estabelecidas pela autoridade do sistema educacional e pela organização patrocinada por adultos. E no entanto, devido a todas as razões enumeradas anteriormente (e particularmente à ênfase na preparação em muitas destas organizações) não se efetua automaticamente a mútua compatibilidade entre as atitudes dos adolescentes e os papéis que lhes são atribuídos por aquelas organizações patrocinadas por adultos, constituindo um dos principais problemas das sociedades modernas. Por esta razão (e também por outras) é que as orientações do grupo etário e as tendências anormativas podem alcançar tal magnitude dentro da órbita da sociedade. Todos estes problemas serão investigados de forma sistemática nos próximos capítulos. Neste momento tentaremos somente apresentar as relações gerais entre o desenvolvimento de sociedades modernas universalistas e os vários tipos de grupos etários.

XIII

A conexão entre o desenvolvimento de sistemas sociais "modernos" e a emergência de grupos etários pode ser constatada em várias oportunidades. Primeiro, esta conexão observa-se na transição da sociedade européia, do feudalismo e absolutismo à sociedade moderna universalista e industrializada. Todos os dados históricos mostram-nos como os novos sistemas educacionais e agências e grupos juvenis espontâneos se desenvolveram durante esta transição. Pode ser avaliado pelo rápido desenvolvimento educacional da Inglaterra no século XIX e nos desenvolvimentos paralelos de outros países europeus [117]. Podemos observá-la também pelo desenvolvimento de vários grupos juvenis espontâneos, nos Movimentos Estudantis, em diversos movimentos ideológicos e semipolíticos e rebeliões de jovens relacionadas com o Movimento Romântico da Europa e em especial da Alemanha. Os vários movimentos sociais e nacionalistas dos séculos XIX e XX também deram origem a vários tipos de organizações juvenis, consciência juvenil etc., como se manifesta em movimentos do tipo "Jovem Europa" de Mazzini etc.

O mesmo é válido para a emergência do movimento juvenil alemão que se seguiu à rápida transformação que ocorreu durante a época posterior a Bismarck [118].

---

117. Ver alguns dos textos sobre a história da educação moderna, *e.g.*, T. H. JARMAN, *Landmarks in the History of Education*, Londres, 1951, Cap. XIII.
118. H. BRUNSWICK, *La Crise de l'État Prussien de XVIIème siècle et la genèse de la mentalité romantique*, Paris, 1948. Para a gênese dos movimentos juvenis, ver: F. JUGMAN, "Autorität und Se-

São de grande interesse para a nossa análise os vários exemplos registrados e analisados de situações de "contato cultural", que ocorreram tanto num passado próximo como no presente. Entre essas situações de contato cultural deveria ser mencionado em primeiro lugar o impacto da civilização ocidental nas várias sociedades e culturas primitivas e tradicionais, bem como o transplante de membros de várias sociedades tradicionais particularistas, para um esquema industrial "moderno", principalmente através da migração [119].

A bibliografia sobre contato cultural sob o impacto da civilização ocidental nos povos primitivos descreve repetidamente a interrupção da vida familiar resultante desse impacto. Esta interrupção assume não somente várias formas de desorganização familiar etc., como também implica sempre uma mudança da avaliação mútua das gerações — algum tipo de rebelião dos membros mais jovens da família contra os papéis sociais que lhes são impostos pela autoridade dos membros mais velhos. Dentro do esquema social tradicional anterior seriam capazes de desenvolver sua identidade, mediante formas específicas de interação com os membros de gerações mais velhas; na nova situação, entretanto, esta interação não lhes proporciona tal segurança. Por um lado, podem permitir-lhes acesso a várias facilidades para o desempenho de papéis que lhes foram proibidos no esquema tradicional, ou daqueles inacessíveis à velha geração *e.g.*, recebimento de dinheiro por trabalho manual pesado etc. Por outro, as orientações culturais gerais transmitidas pelos membros mais velhos aos mais jovens são inadequadas como orientações suficientes dentro da nova realidade. Pode muito bem acontecer que não se desenvolvam orientações e princípios acabados; mas em todo caso, as velhas orientações são obviamente inadequadas e os velhos membros já não representam os símbolos que correspondem à disposição de papéis dentro do novo esquema. As pessoas mais jovens geralmente começam a buscar uma nova identidade, e seja numa ou noutra etapa, esta busca passa a expressar-se em termos de conflito ideológico com a geração antiga, ou seja, como identificação ideológica da juventude, ou passam a considerar a gente jovem como uma categoria cultural distinta. O problema de saber se esta rebelião origina efetiva-

xual Moral in der freien bürgerlichen Jugendbewegung", em M. Horkheimer (ed.) *Studien über Autorität und Familie*, 1936, pp. 669-706; H. BECKER, *German Youth, Bond or Free*, op. cit., parte I; Ch. LUETKENS, *Die Deutsche Jugendbewegung*, Frankfurt, sobre-o-Meno, 1925.

119. Para material geral sobre migrações, segundo este ponto de vista, ver: W. THOMAS & F. ZNANIECKI, *The Polish Peasant in Europe and America*, Nova York, 1927 e um sumário geral em S. N. EISENSTADT, Delinguent Group Formation among Immigrant Youth, *British Journal of Delinquency*, v. II, 1951, pp. 34-45.

mente uma nova integração da personalidade ou resulta num fracasso da integração do ego [120] é de todo modo irrelevante neste momento da discussão. O ponto importante é que a transição do esquema particularista ao universalista ocasiona o surgimento de uma ideologia e identificação específicas, de "juventude" e de "idade". É variável o ponto que atinge essa identificação servindo de base para a coesão dos grupos sociais, mas sempre se baseiam nela.

Um exemplo muito importante dessa transformação ideológica e social pode ser observado em alguns processos de transformação social na China moderna e na transformação da China tradicional. Naquela sociedade, que constitui um dos exemplos mais precisos de sociedade relativamente complexa, integrada por critérios particularistas de parentesco, era muito mais acentuada a relativa senioridade dos vários grupos etários *dentro* da unidade familiar. A estrutura de parentesco total da sociedade chinesa era regulada, até certo ponto, por este princípio e eram ressaltadas as diferenças entre os vários graus etários dentro da família e da unidade de parentesco [121]. Estas diferenças eram enfatizadas, entretanto, dentro do esquema de mútua interação. Com a transformação da sociedade tradicional chinesa, sob o impacto dos processos ideológicos, econômicos e militares do Ocidente, que necessariamente originaram critérios e idéias de ação social mais individualistas e universalistas, constatamos uma progressiva acentuação da idade absoluta e uma crescente identificação com os *chyingnien* (jovens adultos). Esta identificação comum serviu de base para a formação de ativos agrupamentos sociais, que constituíram partes dos incipientes movimentos juvenis chineses e de vários movimentos sociais e políticos.

Um desenvolvimento similar pode ser traçado na desintegração da comunidade tradicional judia — uma das sociedades familiares mais conhecidas — sob o impacto da emancipação e do moderno desenvolvimento comercial e industrial. Mesmo na tradicional sociedade familiar formavam-se vários grupos etários de *bakhurei ieschivá* (jovens colegiais) naqueles centros de aprendizagem que atraíam estudantes de muitas localidades e que desta forma os afastavam do esquema familístico. Com os desenvolvimentos mais recentes da sociedade tradicional, esses grupos desenvolveram ideologias e atividades juvenis ainda mais distintas.

---

120. Sobre estas diferentes possibilidades, inerentes em situação de contato cultural, ver: A. I. HALLOWELL, "The Psychosociological Aspects of Acculturation", em R. LINTON, *The Study of Man in the World Crisis*, Nova York, 1946; S. N. EISENSTADT, The Oriental Jews in Palestine, *Jewish Social Studies*, jul. 1950.

121. Ver M. LEVY, *The Family Transition in Modern China*, Harvard, 1949, parte II e também O. LANG, *Chinese Family and Society*, New Haven, 1946, especialmente Cap. XX.

Mais tarde esses grupos passaram a formar o núcleo de numerosas atividades socialistas e sionistas judias [122].

Desenvolvimentos semelhantes podem ser encontrados na maioria dos países não-europeus, que sentiram o impacto das instituições ocidentais. A maior parte dos movimentos nacionalistas do Oriente Médio, na Índia, Indonésia [123] etc., compunham-se de gente jovem, freqüentemente estudantes, ou de jovens funcionários que se rebelavam contra os mais velhos, contra o esquema familiar tradicional no qual se ressaltava a autoridade dos mais velhos. Tentavam desenvolver novos grupos e valores sociais; nesses movimentos notava-se uma grande ênfase numa consciência e ideologia especificamente juvenis. Com efeito, a necessidade de "rejuvenescer" o país era bastante acentuada por esses movimentos nacionalistas.

Um dos exemplos mais frisantes da emergência de grupos etários e juvenis através da transição de um esquema social particularista para outro universalista pode ser observado nos centros de migração, especialmente nos Estados Unidos.

A importância do "grupo de iguais" entre as crianças imigrantes é um fenômeno muito bem conhecido, que geralmente se manifesta na segunda geração de imigrantes. Deve-se fundamentalmente ao relativo "rompimento", ou melhor, decréscimo de vida familiar dos imigrantes nos países de absorção; e quanto mais industrializados e urbanizados forem esses países (ou aqueles setores onde estiverem incorporados os imigrantes), *i.e.*, regulados de acordo com os critérios universalistas, tanto mais agudo será o rompimento. Este decréscimo e limitação deve-se principalmente a dois fatores interdependentes: a) limitação da efetiva capacidade da vida familiar e de suas relações, devido à necessidade de concentrar a maior parte de sua energia em vários problemas de ajustamento ao novo país, *i.e.*, a reduzida capacidade (principalmente) dos pais de preencher seus papéis familiares; e b) a tendência geral e mais constante de transplante para aquelas sociedades (ao invés da situação existente na maioria dos países de origem dos imigrantes, especialmente dos camponeses) onde a família não constitui uma unidade bá-

---

122. Sobre este ponto, ver o trabalho de J. BEN-DAVID (Gross), Sobre as Decomposições da Comunidade Judaica Tradicional na Hungria, tese de mestrado, Universidade Hebraica (em hebraico), publicado no *Hebrew Historical Quarterly*, Sião, 1953. Ver em geral, sobre este ponto, a antologia *Sobre os Problemas da Juventude em Israel* (hebraico), Tel-Aviv, 1937.

123. Ver K. M. PANNIKAR, *Asia and Western Dominance*, Londres, 1953, especialmente p. 45 e ss.; H. Th. FISHER, *Kinderaantal en Kinderleven in Indonesie*, Haia, 1950, Cap. III; J. M. PLUVIER, *Overzicht van de Ontwikkelig der Nationalistische Beweging in Indonesie*, Haia, 1953, pp. 158-165; W. H. KIANG, *The Ideological Background of the Chinese Student Movement*, Columbia, 1948; Wendel WERMANN, *Aus dem Südslavischen Resorgimento*, Gotha, 1921.

sica de divisão do trabalho e onde sua esfera geral de atividade é muito mais limitada.

Do ponto de vista do imigrante ou da criança produto da segunda geração, a família de orientação é inadequada como ponto de referência geral para a nova estrutura. Por um lado, as imagens de *status* e a organização cultural dos pais fornecem geralmente a base para a orientação da criança no mundo adulto. Por outro lado, as imagens de *status* e orientação cultural dos pais diferem geralmente daquelas aceitas dentro de seu novo ambiente social e, mesmo sob as mais favoráveis condições, poderão servir apenas como símbolos básicos gerais de pré-disposições de papéis e não como guias para papéis concretos e expectativas de papéis dentro do novo esquema social. A consecução da total identidade do ego dentro do novo país, entre as crianças imigrantes, está definitivamente relacionada com um afastamento da estrutura de sua família e uma maior identificação com os padrões universalistas do novo país [124]. Por este motivo, surge em alguns deles uma forte pré-disposição para unir-se a vários "grupos de iguais" que podem, algumas vezes, facilitar sua transição para a sociedade de absorção, ressaltando — tanto em sua composição, como em suas atividades — os padrões mais universalistas (e orientação para a realização) da nova sociedade, ou podem expressar também sua rebeldia contra essa sociedade. Desenvolve-se entre estes grupos uma ideologia característica, que ressalta às vezes a diferenciação da juventude "americanizada" em relação aos seus pais imigrantes, ou em outras, sua rebelião contra a nova sociedade e sua ligação bastante romântica com sua velha cultura. Embora a disposição para participar em "grupos de iguais" e "culturas juvenis" exista na maioria dos setores da sociedade americana, nota-se sua ocorrência especialmente entre as crianças imigrantes [125].

Neste exemplo, como naqueles mencionados acima sobre contato cultural, estas disposições podem originar tanto uma nova integração e identificação do ego, como a destruição da personalidade e do ego; porém, o que realmente importa para a nossa discussão é o fato de que, nestes casos, não é possível alcançar uma adequada integridade do ego dentro da família e das relações etariamente heterogêneas.

A mesma conexão entre a imigração de sociedades particularistas para as universalistas e a emergência de movimentos juvenis etc. é facilmente visível em Israel entre os movimentos juvenis legítimos e especialmente entre os cha-

---

124. Ver I. CHILDE, *Italian or American?*, New Haven, 1943; W. L. WHYTE, *Street Corner Society*, Chicago, 1943.
125. De forma geral, sobre a cultura de iguais e sua relação com as crianças imigrantes, ver: I. BOSSARD, *Sociology of Child Development*, Nova York, 1949, pp. 493-520.

mados judeus orientais, *i.e.*, aqueles que provêm da estrutura não-tradicional e particularista das comunidades judaicas do Império Otomano e entre os quais é maior a porcentagem de delinqüência juvenil etc.[126].

XIV

Examinamos acima que o desenvolvimento de vários tipos de grupos juvenis e agências orientadas para a juventude, de modo geral acompanha o desenvolvimento de uma divisão do trabalho universalista e orientada para a especificidade e a realização nas sociedades modernas.

Baseados no material histórico por um lado e nos estudos do contato cultural por outro, podemos avançar e analisar a concretização dessas correlações gerais. O material de que dispomos, embora nem sempre muito sistemático, presta-se a uma análise mais detalhada, importante para a ulterior elaboração da nossa hipótese geral. Podemos estudar a distribuição dos grupos etários (juvenis) nos vários setores das sociedades modernas e analisar a relação entre a extensão de sua importância e coesão etc. e o grau de predominância de vários derivativos institucionais da distribuição universalista de papéis. Embora a predominância geral dessa distribuição de papéis nas sociedades modernas seja clara, se compararmos com outras sociedades, isso não significa que não existam diferenças significativas nos vários setores das sociedades modernas. A dimensão dessas diferenças poderá ser melhor analisada se compararmos até que ponto a família ou unidade de parentesco se constitui ainda numa unidade de produção econômica pelo menos semi-autárquica e de transmissão de *status*.

Aqui encontramos já algumas outras variáveis — tais como especificidade, e atribuição qualitativa ou realização — além da diferença básica entre os critérios particularistas e universalistas. Aqui, entretanto, estas variáveis adicionais não são tratadas e analisadas por seu valor próprio, mas apenas na medida em que constituem derivativos institucionais do critério universalista. As formas específicas pelas quais estas variáveis influenciam a estrutura e composição dos grupos etários serão discutidas no capítulo seguinte.

Se analisarmos vários setores da sociedade moderna do ponto de vista da nossa comparação, a diferença mais importante é aquela entre os setores rural e urbano. É óbvio

---

126. Ver a discussão do autor em: S. N. EISENSTADT, *The Oriental Jews in Palestine*, op. cit.

que entre a maioria dos setores rurais, a importância relativa da família como unidade de produção semi-autárquica, como principal unidade proprietária etc. é muito mais que entre as comunidades urbanas tradicionais da Europa,[127] Canadá Francês[128] e vários setores da América Latina, embora a importância da família seja maior entre alguns setores rurais dos Estados Unidos mais mecanizados e orientados para o mercado[129]. Quando discutirmos o *kibutz* de Israel veremos que a importância da unidade familiar não está necessariamente ligada às necessidades *técnicas* da agricultura, como ocorre no modelo tradicional da vida rural na Europa e nos Estados Unidos. Se compararmos, por um lado, setores rurais mais tradicionais e menos tradicionais e, por outro lado, setores rurais com setores urbanos das sociedades modernas e urbanizadas, veremos imediatamente que, quanto maior for o "familismo", tanto menor será a articulação dos grupos juvenis e do "adolescente-problema".

Nos setores rurais a transição familiar na adolescência não é tão aguda como nos centros urbanos. A vida do adolescente é adequada a transcorrer dentro do esquema da unidade familiar ou de outra similar e o adiamento de sua maturidade social deve-se a um longo período de preparação, não sendo um problema muito agudo nem urgente. Por conseguinte, a consciência também não se origina de uma idade específica e de problemas juvenis, como nos setores mais modernizados e urbanizados. Os grupos etários que surgem, tomam imediatamente a forma de grupos de brincadeira mais imprecisos, de muito pouca estabilidade e coesão. Somente a gradação etária formalmente organizada da escola é que tem influência acentuada na vida rural e exige, por assim dizer, um crédito por pertencer a uma sociedade universalista. Porém, tem sido demonstrado em muitas pesquisas que, na medida em que o tradicional 'familismo" da vida rural mantém seu controle, o impacto da gradação etária da escola não é muito significativo; pode até mesmo às vezes compreender integralmente as exigências formais; às vezes — com mais freqüência — não deixa traços permanentes na vida social da comunidade. A escola reclamará seus plenos direitos somente na proporção em que os

---

127. Sobre a sociedade rural européia, ver R. MASPETIOL, *L'ordre éternel des champs*, Paris, e G. FRIEDMANN (ed.) *Villes et Campagnes*, Paris, 1953.

128. E. H HUGHES, *French Canada in Transition*, Londres, 1945; H. MINER, *St. Denis, A French Canadian Parish*, Chicago, 1939.

129. Sobre a sociedade rural dos EUA e em caráter de discussão teórica geral sobre as sociedades rurais, ver: J. H. KOLB & E. S. BRUNNER, *A Study of Rural Society*, Nova York, 1952, pp. 244-56, 313-336 e também K. DAVIS et al. *Modern American Society,* op. cit. parte IX.

setores rurais se tornem cada vez mais mecanizados e orientados para o mercado e para as realizações [130].

Pode-se afirmar, em termos gerais, que num período de rápida mobilidade social, a industrialização sempre propicia o surgimento de uma grande pletora de grupos juvenis, agências juvenis e consciência geral da juventude como um problema. Existem bastante evidências nesse sentido nos Estados Unidos da América, na URSS e diversos outros países da Europa. Notam-se conseqüências similares quando é ampliado o alcance de várias agências universalistas — como por exemplo, na elevação da idade escolar na Inglaterra [131].

Uma análise da distribuição de vários tipos de grupos etários e movimentos juvenis em vários setores da sociedade israelense fornece-nos uma comparação sistemática diretamente relacionada com nosso problema. Foi demonstrado que a intensidade e importância da vida do grupo juvenil está invariavelmente relacionada com o alcance da representatividade da família como unidade principal da divisão econômica do trabalho e da distribuição social de papéis, e efetivamente relacionada com a formalização do sistema educacional, o prolongamento do período escolar, com o espaço de tempo entre o momento em que abandona a família de orientação e busca alcançar um *status* total na família de procriação. Os grupos etários não têm quase nenhuma importância nos setores tradicionais e estáveis dos judeus orientais, entre os quais a comunidade está ainda constituída, de certa forma, como "federação" de família extensas e sinagogas concentradas na família. São ainda ínfimos os grupos etários nos setores rurais, baseados na propriedade privada familiar da terra (os *moschava*), um tanto mais articulados nas cooperativas baseadas na família (*moschav ovdim*), muito mais enfatizados e variados nos setores urbanos e em situações de contato cultural entre a comunidade do Oriente e outra mais moderna (ver acima), alcançando sua mais completa formalização e importância no *kibutz*. Foi demonstrado também que a importância dos grupos etários nos setores rurais tem aumentado consideravelmente com o debilitamento de sua economia auto-suficiente, com a impossibilidade de incorporar todos os filhos ao trabalho da terra e com a necessidade de aumentar suas alternativas ocupacionais [132].

---

130. MINER, H. Op. cit.
131. Ver K. DAVIS, *Adolescence and the Social Structure*, op. cit., que resume este ponto. Para os desenvolvimentos na Inglaterra, ver H. C. DENT, *Growth in English Education*, 1946-52, Londres, 1954.
132. Uma completa discussão e análise da distribuição dos grupos etários nos vários setores da sociedade de Israel é dada por S. N. EISENSTADT, Youth Culture and Social Structure in Israel, *British Journal of Sociology*, jun. 1951.

Dentro do quadro da sociedade rural de Israel existe outra possibilidade de testar nossa hipótese quase ao nível experimental: isto é, através de comparação dos dois tipos principais de cooperativas rurais em Israel: o estabelecimento comunal, o *kibutz* e a cooperativa, o *moschav*. Muitas de suas características sociais e econômicas podem ser consideradas quase totalmente equivalentes. Ambos os tipos de estabelecimentos agrícolas têm aproximadamente 35 a 40 anos e foram formados pelos pioneiros sionistas, que haviam lutado pela normalização da vida econômica judia e concebido o trabalho na terra como seu ideal superior. Em sua concepção, a idéia de voltar à terra associava-se à de justiça social, de estabelecimento de uma comunidade social — daí a estrutura comunal e cooperativa de seus estabelecimentos, embora exista uma forte tendência coletivista nos estabelecimentos comunais. O nível de desenvolvimento desses estabelecimentos e mais ou menos similar, tendo ambas as formas desenvolvido técnicas de cultivo relativamente mecanizadas e alcançado níveis semelhantes de desenvolvimento econômico e de padrão de vida. Ambas as formas desenvolveram-se rapidamente no decorrer dos últimos 30 anos, aumentou o número e membros dos estabelecimentos e surgiu uma segunda geração — e às vezes até terceira — que se fixou no trabalho da terra. Ambos possuem também sistemas escolares semelhantes, que formam parte do sistema educacional geral da comunidade judaica de Israel. E ao mesmo tempo apresentam diferenças muito acentuadas, tanto quanto à sua organização familiar (e lugar ocupado pela família no total da comunidade), como quanto à predominância dos grupos etários. Descrevemos anteriormente o sistema de gradação etária bastante formalizado das crianças do *kibutz*, relacionado e no entanto diferente da sua escola. Não existem sistemas paralelos no *moschav*. Ali encontramos a gradação etária formal da escola e grupos de brincadeira muito informais e imprecisos de crianças e adolescentes. Fazem parte normalmente do movimento juvenil de nível nacional, porém sua participação é bem reduzida e pouco efetiva até o momento da "idade de transição" antes do casamento. Se compararmos com o do *kibutz*, o grupo etário e a organização juvenil do *moschav* são pouco importantes em termos sociais e individuais. Qual é a razão desta diferença se existe tanta semelhança básica entre os dois tipos de estabelecimentos? Por um lado, a diferença pode atribuir-se a ênfases ideológicas e de planejamento diversas: a formação de grupos de crianças do *kibutz* formava parte da estrutura ideológica. Entretanto, a existência desta diferença não pode basear-se unicamente na ideologia e deve ser explicada em termos estruturais. Parece que esta diferença está claramente relacionada com os diferentes tipos de organização familiar nos dois tipos de estabelecimentos, sendo que em ambos é formulada principalmente em termos de preceitos e valores ideológicos. No *moschav* a família é a unidade básica da produção agrícola e o familismo agrícola constitui um de seus ideais fundamentais. A vida das crianças transcorre essencialmetne dentro da unidade familiar, em estreita participação com os pais, todos compartilham os mesmos papéis e desempenham tarefas similares. Quase não existe descontinuidade entre o mundo dos pais e o das crianças e a criança alcança sua maturidade social e econômica em forma gradual, através da participação em relações etariamente heterogêneas com seus pais. Quando crescer continuará executando o trabalho do seu pai, se receber a fazenda como herança ou se herdar outra, onde formará sua própria família. A esfera de ação da família é inadequada somente quando se trata da escola e de algumas atividades a nível nacional (padronizadas necessariamente em termos universalistas). O contrário é válido para o *kibutz*. Nele, a esfera social da família é mais restringida do que em qualquer outro setor da sociedade moderna. A família não é uma unidade de produção, nem mesmo de consumo; a maioria das refeições são feitas no restaurante comum do estabelecimento. As crianças geralmente não dormem com os pais, mas sim em estabelecimentos separados. O grupo familiar (o casal, os pais) é uma unidade formal somente no que diz respeito à casa, pois compartilham um dormitório. Entre as gerações não existe nenhuma forma institucionalizada de continuidade ou de herança ocupacional ou de especialização. No *kibutz* encontramos uma descontinuidade muito acentuada entre o mundo dos adultos e o das crianças; as crianças vivem num mundo próprio, de certa forma isolado das exigências da vida pioneira do adulto (*e.g.*, constroem-se primeiro as casas das crianças, ao passo que os pais ainda vivem em barracas). As crianças encontram-se com os pais somente poucas horas ao dia, quando os pais tentam mostrar "sua melhor forma", desempenhando papéis artificiais, muito distintos. A enorme dissociação entre pais e filhos é resultante do esforço por construir uma vida totalmente comunal, desprovida de todo tipo de patrimônio pessoal e com forte orientação para os valores comuns, que parecem estar em posição oposta a toda espécie de ênfase na vida familiar. A criança do *kibutz* é orientada para esta vida comunitária dentro do seu grupo etário, mantendo desde o início uma forte identificação com ela, a qual, pelo menos formal ou oficialmente, é mais importante do que uma maior identificação emocional com os pais. Os grupos etários, especialmente aqueles do período adolescente, servem de estágios preparatórios para uma completa participação na comunidade e é por meio destes que a identificação geral e solidariedade com a comunidade se mantêm [133]. Esta comparação semi-experimental constitui uma das mais extraordinárias confirmações de nossa hipótese fundamental.

XV

O material apresentado aqui sobre as sociedades modernas também comprova nossa hipótese geral, ao estabelecer a correlação entre o alcance das relações sociais universalistas e a emergência de grupos etários (nas sociedades modernas a maioria são "grupos juvenis") e a consciência da existência de uma juventude-problema. Como vimos no caso das sociedades primitivas, a mera colocação dessa correlação não é suficiente; deveria ser ampliada por uma análise mais detalhada dos tipos de atividades dos grupos juvenis e tipos de relações sociais e metas que eles mantêm e desenvolvem. Já fizemos alusão a alguns desses aspectos no decorrer da nossa discussão e as análises de algumas dessas características deverão ser relegadas para capítulos subseqüentes. Neste momento podemos mencionar algumas das características mais gerais, particularmente aquelas que são de importância para a comparação com as sociedades primitivas e tradicionais discutidas antes.

Como ocorre nas sociedades primitivas e históricas, coloca-se forte ênfase na relação entre o abandono da família e a obtenção de maturidade social no sentido de alcançar *status* social pleno. Mesmo entre a maioria dos grupos informais de crianças das sociedades modernas, a relativa separação da vida familiar é maior do que nas sociedades primitivas; a pequenez da família e dos grupos de parentesco não lhes possibilita abranger esses grupos de crianças. O impulso das crianças por abandonar a família, por emanciparem-se das limitações e restrições da autoridade familiar, aumenta na adolescência e constitui uma das razões básicas principais da associação aos grupos juvenis e de iguais [134]. Um dos principais motivos deste impulso é a possibilidade de renunciar às restrições do *status* familiar, à forte exigência de atividades preparatórias e à avaliação "preparatória" do seu *status*. A possibilidade de alcançar *status* igualitário pleno num grupo é que tem importância crucial [135].

---

133. A comparação entre o *moschav* e o *kibutz* baseia-se em S. N. Eisenstadt, *Age Groups and Social Structure: A Comparison of Some Aspects of Socialization in the Cooperative and the Communal Settlements in Israel*, Jerusalém, 1960.
134. Ver K. Davis, *Adolescence and the Social Structure*, op. cit.
135. Ver H. Dimock, *Rediscovering the Adolescent*, Nova York, 1949; C. Zachry, *Emotion and Conduct in Adolescente*, Nova York, 1940; P. Blos, *The Adolescent Personality*, Nova York, 1941; e o levantamento sobre a juventude de Birmingham citado na nota 100.

Esta ênfase na conquista de *status* pode ser claramente constatada pela grande diferença entre os grupos de brincadeira infantis e os bandos e panelinhas deles derivados (tal como nas sociedades primitivas, os vários conjuntos e grupos etários desenvolveram-se a partir dos grupos infantis informais). As panelinhas de adolescentes são mais que grupos que possuem uma meta comum transitória. Constituem grupos primários coesivos com forte identificação mútua dos membros. Seus membros têm o "ego envolvido" neles [136]. Um dos mais interessantes e significativos indicadores dessa ansiedade pelo *status* está contido nos vários ritos de iniciação semiformais que a maioria desses grupos apresentam. Mesmo se esses ritos carecerem de total dramatização e sanção oficial da sociedade, ainda assim implicitamente demonstram o esforço emocional para a conquista da maturidade e do *status* [137]. Este envolvimento do ego deve-se principalmente à importância deles (do grupo e de seus membros) como objetos das necessidades do adolescente, particularmente sua ansiedade pela obtenção de *status* em termos diferentes da família e da escola e diferente do caráter obviamente "preparatório" dos papéis a ele atribuídos pelos adultos, tanto na família como na escola. Estes papéis ou estão restringidos demais ao círculo familiar e segregados das esferas mais amplas das relações sociais, ou podem apresentar uma ênfase instrumental muito acentuada devido ao seu caráter "preparatório", como na escola. Podemos dizer que entre esses "grupos de iguais" de adolescentes, o adolescente busca ao mesmo tempo transcender os limites dos papéis de sua família e a disciplina familiar imposta a ele (ou ela) e lograr algumas metas e gratificações mais diretas no campo das relações interpessoais com outros iguais, o que contrabalançaria a forte ênfase na instrumentalidade em todos os anos de preparação.

Nesses grupos, como nos grupos etários primitivos, são impostos ao adolescente novas formas de disciplina possíveis mediante a participação autônoma do grupo e inteiramente diferentes daquelas da vida familiar. A diferença fundamental reside no fato de que todo o indivíduo é avaliado, de maneira geral, pelo seu valor próprio e não pelo lugar que ocupa numa determinada família; é julgado por critérios universalistas. Ao mesmo tempo, o valor dele (dela) não é julgado segundo alguma realização pessoal (na escola, em grande medida, como antecipação de sua especialização adulta), mas de acordo com a sua personalidade total e

---

136. Ver M. SHERIF & H. CANTRIL, *The Psychology of Ego Involvement*, Nova York, 1947; E. H. ERIKSON, *Childhood and Society*, op. cit.; C. M. FLEMING, *Adolescence*, Londres, 1948.

137. Ver J. H. BOSSARD, *Parent and Child*, Philadelphia, 1953, Cap. XIV.

harmonia desta com os valores e metas, ou de acordo com critérios difusos e orientados para a coletividade. Esta imagem difusa é definida em termos de novas aspirações e avaliações de *status*, que ressaltam a emancipação da disciplina familiar.

Contudo, ao contrário do que ocorre na maioria dos grupos etários primitivos, na sociedade moderna o novo *status* não é alcançado nesses grupos juvenis. A participação neles, mesmo se for legítima e patrocinada inteiramente pelas agências oficiais do sistema social, não confere *status* pleno e maturidade social, porque os grupos juvenis não conseguem vencer a natureza preparatória da maioria dos papéis atribuídos aos adolescentes nas sociedades modernas. Nas sociedades modernas nem sempre existe correspondência entre o fato de ser membro de um grupo etário e a distribuição de papéis em termos etários feita pela sociedade e em conseqüência os adolescentes não obtêm necessariamente *status* pleno através da participação nesses grupos.

Esta característica constitui um dos atributos mais importantes dos grupos etários e juvenis modernos. Neste aspecto de grande importância, as organizações e grupos juvenis nas sociedades modernas parecem diferenciar-se daqueles das sociedades primitivas e históricas que já analisamos. Embora, por um lado, compartilhem com eles algumas das características básicas de todos os grupos juvenis e etários, existem por outro, determinadas diferenças de real importância.

XVI

Nas páginas anteriores descrevemos e analisamos a maneira pela qual surgiram vários tipos de grupos etários em sociedades sem parentesco universalistas. Os grupos etários descritos caracterizam-se por uma grande variedade e diversidade, características essas que já foram analisadas em termos gerais no segundo capítulo deste livro. A despeito desta diversidade, captamos claramente algumas características gerais comuns a todos os tipos de grupos etários, as quais resumiremos em forma breve antes de prosseguir nossa análise.

Em todas as sociedades os grupos etários formam-se no estágio de transição entre a adolescência e a idade adulta e orientam-se no sentido da conquista e reconhecimento do *status* pleno de seus membros. Mediante a participação do grupo, seus membros desenvolvem sua identidade e auto-avaliação e é em termos dessa avaliação que evolui e se mantém a identificação comum e a solidariedade do grupo. Esta forte ênfase na experiência comum, nos valores comuns e na identificação mútua estão presentes em todos os tipos de grupos etários e atuam como um poder orientador essencial para seus membros individuais. É esta característica comum que explica o fato universal de que em todos os lugares o núcleo de uma organização de grupo etário é um pequeno e geralmente visível grupo primário de iguais, com marcado senso de solidariedade e identificação mútuas. As características fundamentais de um grupo assim já foram definidas e analisadas. Primeiro, a qualidade de membro dele, em princípio, está baseada em critérios etários gerais, *i.e.,* um membro pode ser qualquer pessoa situada em determinada categoria etária (grau etário). Na realidade, entretanto, os sólidos vínculos que se estabelecem entre os membros tornam-se mais pessoais com o passar do tempo, embora em princípio (e na prática na medida em que se entrelaçam dentro da hierarquia institucionalizada do grupo etário) o grupo conserva a maior parte dos critérios gerais da qualidade de membro. Qualquer que seja a composição real de seu quadro de membros, os símbolos comuns para sua identificação, bem como valores e ideologia, têm um acentuado sabor universalista, ressaltando os atributos universais e a imagem de uma idade, uma imagem comum a todos os membros da sociedade.

Em segundo lugar, esta imagem e as orientações de valor do grupo etário são necessariamente qualitativas e difusas. É assim por definição, mas pode-se explicar também por sua importante função no sentido do desenvolvimento da identidade do membro e de sua incorporação na identidade comum da comunidade. Em conformidade com o já explicado em diversas oportunidades, essa função poderia não haver sido cumprida, a não ser pela preponderância desse critério. É importante enfatizar aqui que tal caráter qualitativo e difuso não está relacionado com nenhum tipo de agrupamento de papéis marginais e segregados, e sim com aspectos mais centrais e cruciais dos papéis e atividades — aqueles relacionados com o *status* e a integração total dentro da comunidade.

É este ponto que explica a terceira e última característica comum dos grupos etários, isto é, sua forte solidariedade interna e por vezes também sua orientação no sentido da comunidade. Esta orientação para a sociedade, quando ocorrer, não está restrita somente à solidariedade do grupo etário primário nuclear. Estende-se além dos estreitos limites, no sentido da comunidade total e de seus valores. Esta extensão pode ser inteiramente institucionalizada e legitimada, como na maioria das tribos primitivas, ou pode ser de tipo francamente anormativo como nos movimentos juvenis alemães, porém, o fato de existir representa um elemento importante na estrutura do grupo primário nuclear e constitui um elemento básico de sua ideologia e sistema de valores. Relaciona-se mais claramente com as aspirações de *status* e de integração comunitária, o que conforma o poder orientador desses grupos. Mesmo quando existir essa orientação para a comunidade total ou para uma mais ampla, todos os grupos juvenis manifestam um elevado grau de solidariedade *interna,* a qual pode ser ampliada sob condições adequadas [138].

É notório que todas essas características corroboram os postulados da hipótese fundamental deste trabalho. Além delas, os vários tipos de grupos etários evidenciam uma variedade de características e arranjos estruturais que foram descritos e rapidamente classificados neste capítulo e no anterior. Até este momento, foram explicadas somente as características comuns principais dos grupos etários (e algumas de suas ramificações). A tarefa do próximo capítulo será avançar na discussão destas características, explicando sua diversidade e variedade. Nossa análise até agora demonstrou que os grupos etários são uma agência à qual são atribuídas, sob determinadas circunstâncias, importantes tarefas na estrutura social. A natureza exata destas tarefas, entretanto, é distinta em diferentes sociedades, de acordo com a existência de outros tipos de grupos que desempenham essas mesmas tarefas. O próximo capítulo tratará deste problema.

---

138. Ver E. BIOLDS & E. JOSEPHSON, op. cit., para uma completa ilustração sobre este problema entre a juventude americana.

4. A Especialização e Estruturação dos Grupos Etários

I

No capítulo precedente confirmou-se nossa hipótese de que os grupos etários surgem nas sociedades sem parentesco, reguladas em termos universalistas. Foi demonstrado, entretanto, que esses grupos etários abrangem uma grande variedade de tipos e características enumeradas ao final do Cap. 2. Até agora foi explicada somente uma pequena parte das diferenças na incidência dessas características e relacionadas com os diferentes graus em que os critérios universalistas regulam e integram o sistema social.

A fim de possibilitar a explicação das diferenças adicionais, devemos fazer algo mais que elucidar a importância geral dos critérios universalistas; devemos procurar variáveis adicionais dentro do quadro geral das sociedades universalistas.

Até aqui não estabelecemos uma diferenciação sistemática entre os vários tipos de sociedades universalistas, embora haja sido indicada já no capítulo anterior, de maneira geral, a discussão sobre a variação das características dos grupos etários nas diferentes sociedades universalistas. Iniciaremos agora esta análise. Estabeleceremos as diferenças entre várias sociedades universalistas, de acordo com o grau de orientação para a realização e de especialização que existem tanto nos seus princípios de distribuição de papéis de como orientação de valor e de acordo com a relativa pressão das orientações para a coletividade. Tentaremos demonstrar, de maneira sistemática, de que forma estão relacionadas essas diferenças com as variações na estrutura e funcionamento dos grupos etários nessas sociedades.

O ponto de partida da análise será a hipótese sugerida no primeiro capítulo de que: *o campo de ação dos grupos etários está confinado à esfera "transitória" entre as relações de parentesco e aquelas reguladas por critérios de realização e de especificidade.*

Esta hipótese foi inferida do fato, ilustrado várias vezes no capítulo precedente, de que entre os próprios grupos etários existem certos princípios definidos e estabelecidos de acordo com a forma como é padronizada a qualidade de membro e reguladas suas relações. Tivemos a oportunidade de ver como essa qualidade de membro nos grupos etários se baseia em critérios qualitativos amplos, que podem ser comuns a todos os membros da sociedade e que as relações entre os membros dos grupos etários, suas obrigações recíprocas, são de natureza difusa na maioria das vezes.

Foi também demonstrado que os grupos etários evidenciam forte orientação no sentido da solidariedade e coletividade. Tais características são universais em todos os grupos etários e o lugar ocupado por esses grupos numa determinada sociedade é em grande medida determinado pelo grau de semelhança entre os princípios integrativos da sociedade e aqueles dos grupos etários. Quando existe essa correspondência significa que é amplo o alcance das atividades, tarefas e funções atribuídas aos grupos etários dentro da estrutura institucional da sociedade. Se não houver similaridade e correspondência entre os princípios básicos integrativos da sociedade e os dos grupos etários, *i.e.*, quando forem orientados para a realização pessoal, individualista etc., diminuirá necessariamente o alcance das atividades do grupo etário dentro da estrutura institucional e do histórico de vida do indivíduo. Esta é a suposição básica que nos orientará neste capítulo; tentaremos agora elaborá-la e comprová-la em forma detalhada. Esta hipótese está intimamente relacionada não somente com a questão dos *grupos etários* como tais, mas com o problema mais geral da importância do critério idade para a distribuição de papéis na sociedade. No primeiro capítulo deste livro apresentamos já o postulado que consiste no fato de que a importância deste critério está intimamente relacionada com o grau em que os princípios integrativos da sociedade são particularistas, difusos e qualitativos. Neste capítulo, portanto, deveremos comparar várias sociedades universalistas e particularistas, de acordo com o grau de especificidade e de orientação para a realização pessoal existente nelas e sua repercussão na organização das relações entre os vários graus etários. Neste sentido, tentaremos demonstrar detalhadamente que os grupos etários podem desempenhar diferentes tarefas integrativas em distintas sociedades e que estas diferenças estão relacionadas com a existência e distribuição de outros grupos que desempenhem essas mesmas tarefas numa sociedade.

O primeiro problema a ser analisado consiste em ver até que ponto a especialização e a orientação para a realização, em várias sociedades universalistas, afetam a estrutura dos grupos etários. O grau de especialização numa sociedade pode ser melhor avaliado através do número e importância dos papéis, que são separados de outros papéis ou agrupamentos de papéis, organizados segundo distintos critérios e em esferas separadas, de tal forma que as pessoas incumbidas desses papéis se relacionam de acordo com as obrigações específicas desses papéis, para a exclusão de outras exigências mútuas.

A fim de facilitar a avaliação do grau de tal especialização em qualquer sociedade, utilizaremos a nomenclatura de R. Linton que distingue entre universalidades, particularidades e alternativas, na distribuição dos papéis num sistema social [1].

Um índice de importância da especialização do ponto de vista da distribuição de papéis dentro do sistema é constituído, *grosso modo,* pela extensão de particularidades e/ou alternativas existentes dentro do sistema social. Por "extensão" deve entender-se não somente o *número* desses papéis, mas fundamentalmente sua importância nos arranjos institucionais da sociedade e em que grau servem como critérios de *status* diferencial para os membros da sociedade. A preponderância dos papéis universais, que todos os membros desempenham de forma idêntica, geralmente significa que a especialização é mínima. Tanto as particularidades como as alternativas podem ser atribuídas ou alcançadas. Há particularidades que são atribuídas a várias pessoas ou grupos com base em algumas qualidades suas e a escolha entre certas alternativas pode estar limitada aos membros de determinado grupo, *e.g.,* membros de uma casta, seita religiosa, grupo local etc. Por outro lado, podem ser alcançadas como no caso da maioria dos papéis ocupacionais na sociedade moderna. Embora a distinção entre as particularidades e alternativas atribuídas e alcançadas não seja na realidade sempre bem precisa — como por exemplo quando somente os membros de um determinado grupo alcançam certos papéis ocupacionais — será de grande importância para a nossa análise subseqüente. Uma outra diferença de importância para a nossa discussão é aquela entre as sociedades universalistas e particularistas, especializadas e orientadas para a realização pessoal. Nossa preocupação fundamental é, sem dúvida, as sociedades universalistas, mas para efeito de comparação teremos que analisar os tipos principais dessas sociedades particularistas.

1. Ver R. LINTON, *The Study of Man*, 1936, p. 272 e ss.

II

Iniciaremos pela análise do grau de especialização existente entre as várias tribos primitivas:

Nas tribos segmentárias já discutidas neste trabalho (os Nuer, Turkana, Nandi, Galla, Kikuyu etc.) o número de universalidades é máximo, especialmente naquelas áreas não reguladas pela família, ou nas relações entre os grupos de parentesco ou de descendência comum. Há apenas duas ou três exceções. A primeira está na distribuição da riqueza. Existem geralmente algumas diferenças no que se refere à riqueza (principalmente ao gado) entre as várias famílias ou grupos de famílias — podendo essas diferenças às vezes determinar o grau de consideração outorgado a um homem [2]. Nessas tribos, entretanto, essas diferenças são mais relativas à família e aos grupos de descendência comum e mais ou menos reguladas por elas, *i.e.*, geralmente não estão compreendidas naquelas instituições reguladas por critérios universalistas. A segunda exceção ocorre em algumas dessas tribos no aspecto da liderança religiosa, *e.g.*, entre os Guk dos Nuer, Nandi, Masai, etc. [3]. Na maioria destas tribos, os cargos rituais mais importantes da tribo não são investidos nos grupos de parentesco e, portanto, os cargos religiosos constituem "particularidades" ou "alternativas" dentro do quadro básico dos critérios universalistas. Não obstante, por sua própria natureza, são muito limitados em número e não podem, portanto, corresponder à maioria dos membros da sociedade, já que somente alguns poucos conseguem alcançar esses cargos. Esta exceção, na realidade, não invalida a preponderância das "universalidades" nessas sociedades. A terceira exceção é antes uma acentuação de certas "universalidades" — a especial consideração que é outorgada a um guerreiro excepcionalmente corajoso, aos anciões particularmente sábios etc. [4].

A preponderância das "universalidades" nessas tribos não significa necessariamente que todos os membros desempenhem mais ou menos os mesmos papéis durante toda a vida. Tal situação ocorre fundamentalmente em tribos muito pequenas e indiferenciadas compostas de lares auto-suficientes. Esta situação não está presente na maioria das tribos em discussão; os diferentes papéis a ser desempenhados não podem ser combinados em agrupamentos não segre-

---

2. Ver, sobre estas tribos, os vários trabalhos mencionados no Cap. 2. A maioria das referências neste capítulo são idênticas àquelas do capítulo anterior; no que se refere a detalhes (datas etc.) o leitor deverá guiar-se por aqueles capítulos.
3. Ver E. E. EVANS-PRITCHARD, *The Nuer*, op. cit.; G. B. HUNTINGFORD, *The Nandi*, op. cit.
4. *Ibid.*, e outra bibliografia relacionada com o tema, foi mencionada acima.

gados — arte da guerra, participação no governo etc. Estes papéis, entretanto, não são atribuídos como particularidades ou alternativas a diferentes pessoas, mas sim a todos os homens num estágio diferente de suas vidas. Na medida em que existir especialização não será atribuída a diferentes pessoas, mas somente a diferentes categorias etárias que são comuns a todos. É sempre outorgada e não entra em jogo nenhuma forma de realização pessoal. Algumas pessoas podem desempenhar muito bem essas tarefas e desta forma serem merecedoras de uma consideração especial, mas este fato não implica diferente prestígio de *status* e de posições.

Em todas essas tribos, portanto, consegue-se uma quase total harmonia entre *todos* os critérios de distribuição de papéis e os critérios de composição do grupo etário (excetuando-se logicamente aquelas esferas reguladas por relações de parentesco). Por conseguinte, constatamos que nessas tribos os grupos etários constituem uma das principais agências para a distribuição de papéis dentro do sistema social. Isto explica várias de suas características. Neste estágio de nossa discussão deveremos enfatizar somente duas destas características: a primeira, que abrange toda a faixa de vida adulta do indivíduo; a segunda, o fato de que os grupos etários regulam o comportamento dos membros da sociedade e estratificam toda a população, atribuindo à totalidade dos membros da tribo posições definidas nas relações mútuas.

III

Encontramos um quadro totalmente diferente, no tocante à especialização e à orientação para a realização, ao observarmos os vários tipos de tribos primitivas compostas por "aldeias" descentralizadas. Entre os Yako, Ibo e certas tribos Yoruba (e provavelmente também entre outras comunidades primitivas camponesas) encontramos uma quantidade de "sociedades" ou "associações" às quais pertencem grandes setores da população adulta e que normalmente são abertas a todos os membros livres (não escravos) da tribo ou aldeia. Existem dois tipos principais dessas associações, que talvez possam ser tipologicamente distintos mas interligados na prática. O primeiro é uma associação (ou sociedade) que se dedica a uma finalidade mais ou menos específica, *e.g.*, caça, dança etc.

O segundo tipo é uma sociedade titular; o ingresso nela é regulado pelo pagamento de uma taxa especial, sendo outorgados títulos de diferentes graus segundo o valor da taxa que foi paga. Seu objetivo não é muito específico; tem um caráter mais bem difuso e constitui, de certa maneira, uma sociedade de ajuda mútua e de investimentos (já que as taxas dos novos membros são distribuídas entre os mais velhos). Essas associações também desempenham diversas tarefas integrativas na sociedade como um todo — tais como supervisão da ordem pública — e exercem grande influência no âmbito do governo etc.

Não existe grande diferença entre este e o primeiro tipo de associação, já que a maioria das associações do primeiro tipo também cobram taxas de ingresso e algumas delas (geralmente aquelas que exigem essas taxas) também desempenham várias tarefas de governo, atribuição de ajuda econômica etc., como por exemplo nas aldeias dos Yako. A importância dessas associações, portanto, não está confinada a seus próprios membros, nem suas atividades são um assunto puramente "interno". O lugar do indivíduo na associação, o grau que alcança nela, geralmente constitui o índice mais importante de *status* social na tribo; é por intermédio desta posição nas associações que o indivíduo exerce sua influência e poder na tribo toda, fundamentalmente devido às várias funções integrativas que as associações desempenham. Nessas associações os vários graus dos títulos e posições como membro não são atribuídos hereditariamente a diversas famílias, linhagens ou outros grupos de descendência comum, mas adquiridos individualmente, embora talvez com a ajuda das famílias. Em alguns casos existem até mesmo regras explícitas proibindo a herança da posição do pai pelo filho [5]. Essas associações estão, portanto, dentro da esfera dos papéis regulados em termos universalistas; mas, ao mesmo tempo, do ponto de vista da distribuição de papéis, implicam um tanto de especialização e de orientação no sentido da realização pessoal. Os vários graus dentro de uma associação — e o concomitante *status* geral — não são atribuídos a todos os membros, mas alcançados por determinadas pessoas mediante seus especiais esforços. Assim, do ponto de vista da distribuição de papéis, essas associações atuam como um claro contrapeso para os grupos etários que existem em todas essas tribos.

Qual é então a inter-relação concreta das duas nessas sociedades? Podemos destacar algumas características gerais comuns. A primeira, a importância dos grupos etários diminui durante aqueles graus etários (estágios na vida da pessoa) em que o indivíduo tem que se esforçar nas atividades competitivas para a conquista de *status* nas várias associações. Isto pode acontecer de várias maneiras. Entre os Yako, a organização formal dos conjuntos etários persiste

---

5. Ver C. K. MEEK, *Law and Authority in a Nigerian Tribe*, op. cit.; W. J. BRIDAL *Notes on Yagba Age Grades*, op. cit.; e P. L. HARRIS, *Notes on Age Grades among the Owe Yamba*, op. cit.

durante um longo período, mas o campo de suas atividades e sua importância descrescem na meia-idade. Os conjuntos etários passam a não desempenhar mais as várias e importantes atividades incorporadas, que são atribuídas de maneira mais ou menos igualitária a todos os membros; a maioria de suas atividades concentram-se nos assuntos internos e recreativos, tais como comparecimentos às festividades, casamentos, funerais etc. Entre algumas das tribos Ibo e Ibibio, os conjuntos etários deixam de funcionar ao chegar à meia-idade adulta, o que ocorre também entre algumas das tribos Yoruba [6]. A incompatibilidade interna entre os grupos etários e essas associações pode ser facilmente demonstrada. No que se refere às atividades incorporadas, seu desempenho pelos grupos etários geralmente significa uma distribuição de tarefas mais ou menos igualitária entre todos os membros do grupo. Qualquer diferenciação interna dentro do grupo não invalida esta qualidade básica, tende tão-somente a ressaltar a autonomia e solidariedade do grupo. O elemento de atribuição qualitativa igualitária forma parte essencial da estrutura do grupo. Esta eqüidade obviamente não pode existir nas associações devido à diferenciação de *status,* nem pode ser totalmente mantida a solidariedade do grupo etário igualitária dentro dessas associações. Muitas vezes os membros sênior das várias associações exercem uma autoridade muito forte sobre o grupo etário, autoridade esta derivada de sua posição diferencial. Isto não poderia acontecer se eles fossem ainda membros da organização de conjuntos etários, se dela participassem de forma total. (Nesse caso sua autoridade deveria derivar-se do próprio grupo etário e não de quaisquer outras agências ou critérios estranhos.) Esta incompatibilidade entre os dois tipos de agrupamentos pode ser melhor observada entre certas tribos Yoruba, onde todos até determinada idade recebem vários graus baseados em termos igualitários entregam-se a todos os membros da tribo (ou aldeia), sem taxas de ingresso ou somente taxas mínimas que todos possam pagar. Após um determinado estágio, entretanto, as taxas tornam-se proibitivas, nem todos os membros podem pagá-las e somente alguns poucos podem alcançar os graus mais elevados [7]. Exatamente no momento em que as taxas são exigidas, a universalidade do grupo etário rompe-se, já que os graus passam a não ser atribuídos a todos os membros da tribo e somente alguns deles podem alcançá-los. Todos os graus constituem, para assim dizer, uma série; contudo, é bem definida a diferença básica entre "idade" e graus "alcançados". Em todos estes casos notamos que no ponto estrutural exato

6. Ver D. FORDE & G. I. JONES, *The Ibo and Ibibio-speaking People,* op. cit.; W. J. BRIDEL, op. cit.; e P. C. HARRIS, op. cit.
7. W. J. BRIDEL, op. cit.; e P. C. HARRIS, op. cit.

onde as atividades especializadas e orientadas no sentido da realização, começam a reger, diminui a importância dos grupos etários, e, em geral, a idade deixa de ser um critério claro e definido para a distribuição de papéis e para a descrição do *status* do indivíduo.

Portanto, ao compararmos os grupos etários nestas aldeias com aqueles das tribos segmentárias, encontramos mesmo à primeira vista diversas diferenças estruturais, que parecem relacionar-se com o grau de especialização e orientação para a realização. Em primeiro lugar, existe a limitação da faixa etária compreendida nos grupos etários. Segundo, observa-se uma redução na regulação do comportamento dos membros da tribo. As relações do grupo etário regulam aqui as relações de seus próprios membros, em vez das relações *vis-à-vis* totais de todos os membros da sociedade. Terceiro, o campo de suas atividades é mais limitado do que nas tribos não-especializadas, já que desempenham principalmente papéis subsidiários dirigidos desde fora por agências detentoras da autoridade.

A despeito destas variações e diferenças estruturais e da diferença entre a estrutura dos grupos etários e dos princípios integrativos destas sociedades, entendemos que os grupos etários ao mesmo tempo cumprem funções definidas dentro do sistema social e estão intimamente relacionados com as diversas associações titulares e agências detentoras da autoridade, quer sendo regulados por estas associações ou desempenhando com elas diversas tarefas comuns. Geralmente, não se observa nenhuma oposição entre os grupos etários e os funcionários detentores da autoridade, sua interação não ocasiona tensões no sistema social. Os grupos etários são também, como vimos, grupos legítimos e incorporados, que desempenham muitas tarefas importantes dentro da comunidade, participam de seus rituais e são inteiramente aceitos por ela. Esta integração estrutural pode relacionar-se ao fato de que as orientações de valor básicas destas sociedades são difusas e orientadas em termos coletivos (e de certa forma também em termos particularistas) e que a distribuição de papéis especializada e orientada para a realização pessoal ocorre e está compreendida dentro do quadro destes valores. Os vários graus das associações indicam a realização diferencial de um ideal difuso, não uma atividade segregada e específica; e estão claramente vinculados por critérios de orientação coletiva, *i.e.*, estão orientados no sentido da manutenção e incremento dos recursos econômicos da comunidade, normalidade ritual etc. A realização do indivíduo está compreendida dentro dos limites da coletividade. Isto pode ser observado pelas funções destas associações na qualidade de sociedades de ajuda mútua, na sua participação nas funções rituais comunais etc. Ainda que seus princípios de distribuidores de papéis difiram daqueles dos grupos etários, suas orientações de valor básicas, de maneira geral, estão em harmonia com os critérios básicos das atividades do grupo etário. Por conseguinte, os dois podem estar ainda inter-relacionados sem ocasionar específicas tensões ou oposição, apesar de sua incompatibilidade estrutural.

Outro caso interessante para nossa discussão relaciona-se com as tribos Heiban, Otoro e principalmente as tribos Tira do grupo Nuba [8]. Notamos aqui que o *status* da pessoa é determinado pela quantidade de riqueza que ela pode acumular e distribuir e/ou e por sua resistência e destreza físicas. A riqueza e a resistência física, ambas têm que ser comprovadas em cerimônias especiais, aquelas de *orco*. A conquista destas duas distinções é obviamente um caso de realização individual diferencial — a qual, no caso de acúmulo de riqueza, implica muitos anos de atividades e planejamento [9]. A conquista destas distinções está aberta a todos, mas somente alguns poucos as conseguem. Estas pessoas, chamadas *romoco* e *urdhini* gozam de especial consideração e de vários privilégios, embora não desempenhem nenhuma atividade conjunta como grupo, ou que necessariamente participem de funções explicitamente integrativas (governo etc.). Estas distinções, embora ressaltem as virtudes que todos poderiam alcançar, não representam somente acentuações dos papéis atribuídos a todos; têm que ser alcançados e constituem, na prática, papéis alternativos dentro da sociedade. Este tipo de especialização e orientação para a realização faz-se sentir na estrutura dos grupos etários, similar ao que ocorre no tipo Yako-Ibo. Entre eles, também é limitada a faixa etária dos grupos, entendendo-se somente até os 23-26 anos, quando as atividades orientadas para a realização começam a absorver as energias e o tempo do indivíduo. Os grupos etários deixam de atuar depois desta idade e a solidariedade do grupo torna-se nada mais que uma lembrança nos últimos estágios da vida. No grupo etário são exaltadas as mesmas virtudes e papéis: destreza física, habilidade para o trabalho (trabalho na terra), especialização agrícola etc. Porém, todos estes papéis estão organizados em bases coletivas e de atribuição qualitativas: os jogos de lutas corporais são jogos entre grupos; excelentes resultados no trabalho elevam o prestígio do grupo; e o forte espírito competitivo que prevalece é uma limitação para o grupo etário como tal, atribuído a todos os seus membros e exigindo de todos eles o mesmo esforço. Esta diferença básica entre as atividades coletivas dos grupos etários e as

---

8. Ver S. F. NADEL, *The Nuba*, op. cit., Cap. VII.
9. *Ibid.*

aspirações individualistas, cooperativas, e de aspirações de *status* orientada para a realização, é minimizada aqui pela identidade e continuidade das orientações de valor. Por esta razão, observa-se tanto uma completa institucionalização das atividades dos grupos etários, como a ausência total de oposição entre os grupos etários e outras esferas institucionalizadas do sistema social. Ao mesmo tempo, os grupos etários não exercem tanta regulação do comportamento, devido à presença de outros princípios integrativos dentro do sistema social.

A incompatibilidade estrutural entre os grupos etários e a orientação para a realização e as conseqüentes possibilidades de mobilidade social podem ser mais claramente observadas naqueles casos em que os próprios grupos etários servem como canais de mobilidade social, como ocorre na maioria das monarquias primitivas centralizadas (Zulu, Swazi, Tswana etc.)[10]. Nestes reinos a maioria dos papéis que não sejam atribuídos com base nos critérios de parentesco (tais como papéis políticos centrais que pertencem ao clã real) são do tipo de "universais", que são atribuídos com base na idade. Contudo, a distinção entre o quadro político e o tipo "universalista" da cidadania implica a possibilidade de *status* sociopolítico diferencial — tornar-se um conselheiro, o homem de confiança do rei etc.[11]. A principal possibilidade para conseguir essa distinção é o serviço no regimento etário, proeminência no desempenho de várias tarefas públicas, deveres etc. — uma proeminência que, de certa forma, não é mais do que a acentuação dos deveres comuns e dos universais atribuídos a todos os membros da tribo. Entretanto, considerando que uma proeminência como essa transforma a posição e *status* do indivíduo, quando se torna conselheiro ou qualquer outro tipo de "oficial" do rei, ele usualmente abandona seu regimento etário e pode até assumir, em relação a ele, uma posição não baseada na idade tal como ser comandante dos grupos etários, similar em alguns momentos àqueles dos príncipes, membros do clã real[12].

Encontramos um quadro similar entre as várias tribos Berber na África do Norte, que chegaram a uma forma de vida mais urbanizada. Aqui também seus tradicionais grupos etários (sobre os quais as informações disponíveis não são muito completas) tiveram seu campo de atividades diminuído e desenvolveram-se no sentido de sociedades de ajuda mútua semiformalizadas, com algumas funções rituais secun-

---

10. Ver H. KUPER, *An African Aristocracy*, op. cit.; I. SHAPERA, *Handbook of Tswana Law*, op. cit.; E. & J. KRIGE, *The Social System of the Zulu*, op. cit.
11. KUPER, R. Op. cit.
12. *Ibid.*

dárias, mas com ausência total de tarefas institucionalizadas [13].

IV

Um dos casos mais interessantes para efeito de nossa discussão é aquele das sociedades etárias dos Índios Plains. De acordo com o já exposto, estes grupos possuem elementos tanto de atribuição qualitativa etária como de um certo tipo de realização, exemplificadas principalmente pela compra de vários direitos cerimoniais e na possibilidade implícita de relutância — ou inabilidade — para fazê-lo. Contudo, esta realização ao mesmo tempo é sempre coletiva, efetuada pelo grupo como um todo e não por um indivíduo. Esta contradição entre o aspecto etário de atribuição qualitativa e o aspecto da compra da realização, deu origem a uma série de discussões no âmbito da literatura antropológica sobre se as sociedades dos Índios Plains podem realmente ser chamadas "grupos etários" (ou "conjuntos etários") [14]. Propomos aqui que a solução do problema pode estar na distinção entre a esfera de distribuição de papéis e aquela de orientação de valor — uma distinção que, neste caso, revela um caráter um tanto específico e paradoxal. Parece que o elemento de realização existe principalmente nas esferas de orientação de valor, como em muitas sociedades Plains (mesmo naquelas sem gradação) e entre os Pueblos pela "busca" de uma "visão", de um "sonho" etc. [15]. Esta realização é orientada no sentido de valores difusos e particularistas (a busca de algum espírito particular) e assim, está firmemente ancorada ao esquema "tradicional" destas tribos. Entretanto, este tipo peculiar de orientação para a realização (que pode ser comparado como freqüentemente o foi, com alguns tipos de êxtases religiosos em diversas seitas e também no desenvolvimento do culto Peyote [16]) não está entretanto composto por distribuição de papéis de acordo com critérios puramente orientados para a realização. Embora nestas tribos existam, em certa medida, tais orientações para a realização, *e.g.*, quanto à riqueza, criação de cavalos etc., a análise de W. F. Whyte demonstrou claramente que essas diferenças de *status* existem fundamentalmente entre aquelas tribos que não possuem graus etários e mesmo assim dentro dos limi-

13. MINER, M. *The Primitive City of Timbuctoo*. Op. cit.
14. Ver, sobre este ponto, R. LOWIE, *Primitive Society*, op. cit., Caps. X, XI; e A. HOEBEL, *Man in the Primitive World*, Nova York, 1949, Cap. XXI.
15. W. LA BARRE, *The Peyote Cult*, Universidade de Yale, Estudos de Antropologia.
16. *Ibid.*

tes da família e dos grupos de parentesco [17]. Entre as tribos com gradação etária a maior parte dos papéis são atribuídos em termos universalistas e qualitativos; essa é a razão pela qual os grupos etários prosseguem durante a vida adulta do indivíduo, formam uma hierarquia autônoma e desempenham várias atividades incorporadas e integrativas [18]. Ao mesmo tempo, porém, o elemento de realização nas orientações de valor deve encontrar alguma expressão na composição dos grupos etários, como ocorre, por assim dizer, no processo simbólico de compra e aquisição. Esta compra não implica uma realização individual baseada no desempenho de um papel especializado (individualmente), mas efetua-se (coletivamente) através do grupo, o papel e o lugar de cada membro são geralmente *atribuídos em termos qualitativos* segundo sua posição no grupo e somente grupos como este competem simbolicamente pelos vários papéis. Ao contrário dos casos anteriores já analisados, consegue-se aqui entre os grupos etários e as agências da distribuição de papéis, uma semelhança e harmonia estrutural básicas. Entretanto, há uma diferença segundo as orientações de valor e, conseqüentemente, sugeriríamos a possibilidade de algum elemento de conflito ou oposição (não na compra, mas na recusa de examinar o assunto etc.). Tal conflito, entretanto, quase sempre se resolve em vista da harmonia básica predominante.

A incompatibilidade básica entre a distribuição competiva de "graus" e *status* orientada para a realização e a organização de grupos etários, pode ser também observada em algumas sociedades da Melanésia, que se caracterizam pelo bem conhecido sistema de *suckwe,* clubes masculinos com um sistema de graus e categorias muito complicado. Na bibliografia mais antiga sobre gradação etária este sistema [19] foi freqüentemente comparado com algumas sociedades etárias, particularmente aquelas dos Índios Plains, devido à semelhança externa dos "graus" que os jovens desejavam atingir mediante pagamento de taxas de ingresso a várias "associações". Assim, a diferença básica já foi analisada, em forma sucinta, por R. Lowie em suas antigas obras [20]. O sistema da Melanésia constitui uma combinação de *status* diferencial, que se alcança através de atividades competitivas, orientadas para a realização, e a limitação dessas atividades às posições em grande medida hereditárias dos grupos

---

17. W. F. WHYTE, *Age Grading of the Plains Indians,* op. cit.
18. *Ibid.*
19. Ver R. LOWIE, *Primitive Society,* op. cit., Cap. X; e W. R. H. RIVERS, *History of Melanesian Society,* Cambridge, 1914, v. I, p. 138 e ss., v. II, p. 250 e ss.
20. R. LOWIE, op. cit., e também sua discussão anterior, Plains Indians Age Societies, em *Papers of the American Museums of Natural History,* op. cit.

familiares. Ambos estes princípios são incompatíveis com os agrupamentos etários e efetivamente vemos que aqui são completamente inexistentes os grupos etários, apesar de uma certa semelhança formal destas associações com o sistema de gradação de determinados grupos etários.

V

O Estado Nupe é mais complicado e, de certa forma, resulta ser um caso distinto entre todas as sociedades da nossa amostragem. Como vimos, trata-se de uma sociedade rigorosamente estratificada, na qual as "universalidades" estão relativamente limitadas, devido à preponderância de várias "castas" e as particularidades vinculadas à "classe". Contudo, as várias classes mais altas, as aristocracias dos serviços civis e militares, que se diferenciam dos "plebeus", não estão rigidamente vinculadas aos grupos de descendência comum. O seu recrutamento, em certa medida, baseia-se na realização e mobilidade individuais, embora logicamente afete somente uma pequena parte da população. Ao mesmo tempo algumas das orientações de valor básicas são comuns a *todos* os estratos e ressaltam esta comunidade. Deparamo-nos aqui com uma sociedade na qual a estratificação social é em parte uma *casta* — significando casta uma distribuição rígida e inalterável de privilégios e recursos sociais, com base na descendência. Não obstante, existe também estratificação de classe baseada na diferenciação do poder, que permite movimentar-se entre os estratos segundo a compatibilidade, serviços prestados — especialmente na guerra — com trabalho, sucesso e sorte, ou seja, permite mobilidade social baseada em critérios universalistas.

Encontramos aqui um forte elemento de orientação difusa para a realização na esfera dos valores, principalmente com especialização qualitativa na distribuição de papéis. Esta atribuição qualitativa não está, entretanto, relacionada em termos universalistas com todos os membros da sociedade, mas diferencialmente com os vários estratos, com significativa possibilidade de mobilidade universal. Existem vários canais de mobilidade, como um verdadeiro recrutamento para as várias aristocracias, para a "clientela" e para o estrato dos professores muçulmanos, os *maalams*. Todos estes canais servem de conexão entre os vários estratos, e ressaltam, de várias maneiras, a comunidade de suas orientações de valor, apesar de uma acentuada tendência para a especialização particularista e qualitativa. O quadro aqui é sem dúvida muito mais complicado do que nas sociedades discutidas até o momento, especialmente devido à peculiar combinação de estratificação qualitativa com a comunidade de orientações de valor e os canais estruturalmente importantes de realização e mobilidade universalistas. Estas complicações produzem alguns efeitos significativos na estrutura e composição dos grupos etários, cuja descrição foi feita no Cap. 2. Primeiramente, a faixa etária dos grupos etários é também aqui limitada e as atividades do grupo etário (especialmente nas cidades) não servem de requisitos prévios fundamentais para a conquista de *status* social pleno de adulto. São efetivos especialmente durante aqueles períodos da vida do indivíduo, quando é exortado a assumir seu *status*, que é atribuído mais ou menos em termos de posição de classe (ou casta)[21]. Não servem, portanto, como pré-requisitos necessários de *status* social mas como uma espécie de preparação geral para ele. Nem constituem uma organização uniforme que penetra a sociedade, mas são fundamentalmente grupos separados em cada localidade e no interior de cada grupo especializado em termos de atribuição qualitativa (grêmios, estratos sociais etc.). Este aspecto relaciona-se obviamente com o fato de que, a despeito de sua legitimidade e institucionalização, não lhes são atribuídos em termos institucionais, tarefas e papéis básicos e formais e suas atividades limitam-se principalmente às de caráter recreativo e, até certo ponto, de participação nas festividades e instituições religiosas (nas aldeias os grupos etários também desempenham tarefas de grande importância, no campo do trabalho agrícola).

Sua atuação na regulação do comportamento dos membros da sociedade é ainda mais limitada do que nos casos até agora discutidos. Sua efetividade está confinada ao local limitado dentro de um marco de classe e não regulam o comportamento geral de seus membros entre si e em relação com os demais membros da sociedade. A regulação do seu comportamento é um assunto puramente interno. A regulação mais importante efetua-se durante os estágios de adolescência e início da idade adulta, embora existam também algumas obrigações mútuas entre companheiros da mesma idade que permanecem após aquele estágio: comparecimento às festividades familiares, amizade e ajuda em geral etc. A função principal dos grupos etários, como mostra claramente a análise de S. E. Nadel, é preservar a solidariedade de cada localidade e de cada estrato e funcionar como "escola de cidadania", infundindo em seus membros a identificação com os valores e símbolos de sua sociedade.

Encontramos aqui um tipo de certa forma novo de grupo etário — grupos mais voltados para o treinamento e pre-

---

21. NADEL, S. F. *Black Byzantium.* Op. cit.

paração e que não desempenham nenhuma tarefa definida na sociedade. Veremos abaixo que esta distinção entre os grupos etários de treinamento e os que desempenham tarefas é de grande importância para a compreensão dos diversos grupos juvenis das sociedades modernas.

VI

Temo-nos esforçado por mostrar que a existência da especialização e orientação para a realização dentro de uma sociedade universalista tende a restringir a faixa etária compreendida nos graus etários, bem como o grau em que regulam o comportamento de todos os membros da sociedade. Estas não são, entretanto, as únicas conseqüências da existência de especialização e orientação para a realização dentro de uma sociedade. Destas podem derivar algumas diferenças estruturais adicionais, algumas já mencionadas, particularmente na última parte da antiga Grécia, mas devem ser melhor analisadas.

O grau de especialização numa sociedade tem repercussões muito importantes na estrutura interna do sistema de grupo etário como tal e na interligação dos vários grupos etários numa hierarquia estrutural unificada. Naquelas tribos "universalistas" onde a única especialização é a dos graus etários, difusa e qualitativa (os Nandi, Masai, Galla, Kamba, Kikuyu etc.), encontramos uma quantidade de características estruturais definidas e inexistentes — ou modificadas — naquelas sociedades onde a especialização é mais complexa e baseada na realização. Primeiramente, em termos gerais encontramos aqui uma nítida correspondência entre os graus etários e os grupos etários (ou conjuntos etários). Usualmente, um conjunto organiza-se com base no fato de pertencer a um determinado grau etário e, no caso de vários grupos estarem formados por um grau, são geralmente designados como subgrupos do conjunto de graus etários[22]. Esta íntima correspondência entre os graus etários e os conjuntos etários é possível somente na medida em que a *todos* os graus etários sejam designados papéis exclusivos e sirvam como categorias fundamentais para a distribuição dos papéis mais importantes do sistema social; não existe nas tribos "especializadas" (como não existe nas tribos dos Nuer etc., onde as linhagens e unidades de parentesco ainda desempenham muitas tarefas integrativas). Nas tribos, aldeias e sociedades "especializadas" nas quais é limitada a

---

22. Ver a análise de PERISTIANY dos Pogot (Suk) em *The Age Set System of the Pokot*, op. cit.; e também A. H. J. PRINS, *East African Age Systems*, op. cit.

faixa etária dos graus etários, cada grupo etário compreende um número de anos, geralmente dentro de um ou no máximo dois graus etários.

Intimamente relacionado com esta correspondência entre a gradação etária e os grupos etários está o arranjo estrutural dos vários grupos etários em hierarquias interligadas, autônomas e autocéfalas. Entre os Yako, Ibo etc. e entre os Swazi, Zulu, em Esparta etc., os diferentes grupos etários estão organizados e relacionam-se por meio de atividades e autoridade de pessoas que não pertencem à hierarquia do grupo etário — os funcionários da aldeia (ou zona), do rei, ou funcionários públicos. Cada grupo etário está mais ou menos ligado a este funcionário e não a outro *grupo etário*. A hierarquia do grupo etário como tal não pode ordenar as relações entre os vários grupos etários; são reguladas "de cima". Os vários papéis (que nestes casos são básicos para o sistema social) são atribuídos a cada grupo etário em forma separada [23] e não por arranjos internos entre os distintos grupos etários. É bastante limitada a autoridade real de um grupo etário sênior sobre um grupo júnior — com exceção de atitudes bem gerais de respeito etc. Podemos afirmar, portanto, que aqui os grupos etários são heterocéfalos.

Nas sociedades não-especializadas o quadro é diferente. Todos os diferentes grupos etários constituem uma hierarquia interligada, unificada. Esta hierarquia é autônoma e as relações entre os vários grupos etários são reguladas por normas aplicadas por eles e também a eles. Os papéis atribuídos a cada grupo etário são regulados por regras apoiadas pelos próprios grupos etários, as quais formam parte crucial da estrutura institucional da sociedade, regulando o comportamento de todos os seus membros. Estes arranjos autônomos e internos são mais evidentes no tipo "cíclico" dos conjuntos etários — os Nandi, Kipsigi, Galla, Meru etc. — nos quais a cada grupo etário são atribuídos papéis especiais que mudam automaticamente com a mudança dos graus etários. Não existem outros centros de autoridade exteriores — com exceção de alguns líderes religiosos — que pudessem mediar as relações entre os diferentes grupos etários. Cada grupo etário está diretamente ligado a outros grupos, suas relações mútuas são reguladas por intermédio de seus respectivos representantes [24] e portanto, é autocéfala toda a hierarquia.

23. Ver D. Forde, *Ward Organization Among the Yapo*, op. cit.; H. Kuper, *An African Aristocracy*, op. cit.
24. Ver, por exemplo, W. B. Huntingford, op. cit.; A. H. J. Prins, op. cit.; e qualquer outra das descrições dos grupos etários das sociedades citadas acima.

Estes atributos de hierarquia unificada, autocéfala, autônoma e automaticamente regulada, são também característicos do tipo cíclico — como dos Masai — e de certa forma também dos grupos etários dos Índios Plains. Entre estes grupos, os grupos etários sênior são também centro de autoridade concreta e legítima, que é exercida em relação aos conjuntos júnior, sendo que as relações entre ambos não se limitam a meras atitudes gerais de respeito.

Uma importante manifestação destas características é a ordem e o tipo de avanço e sucessão dos grupos etários (conjuntos). Nas sociedades "especializadas" (e nos reinos centralizados), cada grupo etário avança gradualmente na escala da senioridade, modificando assim sua posição em relação a outros graus etários, porém geralmente sem modificar basicamente suas tarefas e atividades e sem assumir uma nova autoridade; ao passo que entre as tribos não-especializadas um grupo sucede o outro, herdando sua posição, assumindo automaticamente suas tarefas e atividades e adquirindo uma nova autoridade. Torna-se ainda mais evidente este fato nos processos de compra dos grupos etários dos Índios Plains.

Vemos portanto que, na medida em que a especialização origina agentes integrativos exteriores aos grupos etários, a hierarquia do grupo etário perde sua estrutura unificada e autocéfala de grupos interligados em forma autônoma e automática, sua distribuição interna de autoridade e sua efetividade na regulação do comportamento do grupo etário, por intermédio da sucessão de posições absolutas de *status*.

A situação é um tanto diferente naquelas sociedades em que os grupos etários desempenham papéis predominantemente "preparatórios" e funções de treinamento, e tarefas e papéis somente de maneira acidental, os quais formam parte integrante da estrutura institucional. Esta situação existe entre os Nupe e um pouco menos entre as tribos Nuba, entre as tribos urbanizadas dos Berber e um pouco em Atenas. Aqui, uma vez mais, a autonomia interna e autocefalia dos grupos etários são mais fortes do que naquelas tubos "especializadas", nas quais as tarefas são designadas aos grupos etários pelos detentores de autoridade. Conduzem seus próprios assuntos internos com pouca intervenção de fora e conseqüentemente, os laços entre os diferentes grupos etários são relativamente fortes. Um dos líderes responsáveis por um grupo etário deve ser membro de um grupo etário sênior, verificando-se algum tipo de cooperação entre os vários grupos etários particularmente em ocasiões de rituais. Entre as tribos Nuba existem indícios ainda mais explícitos **de autoridade de conjuntos** etários sênior sobre os júnior, assemelhando-se à relação entre os grupos etários adjacentes e alternativos dos Nandi, Kipsigi etc. Contrariamente ao que ocorre nestas tribos, entretanto, aqui a faixa de vida do grupo etário é muito menor e conseqüentemente a sucessão de um grupo etário por outro não constitui uma sucessão de *status* social absoluto (especialmente entre os Nupe) que é válida dentro da estrutura social como um todo. A sucessão dos grupos etários está relacionada mais com o seu sistema de *status* "interno", que não lhes possibilita nenhum lugar específico no sistema de *status* da sociedade total, embora seja copiado daquele. Nestes casos, a relativa autonomia do grupo etário não está relacionada com a estrutura institucional básica da sociedade, mas somente com um segregado agrupamento de papéis e o preço dessa autonomia é esta exclusão em segregação.

Estas várias características estruturais dos grupos etários nas sociedades primitivas "especializadas" repercutem de maneira bem interessante na relação entre a família e o grupo etário. Conforme foi exposto no caso de todos os grupos etários, as esferas sociais da família e do grupo etário são sempre distintas. Mas não existe aqui aquela forte oposição entre a família e os grupos etários observada em diversas das tribos não-especializadas (Nandi, Meru etc.). (Nestas sociedades os grupos etários desempenham, por exemplo, importantes funções em várias festividades familiares.) Isto se explica pelo fato de que, nestas sociedades, a conquista de *status* pleno dentro da sociedade total não se efetua através dos grupos etários, mas principalmente através de outras agências e grupos mais especializados. Assim, a oposição entre o *status* particularista da família e os *status* universalistas da sociedade total sente-se menos nos grupos etários que em outras associações.

Naturalmente, o grau de especialização está inversamente relacionado com a importância estrutural das tarefas atribuídas aos grupos etários. Na medida em que papéis importantes para a integração se concentram em agências especializadas, os grupos etários deixam de operar naqueles setores do sistema social e naqueles estágios do curso de vida do indivíduo nos quais os princípios orientados no sentido da realização e especificidade regulam a distribuição de papéis e de recompensas. Nestas sociedades, não podem ser outorgadas funções centrais políticas e judiciais aos grupos etários; no máximo podem desempenhar tarefas subsidiárias atribuídas pelas agências que exercem o poder na sociedade. O alcance das tarefas concretas e totalmente institucionalizadas que são atribuídas aos grupos etários é portanto inversamente proporcional ao grau de especialização, *i. e.,* com o grau em que estas tarefas estão concentradas nas agências especializadas. Quanto maior for a especialização nas sociedades universalistas orientadas para a realização, tanto maior será a acentuação nas tarefas "preparatórias" e de treinamento atribuídas aos grupos etários. Na maioria das sociedades primitivas discutidas até agora (excetuando-se parcialmente os Nupe urbanos) o grau de especialização não é tão grande a ponto de impossibilitar-lhes, aos grupos etários, o desempenho de tarefas definidas dentro da sociedade. Um desenvolvimento assim ocorreu, entretanto, já em Atenas e poderá ser constatado mais acentuadamente nas sociedades modernas.

VII

Os efeitos da especialização e da orientação para a realização, na estrutura dos grupos etários, são evidentes na antiga Grécia [25]. Além disso, a comparação entre Esparta e Atenas pode proporcionar interessantes resultados. Tanto em Esparta como em Atenas, as principais agências integrativas da sociedade, especialmente no campo político, não estavam organizadas com base na atribuição qualitativa — seja de idade, consangüinidade ou qualquer outro tipo. São exceções parciais, naturalmente, os reis espartanos e até certo ponto a *Gerúsia*. Mas, no caso desta última, a necessidade de eleição proporcionou significativos elementos de realização pessoal. Em ambos lugares, a maioria dos cargos políticos estava baseada numa espécie de realização, geralmente manifestada em constantes eleições e supervisão por parte da Assembléia. Os diversos cargos e comitês políticos — tantos os *éforos* em Esparta como os vários magistrados em Atenas — constituíam agências especiais, sendo que a qualidade de membros delas estava fundamentada principalmente na realização e, em certa medida, talvez também na especialização nos assuntos políticos. Estavam inteiramente fora do alcance de qualquer grupo qualitativo, dentro do corpo social de cidadãos livres.

Por conseguinte, encontramos aqui algumas características dos grupos etários que já haviam sido devidamente determinadas, de uma forma ou de outra, nas várias sociedades primitivas discutidas até este momento. Em primeiro lugar notamos que os grupos etários abrangem uma faixa etária relativamente pequena — em Esparta em geral até os 30 e às vezes até os 60, e em Atenas até os 20. Aos

---

25. Ver a bibliografia sobre a antiga Grécia indicada nas notas do Cap 3.

30 anos de idade em Esparta e em Atenas, o indivíduo tornava-se um cidadão pleno e podia participar da esfera das realizações e competição política e econômica. Em segundo lugar, os grupos etários não eram autônomos e autocéfalos; eram organizados e dirigidos por adultos, por vários representantes oficiais da sociedade, por seus professores etc. ou, em certa medida, como em Esparta, por qualquer adulto. A rígida disciplina destes grupos — especialmente em Esparta — era mantida por uma combinação de atividades espontâneas dos jovens e de forte supervisão de adultos. A hierarquia dos grupos etários existentes em Esparta era organizada e supervisionada por adultos, por representantes oficiais do Estado; e as relações entre os diferentes graus etários eram também organizadas por eles e não de maneira autônoma pelos próprios grupos. O mesmo é válido, embora de maneira muito menos formal e organizada, para as diversas escolas e para os *efeboi* de Atenas. Notamos aqui, como em muitas das tribos primitivas orientadas para a realização e especificidade, uma forte ênfase nas atividades internas dos grupos etários e no desempenho de várias tarefas que lhes são atribuídas pelos homens detentores da autoridade. Mas não existia uma regulação total do comportamento dos membros e não-membros semelhantes, por parte dos grupos etários. Inculcava-se somente uma atitude geral de respeito para com as pessoas mais velhas, de maneira mais formal em Esparta e menos formalmente em Atenas.

Além destas semelhanças, entretanto, encontramos notáveis diferenças entre a organização dos grupos etários em Atenas e em Esparta. Observamos já as principais diferenças no capítulo anterior: a organização uniforme e unitária em Esparta, que se prolonga até a idade de 30 anos; a organização diferenciada e não-unitária de diferentes tipos de escolas, *gymnasia* e *efeboi* em Atenas, terminando aos 20 anos. Os grupos etários atenienses preocupavam-se preferentemente com o treinamento e muito pouco com o desempenho de tarefas institucionais definidas. Parece-nos que esta diferença pode estar provavelmente relacionada com as diferenças dos graus de especialização nestas duas sociedades. A especialização entre os cidadãos espartanos era relativamente pequena e talvez inexistente, com exceções parciais no que se refere à prosperidade na agricultura. Assim, pode-se dizer que o conjunto de cidadãos espartanos era, do ponto de vista econômico e profissional, um grupo bastante homogêneo. O mesmo não podemos dizer sobre Atenas, onde especialmente no fim dos séculos V e IV a.C., a diferenciação e especialização profissional e econômica, intimamente relacionadas com os processos de mobilidade familiar, alcançaram um elevado nível. Além disso, como veremos, a orientação coletiva era muito mais forte em Esparta do que em Atenas. Nesta prevalecia um espírito mais individualista, atribuindo muito valor às realizações individuais, ensino etc. Portanto, constatamos que o período de preparação era muito mais curto, especialmente no caso das classes mais pobres, que não iam mais além da educação primária; e também que a estrutura dos grupos etários e juvenis era menos formal e menos uniforme e muito mais acentuada a diferenciação e imprecisão da sua organização. Além disso, havia uma diferenciação bastante marcante entre as esferas de preparação privadas e individualistas — as escolas — e o treinamento público dos *efeboi* e até certo ponto dos *gymnasia*. A forte ênfase individualista não negava a existência da esfera pública e de identificação com a coletividade, mas efetivamente diferenciava um tanto entre ela e as esferas mais privadas e individualistas da preparação e da educação.

VIII

Esta conclusão geral, entretanto, deve ser complementada por uma explanação mais detalhada das funções dos grupos etários nessas sociedades, em termos da personalidade individual e do sistema social.

Nos capítulos precedentes estabeleceu-se o seguinte postulado, que os grupos etários, devido às suas características qualitativas, difusas e orientadas para a coletividade, básica sustentação emocional e solidariedade social para com os seus membros, continuam a existir inclusive dentro do quadro universalista. Declarou-se que, na medida em que vários papéis universalistas, especializados etc., estão organizados dentro do quadro dos grupos etários, a solidariedade básica dos grupos etários fornece um quadro para essa sustentação. Desta maneira, foi exposto que as atividades instrumentais num agrupamento de papéis combinam-se com a solidariedade e gratificações expressivas e desta forma logram diminuir a tensão das relações puramente instrumentais.

Esta explanação é plenamente factível para aquelas sociedades não-especializadas (como os Nandi etc.), nas quais os grupos etários representam o quadro institucional básico da sociedade, aos quais são atribuídos os papéis mais importantes. Nesse caso, os diversos papéis instrumentais são desempenhados em relação a eles e constituem um quadro constante de solidariedade e integração expressiva. Uma situação assim não existe, contudo, nas sociedades mais especializadas onde as tarefas integrativas básicas da sociedade são desempenhadas pelas agências especializadas e orientadas para a realização e, correspondentemente, o campo de ação dos grupos etários diminui. Podem os grupos etários desempenhar ainda, dentro dessas sociedades, algumas das funções que lhes foram atribuídas? Podem ainda servir como marco de solidariedade, apesar do fato de não constituírem mais o marco institucional básico da sociedade? Parece-nos que continuam ainda a desempenhar algumas de suas funções, no que se refere tanto às personalidades individuais como ao sistema social, embora de maneira um tanto diferente. Para podermos entender inteiramente esta questão, tomaremos as principais características dos grupos etários nas sociedades especializadas discutidas até agora e analisaremos de que maneira influenciam as funções básicas dos grupos etários.

Podemos iniciar tomando a limitação da faixa etária que abrange as atividades destes grupos, uma limitação que se manifesta na suspensão total das funções do grupo (como entre alguns grupos Ibo, Yoruba, Nuba, Nupe e de Atenas), ou na limitação de sua esfera de atividades (como entre os Yako). Nestas sociedades, a importância dos grupos etários é especialmente enfatizada nos últimos estágios da adolescência e nos primeiros estágios da idade adulta. Durante este período, os grupos etários desempenham certas funções definidas no tocante à personalidade individual.

Em primeiro lugar, constituem uma esfera de relações transitórias e preparatórias. Em todas estas sociedades constatamos que as atividades dos grupos etários incluem, não somente várias tarefas definidas que lhes são atribuídas pelos detentores do poder político nas sociedades, tarefas que são fins em si mesmas, mas também o que pode ser definitivamente chamado de atividades preparatórias. Estas atividades e papéis ressaltam todas aquelas virtudes que possam tornar-se importantes num estágio mais avançado da vida do indivíduo, orientadas para a realização, apoiando-se mais ou menos nos mesmos critérios segundo o *status* diferencial alcançado. Estas virtudes podem ser bravura militar e habilidade para o trabalho no campo, como ocorre nas tribos Nuba; ou habilidade e diligência econômica, como entre os Yako e provavelmente também Ibo, Ibibio e algumas tribos Yoruba; ou finalmente, o fato de inculcar virtudes gerais civil-religiosas entre os Nupe. Ênfases semelhantes a estas existiam nos grupos etários militares de Esparta, nos regimentos etários dos incas e astecas [26] e em Atenas (forte ênfase nas virtudes civis). O mesmo não ocorre, por exem-

---

26. Ver o Sumário de G. P. MURDOCK, *Our Primitive Contemporaries*, Nova York, 1949, Caps. XIII, XIV.

plo, no grupo Nandi, Masai etc., onde não há mudanças definidas nas tarefas que são atribuídas a cada grau e aos grupos etários; existe sim uma maior continuidade e similaridade, os graus mais jovens são imbuídos dos objetivos similares àqueles que terão que preservar muito anos depois.

O ordenamento institucional destas atividades difere, entretanto, nos grupos etários em comparação com os estágios mais avançados do curso de sua vida. Nos grupos etários, estes papéis são atribuídos em termos universais e definitivamente vinculados com as atividades comuns e solidariedade do grupo, não sendo dissociados dele nos estágios mais avançados. Neste estágio, asseguram a plena participação do indivíduo num grupo primário solidário, bem como a gratificação de suas necessidades por aprovação e afeto, possibilitando-lhe visualizar estes vários objetivos de maneira relacionada com sua segurança emocional e pessoal e com a divisão das metas comuns da sociedade. Portanto, é aliviada a tensão das relações puramente instrumentais, que estas atividades acarretam nos estágios mais avançados da vida do indivíduo, visto que estas atividades estão vinculadas com os objetivos comuns e baseadas nos grupos e relações primárias do indivíduo. Em outras palavras, podemos dizer que a reconstrução da identidade do indivíduo, ao passar no curso de sua vida do estágio do grupo etário ao estágio orientado para a realização, não se torna um problema agudo devido a) à continuidade e compatibilidade dos tipos de atividades, e b) ao desenvolvimento da disposição para desempenhar estes papéis que se desenvolveram junto com a aprovação emocional num grupo solidário, pelo qual se sentem firmemente amparados.

Segundo, embora o ativo funcionamento dos grupos etários cesse num determinado estágio, as relações entre os membros dos grupos etários usualmente tendem a continuar, assumindo um caráter mais restrito e pessoal. Observamos que companheiros da mesma idade são chamados a participar em várias festividades familiares, cerimônias (casamentos, nascimentos, funerais) etc., e esta participação envolve direitos e deveres definidos (ajuda econômica, comer certas porções de carne, várias obrigações de ajuda mútua etc.). O mesmo é válido para os Nupe [27] e até certo ponto para várias aldeias dos Ibo (a informação correspondente não é suficiente explícita)[28]. Todas estas relações acentuam obrigações difusas e mútuas, que são, de certa forma, uma continuação das relações mais intensas do grupo (etário) primário e constituem uma posição estrutural permanente

27. NADEL, S. F. *Black Byzantium*. Op. cit.
28. D. FORDE & G. JONES, *The Ibo and Ibibio*, op. cit. e C. K. MEEK, *Law and Authority*, op. cit.

onde é enfatizada a supremacia das relações expressivas e solidárias, sobre aquelas puramente instrumentais. Assim sendo, a segurança emocional conseguida nestas relações não é somente uma questão de "receptáculo" reunido num determinado ponto do curso de vida do indivíduo; mas continuamente reativada em várias ocasiões definidamente estruturadas. Do ponto de vista da auto-imagem e identidade do indivíduo, significa que a imagem global difusa, desenvolvida nos grupos etários e concentrada nos critérios etários, é também constantemente reativada. Isto geralmente ocorre em ocasiões relacionadas com os eventos familiares e de parentesco, que por assim dizer deixam sua relativa segregação, são reativados mediante a participação de (ex-)companheiros da mesma idade e assimilados a agrupamentos de papéis regulados de maneira mais instrumental *.

A segunda característica mais significativa dos grupos etários nas sociedades "especializadas" — grau inferior de regulação total do comportamento de seus membros e maior ênfase nas relações internas e na solidariedade — pode ser explicada de maneira idêntica. Nestas sociedades os grupos etários não desempenham funções globais integrativas; estas, geralmente, são desempenhadas por outras agências, organizadas de acordo com os critérios de realização e especialização, nos quais está centrada a regulação global do comportamento.

Os grupos etários e suas relações, nestes casos, não regulam todos os aspectos do comportamento de seus membros em relação a todos os outros membros da sociedade. Podem, entretanto, intensificar a segurança e identificação de seus membros, desenvolvendo afeição e solidariedade mútuas deles e assegurando-lhes sua permanência.

Esta forte ênfase nas relações internas e na solidariedade é muito importante para os membros do grupo, por causa da ênfase mais forte nas relações instrumentais na estrutura social mais ampla. Os grupos etários freqüentemente desempenham funções de ajuda mútua econômica, o que contrabalança, em certa medida, as exigências das relações meramente instrumentais, servindo portanto de foco muito importante da segurança emocional de seus membros.

Esta análise também indica as funções dos grupos etários em sociedades especializadas, que contribuem para a continuidade e estabilidade do sistema social. Como já dissemos, tanto a esfera de atividades como o grau de autono-

---

* Esta análise não postula necessariamente que as relações de ex-companheiros da mesma idade sejam as únicas posições estruturais mediante as quais se consegue gratificação expressiva primária nestas sociedades. Existem geralmente muitas outras situações e relações, tais como a amizade institucionalizada etc. Entretanto, estas estão além do alcance de nossa análise.

mia dos grupos etários diminuem nestas sociedades e tendem a desempenhar tarefas subsidiárias sob a direção de outros centros de autoridade. Apesar destas limitações, contudo, continuam a desempenhar tarefas de importância vital para o sistema social:

Primeiro, servem de agências, mediante as quais as disposições gerais dos papéis para a identificação com a sociedade e seus principais valores são inculcados durante o período de maior receptividade educacional.

Segundo, atuam como agências principais para a distribuição de papéis comuns e universais, que são muito importantes e de maior alcance que as atividades especializadas. Sua importância para a manutenção da solidariedade do sistema social expressa-se na forte ênfase que colocam na interconexão entre as várias atividades instrumentais e valores da sociedade, e o forte vínculo destas realizações dentro dos limites permitidos pela orientação básica da sociedade no sentido da coletividade. Evidencia-se este fato especialmente pelo papel que desempenham em todas as festividades comunais. Assim, por exemplo, entre os Yako encontramos que, por um lado, a formação de novos grupos etários e a iniciação de seus membros são efetuadas num dos rituais coletivos da tribo mais importante. Por outro lado, os próprios grupos etários participam de maneira unida em alguns dos mais importantes festivais comunais, e.g., as cerimônias da primeira fruta. O mesmo é válido para idênticas cerimônias dos Zulu e para o ritual central de "fortalecimento do rei" entre os Swazi [29]. Entre os Nupe, uma das cerimônias centrais, o *Ganni,* que corresponde em certa medida a uma cerimônia de Ano Novo, é primordialmente o festival dos grupos etários [30]. Similarmente, os grupos etários espartanos participavam ativamente nos principais festivais civis, bem como os estudantes atenienses dos *gymnasia,* nos vários jogos e competições. Em todos estes festivais, acentuava-se fortemente a limitação das atividades puramente individuais, dentro do marco de objetivos coletivos. Se bem que a ênfase nessa limitação nem sempre funcione nas várias associações (entre as quais pode surgir a qualquer momento a competição pelo poder) e na esfera puramente econômica, as relações do grupo etário enfatizam estes limites, tanto através de suas próprias atividades formais como através de relações mais difusas entre os ex-companheiros da mesma idade. Servem de grupos primários, cujas orientações de valor e objetivos correspondem àqueles da socie-

---

29. Ver M. GLUCKMAN, *Rituals of Rebellion, in S. E. Africa,* Manchester, 1954, bem como H. KUPER, *On African Aristocracy,* op. cit.
30. Ver S. F. NADEL, *Black Byzantium,* op. cit.

dade como um todo e orientados para estes promovendo assim a solidariedade de toda a sociedade.

Além disso, os grupos etários nestas sociedades também preservam uma atitude de respeito para com os mais velhos e asseguram uma fácil interação entre as distintas gerações. Embora estas relações nestas sociedades não sejam tão plenamente organizadas dentro do campo de ação dos grupos etários, como nas sociedades primitivas não-especializadas, na realidade efetivamente promovem estas atitudes gerais entre seus membros.

Finalmente, os grupos etários também servem de agências seletivas mediante as quais são preparados os líderes mais ativos e os elementos de "elite", escolhidos e transferidos para a esfera institucional adulta. Esta última função ressaltava a continuidade entre algumas das orientações de valor básicas dos grupos etários e aquelas de outros setores institucionalizados destas sociedades.

Assim sendo, vemos que a função dos grupos etários dentro das sociedades especializadas é um tanto diferente daquela nas sociedades não-especializadas, embora seja também derivada dos postulados básicos apresentados nos capítulos precedentes. A diferença fundamental reside no fato de que o campo de ação institucional dos grupos etários nas sociedades especializadas é mais restrito do que nas não--especializadas e que, portanto, o equilíbrio entre as gratificações expressivas, solidárias e instrumentais que elas possibilitam está necessariamente limitado a certas ocasiões e situações dentro do sistema social. Os grupos etários passam a não constituir o principal quadro institucional da solidariedade social. Estão confinados, primeiramente, ao estágio preparatório; em segundo lugar, a certas relações e atividades restritas em nome dos centros de autoridade; e, em terceiro lugar, a certas ocasiões definidas, tais como necessidade econômica, rituais familiares, festividades comunais etc. Nestas atividades e nestas ocasiões são reativadas, lembradas e aumentadas sua solidariedade básica e a sustentação emocional que proporcionam. São, de certo modo, centros de solidariedade (embora não únicos), aos quais as pessoas recorrem devido à excessiva atividade instrumental; embora já não constituam um quadro global dessa solidariedade que abrange e regula a maioria das atividades instrumentais.

IX

Neste momento, parece-nos adequado apresentar algum material comparativo, que corroboraria a hipótese e ao mesmo tempo a elucidaria. Temos analisado até aqui as sociedades universalistas, possuidoras de certo grau de especialização e de orientação para a realização. Tanto a especialização como a orientação para a realização podem, contudo, existir e coexistir nas sociedades particularistas. Parece haver chegado o momento de analisar em forma breve algumas sociedades daquele tipo e verificar que esclarecimentos, esta análise pode nos proporcionar para nosso problema.

Em nossa apresentação anterior já analisamos alguns tipos de especialização dentro das sociedades particularistas, baseadas em grupos de descendência comum definidos mais ou menos rigidamente — como entre os Tallensi, Pueblos (especialmente os Hopi) etc. Vimos que nestas tribos não se originam grupos etários, considerando que toda a vida do indivíduo está encerrada dentro dos limites do seu grupo de descendência; e que, em tais sociedades, os vários grupos infantis e informais de brincadeira não se cristalizam em grupos etários plenamente formalizados; o indivíduo alcança sua identidade e maturidade plena dentro do âmbito da família, do grupo de parentesco etc. e não naqueles grupos de brincadeira.

Não obstante, os grupos de descendência ou a família não constituem a unidade principal da divisão social do trabalho e de especialização em todas as sociedades particularistas. Uma situação assim ocorre somente nas sociedades mais "primitivas", menos diferenciadas. Em sociedades particularistas mais complexas e diferenciadas, tais como as principais sociedades históricas, surgem distintas ordens e agências de posições políticas, econômicas e rituais, não idênticas à família e aos grupos de descendência e que não são reguladas unicamente por critérios de parentesco. Surgem distintos grupos cujos princípios fundamentais de distribuição de papéis e recompensas, embora definidamente particularistas, não são idênticos aos papéis desempenhados dentro da unidade familiar. Estes papéis podem ser investidos em representantes da família ou dos grupos de parentesco, hereditariamente atribuídos e confinados a eles, com base no *status* familiar diferencial; mas não são incorporados ou idênticos aos grupos familiares.

A maioria das sociedades não-universalistas mais complexas e históricas são deste gênero e não do tipo relativamente simples de sociedade primitiva, na qual os vários grupos de parentesco agem na qualidade de únicos — ou principais — grupos institucionalizados. Em todas essas sociedades, a conquista de papéis especializados implica o afastamento da família, tanto para alguns como para todos os seus membros. Com o objetivo de desempenhar alguns destes papéis e desfrutar das recompensas que eles oferecem, os membros da família têm que deixá-la por um determinado período de tempo, ou por uma boa parte de toda a sua vida. Seria interessante comparar uma transição assim, da família ao grupo especializado, com aquela que se efetua nas sociedades universalistas por intermédio dos grupos etários. O espaço é limitado, o que nos impossibilita examinar meticulosamente muitos casos e tipos de transição como a que mencionamos, mas tentaremos fazê-lo através de alguns exemplos relacionados com o tipo de material que apresentamos até o momento *.

Um desses exemplos comparativos pode ser as "associações secretas" de Serra Leoa e Libéria, os *Poro* e os *Sande* da tribo Mende [31] e outras tribos do interior da Libéria [32]. Como ocorre entre os Ibo e Yoruba, as associações especiais estão entre os setores mais importantes da estrutura política e social, desempenhando um papel importante na vida ritual e política da tribo e são — às vezes junto ao chefe (rei) e às vezes em oposição a ele — o principal centro do poder político. Estas associações são geralmente graduadas e incluem toda a população masculina (ou feminina) da tribo. A despeito desta inclusividade, a esfera de vida dominada pelas leis da sociedade é marcadamente diferenciada daquela da família e da rotina geral diária das casas, linhagens e aldeias.

Esta separação manifesta-se simbolicamente na iniciação secreta para entrar na escola *Poro,* da qual são excluídas tanto as mulheres como os jovens e nas várias cerimônias de volta ao seio da família[33]. Embora esta iniciação seja mais ou menos universal, capacita o indivíduo a tornar-se membro unicamente dos graus mais inferiores da sociedade. Os graus mais elevados são investidos hereditariamente nos representantes de várias famílias e linhagens; e assim, conseqüentemente, ocorre também com a qualidade de membro do conselho do *Poro*[34]. Portanto, encontramos aqui um tipo particular de especialização: por um lado, uma sociedade "secreta" inclusiva; por outro, uma especialização das funções rituais e políticas investida em grupos particularistas, que também regulam todo o quadro de membros

---

* É interessante notar que as relações entre os grupos etários e as associações secretas incluíam-se entre os problemas centrais da velha bibliografia sobre os graus etários. A análise era, entretanto, principalmente orientada para o estabelecimento de um esquema evolucionário unitário, embora a incompatibilidade básica entre os dois tivesse sido já compreendida e ressaltada naquela bibliografia.
31. Ver K. L. LITTLE, *The Mende of Sierra-Leone,* op. cit.
32. G. SCHWAB, *Tribes of Liberian Hinterland,* op. cit.
33. Ver R. LOWIE, *Primitive Society,* op. cit.
34. K. L. LITTLE, op. cit.

da "sociedade secreta". Esta especialização implica uma definida transição da família e uma segregação permanente dos papéis políticos daqueles de unidade de parentesco; não somente a segregação simbólica e temporária de todas as cerimônias de iniciação, mas sim uma segregação de tipo mais real e permanente.

Esta transição e segregação são efetuadas na escola *Poro* onde o comparecimento é compulsório para quase todos os membros da tribo e onde se obtém o saber tribal secreto e várias habilidades técnicas mais especializadas. Embora não tenhamos informações detalhadas sobre esse tipo de escola, um fato evidencia-se claramente: embora a escola reúna necessariamente pessoas da mesma idade (rapazes e meninas), isto não é feito em termos de homogeneidade etária comum, ou com o fim de estabelecer um grupo etário homogêneo. Os grupos não são ideologicamente descritos como grupos etários; *i.e.*, o fato da homogeneidade etária é nada mais que acidental, face aos objetivos principais destes grupos e seus símbolos de identificação, símbolos que se concentram na comunidade dos mistérios do *Poro* e que penetram as diferenças etárias. Na medida em que a idade é enfatizada, a ênfase é colocada nos elementos de senioridade complementários e heterogêneos etariamente, da interação de diferentes gerações numa situação comum e através da partilha de metas e valores comuns e não das diferenças etárias absolutas[35].

Assim sendo, a transição da família a outra unidade particularista mais ampla não se efetua por intermédio de um grupo etário comum que enfatiza as diferenças etárias, mas por intermédio de uma mais forte reativação e ênfase tanto na complementaridade dos graus etários como de seus valores e objetivos comuns. Embora a imagem humana e identidade envolvidas nestas situações e escolas se baseiem na idade (gradação), não implicam a necessidade de participar num grupo homogêneo etariamente, a fim de desenvolver e manter estas imagens e identidade. Isto obtém-se mediante a reativação das relações de senioridade e é desta maneira que se efetua uma fácil transição.

Exemplos paralelos podem ser achados em muitas sociedades, cuja divisão econômica do trabalho é organizada em unidades especializadas (ofícios, grêmios etc.), que são construídas de maneira particularista, tanto através da sucessão hereditária como de adoção pessoal e que requer algum período de preparação — de aprendizagem e estudo.

---

35. Ver, além da bibliografia mencionada acima, D. WESTERMAN, *Die Kpelle*, op. cit.

Encontramos casos assim entre os Maoris[36], entre várias sociedades da Polinésia[37] e nas principais sociedades históricas da Europa medieval, China etc.[38].

Em todos estes casos é também necessária a transição da família de orientação para o novo grupo particularista. Tal transição pode implicar em reunir pessoas jovens mais ou menos da mesma idade; mas, novamente, isso não significa que seja um grupo etário. Suas relações mais significativas são aquelas com o seu "mestre", que lhes ensina seu ofício e a quem eles estão (ou se tornam) pessoalmente (em termos particularistas) vinculados em termos de senioridade e na base de complementaridade etária[39].

Historicamente o caso mais interessante deste tipo pode ser encontrado na sociedade européia feudal (e também em outras sociedades feudais)[40], bem como na sociedade européia das guildas urbanas. A educação da guilda, por um lado e o sistema educacional da aristocracia na preparação para ser cavaleiro, por outro, são os exemplos mais vívidos deste tipo. A sociedade feudal definia-se e era regulada em termos particularistas. Organizava-se em diversos estratos sociais, cujas relações eram amplamente determinadas por suas relativas posições umas em relação às outras no que diz respeito ao prestígio, à autoridade e poder. A interação dos vários membros desta sociedade era nitidamente determinada por suas relativas posições na escala hierárquica e não por quaisquer critérios universalistas aplicados igualmente a todos. A maioria destes estratos e posições particularistas geralmente eram também atribuídos, embora alguns papéis tivessem que ser conquistados, existindo também alguma mobilidade entre eles. Esta mobilidade (com exceção daquela efetuada na igreja) orientava-se para a consecução de várias posições particularistas, que então uma vez mais se tornavam atribuídas (a maioria em termos hereditários). Muitos papéis importantes da classe dominante — a aristocracia feudal — requeriam um longo período de preparação e afastamento da família de orientação do indivíduo. Ao longo deste período de educação, geralmente realizado nas cortes de

---

36. E. BEAGLEHOLE, The Polynesian Maori, *Journal of the Polynesian Society*, 43, 1940; e ver E. & P. BEAGLEHOLE, *Some Modern Maoris*, Wellington, 1946.
37. Ver, por exemplo, M. MEAD, Social Organizations of Manua, *Bishop Museum Bulletin*, 76, 1930; E. & P. BEAGLEHOLE, Ethinology of Pukapuka, *Bishop Meseum Bulletin*, 150, 1938; G. MCGREGOR, Ethinology of Tokwan Island, *Bishop Museum Bulletin*, 146, 1937; B. QUAIN, *Fijan Village*, Chicago, 1948.
38. Ver H. PIRENNE, Guilds Medieval na *Encyclopedia of the Social Sciences* bem como sua discussão mais geral sobre o mesmo tema em *Social and Economic History of Medieval Europe*, 1936; e também W. MORSE, *The Guilds of China*, Londres, 1916.
39. *Ibid*.
40. Ver os vários artigos sobre o feudalismo na *Encyclopedia of Social Sciences*, e para uma discussão mais detalhada, M. BLOCH, *La Société Feudale*, Paris, 1940; H. GANSHOF, *Feudalismo*, Londres, 1952; M. GRANET, *La Féodalité Chinoise*, Oslo, 1952.

outros cavaleiros e príncipes, o jovem "aprendiz" era normalmente colocado junto de outros jovens de idade e posição similar, com quem dividiria sua vida durante este período. Sua educação geralmente estava fundada em termos de gradação etária e os vários graus eram às vezes claramente diferenciados.

E assim, a despeito de todos estes fatos, estes jovens não se constituíam num grupo acabado, homogêneo etariamente e autocéfalo. Qualquer que fosse o elemento de homogeneidade existente, não era nada mais que subsidiário às suas relações com os sênior e nunca se desenvolvia numa identificação comum plena. Sua identificação básica era formada por sua relação com o "senhor" — uma relação pessoal e particularista — e é também segundo este critério que se atribuíam os papéis e se estruturava a vida do grupo. Aqui, uma vez mais, o elemento de senioridade etária particularista era preponderante dentro do quadro da hierarquia feudal [41]. Este fato foi oportunamente expresso pelo grande sociólogo e sinólogo francês M. Granet, quando falava sobre o feudalismo chinês: alguém tornava-se *um* homem ao tornar-se *o* homem de seu pai ou de seu senhor*. (M. Granet, *La féodalité Chinoise*, Oslo, 1952, p. 189.) Aqui vemos também a estreita conexão entre as hierarquias familiares e feudais.

Uma situação um tanto diferente, mas basicamente similar, encontra-se naquelas sociedades particularistas "especializadas", nas quais existe uma forte orientação subsidiária para a realização e na qual a conquista de certas "particularidades" particularistas é em certa medida regulada pela realização. Entre muitas sociedades, tanto primitivas como históricas, isto é válido para a consecução de posições políticas especiais, através da educação na corte do rei, ou em escolas reais especiais[42]. Estas escolas geralmente possuem gradação etária e cada classe é de certa maneira um "grupo etário". Porém, o elemento de homogeneidade etário e agrupamento etário é uma vez mais tão-somente subsidiário e parcial. Isto é assim primeiro porque atinge somente uma pequena parcela da população e o agrupamento etário não pode tornar-se importante como indicador de relações e papéis universalistas e de *status* social geral. Em segundo lugar, o elemento de agrupamento etário é somente transitório, fundamentalmente devido a que as posições a que ele conduz são definidas em termos particularistas e intimamente ligadas

---

41. Ver, por exemplo, A. LAGNON, *La vie en France au Moyen Age*, Cap. II, texto de PHILIPE DE NAVARE, "Quatre Ages de l'Homme".
* No original: "On devient *un* homme en devenant *l'homme de son père ou de son seigneur*." (N. do T.)
42. Ver, por exemplo, J. FIELD, *The Social System of the Ga People*, Londres, 1940; A. CHADWICK, *Ubena of the Rivers*, Londres, 1937; e a vasta bibliografia sobre os Mamluks, especialmente D. AYALON, *L'eslavage de Mamluk*, Jerusalém, 1951.

a setores definidos da sociedade, portanto incompatíveis com a forte ênfase na homogeneidade etária. A identidade destes estudantes é estabelecida em torno destas aspirações e orientações particularistas e, por conseguinte, é subsidiária toda ênfase no agrupamento etário comum e global. O agrupamento etário é operativo naquele setor do sistema social, no qual os papéis são atribuídos de acordo com os critérios universalistas; mas, considerando que esta parte do sistema social é segregada e subsidiária e o elemento de idade comum não passa de um subproduto de orientação particularista para a realização, a importância do agrupamento etário é mínimo tanto para a personalidade como para o sistema social.

O exemplo mais interessante de educação orientada para a realização numa sociedade particularista é o clássico sistema social e educacional chinês, e, em menor grau, vários outros sistemas educacionais do Sudeste da Ásia [43]. A sociedade chinesa foi oportunamente descrita por T. Parsons, como sendo do tipo de "realização particularista". O sistema clássico de exames e aquisição de postos oficiais, do ponto de vista de critérios "formais" de distribuição de papéis, era orientado para a realização. Ao mesmo tempo era particularista, na medida em que ressaltava fortemente os critérios da relação do examinando com os vários valores e relações hierárquicas, suas qualidades pessoais em relação a outros grupos e não os vários critérios universalistas tais como a eficiência. Na realidade, estes vários papéis eram também definidos em termos particularistas, *i.e.*, de relações mútuas (hierárquicas) de várias unidades e grupos. Estes papéis estavam também, em grande medida, limitados a vários grupos particularistas, tais como família e grupos de parentesco, estratos da nobreza etc. [44]. Era necessário um longo período de estudo para obter os conhecimentos necessários e vencer com êxito os exames oficiais; conseqüentemente, estabeleceram-se escolas especiais ao largo de toda a China. Estas escolas internamente tinham gradação etária e reuniam rapazes de idade similar. Porém, não se desenvolveram grupos etários acabados, principalmente porque tanto as orientações de valor como os padrões de distribuição de papéis, predominantes na mais importante esfera da estrutura social, eram particularistas, e sua preparação orientava-se para a conquista destes valores e posições particularistas.

43. Ver J. FURNIVALL, *Educational Progress in Southeast Asia*. Nova York, 1943.
44. T. PARSONS, *The Social System*, p. 195 e ss.; *The Family Transition in Modern China*, op. cit.; H. FEI, Peasantry and Gentry, *American Journal of Sociology*, 1946; H. FEI, *China's Gentry*, Chicago, 1953.

Por um lado, o sistema familiar chinês era de vital importância em todos os pontos desta sociedade "familiar" e atuava como uma das mais importantes agências atributivas em todas as esferas; embora, por outro lado, todo o "oficialismo" constituísse um estrato orientado em termos particularistas, intimamente relacionado com o próprio sistema familiar[45]. Neste sistema notava-se uma forte ênfase na senioridade e na idade relativa; mesmo durante o período de preparação, o jovem senhor estava vinculado a este sistema e orientado para ele, era-lhe impossível qualquer desenvolvimento de identificação e ideologia etária em termos universalistas, apesar da existência de grupos de gradação etária dentro das escolas[46].

Podemos observar claramente o mesmo relacionamento básico, pessoal e particularista, entre os professores (mestres) e alunos, dentro do quadro dos grandes sistemas e seitas religiosas. Inclusive no caso da maioria das religiões universais, o relacionamento educacional entre o mestre e os alunos está fundado em termos carismáticos pessoais[47]. Mesmo os grupos *bakhurei ieshivá* na sociedade judia tradicional, mencionados em forma breve anteriormente, não constituíam grupos juvenis universalistas acabados, mas somente grupos limitados a orientações de valor e a um esquema particularista muito distinto. A este respeito, estas escolas são inteiramente diferentes do sistema escolar moderno, com suas premissas universalistas.

Já vimos, no capítulo precedente, que os sistemas escolares modernos estão geralmente organizados a nível do país e orientados no sentido do desenvolvimento de várias realizações universalistas. Embora se saiba perfeitamente que o sistema escolar está desigualmente distribuído entre os diferentes estratos sociais, suas premissas valorativas básicas são universalistas e orientadas para a realização. Isso não ocorria nas várias escolas existentes nas sociedades familistas camponesas na Europa e Ásia, no sistema de castas da Índia e Ceilão e nas escolas urbanas de artesãos relacionadas com as guildas, ou nas escolas aristocráticas tanto da República Romana como do Império[48]. Estas orientavam-se no sentido da preparação para vários papéis restritos dentro do campo de ação dos grupos particularistas e qualitativos e não no sentido de realizações universalistas. Encontramos uma situação parecida, por exemplo, no sistema educacional do

---
45. *Ibid.*
46. M. LEVY, op. cit. e as numerosas análises históricas de W. EBERHARD, principalmente seu *Conquerors and Rulers*, Leiden, 1952.
47. Ver a análise de J. WACH em *Meister and Jünger*, Leipzig (s. d.) e de maneira mais geral no seu *Sociology of Religion*, Chicago, 1944.
48. Ver H. MARROU, *L'éducation dans l'antiquité*, op. cit.

Império Bizantino, tanto nas universidades seculares como nas escolas das igrejas, que eram de grande importância na vida cultural e política do Estado[49]. O sistema moderno desenvolveu-se a partir dessas escolas particularistas (tais como as várias escolas campestres e nos séculos XVII e XVIII as escolas "públicas" na Inglaterra); a transição destes sistemas até a educação universal dos Estados modernos é muito instrutiva para a nossa discussão e mostra claramente a emergência de um novo tipo e direção da identificação etária[50].

Considerando a superficialidade de nossa apresentação nesta seção, acreditamos ser suficiente analisar as diferenças entre a especialização e a orientação de valor nas sociedades universalistas e particularistas, os diferentes tipos de relações sociais existentes nelas e a importância destas diferenças para o problema da formação dos grupos etários e de uma ideologia etária universalista.

A diferença fundamental que encontramos é que nas sociedades particularistas (*i.e.*, aquelas sociedades cujos principais critérios de distribuição de papéis e recompensas são definidos em termos particularistas) o período de preparação, de transição da família e encontro concreto com pessoas da mesma idade, não ocasiona o surgimento de grupos etários universais e globalizantes, nem uma ideologia correspondente ao grupo etário. Embora seja bastante importante na inculcação de algumas orientações subsidiárias de caráter universalista, notoriamente nos campos intelectual e cultural, esta orientação não constitui um elemento básico destes grupos. Este fato comprova-se por várias razões. Primeira, na maioria destas sociedades (com exceção dos Mende etc.) as escolas preparatórias não abrangem, nem potencial nem concretamente, todos os membros de um determinado grau etário nesta sociedade, mas tão-somente um grupo deveras selecionado. Segunda, os critérios de seleção do grupo e que determinam sua identificação são geralmente particularistas, e, juntamente com as concomitantes orientações de valor, definem o caráter dos papéis em relação aos quais tende a preparação. Terceira, na maioria destas situações nota-se uma forte ênfase na idade *relativa* com freqüência nos relacionamentos pessoais de senioridade entre professores e alunos etc.

---

49. Ver L. Brehier, *La Civilisation Byzantine*, Paris, 1950, Cap. XIII e A. A. Vasiliev, *History of the Byzantine Empire*, Manchester, 1952, *passim*.

50. Ver T. L. Jarman, *Landmarks in the History of Education*, Londres, 1951, Caps. X, XII, XIV e N. Hans, *New Trends in Education in the 18th Century*, Londres, 1951.

A orientação particularista de suas aspirações, o esquema particularista de seus papéis e a conseqüente harmonia básica entre a estrutura dos papéis da família e daqueles das esferas ocupacionais, políticas etc., proporcionam uma base sólida de segurança e identificação emocionais. Sua imagem de *status* está firmemente ligada a estes quadros particularistas, que lhes asseguram tanto relações primárias e identificação coletiva, como compatibilidade entre as duas. Assim sendo, o "acidente" da homogeneidade etária, segundo as aspirações de *status* dos membros ou os princípios de distribuição de papéis, não representa um importante foco de identificação e orientação comunitária.

X

A análise das conseqüências da especialização e orientação para a realização nas sociedades universalistas e particularistas, conduz-nos a outro ponto de interesse geral para nossa análise e que já foi mencionado no primeiro capítulo deste livro; o lugar ocupado pela *idade* entre os principais tipos de sociedades discutidas até agora. Temo-nos concentrado no problema específico de grupos etários organizados. Mas não poderemos entender completamente o problema sem fazer uma breve consideração sobre o problema mais geral do lugar ocupado pelos critérios etários dentro dos sistemas de valores e princípios de distribuição de papéis numa sociedade. Sob que condições sociais tem importância este critério em todos estes aspectos? Em que tipos de sociedades, mesmo naquelas que não possuam grupos etários, são significativos os papéis nas esferas políticas, econômicas e rituais, que foram atribuídos com base na idade, e a autoridade e respeito concedidos de acordo com o princípio de senioridade? Parece-nos que nossa discussão e descrição de diversos tipos de sociedades facilita-nos a possibilidade de dar uma resposta sistemática a esta questão. Na *maioria* das sociedades primitivas discutidas até este momento, com ou sem grupos etários, a idade constitui um princípio relativamente importante para a distribuição de papéis na maioria das esferas. Portanto, os mais velhos ocupam importantes cargos políticos e rituais na maioria das linhagens e grupos de parentesco destas sociedades e o poder incorporado destes grupos em relação a outros grupos está neles investido. Geralmente, estão também encarregados da maior parte dos cargos importantes da sociedade como um todo. Idade e senioridade exigem respeito geral e exercem autoridade e influência. Assim ocorre nas várias tribos segmentárias, na maioria dos reinos centralizados e organizados em termos de parentesco, sociedades secretas e associações. Porém, o quadro muda de certa forma em algumas das sociedades especializadas e orientadas para a realização. A preponderância da realização universalista restringe muito a importância da idade. Este ponto concorda com a hipótese formulada no Cap. 1, ou seja, que a importância da idade como critério de distribuição de papéis está relacionada com o grau de harmonia do sistema de valores geral da sociedade com aqueles da imagem humana sobre a idade. Tivemos a oportunidade de observar que as definições etárias são por natureza qualitativas e difusas. Portanto, toda a ênfase na especialização e na realização reduz a importância do critério etário como um princípio de distribuição de papéis. Conseqüentemente, constatamos que a relativa importância da idade e senioridade se reduz um tanto nas várias associações dos Yako, Ibo etc. E ainda assim, este declínio da importância do critério idade é relativo. Mesmo entre estas tribos descobrimos que a idade e a senioridade exigem respeito e, pelo menos na esfera da família e dos clãs, também posições de autoridade. Embora a clareza do critério etário no processo de distribuição de papéis nas mais amplas esferas da sociedade tenha-se reduzido e não se aplique em diversas esferas e organizações, estes fatos causam pouca redução no respeito concedido à senioridade. Idade e senioridade ainda significam muito, embora de maneira mais geral e difusa e não sempre como um critério *específico* de distribuição de papéis. É somente nas sociedades mais especializadas, *e.g.*, em Atenas no século IV a.C., que testemunhamos alguma diminuição deste respeito e algumas rupturas potenciais e tensões insolúveis nas relações entre gerações.

A única exceção parcial a esta regra são as tribos nas quais se coloca uma forte ênfase na bravura militar, que necessariamente decresce com o avançar da idade. Aqui, como entre os Nandi, Masai etc., encontramos muito mais ênfase no grau etário de guerreiro e não na idade mais avançada e senioridade em geral e é este o grau etário que domina a maior autoridade e prestígio. Aqui também o critério de idade serve de critério básico para a distribuição de papéis; mas devido à especial acentuação na arte de guerrear, há uma modificação na relativa avaliação de diferentes graus etários.

A situação nas sociedades mais diferenciadas, particularistas, especializadas e orientadas para a realização é um tanto mais complicada. Por um lado, a importância do critério e o valor de idade necessariamente diminui, de acordo com o grau de predominância da especialização e da realização. Nos setores governados por estas orientações, os papéis são atribuídos segundo os princípios que diferem dos de idade. E ainda assim a idade — especialmente idade relativa ou senioridade — não perde todo seu significado. Se olharmos tanto para a China clássica, com sua burocracia patrimonial, como para as várias hierarquias eclesiásticas da Europa e Ásia, ou em geral para as sociedades feudais e das guildas, veremos que a senioridade tem um papel muito importante nas relações sociais, exige autoridade e respeito e usualmente tem uma forte influência, mesmo se não chegar a ser inteiramente articulada, na distribuição de papéis e nos padrões de comportamento em muitas esferas sociais. Embora os princípios hierárquicos gerais de uma sociedade estratificada sejam permeados pelo critério da idade, ao mesmo tempo preservam sua importância em cada um dos estratos e de maneira geral preservam o valor da idade — da sabedoria e experiência — e o respeito devido aos seus sistemas de valor e ideologia. Este fato deve-se à preponderância dos critérios particularistas. Como já vimos, estes critérios estabelecem um limite definido ao alcance da realização e da especialização. Abrangem, portanto, o estilo de vida total e difuso de um determinado grupo particularista e mantêm este estilo tradicionalista. Por este motivo dá-se forte ênfase à experiência, ao conhecimento e penetração no quadro deste estilo de vida — que tende por inteiro a enfatizar a importância da idade e da senioridade, mesmo que nem todos os papéis sejam atribuídos nesta base. Mas ainda assim, as básicas relações contínuas e complementares entre as gerações são vigorosamente mantidas.

Parece que nossa suposição geral, que se relaciona com os tipos de sociedades nas quais a idade é um importante critério de distribuição de papéis, está comprovada por esta análise. A importância do critério idade é relativamente maior, na medida em que se mantenha a orientação de valor difusa e qualitativa. É necessariamente maior nas sociedades particularistas do que nas universalistas. Nas primeiras, mesmo quando as unidades básicas da sociedade sejam formadas não em termos de laços de consangüinidade, mas de princípios hierárquicos, a importância da idade e senioridade é mantida por completo em cada estrato e também como valor geral da sociedade. Se existem algumas atividades orientadas no sentido da especificidade e realização nestas sociedades, são geralmente conservadas dentro dos limites das unidades tradicionalistas, nas quais a senioridade é uma vez mais mantida ainda que com ela não se relacionem muitos papéis. A importância relativa do critério idade muda radicalmente, somente quando as orientações no sentido da especificidade e da realização ocorrem dentro do quadro de uma sociedade totalmente universalista — como ocorre nas sociedades modernas.

XI

Voltando-nos agora para o complexo total das sociedades modernas, encontramos um maior grau de intensidade de orientação para a especialização e realização que em qualquer outra sociedade analisada até este ponto. Como fizemos no capítulo precedente, descreveremos este complexo como um "tipo ideal", obrigatoriamente em forma rápida, que entretanto poderá ser suficiente para cumprir nossos propósitos. A intensidade da orientação para a especialização e realização na sociedade moderna é tríplice. Primeiro, existe uma acentuada segregação e diferenciação entre as várias esferas sociais e o número de "particularidades" e "alternativas" torna-se muito grande, especialmente no campo econômico. A maior parte dos processos econômicos são realizados por agências e grupos especializados, que se distinguem uns dos outros segundo suas funções especializadas. A divisão econômica do trabalho está fundada na separação entre as unidades de produção e de consumo e entre as primeiras (e em certa medida também entre as segundas) observa-se um alto nível de especialização interna. O mesmo aplica-se de maneira algo distinta às atividades políticas, rituais e intelectuais. A maioria dos papéis desempenhados pelos membros das sociedades modernas, fora do campo da família e da parentela, são também altamente especializados. Estes papéis normalmente requerem um largo período de preparação e aprendizagem, são majoritariamente atribuídos não em termos qualitativos, *i.e.*, devem ser alcançados e seu desempenho é julgado por padrões tanto de especificidade como de realização[51]. Em segundo lugar, não só os critérios de distribuição de papéis são baseados na especificidade, especialização e realização; encontramos também os mesmos padrões predominantes no campo das orientações de valor. Terceiro, na maioria das sociedades modernas existe também uma forte orientação individualista nas esferas das orientações de valor; *i.e.*, a esfera em que os papéis e as recompensas são atribuídas com respeito à gratificação individualista e que é maior e mais forte do que em qualquer outro tipo de sociedade que discutimos. Encontramos aqui uma diferença básica das sociedades históricas primitivas e passadas, entre as quais, como mostra-

---

51. Ver, sobre este ponto, as várias análises sociológicas das sociedades modernas, tais como R. WILLIAMS, *American Society*, op. cit., ou T. PARSONS, *Essays in Sociological Theory*, op. cit.

mos, os vários princípios especializados e orientados para a realização de distribuição de papéis estavam vinculados em diferentes graus com os limites das orientações de valor difusas e qualitativas e às vezes até particularistas. Nas sociedades modernas o desenvolvimento de uma sociedade universalista esteve relacionado historicamente com o desenvolvimento de específicas orientações de valor no sentido da realização. Historicamente, esta interligação remonta à época do desenvolvimento do puritanismo, do capitalismo moderno e do Estado liberal moderno baseado na cidadania universal[52]. Deveria estar claro, já que foi apresentado no capítulo precedente, que isto conseguiu-se através de um desenvolvimento gradual, desigualmente difundido nos vários setores das sociedades ocidentais e até o dia de hoje desigualmente distribuído entre eles.

Este tipo de organização social, predominante nas sociedades modernas, limita o alcance e número de papéis atribuídos com base unicamente na idade. Existem poucas organizações e grupos, nos quais os papéis sejam atribuídos explicitamente em nome da idade. Algumas organizações — as mais competitivas e orientadas para a realização — opõem-se em grande medida a todo e qualquer reconhecimento da idade ou senioridade como importante elemento na sua estrutura. Ainda mais, em muitos desses setores, as idades médias ou avançadas são temidas e olhadas com consideração. Existe nelas uma competição potencialmente forte entre os vários graus etários e as gerações, observando-se que suas relações são tensas. Em outras organizações pode haver menor antagonismo quanto às considerações de idade e senioridade, embora raramente se tornem explícitos critérios de distribuição de papéis. Existem considerações sobre senioridade — e por vezes regras de senioridade — em muitas organizações formais e burocráticas, como o Exército, a Igreja, universidades etc., embora não consideremos que senioridade e idade relativa sejam idênticas. A idade também tem valor naquelas esferas que apresentam orientação mais coletiva e difusa e nas quais as considerações sobre experiência e sabedoria "acumulada" têm muita importância. Exemplos de destaque nos campos ocupacionais são os médicos da família e de zonas rurais e advogados; na política, "estadistas idosos". Em todos estes casos as considerações sobre a idade são de importância geral nas relações sociais, embora mesmo assim não sejam imunes a critérios mais orientados no sentido da realização, que dão mais destaque

---

52. Ver M. WEBER, *The Protestant Ethic, Gesammelte Aufsätze zur Religionssoziologie*; tradução do inglês por T. Parsons, Londres e Nova York, 1930. Ver também R. H. TAWNEY, *Religion and the Rise of Capitalism*, 1927.

às pessoas jovens. Pode-se dizer, de maneira generalizada, que a grande ênfase na realização e na especialização restringe em grande medida a importância da idade como critério explícito de distribuição de papéis. Entretanto, este fato não nega totalmente nem diminui a importância do ato de organizar as relações entre as gerações. Sua importância torna-se talvez ainda maior, considerando que nestes casos existem muitas tensões básicas entre várias gerações, que podem provocar um deterioramento da fácil interação e continuidade entre elas. Uma das tarefas fundamentais de nossa análise será verificar de que maneira os grupos etários e juvenis afetam as relações entre as gerações nas sociedades modernas.

Neste momento devemos ocupar-nos da análise do impacto de orientação para a realização e especialização nas modernas sociedades sobre a estrutura dos seus grupos etários. Uma das principais conseqüências do processo já foi analisada, isto é, o longo período de preparação para o qual se desenvolveram especiais dispositivos institucionais, as escolas. Ao contrário das sociedades particularistas analisadas no capítulo precedente, esta preparação está fortemente vinculada a valores universalistas e orientados para a realização, que, como mostramos, são determinantes do marcado desenvolvimento dos "grupos etários" e da identidade baseada em critérios etários[53].

O período preparatório na escola, de maneira geral, não constitui um período transitório de um grupo particularista (ou posição) a outro, mas norteia-se no sentido da conquista de papéis especializados, sendo o conteúdo destes em grande medida universalista e orientado para a realização. O sistema escolar moderno, que enfatiza marcadamente a gradação etária preparatória, relaciona-se de perto com o elevado nível de especialização existente nas sociedades modernas. Contudo, conforme mostramos no capítulo anterior, o sistema escolar, acentuando as realizações instrumentais, não proporciona uma meta adequada para todas as necessidades dos jovens e adolescentes e é este fato que origina os vários grupos juvenis espontâneos. Nas sociedades modernas estes grupos etários compartem a esfera "preparatória" com a escola; os efeitos da especialização intensiva evidenciam-se nitidamente na composição e atividades destes diversos grupos juvenis e etários, agências juvenis etc. Várias destas características são similares àquelas dos grupos etários nas sociedades primitivas especializadas, mas nestes casos são muito mais acentuadas. Mostraremos estas características,

---

53. Ver, por exemplo, as várias análises de E. H. ERICKSON em *Childhood and Society*, op. cit.

já que se adequam, de maneira geral, à maioria das sociedades modernas.

A primeira destas características é que a limitação da faixa de vida que compreende a atuação dos grupos juvenis é muito acentuada nestas sociedades. Na quase totalidade dos grupos juvenis modernos (excetuando-se parcialmente o movimento juvenil alemão), as atividades estão visivelmente confiadas à adolescência e início da faixa de idade adulta, mas nunca além dela. É naturalmente efetivo que encontramos pessoas mais velhas desempenhando várias posições de direção em muitas organizações juvenis (*e.g.*, diretores de recreação, patrocinadores, instrutores semi-oficiais etc.). Entretanto, estas pessoas são claramente representantes da sociedade adulta, lidam com as pessoas jovens, servem de guias e não são membros "originais" do grupo. A qualidade original de membro está nitidamente confinada à adolescência e início da faixa de idade adulta, *i.e.*, o estágio anterior às atividades de especialização e daquelas orientadas para a realização ocupa a maior parte da energia e da vida do indivíduo (claramente antes do estabelecimento de uma nova unidade familiar). A solidariedade interna do grupo é rapidamente interrompida e diminuída a coesão do grupo e atração dos seus membros com o começo da maturidade social, preparação para o casamento e a necessidade de encontrar trabalho*. Isto é válido tanto para os grupos de "iguais" vagamente organizados dos Estados Unidos, como para as organizações juvenis mais formalizadas de Israel e as altamente organizadas da Rússia[54].

A única exceção parcial a esta limitação da faixa etária pode ser encontrada entre alguns dos movimentos juvenis alemães, nos quais, devido ao seu caráter não-institucionalizado e sectário, foram feitas tentativas — na maioria fracassadas — para prolongar a existência do movimento e sua influência sobre a faixa adolescente. Entretanto, esta ação pode ser tentada somente na medida em que estes movimentos não contavam com legitimação e institucionalização, tentando ser movimentos revolucionários.

Não existem, em outros casos, atividades definidas ou direitos recíprocos claramente definidos dos membros do grupo juvenil sobre a faixa da adolescência; embora muitas amizades duradouras se estabeleçam durante aquele período

---

* Isto confirma o fato de que os movimentos e organizações juvenis, entre a juventude da classe trabalhadora geralmente cobrem um período mais curto de vida e muito cedo começam a incorporar-se às atividades puramente técnicas e vocacionais.

54. Ver T. PARSONS em *Essays*, op. cit.; M. FAINSOD, The Komsomol, *American Political Science Review*, op. cit.; e os seguintes relatórios completos sobre as pesquisas, sobre os movimentos juvenis de Israel, bem como de S. N. EISENSTADT, *Youth Culture and Social Structure in Israel*, op. cit.

e se inspire num espírito geral de camaradagem. Este espírito, porém, não está vinculado a nenhum tipo de papéis ou obrigações definidas.

Em segundo lugar, encontramos em todos os grupos juvenis modernos, movimentos e organizações, uma ênfase excepcionalmente forte nas atividades internas do grupo e quase não apresentam nenhum tipo de regulação do comportamento dos membros da sociedade. Ainda que a organização juvenil seja totalmente dirigida e organizada por adultos, ela não desempenha nenhuma função reguladora com respeito ao comportamento global, tanto de seus membros como de outros membros da sociedade. O centro de seu interesse e atividades reside nos assuntos internos do grupo ou organização e não fora dos seus limites.

Esta forte ênfase nas relações internas também explica uma das características mais comuns dos grupos juvenis modernos — a grande ênfase que se dá ao pequeno grupo primário e autônomo, como núcleo de todas estas organizações[55]. Já se mostrou que esses pequenos grupos são os núcleos básicos de todos os tipos de grupos etários, mas na maioria das organizações primitivas este núcleo encontra-se firmemente interligado com a organização maior e assume seus símbolos de identificação e valores. Nos grupos juvenis modernos, esse núcleo desfruta de maior autonomia e tende a desenvolver uma forte interdependência emocional e intensiva identificação mútua entre seus membros[56]. Esta intensidade baseia-se principalmente em laços emocionais, de importância devido ao caráter segregado e "preparatório" dos papéis atribuídos aos adolescentes e devido aos sérios problemas emocionais relacionados com o período da adolescência e de reformulação da identidade do ego do adolescente nas sociedades modernas[57]. Esta forte relação emocional pode ou não estar totalmente integrada em estruturas formalizadas mais amplas; é, porém, esta força emocional que possibilita a estes grupos tornarem-se os núcleos de várias atividades e movimentos rebeldes e anormativos[58].

XII

Notamos, portanto, que as características gerais dos grupos etários nas sociedades especializadas são acentuadas e

---

55. Ver a bibliografia citada acima, bem como o estudo de grande utilidade de E. F. PIEFAY, *Boy's Clubs and Their Social Patterns*, *British Journal of Delinquency*, v. II, n. 3, 1952.
56. Ver os vários casos nos estudos de escritos sobre os adolescentes de FLEMING, BLOS, ZACHRY etc., bem como a bibliografia sobre o Movimento Juvenil Alemão, por exemplo, H. BLUECHER, *Der Charakter der Jugenbewegung*, 1921; Idem, *Wandervogel, Geschichte einer Bewegung*.
57. Ver E. H. ERIKSON, op. cit.
58. Ver, por exemplo, F. THRASHER, *The Gang*, op. cit.; ou W. F. WHYTE, *Street Corner Society*, op. cit.

intensificadas nos grupos juvenis modernos, mas não são estruturalmente diferentes daquelas das sociedades primitivas. Porém, o quadro da especialização e orientação no sentido da realização e suas repercussões na estrutura dos grupos juvenis não é uniforme em todos os setores das sociedades modernas. Nota-se uma grande diferenciação entre os vários estratos nas sociedades modernas, fato esse que se relaciona com a natureza e grau de especialização e orientação para a realização que existam nelas. Um dos mais importantes índices de especialização e orientação para a realização é a natureza e alcance da escolha ocupacional num determinado setor e sua relação com o sistema geral de valores da sociedade e de seu setor. A primeira variável de destaque é, sem dúvida, o grau de conhecimento especializado e a habilidade que uma determinada ocupação ou grupo de ocupações exige. Este fato obviamente determina em grande medida a duração da educação preparatória necessária e também a idade em que o jovem adolescente ou adulto inicia sua vida ocupacional. Porém, as necessidades técnicas de preparação não são o único fator determinante da duração da preparação e da educação. Muitos aspectos do sistema educacional estão concentrados no conhecimento simbólico e intelectual. Assim, a segunda variável que influencia a duração da educação e a natureza da preparação é uma determinada atitude do grupo perante os vários valores intelectuais e simbólicos compreendidos no sistema escolar.

Constatamos, portanto, que na maioria das classes mais baixas de certas sociedades, o período de preparação e educação é muito curto e corresponde tanto aos padrões de valor como ocupacionais destes estratos. As ocupações destes grupos não exigem elevado grau de preparação e educação e não se dá grande valor a essa preparação e educação. Os jovens começam a trabalhar relativamente cedo na vida (12-16 anos) quando se exige pouco conhecimento especializado. Há uma oposição latente às exigências da escola e aos seus valores e geralmente uma escassa supervisão por parte dos pais na educação das crianças. As possibilidades ocupacionais para estas crianças são muito restritas e a família de um modo geral não as dirige firmemente em direção a qualquer ocupação definida. Restringe as possibilidades e horizonte de alternativas e aspirações, mas não se constitui numa efetiva unidade econômica ou educacional. Por conseguinte, estas são as características especiais dos grupos juvenis nestes estratos — características bastante similares em muitos países modernos. O início prematuro de uma vida ocupacional limita a faixa de vida dos grupos juvenis; embora alguns deles tendam a continuar até o momento do casamento e possam então evolucionar no sentido de grupos informais de adultos. Portanto, a descontinuidade entre a família e a juventude na maioria das sociedades modernas é de duração mais breve nestes estratos que em outros. Grupos juvenis, a maior parte do tipo desorganizado — "turmas", "quadrilhas", "grupos da esquina" etc. — levam uma vida muito intensa num determinado período da vida e então gradualmente evolucionam no sentido de grupos informais de adultos. O padrão das atividades e valores destes grupos e aquele dos adultos de sua classe são bastante similares; embora a linha demarcatória entre os vários graus etários seja muito mais notória e haja pouca mistura entre eles. De certa forma este padrão é parecido com o encontrado em muitas sociedades rurais a serem descritas no capítulo seguinte. Esta similaridade de valores evidencia-se ainda mais na atitude negativa para com a escola e a educação formal e na total dissociação dos grupos juvenis da vida escolar. Portanto, nestes casos o baixo grau de especialização abrevia a faixa de vida dos grupos juvenis, ao passo que sua atitude perante os essenciais valores de sociedade origina certo grau de associação com as agências juvenis mantidas por adultos. É ainda mais evidente pela atitude para com a escola, mas também no que se relaciona com vários clubes juvenis, organizações etc. As exceções mais destacadas sobre este ponto são os diversos tipos de movimentos e organizações juvenis de trabalhadores. Estas tiveram grande influência nos países continentais, em Israel etc.; mas mesmo neles sua maior influência exerce-se sobre trabalhadores especializados, na medida em que servem de canais de mobilidade no sentido de alcançar melhores estratos ocupacionais. Verificamos tentativas de inculcar nos adolescentes um sentimento de orgulho quanto ao desempenho de seu trabalho e uma forte identificação com seus valores e orientações, o que não ocorre no caso dos grupos juvenis recrutados entre a classe mais baixa, grupos não-especializados. Verificamos aqui também que a faixa etária abrangida pelo movimento ou organização juvenil é bastante limitada, já que a idade dos que trabalham é relativamente pouca.

Encontramos um quadro totalmente diferente nas várias classes mais elevadas da sociedade moderna — a aristocracia inglesa e continental e classes profissionais e empresariais, a plutocracia e a "classe alta" americana etc. Nestes casos são elevados, o grau de especialização por um lado, e a identificação com vários valores simbólicos da sociedade por outro. As diversas ocupações das quais participam os membros destas classes requerem um largo período de preparação, bem como seu sistema de valores. Daí a razão do largo período de preparação nas escolas e universidades.

Esta especialização e orientação para as realizações no âmbito da esfera ocupacional tem, entretanto, um caráter muito especial. Especialmente em grupos da Inglaterra e em alguns continentais, apresenta uma tendência difusa e de atribuição qualitativa. Embora os membros individuais deste grupo não apresentem limitação quanto à escolha de ocupação, essa escolha é de certa forma restrita. Esta limitação provém das atitudes a tomar segundo as ocupações, e.g., negócios, as profissões, carreiras acadêmicas; e a escolha ocupacional é fortemente influenciada pelos valores e estilo de vida dessas famílias, com as quais os jovens geralmente tendem a se identificar. Assim, a especialização e orientação para as realizações destes grupos e suas concomitantes possibilidades ocupacionais são em grande medida determinadas dentro do quadro de padrões difusos e de atribuição qualitativa segundo seu estilo total de vida. Este padrão de especialização repercute na estrutura dos grupos juvenis recrutados destes estratos. A educação oficial é muito prolongada, mas, ao contrário do que ocorre nas classes mais baixas, existe uma forte conexão entre ela e a vida grupal espontânea da juventude. Em alguns casos os grupos juvenis espontâneos encontram sua quase total expressão dentro do âmbito da escola. Exemplos de destaque são as escolas públicas inglesas, especialmente na forma que assumiram desde a primeira metade do século XIX. Foram aproximadamente descritas pelo historiador francês, E. Halévy:

> Os mestres davam aulas às suas classes e em caso de séria insubordinação, interferiam e chicoteavam os infratores. Caso contrário deixavam-nos atuar livremente. Não havia mestres como os *maîtres d'études* franceses, cuja incumbência fundamental era manter a disciplina. A disciplina era deixada a cargo dos rapazes mais velhos, membros do sexto ano, que constituíam o senado, a aristocracia dirigente da escola pública. Serventes havia poucos ou nenhum. Portanto, os rapazes tinham que se preocupar em executar todo o serviço. Os rapazes menores, membros de anos inferiores, eram os criados dos mais velhos, tinham que lustrar seus sapatos, ferver a água para seu chá e carregar suas bolas e bastões de críquete. Uma enorme sociedade de rapazes entre os oito e dezoito anos governada por um código não escrito de sua própria autoria, e uma república quase totalmente livre de 100, 200 ou 500 membros, um clube onde mesmo antes da adolescência cada rapaz era imbuído pelo espírito de uma nação aristocrática: essa era a escola pública inglesa [59].

Até que ponto modelavam as atividades e caráter dos jovens está amplamente ilustrado nas numerosas autobiografias dos membros da aristocracia inglesa[60]. De certa

---

59. Ver E. HALÉVY, *A History of the English People in 1815* (ed.) Pelican) v. 3, p. 163.
60. Ver, por exemplo, a autobiografia de W. Churchill, e muitos outros exemplos semelhantes. Ver em detalhe também B. DARWIN, *The English Public School*, Londres, 1929.

forma assemelham-se aos diversos tipos de escolas das sociedades particularistas descritas antes, ainda que alguns aspectos curriculares e orientações de valores em geral tenham uma conotação muito mais universalista. Porém, a acentuada base qualitativa de sua orientação evidenciava-se nitidamente pela íntima relação entre o sistema escolar oficial e as atividades espontâneas dos jovens. Esta conexão pode ser também encontrada na participação em várias agências oficialmente patrocinadas — os escoteiros, clubes juvenis etc. — que às vezes têm grande projeção entre os membros de seus grupos e classes. Somente em alguns casos específicos, como por exemplo entre as famílias muito autoritárias da plutocracia americana, é que encontramos um certo tipo de rebeldia entre as crianças[61].

A diferença entre estas crianças e as das classes baixas foi claramente resumida num estudo recente de S. M. Spinley[62]:

Experiência em bairros pobres	*Experiência em escolas públicas*
Lar desfeito, grandes conflitos latentes	Lar estável com poucos conflitos latentes
Criança não esperada	Criança esperada
Família grande, muitos irmãos	Família pequena
Relações ríspidas e muito próximas entre irmãos	Relações menos próximas e mais supervisionadas entre irmãos
Ocupação braçal do pai	Ocupação profissional ou empresarial do pai
A mãe trabalha após o nascimento da criança	A mãe não trabalha após o nascimento da criança
Pais jovens	Pais mais velhos
Infância e adolescência passadas em casa entre os irmãos e com companheiros de ambos os sexos	Grande parte da infância e adolescência passada fora do lar entre um grupo etário do mesmo sexo
Normas e ideais da escola em conflito com o comportamento no lar	Normas e ideais da escola coerentes com o comportamento no lar

61. Ver, em forma bastante pormenorizada, a discussão no Cap. 5.
62. S. SPINLEY, *The Deprived and the Privileged*, Londres, 1953, p. 131. E ver também a bibliografia citada no Cap. 2 e na nota 58 acima. Uma discussão recente muito interessante sobre este problema pode ser encontrada em E. B. OLDS & E. JOSEPHSON, *Young People and Citizenship*, Nova York, 1953, National Social Welfare Assembly (mimeografado). Ver também alguma coisa da bibliografia existente sobre a juventude alemã e americana do após-guerra, *e.g.*, K. BENDARIK, *Der junge Arbeiter vom heute-ein neuer Typ*, Stuttgart, 1953.

| Ensinada na escola por pessoas que se crêem pertencentes a um *status* social mais elevado. | Ensinada na escola por pessoas que se crêem pertencentes a um *status* igual ou inferior. |

Várias classes médias das sociedades modernas apresentam alguns padrões específicos. Em alguns países europeus o quadro não é totalmente dissimilar daquele das classes mais altas, no tocante à forte conexão entre os padrões ocupacionais e a um padrão de vida e de cultura um tanto tradicionalistas e difusos. Este parece ser o caso da Inglaterra; ainda mais na França, com sua burguesia mais tradicionalista e marcantes valores familiares; e em menor extensão nos Estados Unidos. Obviamente, a extensão da possibilidade de escolha ocupacional e mobilidade seria maior geralmente aqui que nas classes mais altas e a ênfase nas realizações muito maior. Por isso também um maior grau de separação da vida familiar das esferas ocupacionais e políticas e de certa forma uma maior diferenciação na estrutura dos grupos juvenis. O período de preparação é relativamente longo (muito mais longo naturalmente, que nas classes baixas e por vezes tão longo como nas altas); porém, a educação pode ser um tanto mais especializada (conforme as diferentes exigências ocupacionais) — especialmente nos estágios posteriores — e menos orientada no sentido de padrões difusos de valores e do desenvolvimento do caráter. Por essa razão pode haver um campo de ação relativamente maior dos grupos juvenis espontâneos; mas inclusive estes grupos estão em geral intimamente ligados tanto à escola (*e.g.*, em atividades esportivas) como a várias agências e organizações mantidas por adultos (*e.g.*, A.C.M., escoteiros, clubes juvenis, vários partidos políticos e organizações religiosas etc.). Os grupos juvenis espontâneos podem então desenvolver várias atividades esportivas e sociais, que possibilitam a formação de grandes amizades entre um número pequeno de jovens etc., sem implicar nenhuma oposição ao mundo adulto.

A situação é um tanto mais complexa entre aqueles setores das classes médias, nos quais a orientação para a realização é mais pronunciada e por outro lado muito pouco relacionada com os padrões de vida difusos e coletivos. Este é o caso de certos setores da classe média americana e geralmente em muitos setores nos quais prevaleça uma mobilidade individual muito acentuada. Aqui o grau de especialização e a ênfase nas orientações e realizações específicas são muito marcados, bem como, conseqüentemente, a duração da preparação exigida às crianças e adolescentes. A escola serve então como um dos principais canais de preparação e mobilidade e seus aspectos preparatórios e instrumentais são ressaltados ao máximo. Por conseguinte, encontramos aqui uma dissociação particularmente forte entre a organização formal da escola, as várias agências juvenis mantidas por adultos e os grupos juvenis espontâneos. Esta dissociação pode expressar-se na negativa a participar nas várias agências e organizações similares formadas pelas escolas e/ou o desenvolvimento de uma "cultura juvenil" um tanto subsersiva, que apresenta uma atitude ambivalente perante o mundo adulto. Portanto, vemos que, embora todos os setores das sociedades modernas se caracterizem pela separação entre a família e a vida ocupacional, a estrutura exata desta separação e da correspondente especialização e orientações para a realização difere muito nos vários estratos da sociedade, afetando assim, de diferentes maneiras, a estrutura dos grupos juvenis.

XIII

Em todas as grandes características estruturais discutidas até agora existe, como salientamos, uma certa similaridade entre a estrutura dos grupos e agências juvenis modernas e a das sociedades históricas e primitivas, nas quais prevalecem a especialização e orientação para a realização. Apesar destas similitudes, há, entretanto, entre os grupos juvenis, diversas características que os diferenciam dos grupos etários das sociedades primitivas especializadas. A primeira grande diferença reside no fato de que os grupos juvenis modernos são totalmente segregados na esfera preparatória e, conseqüentemente, não lhes são atribuídos papéis institucionalizados. Em outras palavras, os grupos juvenis modernos não travam relações instrumentais totalmente institucionalizadas, nem desempenham tarefas institucionais na sociedade. Existem, sem dúvida, muitas atividades instrumentais na escola, contudo, estas atividades têm um caráter nitidamente preparatório e de treinamento. O alcance das atividades instrumentais preparatórias é muito menor. Os grupos juvenis modernos dão, portanto, uma ênfase maior às atividades expressivas e solidárias. Conseqüentemente, nenhuma atividade instrumental plenamente reconhecida é regulada pela solidariedade dos grupos juvenis e há, como vimos, poucas relações definidas entre companheiros da mesma idade após a adolescência. Esta segregação da orientação solidária enfatiza a natureza preparatória dos grupos juvenis modernos.

O tipo de preparação e conteúdo das atividades preparatórias varia, sem dúvida, de um tipo de grupo juvenil a outro. Nos grupos de iguais da "cultura juvenil" americana, esta preparação manifesta-se na forma de uma imitação subversiva do comportamento adulto "forte", numa tentativa de comportar-se como adultos etc. Nos movimentos mais organizados e formalizados, tais como as organizações juvenis afiliadas aos partidos políticos, manifesta-se sob a forma de inculcação de virtudes cívicas, de uma ideologia comum e doutrinação política, a fim de preparar os membros para a participação ativa e plena na vida política de suas respectivas comunidades. Em algumas destas organizações, e particularmente no *kibutz*, existem "repúblicas de crianças" (dirigidas por adultos) onde as crianças levam uma vida comunitária padronizada pela sociedade adulta e que as prepara para essa sociedade por meio de preceitos diários[63]. Em todos estes casos, entretanto, as atividades dos grupos juvenis enfatizam o aspecto preparatório e segregam o mundo das crianças do mundo dos adultos, ainda que desta maneira estejam acentuando a autonomia do mundo das crianças. Assim, vemos novamente que a especialização e a orientação para as realizações afetam a estrutura das organizações e grupos juvenis de diferentes formas, que variam segundo os setores e estratos das sociedades modernas. Mas, em todos estes, é evidente a diferença estrutural básica das sociedades históricas e mais primitivas — ou seja, o confinamento dos grupos etários à esfera preparatória e de treinamento.

Além destas diferenças estruturais entre os grupos juvenis modernos e os grupos etários das sociedades históricas e primitivas especializadas existe ainda uma diferença mais profunda. Ao invés do que ocorre nas sociedades primitivas, nas sociedades modernas não existe geralmente uma harmonia total entre as orientações de valor dos grupos juvenis e etários e aquelas de toda a sociedade. Como já foi dito, as orientações de valor das sociedades modernas tendem a ser, em diferentes graus, orientadas no sentido da especificidade e das realizações. Isto implica uma potencial falta de harmonia com a imagem qualitativa e difusa da idade e da juventude. A ênfase nas relações instrumentais e metas é muito mais forte nas sociedades modernas e estas não estão integradas em forma total em sistemas de gratificação expressiva e de relações solidárias. A continuidade e harmonia das orientações de valor encontradas nas sociedades históricas e primitivas não existem aqui. Por estas razões e pela forte ênfase nas atividades preparatórias,

---

63. EISENSTADT, S. N. *Age-groups and Social Structure*. Op. cit.
64. Ver a análise de T. Parsons citada no Cap. 2, bem como A. H. HOLLINGHEAD, *Elmotown's Youth*, op. cit.

nota-se uma certa diferença e descontinuidade entre a auto-imagem e identidade da juventude e aquelas do adulto.

Já tivemos a oportunidade de ver que a intensidade desta diferença varia de um a outro lugar. Os pontos diferentes, entretanto, são geralmente bastante similares. A primeira diferença é aquela entre a imagem difusa da juventude e da adolescência e a ênfase mais forte na especialização ocupacional necessariamente existente entre os adultos. Esta diferença é possível de ser encontrada em qualquer lugar — na ênfase nos esportes e convivência social geral da cultura juvenil americana[64], nas aspirações de um novo tipo de homem em direta comunhão com a natureza e o povo do movimento juvenil alemão[65], e a imagem pioneira do movimento juvenil de Israel etc. Neste último, observou-se que uma das principais ênfases, tanto na literatura oficial como entre os próprios membros, é a possibilidade e necessidade de desenvolver uma personalidade mais completa, não restringidas por limitações ocupacionais ou por problemas e exigências econômicas[66].

A segunda diferença é aquela entre a natureza qualitativa desta imagem humana e a necessidade de empenhar-se no sentido da realização individual na vida futura. A total aceitação de um "camarada" ou "amigo" por ser ele um "bom sujeito" e não pelo único motivo de algum tipo de realização específica é um fato também acentuado em todos os grupos juvenis. Sobre este ponto existe geralmente uma grande diferença entre o sistema de valores oficial da escola e aquele do grupo juvenil.

Estas diferenças entre a orientação coletiva e qualitativa do grupo etário (juvenil) e a orientação para a realização individualista da sociedade adulta foram muito bem mostradas em detalhe em nossas investigações sobre os movimentos juvenis de Israel. Foi demonstrado que há uma correlação negativa entre as fortes aspirações por papéis de realização (econômicos e ocupacionais) e forte identificação com os movimentos juvenis. Aqueles adolescentes que incorporam ideais de progressos vocacionais e ocupacionais não se unem a movimentos juvenis ou estão entre os tipos de membros mais indiferentes. Conhecem-se ocorrências similares em outros países [67].

O terceiro ponto diferencial está na relação do indivíduo com o grupo, sua atitude perante a solidariedade interna e identificação mútua dos membros de seu grupo. Co-

---

65. Ver H. BLUEHER, op. cit.; Ch. LEUTKENS, *Die Deutsche Jugendbewegung*, op. cit.; H. BECKER, *German Youth, Bond or Free*, op. cit.
66. Ver o próximo relatório sobre os movimentos juvenis de Israel.
67. *Ibid.*

mo vimos, dá-se muita ênfase a essa identificação grupal coletiva em todos os grupos juvenis modernos e a coesão, solidariedade e lealdade do grupo são ressaltadas como constituintes de uma das fundamentais virtudes da juventude, distinguindo-as da sociedade adulta. Mesmo nas organizações juvenis formalizadas e orientadas para a coletividade, a mais ampla solidariedade e identificação inculcadas em seus membros carecem da espontaneidade e vitalidade daquelas existentes no grupo juvenil. Nos movimentos juvenis da Alemanha, esta lealdade interna foi sempre exaltada; nos movimentos de Israel foi enfatizada como um dos principais valores "educacionais" do movimento [68]. Esta ênfase dada à orientação e à identificação coletiva difere, logicamente, das ênfases mais individualistas das orientações de valor dos adultos na maioria das sociedades modernas.

Todas estas diferenças, inerentes aos grupos juvenis modernos, dificultam a integração destes grupos no sistema social, sendo sempre incompleta essa integração. Não existe aqui aquela total harmonia entre as aspirações do indivíduo e a distribuição oficial de papéis aos adolescentes, característica da maioria das sociedades históricas e primitivas.

Embora os grupos satisfaçam muitas das necessidades relativas ao desenvolvimento dos jovens, a transição para a idade adulta implica algumas transformações e ruptura emocionais, que podem ou não ser posteriormente superadas.

Esta transição normalmente implica diversas tensões e angústias. Em primeiro lugar, o desenvolvimento físico do adolescente representa um constante problema para ele (ou ela). Considerando que a maturidade social só vem depois da maturidade biológica, as transformações corpóreas da puberdade não são integradas por valores culturais legítimos e sua avaliação é uma das principais preocupações e problemas do adolescente. A dificuldade inerente à possibilidade de ter relações sexuais legítimas neste período de crescimento torna o problema do adolescente ainda mais agudo. Conseqüentemente, a auto-exploração das transformações do corpo entre elementos do mesmo sexo, exibição de destreza física e tentativas de estabelecer relações heterossexuais são algumas das principais atividades do seu grupo [69].

Segundo, a orientação do adolescente perante os principais valores da sociedade é também bloqueada por dificuldades. Devido ao longo período de preparação e segregação do mundo infantil do mundo dos adultos, os

---

68. Ver a bibliografia nas notas 65-67.
69. Ver este ponto pormenorizadamente em E. H. ERIKSON, *Childhood and Society*, op. cit., M. SHERIF & H. CANTRIL, op. cit.; bem como a volumosa documentação nos vários livros sobre a adolescência, mencionados no Cap. 4.

principais valores da sociedade são necessariamente apresentados à criança e ao adolescente de maneira altamente seletiva, com ênfase "idealista" (*i.e.*, geralmente com ênfase nos valores comuns e na orientação comunitária) e desprovidos de uma relação realista com os verdadeiros mecanismos de distribuição de papéis segundo os quais terão de alcançar seu *status* na sociedade. A relativa irrealidade destes valores, como lhes são apresentados, torna-se um foco de percepção entre os adolescentes e a exploração do verdadeiro significado destes valores e da realidade do mundo social conforma um dos problemas fundamentais do adolescente [70]. Esta exploração pode levar a muitos resultados — cinismo, rebeldia juvenil idealista, comportamento e ideologia anormativos, ou a um desenvolvimento gradual de uma identidade equilibrada [71] — e ainda teremos que investigar sob que condições cada uma destas reações acontece. Entretanto, a exploração neste sentido é praticamente universal nos grupos juvenis das sociedades modernas [72].

Terceiro, o estabelecimento de relações sociais estáveis e o desempenho de papéis estáveis são também problemáticos para os adolescentes e para a juventude. A principal dificuldade aqui é que, independentemente do equilíbrio temporário que alcancem entre as atividades e relações instrumentais e expressivas, não lhes possibilita alcançar papéis reconhecidos e estáveis, nem relações e reconhecimento estável por parte dos adultos.

Observa-se mais claramente esta incompleta institucionalização na sua relação e comunicação com o mundo adulto. Nos vários tipos de grupos juvenis e espontâneos existe uma atitude "ambivalente" para com o mundo adulto: por um lado, um esforço por comunicarem-se com ele e receberem seu reconhecimento; por outro, certas disposições que acentuam as diferenças entre eles e os adultos e necessariamente também sua oposição aos vários papéis que lhes foram atribuídos pelos adultos. Embora se orientem no sentido de uma participação total neste mundo e seus valores, ocorrem sempre tentativas no sentido de "comunicarem-se" com estes valores através de uma forma distinta e especial, comum à juventude.

As várias manifestações de falta de total institucionalização dos grupos juvenis na sociedade moderna encontram sua expressão na ideologia dos grupos juvenis. Como foi

70. *Ibid.* e K. Davis, "The Sociology of Parent — Youth Conflict" op. cit.

71. Ver sobre este ponto a tese de Roberto C. Schmid, *German Youth Movement*, escrita sob a direção do Prof. H. Becker da Universidade de Wisconsin, 1939 (não publicada).

72. *Ibid.*

exposto no capítulo precedente, o agrupamento etário geralmente implica um forte elemento ideológico, sendo o principal foco desta ideologia o problema da complementaridade e continuidade dos diferentes grupos etários. A maioria dos grupos juvenis modernos criam uma ideologia que enfatiza a descontinuidade dos períodos jovem-adulto e a singularidade do período da juventude em oposição a outras faixas etárias. As principais diferenças entre as orientações dos grupos juvenis e as da sociedade adulta, mencionadas acima, constituem os principais focos desta ideologia; embora o grau desta clareza varie de um a outro setor da sociedade moderna, seus elementos básicos estão presentes em toda parte. Deveríamos enfatizar, entretanto, que existem algumas dessas discrepâncias mesmo naquelas sociedades onde os vários grupos juvenis se encontram bem organizados em estruturas formalizadas e incorporadas. Notamos a existência de tal discrepância nos movimentos juvenis de Israel [73], tendo também sido encontrada nas organizações juvenis da Alemanha nazista e na URSS. Assim, em todos estes casos não se observa uma transição fácil e organizada entre as gerações, como nas sociedades primitivas; existe sempre algum tipo de oposição potencialmente insolúvel entre elas.

Por outro lado, a existência desta discrepância não implica necessariamente o desenvolvimento de um comportamento e ideologia anormativos por parte dos grupos juvenis. Na maioria dos casos, resolve-se gradualmente através do processo de maturação social, durante o qual os grupos juvenis e de iguais cumprem uma função muito importante, embora de "institucionalização secundária". Apesar de todas estas diferenças entre os grupos juvenis e a estrutura da sociedade adulta e a incompleta institucionalização dos primeiros, seria errôneo concluir que eles não desempenham nenhuma função na sociedade. Embora não desempenhem tarefas dentro das esferas institucionais da sociedade, podem cumprir certas funções similares àquelas dos grupos etários nas sociedades históricas e primitivas especializadas. Primeiramente, tanto a escola como outros tipos de grupos etários, inculcam as primeiras disposições para a identificação com a sociedade, seus valores e normas gerais de comportamento e símbolos coletivos. Em segundo lugar, servem também como receptáculos de solidariedade que pode ser reativada na vida futura. Embora não se prescrevam ocasiões ou deveres (com exceção de vários tipos de "ocasiões") para essas atividades, freqüentemente servem como importantes fatores sociais na vida social, na manutenção de um estilo de vida definido e em várias atividades e grupos so-

---

73. O material sobre os movimentos juvenis de Israel serão publicados integralmente num futuro próximo.

ciais. Assim, a solidariedade dos grupos juvenis, mesmo nestas sociedades, pode infiltrar-se em canais mais amplos da vida adulta e contrabalançar as exigências de várias atividades instrumentais sob várias formas informais e geralmente não estruturadas. Terceiro, o fato bastante relacionado com o primeiro, que na maioria das sociedades modernas os vários grupos juvenis — com exceção daqueles explicitamente anormativos — tendem a enfatizar a atitude de respeito para com os mais velhos. Isto a despeito da latente oposição ao mundo adulto. Muitos deles enfatizam o respeito, devido à difusa imagem das pessoas mais velhas e não às suas atividades diárias nas esferas ocupacionais etc. São bem conhecidas as várias prescrições que existem neste sentido entre os escoteiros e organizações similares. Desta forma, tentam — ainda que debilmente — superar em certa medida a descontinuidade entre as imagens humanas de diferentes idades e as tensões entre diferentes gerações inerentes às modernas sociedades. Contudo, estas funções não são totalmente articuladas em todos os grupos juvenis modernos, que diferem muito a este respeito; alguns não desempenham nenhuma. Este ponto, mais a comparação geral entre as sociedades modernas, históricas e primitivas, chama nossa atenção para a diferença básica entre os vários grupos etários — isto é, até que ponto desempenham tarefas totalmente integrativas na sociedade. Antes que entremos a analisar este aspecto do nosso problema, devemos explicar certas diferenças estruturais entre os vários tipos de grupos etários. Existe um elemento adicional na estrutura das várias sociedades universalistas, que é de grande importância para o entendimento de determinadas variações na estrutura dos grupos etários. É a extensão dos princípios e orientações integrativas individualistas, em oposição aos coletivos. Deveremos verificar de que forma as diferenças destas orientações afetam a estrutura dos grupos etários.

XIV

No contexto das sociedades primitivas este problema não surgiu de maneira bem definida. Até onde chega nosso conhecimento, os sistemas de valores e princípios integrativos das sociedades primitivas estáveis [74] são em grande medida orientados no sentido da comunidade e o alcance da gratificação individual é conservado dentro de definidos li-

---

74. De maneira distinta daqueles das sociedades primitivas, sofrendo várias transformações sob o impacto do "contato cultural", fato que será analisado resumidamente.

mites coletivos [75]. É somente no contexto das sociedades modernas (nas quais a distribuição de papéis é feita não somente de acordo com os princípios universalistas, mas também as orientações são universalistas e específicas) que o problema surge em forma aguda. Nas sociedades modernas encontramos tanto orientações de valor orientadas em sentido coletivo como individual; embora a diferença não seja sempre bem definida (como, por exemplo, em diversos países europeus, onde persiste uma forte orientação e identificação tradicionalmente coletiva), pode ser distinguida e avaliada. Na medida em que cada uma destas orientações de valor implica um princípio diferente de identificação e integração, a influência sobre a estrutura dos grupos etários varia correspondentemente. Sugerimos que o grau de institucionalização e formalização dos grupos etários (*i.e.*, o grau de sua incorporação e desempenho incorporado de papéis e tarefas), a variável fundamental da estrutura do grupo etário ainda não mencionada é a função da extensão da orientação coletiva do sistema social ao qual pertencem.

Apresentaremos primeiramente os dados que corroboram nossas hipóteses e então tentaremos explicá-los. A distinção principal aqui está entre o que pode ser chamado de grupos informais de iguais mais ou menos "imprecisos" e os graus etários formalizados e incorporados e movimentos juvenis de vários tipos. Como já mencionamos, a informação sobre as tribos primitivas parece confirmar esta hipótese, mas é insuficiente por não poder oferecer uma comparação direta. Entretanto, observa-se um caso interessante quando ocorrem situações de "contato cultural". Os etnólogos e antropólogos observaram que os grupos etários foram os primeiros a se desintegrar com o impacto da civilização ocidental. Esta desintegração tem sido geralmente atribuída ao debilitamento das metas comuns e à emergência de valores mais individualistas. É interessante notar, contudo, que nestas situações os conjuntos etários formais e organizados e regimentos dão lugar a vários tipos de grupos juvenis imprecisos, desorganizados e formais. Demonstramos este fato entre os Swazi [76] e os Tswana [77]. Pode ser traçado um desenvolvimento paralelo entre a juventude alemã após a queda do *Reich* nazista [77a].

Nas sociedades modernas os dados parecem corroborar por completo nossa hipótese. Os grupos etários mais orga-

---

75. Ver sobre este ponto R. FIRTH, *Elements of Social Organization*, Londres, 1951.
76. KUPER, H. *The Uniform of Colour*. Witwarsand, 1947, p. 150 e ss.
77. SHAPERA, I. *Married Life in an African Tribe*, Londres, 1945, pp. 265-274.
77a. Ver K. BENDARICK, op. cit.; H. SCHELSKY, *Arbeitslosigkeit un Berufsnot der Jugend*, Köln, 1952.

nizados e institucionalizados podem ser encontrados na Rússia Soviética e nos *kibutzim* de Israel (e antes na Alemanha e Itália), todas sociedades possuidoras de explícita orientação comunitária nos seus sistemas de valor [78]. Em comparação a elas, os grupos de adolescentes e de iguais da Europa Ocidental e dos Estados Unidos, sociedades nas quais a orientação individualista é mais forte, são mais livres em sua composição e menos institucionalizados. É interessante notar que na Europa existe um maior grau de institucionalização e de formalização nos movimentos juvenis, que estão definidamente afiliados a diversos partidos políticos e movimentos sociais, tais como várias organizações juvenis católicas, organizações juvenis afiliadas aos partidos Social-Democráticos etc., e nos Estados Unidos entre aquelas organizações cuja meta é desenvolver o "espírito cívico" em geral, tais como várias organizações comunitárias, movimentos de escoteiros etc. [79]. Mesmo nestes casos o grau de formalização parece ser muito maior nos movimentos europeus, nos quais o elemento da orientação para a coletividade sempre tem sido mais intenso. Um apoio adicional para nossa hipótese pode ser encontrado no fato de que na maioria das sociedades modernas um grupo etário específico — (normalmente de 18 a 21 anos) é organizado para desempenhar uma das tarefas coletivas mais importantes — a manutenção de uma força de segurança — o exército. Na maioria das sociedades modernas, onde existe o serviço militar compulsório, tem necessariamente que ser organizado segundo uma gradação etária, que neste caso se torna inteiramente organizada e formalizada [80].

Nossas investigações em Israel também parecem confirmar a nossa hipótese. Constatamos que o grau mais elevado de formalização dos grupos etários existe nos setores de comunidade de maior grau de orientação no sentido da coletividade, tais como o *kibutz* e outros setores que possuem uma forte identificação com os valores pioneiros. Nos setores mais individualistas ("privados"), são mais freqüen-

---

78. Ver a bibliografia correspondente sobre cada um destes países, que foi mencionado no capítulo anterior, bem como L. MINIO-PALUELLO, *Education in Fascist Italy*, Londres, 1946.

79. Ver S. SCHEIDINGER, A Comparative Study of the Boy Scout Movement in Different Social Groups, *American Sociological Review*, v. 13, 1948. E ver também E. B. OLDS & E. JOSEPHSON, *Young People and Citizenship*, op. cit.; A. HOLLINGHEAD, op. cit.; Th. WINSLOW & F. DAVIDSON (eds.), *American Youth*, 1940; K. BENDARIK, op. cit.

80. Este fato é sem dúvida muito bem conhecido. Algumas das implicações sociológicas do recrutamento universal que se relacionam com nosso problema podem ser encontradas em H. SPEIER, *Social Order and the Risk of War*, Nova York, 1952; R. CAILLOIS, *Quatre Essais de Sociologie Contemporaire*, Paris, 1951, Cap. IV.

tes os grupos de iguais organizados de maneira mais imprecisa [81].

Pode-se achar uma exceção parcial nos movimentos juvenis alemães "livres" [82], nos quais havia um forte elemento de organização e formalização interna incorporada, sem serem entretanto totalmente institucionalizados no contexto da estrutura social. Parece, porém, que isto não invalida a nossa hipótese; a organização incorporada dos movimentos juvenis alemães derivaram seu caráter da forte orientação no sentido da coletividade de sua ideologia, mas considerando que esta orientação e ideologia possuíam um caráter rebelde e anormativo em relação à sociedade existente, não podiam ter sido totalmente institucionalizados.

Nosso material também demonstra que a formalização dos grupos juvenis em setores (ou sociedades) orientados para a coletividade dá origem a organizações unificadas e amplas e que os grupos juvenis incorporados e formalizados não se limitam a simples grupos locais, mas são geralmente organizados a nível nacional e ligados de diferentes formas a várias agências adultas institucionalizadas.

Esta hipótese também encontra pleno respaldo na comparação entre os grupos etários de Esparta e Atenas. Os de Esparta eram totalmente organizados e formalizados e intimamente relacionados com o forte espírito e orientação coletiva da sociedade espartana, desempenhando algumas das mais importantes tarefas coletivas. Isto não ocorria em Atenas, onde prevalecia um espírito muito mais individualista. Ali os grupos etários não eram tão organizados, estavam dispersos em muitas escolas e somente o estágio *efébico* se tornou inteiramente formalizado. Esta formalização estava totalmente orientada no sentido do desempenho de deveres coletivos, principalmente no campo militar. É portanto também característico que, com o declínio da cidade-Estado e de seu espírito e identificação patriótica comum, esta organização formalizada dos *efeboi* deu lugar a uma variedade mais "acadêmico-cultural", menos organizada e formalizada.

Como se pode explicar esta hipótese? Como ponto de partida deveríamos analisar o significado da atividade incorporada e formalizada, tanto para o indivíduo como para o sistema social. Para o indivíduo (adolescente), a participação num grupo incorporado e formalizado implica um elevado grau de identificação com ele, fundindo sua própria

---

81. S. N. EISENSTADT, *Youth Culture and Social Structure in Israel*, op. cit. e S. ANDRZEJEWSKY, *Military Organization and Society*, Londres, 1954.
82. Ver a descrição deste movimento no Cap. 2.

identidade com a do grupo, bem como seus símbolos de identificação. Nos grupos "mais imprecisos" pode também haver uma forte identificação mútua entre os membros, entre os "iguais", e com os padrões estabelecidos pelo grupo. Tal identificação, contudo, é mais de tipo pessoal, frente a frente, baseada em relações pessoais primárias e normalmente não compreende forte identificação com os símbolos específicos do grupo ou com sua identidade coletiva. Nos grupos "mais imprecisos" a identificação recíproca e a união dos membros é de tipo mais individualista, o grupo como tal não funciona como um corpo "superpessoal". O grupo formalizado e incorporado, entretanto, tem uma identidade própria com a qual deve unir-se aquela de seus membros.

Os grupos formalizados como o *komsomol*, o *kibutz*, etc. também possuem alguns símbolos comuns de identificação bastante fortes — nomes comuns, atividades incorporadas, organização etc. — símbolos que existem em menor escala também nos grupos mais imprecisos.

O grupo juvenil incorporado serve também de agência seletiva de membros potenciais em vários grupos institucionalizados, no âmbito do setor adulto da sociedade. Esta seleção é realizada fundamentalmente por meio de estreitas conexões do grupo com várias agências oficiais organizadas, pelas quais é mantido e dirigido.

São estas características que explicam o relacionamento entre a incorporação e formalização dos grupos etários e a orientação para a coletividade, especialmente nas sociedades industriais modernas, que possuem um elevado grau de especialização e de realizações individualistas possibilitadas por essa especialização. Na medida em que a orientação individualista persiste, a identificação da criança (adolescente) com seus pais (particularmente com o pai) e seus papéis econômicos e educacionais, pode proporcionar-lhe uma base para a identificação com os valores máximos da sociedade. Nestes casos, o problema de transferência da identificação da família para esferas institucionais mais amplas e para a estrutura social total não é tão aguda como em outros tipos de sociedades modernas "não-familiares". Também nestas últimas sociedades existe a necessidade de ocorrer essa transição e a família não abrange os papéis mais importantes da sociedade. Assim, a identificação da criança com sua imagem particular dos pais pode constituir uma certa base mas de todo modo incompleta para as disposições dos papéis que são necessários para atingir a qualidade de membro e a maturidade social plena; isto deve-se, primeiro, a que a imagem geral dos pais com a qual a criança se identifica inclui desde o início alguns aspectos de papéis extrafamiliares, orienta-

dos para a realização; e segundo, a que estas disposições de papéis individualistas constituem importantes manifestações — se não únicas — dos valores máximos da sociedade [83].
Nas sociedades industriais modernas e orientadas para a coletividade o quadro é diferente. Nestas sociedades o pai não aparece em seus papéis alcançados e especializados, como total portador dos valores máximos da sociedade. Portanto, é inadequada uma total identificação com a posição individual do pai e com suas atividades orientadas para a realização, já que esta posição deve ser avaliada mediante sua relação com os valores comuns e compartilhados. Qualquer forte orientação individualista ou disposição de papéis, que é de certa forma inerente a todo sistema de realizações moderno, é potencialmente disruptivo em se referindo a um sistema social como esse. Um tipo mais amplo e inclusivo de identificação e disposição de papéis de orientação para a coletividade deve ser desenvolvido pela criança (ou adolescente) a fim de possibilitar-lhe tornar-se membro pleno da sociedade.

Estes diferentes tipos de disposições gerais de papéis estão relacionados com o grau de formalização e incorporação dos grupos juvenis. Na medida em que prevalecem as orientações de valor individualistas, a relação do adolescente com seu grupo de iguais e seus membros, embora importante para a gratificação de várias necessidades e para o conhecimento prático de vários padrões de comportamento, não são as únicas a influenciar o desenvolvimento de sua identidade. A conquista da identidade e maturidade plenas implica o afastamento definitivo do grupo juvenil; o grupo em si é também julgado e avaliado na medida em que conduz a um ponto além dele mesmo, possibilitando a mais completa realização do *status* individualista. Essa é a razão por que, sob estas condições, os grupos formalizados e incorporados não servem como objetivos adequados das necessidades do indivíduo e somente os grupos mais imprecisos têm êxito na sua gratificação.

Entretanto na medida em que existe a orientação para a coletividade, a conquista da maturidade social e da qualidade de membro pleno implica o desenvolvimento de uma identificação comum mais completa que deve ser consumada durante o período de transição da família de orientação para a sociedade mais ampla. Assim, nestes casos é mais intensa a disposição a participar nos grupos que incorporam

---

83. Ver sobre este ponto, D. F. ABERLE & K. NAEGELE, Middle Class Father's Occupational Role and Attitudes Towards Children, *American Journal of Orthopsychiatry*, v. XXII, abr., 1952, bem como os relatórios sobre a Mobilidade Social, Harvard, de T. PARSONS, F. BALES & E. SHILS, *Working Papers Towards a Theory of Action*, Glencoe, 1953, Cap. V.

e simbolizam os valores da sociedade e o indivíduo pode, em certa medida, unir sua identidade com a deles. Isto não quer dizer, logicamente, que todos os adolescentes numa tal sociedade apresentem fortes disposições para participar nesses tipos de grupos mais estreitamente unidos. Este não é o caso, sem dúvida, especialmente porque nessas sociedades há uma tendência a desenvolver muitas inconsistências estruturais, que engendram indiferença e anormatividade potenciais [84]. Esta análise afirma somente que nas sociedades orientadas para a coletividade, a disposição da maioria dos indivíduos a participar nesses grupos é geralmente maior que nas comunidades orientadas em termos individualistas.

O fato de que toda acentuada ideologia da "idade" ou da "juventude" é, como vimos no decorrer deste livro, orientada para a coletividade, e, portanto, não pode ser inteiramente institucionalizada em sociedades orientadas em termos individualistas, podendo também ajudar a esclarecer esta correlação entre os grupos etários incorporados e a orientação comunitária na esfera de valores.

No que se refere ao sistema social, o grupo etário (juvenil) formalizado e incorporado também desempenha uma importante função nas sociedades especializadas e orientadas para a coletividade. Primeiro, constitui uma excelente posição estratégica, através da qual a solidariedade de um grupo primário pequeno pode penetrar num sistema maior, enfatizando a orientação de valor coletivo. Segundo, o grupo etário possibilita uma forte inculcação de valores comuns durante o período de preparação, assegurando deste modo alguma limitação à tendência no sentido da realização individualista inerente a toda sociedade especializada. Terceiro, e talvez o mais importante, o grupo etário formalizado ou organização juvenil é uma das principais agências de seleção dos membros para as posições de elite e, portanto, para a distribuição de recompensas. Através deste processo de seleção, a mobilidade social e a realização individual estão intimamente relacionadas com o desempenho de papéis vinculados à comunidade; é desta forma um equilíbrio institucional para as orientações individualistas. A importância especial da organização juvenil a este respeito manifesta-se no fato de que pode controlar a transição do período puramente preparatório até aquele da completa especialização adulta [85]. Estas características dos grupos juvenis formalizados também proporcionam algum esclarecimento sobre uma característica estrutural mencionada anteriormente

---

84. Ver a análise de Fainsod do *komsomol*, op. cit., e também A. INKELES, *Public Opinion in Soviet Russia*, 1951, e a análise de H. BECKER em *German Youth*, op. cit.

85. FAINSOD. Op. cit.

— ou seja, o grau de autonomia do grupo etário. Foi demonstrado que uma autonomia do grupo etário mais ou menos completa existe tanto quando os grupos etários são as principais agências integrativas dentro do sistema social, como inversamente, na medida em que estiverem segregados dessas agências. Conseqüentemente, o grau de autonomia deveria ser relativamente grande nas sociedades modernas; mas está na razão inversa da extensão da orientação para a coletividade e formalização dos grupos etários. Como foi exposto, tal formalização implica algumas formas de direção pelos adultos, às vezes uma completa organização.

Pode-se perguntar por que, se esta análise for correta, encontramos, inclusive no contexto do quadro das sociedades orientadas em termos individualistas, certo grau de formalização nas organizações juvenis (como foi provado nas várias organizações comunitárias antes mencionadas, dos Estados Unidos etc.). Parece que a explicação deveria ser buscada no fato de que, como já vimos e veremos mais detalhadamente a seguir, mesmo nas sociedades orientadas em termos mais individualistas em alguma medida a orientação comunitária deve ser institucionalizada, a fim de manter a solidariedade do sistema social.

A inculcação desta orientação para a coletividade é importante especialmente durante o período de preparação para os papéis adultos; os vários grupos e agências juvenis são usados com esse objetivo como vimos e várias tarefas que simbolizam estas atitudes lhes são atribuídos no âmbito da esfera preparatória. Considerando que esse elemento de orientação para a coletividade é inerente mesmo nas sociedades individualistas, ele é também responsável por uma permanente tendência no sentido de uma determinada formalização em todos os grupos juvenis e particularmente nas organizações e agências juvenis.

5. Grupos Etários nas Sociedades Familistas

I

Neste capítulo apresentaremos o material que se relaciona e que confirma nossa segunda hipótese principal deste trabalho, *i.e.*, o material referente não ao lugar ocupado pela família e pela unidade de descendência na estrutura social total, mas à estrutura interna da família, da unidade de parentesco ou de descendência. Esta hipótese foi formulada da seguinte maneira:

Os grupos etários tendem a surgir quando a estrutura da família, ou do grupo de descendência, bloqueia as oportunidades dos membros mais jovens de alcançar *status* social dentro da família, porque (a) os membros mais velhos bloqueiam o acesso dos mais jovens às facilidades que são pré-requisitos dos papéis adultos, e/ou (b) o aguçamento dos tabus do incesto e restrições das relações sexuais no âmbito da unidade familiar postergam a conquista da plena maturidade sexual por parte dos membros jovens.

Esta hipótese relaciona-se, então, principalmente com a estrutura de autoridade da unidade familiar e com o grau de impedimento da conquista do pleno *status* social pelos seus membros júnior.

Deveria estar suficiente claro, sem dúvida, que os grugos etários que existem sob estas condições diferem consideravelmente daqueles existentes sob as condições descritas na primeira hipótese principal (*i.e.*, sob critérios universalistas de integração dos sistemas sociais). A principal diferença está na extensão de sua universalidade e na ênfase colocada nos critérios universalistas. Aqueles grupos etários que surgem devido a uma estrutura familiar autoritária são mais tolhidos por aquela estrutura particularista e têm uma visão universal um tanto mais restrita do que os grupos etários discutidos até o momento. Segunda, considerando que estes grupos etários surgem como resultado da forte tensão entre as gerações, nota-se um potencial anormativo de certa forma mais forte. Neste estágio, entretanto, nós nos absteremos de efetuar uma profunda comparação entre os dois tipos de grupos etários e apresentaremos primeiramente o material básico que se relaciona com a nossa segunda hipótese. Este material é muito mais escasso que aquele relativo à primeira hipótese, embora existam bastante informações que se relacionam indiretamente com este problema. A análise abaixo está baseada fundamentalmente em material relacionado com as seguintes sociedades: a tribo dos Murngin da Austrália [1], a tribo Tiv Tiv do Este da África [2], as aldeias etárias dos Nyakyusa da África [3], camponeses irlandeses (principalmente do condado de Clare [4]) e algumas outras sociedades camponesas [5]. Na medida do possível será apresentado o material comparativo, bem como outro material que se relacione indiretamente com alguns dos problemas que surjam.

A. *Os Murngin*

II

Na tribo Murngin, brilhantemente analisada por L. Warner[6], encontramos um caso completo e extremo de gerontocracia, *i.e.,* de distribuição preferencial de papéis aos mais velhos, que ocupam as posições mais detentoras de prestígio do sistema social, nos campos ritual, econômico e (quase) político (judicial, consultoria). A gradação etária é muito explícita e formalizada entre eles e constitui um fenômeno de pronunciada conotação religiosa.

Esta profunda gradação etária tem sua expressão simbólica mais completa nos mitos totêmicos dos Murngin, nos

1. Ver W. LL. WARNER, *A Black Civilization*, Nova York, 1937 e um pequeno sumário de W. GOODGE, *Religion among the Primitives*, Glencoe, 1951, p. 79 e ss., 128 e ss., 174 e ss.
2. Ver R. M. DAWNES, *The Tiv Tiv Tute, Kadima* (Nigéria), 1937, Agika's Story, *The Tiv Tiv Tribe as seen by one of its members*, traduzido e anotado por R. East, I.I.A., 1939.
A análise mais completa sobre os Tiv, à qual muito devemos, pertence a LAURA A. BOHANNAN, A Comparative Study of Social Differential, Primitive Society, tese de doutoramento, Oxford, 1951. Ver também L. & P. BOHANNAN, *The Tiv of Central Nigeria*, Levantamento Etnográfico da África, Londres, 1953.
3. Ver G. WILSON, An Introduction to Nyakyusa Society, *Bantu Studies*, X, 1936; G. WILSON, Introduction to N. Law, *África*, X, 1937; e M. WILSON, *Good Company*, Oxford (I.I.A.), 1951.
4. C. ARENSBERG & S. KIMBALL, *Family and Community in Ireland*, Harvard, 1948.
5. Ver, como referência, notas 8-22 e 24-30 deste capítulo.
6. WARNER W. Ll. Op. cit.

quais as várias fases da vida e os vários *rites de passage* são intensamente enfatizados, possuindo uma conotação inteiramente ideológica e religiosa. Nos seus mitos constatamos outra importante ênfase, diretamente relacionada com o fato da gradação etária, ou seja, uma fortíssima dicotomia sexual e forte ênfase religiosa e mágica na necessidade de circunscrever as relações sociais legítimas. Esta profunda dicotomia sexual encontra sua expressão institucional na separação dos sexos na idade de 6 a 8 anos, quando os meninos se dirigem ao acampamento dos meninos, enquanto que as meninas permanecem com suas famílias de orientação. Existe um "tabu da irmã" muito marcante e uma forte proibição no sentido de que os meninos não presenciem nem observem as relações sexuais dos pais. Estes tabus enfatizam tanto a dicotomia dos sexos como a indulgência sexual diferencial permitida a cada grau etário, que está claramente referida àqueles poderes rituais e mágicos diferenciais. É de muita importância também para nossa discussão enfatizar que o *status* no grau etário está intimamente relacionado com a posição do indivíduo na família, já que os próprios vários graus etários são definidos em termos de posição da família e os principais *rites de passage* estão relacionados com a transição de uma posição familiar a outra.

Este rígido sistema de gradação etária, relacionado como está à dicotomia sexual e à posição familiar, origina agrupamentos etários definidos durante uma determinada faixa etária, quando os rapazes deixam suas famílias de orientação localizadas no acampamento geral e "retiram-se" para um acampamento próprio. Aí, os mais velhos (a quem é confiada a instrução) e os rapazes de mais idade exercem a autoridade sobre os mais jovens, colocando-se forte ênfase na autoridade diferencial dos vários graus. A vida do grupo etário cessa quando os rapazes se casam, abandonam seu acampamento e entram no acampamento geral. Assim, com a conquista de alguns dos pré-requisitos básicos do *status* social, especialmente em aspectos sexuais, a vida específica do grupo etário dos Murngin cessa.

B. *A tribo Tiv Tiv*

O quadro da tribo Tiv Tiv do Este da África é algo mais complicado do que o dos Murngin, ou entre os Nyakyusa. Os grupos etários dos Tiv Tiv formam-se em parte, segundo uma divisão de trabalho sem parentesco, que existe entre eles em forma limitada e se manifesta principalmente pelo fato de que alguns cargos de liderança (quase) políticos e de prestígio não são investidos em determinadas linhagens[7]. Este elemento de divisão de trabalho sem parentesco é, entretanto, nada mais que subsidiário em relação aos conjuntos etários dos Tiv Tiv. Um dos elementos mais importantes da sua organização social é a concessão de grandes direitos e poderes preferenciais aos membros sênior da família e da unidade de linhagem. Este tratamento preferencial expressa-se principalmente de duas formas. A primeira, pela possibilidade de formar um casamento legítimo mediante pagamento de um dote, ou mais freqüentemente, mediante casamento por troca entre os grupos de parentes. Os arranjos básicos deste padrão de casamentos mediante trocas, beneficiam o irmão mais velho e adiam para bastante tempo depois o casamento dos mais jovens. Como disse Agika, membro da tribo:

> Se um homem tiver cinco filhos e duas filhas, os filhos podiam utilizar o *argve* (dote) por ordem de senioridade. Os filhos mais velhos levavam-no (o gado) primeiro e os mais jovens tinham que esperar sua vez. Quando os filhos mais velhos tivessem filhas, tomavam algum gado e entregavam-no a seus irmãos que vinham a seguir deles. Mas ainda restaria o mais jovem. Possivelmente até já tivesse uma idade bastante avançada antes que chegasse sua vez de utilizar o *argve* e durante todo este tempo era obrigado a ficar solteiro [8].

Esta situação ocasiona grande número de uniões irregulares, muito comuns entre os Tiv Tiv e o hábito de casamento através da captura, no qual caracteristicamente, os companheiros da mesma idade ajudam na captura da noiva [9].

Em segundo lugar, o tratamento preferencial concedido aos mais velhos também predomina no aspecto da aquisição de prestígio, por intermédio de poderes econômicos (riqueza) e/ou ritual-mágicos. É através da participação nos cultos e aquisição de poderes rituais que o indivíduo conquista prestígio e influência. O domínio dos cultos é mais ou menos monopolizado pelos mais velhos e o avanço vagaroso e gradual do indivíduo depende sobretudo de sua posição no grupo e sua relação com seus mais velhos. Enquanto viver a geração mais velha, a mais jovem não deve aspirar aos cargos mais elevados, já que depende inclusive para outros cargos da boa vontade dos mais velhos. Um indivíduo não correria o risco de ofender um dos membros sênior do seu grupo ou excitar seu ciúme (contraindo uma "dívida carnal") e desta forma expor-se aos poderes mágicos, fortes e "maus" dos mais velhos. A concentração da riqueza efetua-se mais ou menos da mesma forma e parece ser que, somente em casos excepcionais ou em assuntos interlineares, um homem jo-

---

7. "Agika's Story", op. cit., p. 106.
8. *Ibid.*, p. 127 e ss.
9. WILSON, M. Op. cit., p. 82 e ss., 160 e ss., 173 e ss.

vem pode chegar a alcançar qualquer posição elevada. De qualquer maneira, parece que o potencial geral de ciúme dos mais velhos para com as pessoas mais jovens é tão grande em todas as esferas, que estes últimos só podem alcançar posições ou riqueza mediante ajuda mútua e organização. Somente por este prisma podem ser compreendidos os grupos etários dos Tiv Tiv.

Os conjuntos etários normalmente compõem-se de membros da linhagem mais alta (algumas vezes subdivididos em unidades menores de membros de linhagens inferiores) e dispõem-se de tal forma que dois irmãos não poderão nunca pertencer ao mesmo conjunto. Cada conjunto forma-se gradualmente desde as crianças menores e é formalmente organizado quando encontra um responsável entre alguns membros da linhagem mais velha, durante 4 a 5 anos, cujo nome assume. Os membros do conjunto desempenham várias tarefas para seu responsável (conselheiro), fundamentalmente no campo econômico (agricultura). Não existe praticamente nenhum nexo formal e incorporado entre os vários conjuntos, que levam vidas e existências separadas (exceto numa parte do território Tiv, onde dois conjuntos adjacentes normalmente atuam juntos). Assim, os conjuntos são mais ou menos paralelos em todo o território Tiv, o que possibilita a um homem encontrar-se com as pessoas mais íntimas onde quer que esteja. Embora a circuncisão seja universalmente praticada no território Tiv, trata-se de um assunto inteiramente individual (ou familiar) e não constitui pré-requisito para o ingresso no conjunto etário. A vida do grupo é muito ativa e importante ao final da adolescência (18-20) e durante a plenitude da idade adulta (até aproximadamente a idade de 40 a 50 anos), tornando-se menos importante no período de vida posterior, quando a solidariedade dos companheiros da mesma idade e o alcance de suas atividades incorporadas se reduzem intensamente.

Os conjuntos etários desempenham múltiples funções nos campos econômico, jurídico e ritual, mas sua maior ênfase é colocada no auxílio mútuo entre eles mesmos e numa postura comum contra os mais velhos. O aspecto de auxílio mútuo é de grande destaque no campo econômico, de captura de noivas e — talvez o mais importante de todos — nos campos jurídico e ritual, onde se teme ou se suspeita de uma opressão demasiado forte por parte dos mais velhos. Um conjunto etário inteiro, guiado por seu responsável, pode aparecer em reuniões do conselho dos mais velhos, a fim de proteger um dos seus membros contra a malevolência mágica de parte dos mais velhos. Estas atividades assumem uma importância toda especial aproximadamente ao chegar aos 40 anos, quando a competição por cargos torna-se mais aguda.

Antes deste período predominam as atividades econômicas. Este aspecto de auxílio e proteção mútua é de grande importância entre companheiros da mesma idade e é significativo notar que sua importância decresce com a conquista do poder e *status* dos mais velhos. Entre companheiros da mesma idade geralmente prevalece um espírito de boa vontade, competição e participação amigáveis em vários *rites de passage*, porém, não existem algumas das manifestações mais extremas de tal eqüidade, tal como equivalência de parentesco, empréstimo de esposas etc.

O forte elemento de oposição para com os mais velhos não deve ser interpretado em termos de ruptura, ou de comportamento anormativo. As atividades do conjunto etário constituem a resolução legítima ou pelo menos semilegítima da tensão entre as gerações, sendo que a existência do conjunto etário suaviza essa tensão. A responsabilidade de um conjunto etário assumida por um mais velho é uma clara indicação desta semilegitimidade, enquanto que é óbvia a importância dos conjuntos etários como um "desabafo" dos membros individuais.

C. *As aldeias etárias dos Nyakyusa*

As aldeias etárias dos Nyakyusa constituem um exemplo único nas sociedades humanas por enquanto conhecidas, um caso onde se registra o fato de que o total da vida comunitária da tribo está baseada no critério diferencial da idade. Embora não exista nenhum caso comparável a este, algumas das características da sociedade Nyakyusa são nada mais que intensificações dos índices gerais de sistemas familiares "autoritários" nas sociedades primitivas e são justamente estas características que estão mais intimamente relacionadas com a singular instituição das aldeias etárias. Embora pareça impossível dar a razão deste singular fenômeno das aldeias etárias, estas características são suficientes para efetuar uma ampla análise comparativa no que se refere à nossa hipótese.

A vida comunitária dos Nyakyusa é baseada na idade, enquanto que a distribuição da riqueza está dirigida aos canais de parentesco. Toda a riqueza de destaque (gado, que constitui o principal item do dote) é herdável dentro do grupo de parentesco (que não constitui uma unidade territorial, mas está disperso entre numerosas aldeias etárias). O sistema de herança acompanha o princípio de senioridade entre irmãos e daí aos filhos mais velhos do irmão sênior.

O gado é, como foi mencionado acima, o elemento fundamental do dote e considerando que a poligamia é o ideal da sociedade, observa-se um forte conflito em potencial entre os irmãos mais velhos e mais jovens e entre diferentes gerações. Este conflito em potencial está enraizado na possibilidade de que os mais velhos usem seu gado para comprar esposas (jovens) adicionais para si, em vez de deixá-lo para dote dos membros mais jovens da família (linhagem). Este fato também afeta a independência econômica do indivíduo, já que somente um homem casado pode conseguir campos próprios para cultivar, sendo que até esse momento terá que trabalhar para seu pai (vivendo numa aldeia diferente da sua). Como resultado destes arranjos, temos que a idade adequada para o casamento dos elementos de sexo masculino é relativamente elevada entre os Nyakyusa, já que os jovens são obrigados a esperar durante um período bastante longo antes de que lhes seja fornecido o necessário dote.

Lado a lado com estes arranjos institucionais, constatemos entre os Nyakyusa uma forte ênfase nos tabus sexuais dentro da família. Segundo os Nyakyusa, um rapaz em processo de crescimento não deveria aperceber-se das atividades sexuais de seus pais; assim, por esta razão, não deveria dormir em casa. Deixar a vila de seus pais está, deste modo, diretamente relacionado com o pudor. As ramificações desta ideologia são, entretanto, muito mais extensas. O tabu do incesto é muito forte e muito mais elaborado na sociedade Nyakyusa. Aplica-se não somente às relações entre mãe e filho, mas também e com grande ênfase, às relações entre sogro e nora. Os dois evitam encontrar-se, inclusive face a face, assim como aceitar hospitalidade mútua etc.

A importância deste tabu do incesto pode ser facilmente entendida numa sociedade em que as possibilidades de casamento (gado) são controladas pelos homens mais velhos e de meia-idade, que preferem casar-se antes com outra jovem esposa ao invés de capacitar seus irmãos mais velhos ou filhos para o casamento. O perigo de sedução das esposas do pai (ou irmão) é também provavelmente exagerado pelo hábito, mediante o qual um filho pode herdar as esposas de seu pai (suas próprias madrastas) como suas próprias esposas.

O estabelecimento das aldeias etárias está claramente conectado com todos estes padrões econômicos e rituais, que possibilitam aos homens mais idosos controlar o gado e, conseqüentemente, as esposas. As aldeias etárias, estabelecem-se quando jovens rapazes de 9 a 11 anos começam a deixar as cabanas de seus pais por motivos de pudor e estabelecem uma aldeia própria. A formação dessa aldeia geralmente demora de 5 a 6 anos, depois do que se fecham os grupos. Cada aldeia etária desenvolve-se de uma aldeia particular de pais e não estende sua qualidade de membro a nível de todo o território.

Embora não exista uma definição formal da idade, parece que a computação da idade é aqui — um pouco como no caso dos Murngin — relativa ao *status* dentro da família e não a um critério etário absoluto e universal. A carência deste critério é observada claramente na inexistência de qualquer cerimônia de iniciação; nem mesmo é praticada a circuncisão entre os Nyakyusa. As relações entre várias aldeias etárias no âmbito nacional não são estabelecidas com base no critério etário universal, unificador a nível nacional, mas principalmente com base na relativa senioridade, segundo a qual é distribuída a terra em cada geração [10].

A importância das aldeias etárias e suas relações não está confinada à esfera institucional, mas encontra sua expressão máxima na ideologia social dos Nyakyusa. "Boa companhia" — comer com companheiros da mesma idade, convresar com eles — é exaltada como a mais elevada virtude moral e o recluso, o "individualista", é fortemente ridicularizado. A solidariedade entre companheiros da mesma idade é muito apreciada e existe uma certa indicação de uniões semi-homossexuais entre estes, especialmente durante o longo período de espera pelo casamento. Assim, encontramos também entre os Nyakyusa uma institucionalização dos grupos etários (homogêneos), que servem para aliviar a tensão entre gerações, tensão engendrada com base na monopolização dos mais velhos de todos os condutos para chegar até o casamento e a independência econômica. Esta tensão é aliviada mediante o estabelecimento das aldeias etárias que possuem uma forte solidariedade interna própria e mediante o esquema de transmitir o poder político a cada geração sucessiva, na medida em que conquistam a maturidade social [11].

Entre outras tribos africanas, também, podem ser encontradas importantes indicações sobre a forma que estes grupos etários aliviam as tensões entre as gerações, especialmente aquelas adjacentes. Isto acontece entre os Chagga, cujo processo educacional global tem sido brilhante e sucintamente analisado por O. Raumm [12] e documentado por B. Guttman [13]. Lamentavelmente, entretanto, os dados concernentes à estrutura social total desta tribo são insuficientes para uma análise adequada e seria infrutífero passar a formular qualquer tipo de suposições. O material sobre certas tribos australianas descritas por Howitt [14], que se assemelham muito aos Murngin, é também inadequado.

10. *Ibid.*, p. 27 e ss.
11. *Ibid.*
12. RAUMM O.,*Chagga Childhood*. Oxford, 1937.
13. GUTTMANN, B. *Recht der Dschagga*. Munique, 1928; *Die Stammeslehren der Dschagga*, Munique, 1932.
14. HOWITT, A. W. *The Native Tribes of South Tribes of South East Australia*. Londres, 1904.

III

As implicações institucionais totais da maturidade "demorada", tanto nas esferas sexual como econômica, entre as várias tribos primitivas descritas na seção precedente, foram até certo ponto analisadas. No que diz respeito às sociedades camponesas, que serão analisadas a seguir, as implicações econômicas são as que se revestem de maior importância. O melhor exemplo é o camponês irlandês do condado de Clare, descrito por Arensberg e Kimball e apresentado no segundo capítulo deste livro.

A característica mais importante deste sistema de herança da propriedade dos camponeses irlandeses é que a unidade agrícola da família geralmente se constitui de uma parcela de propriedade indivisível, herdada somente por um filho e conservada por seu pai até uma idade bem avançada; somente então o pai transfere a propriedade para o filho herdeiro. Até então o filho (ou filhos), que podem já ter seus próprios filhos criados (e às vezes até netos), não possuem nenhuma propriedade e são inteiramente subordinados a seu pai. Esta subordinação inclui até mesmo a dependência no que se refere ao dinheiro miúdo, comida, roupa etc. É o pai quem planifica o trabalho na fazenda e é também ele que participa dos conselhos da aldeia e dos assuntos públicos. Os filhos são excluídos de todas estas atividades — e podem ser chamados "rapazes" até a idade de 50-60 anos.

Assim, encontramos aqui uma sociedade familista, definida inteiramente em termos de parentesco e de unidade de descendência, cuja estrutura de autoridade impede a conquista da maturidade social por parte de muitos de seus membros mais jovens. Aqui, o casamento não constitui índice de maturidade social, já que um homem casado continua subordinado a seu pai em aspectos econômicos.

Esta exclusão dos vários graus de "rapazes" de uma participação social plena dá origem a vários "grupos etários" informais, nos quais gastam seu tempo de ócio e que constituem seu principal descanso social fora do âmbito da família. Estes grupos não apresentam uma demarcação formal; formam antes grupos informais, mas na vida real podem ser facilmente distinguidos, principalmente segundo o tipo dos jogos etc. com que se ocupam. A qualidade de membro nestes grupos não está relacionada com os critérios de idade, mas antes com a posição na estrutura de autoridade da família. Rapazes solteiros formam um grupo, "rapazes" casados outro e os homens mais velhos, os cabeças das famílias, ainda outro grupo distinto.

Sendo a qualidade de membro baseada fundamentalmente no *status* dentro da família, um homem mais jovem que seja proprietário total de uma fazenda geralmente participa do *cuuyaird* [15] dos homens idosos. A diferença entre as várias panelinhas não está confinada a tipos de atividades, como o ócio, jogos etc. Estas diferenças são apenas manifestações de uma divergência mais profunda — sobre a extensão da autoridade e em relação aos principais valores da sociedade familista. O *cuuyaird* dos homens idosos é o árbitro da opinião pública da aldeia; aí tomam-se as decisões mais importantes sobre os vários assuntos comunais, onde cada item significativo da vida da aldeia é discutido e resolvido de maneira informal. As reuniões informais dos homens idosos representam um papel definido na estrutura da autoridade da aldeia. As panelinhas dos homens mais jovens não gozam de um tal *status* e sua preocupação com jogos informais é, de certa forma, um indicativo de sua exclusão da estrutura de autoridade da comunidade como um todo e de sua necessidade de conseguir alguma compensação numa esfera social própria. Nesta esfera mantêm uma espécie de solidariedade imprecisa, baseada na semi-oposição aos mais velhos e a seus valores. Embora os mais velhos sejam os repositórios dos valores familistas da sociedade, os "rapazes" mais jovens têm uma atitude de certa forma mais crítica perante esses valores tendendo, nos seus jogos, festas noturnas etc., a escarnecer um pouco desses valores e fazer comentários irônicos sobre os mais velhos que os sustentam. Parece que a tensão entre as gerações é contínua — a geração mais velha acusa a mais jovem de falta de reverência e disciplina e exalta os "velhos bons tempos", enquanto que a mais jovem tende a acusar a mais velha de tendência autocráticas[16]. E entretanto, a oposição dos membros mais jovens aos mais velhos não é completa. Encontra sua máxima expressão, quando estão a sós, fundamentalmente em reuniões informais; embora em ocasiões públicas comuns rendam toda a deferência devida aos mais velhos e a sua autoridade nos assuntos econômicos seja aceita sem objeção dentro da família e na fazenda.

A oposição dos membros mais jovens aos mais idosos não culmina numa ruptura da unidade familiar, ou, em última instância, da autoridade dos mais velhos. As panelinhas dos jovens constituem uma esfera "isolada" das atividades sociais, que é apenas parcialmente institucionalizada dentro da estrutura social da aldeia. Proporcionam um escape psicológico para as necessidades do jovem, um grupo do qual é totalmente membro, sem estar sujeito a nenhuma autoridade, a não ser e tão-somente a própria, embora ao mesmo

---

15. ARENSBERG, C. & KIMBALL, S. *Family and Community in Ireland*. Op. cit., Caps. VI, X.
16. Op. Cit.

tempo não determine os valores básicos e a estrutura institucional da sociedade. Estes valores são essencialmente aceitos pelos jovens — como se pode constatar pelo seu comportamento patente em ocasiões públicas etc. e na rápida e bem sucedida transição de membro destas panelinhas para aquelas dos mais velhos, com a concomitante transformação de sua posição de autoridade na família [17]. E, entretanto, devemos enfatizar que a existência desses "grupos etários" constitui um constante foco de comportamento anormativo, se bem que seja isolado e, do ponto de vista de cada indivíduo, uma fase transitória no seu desenvolvimento. Este elemento de anormatividade é evidente na constante tensão ideológica entre as gerações, tensão que enfatiza a descontinuidade entre os diferentes graus etários.

Existe algum material comparativo sobre as sociedades camponesas que nos ajuda a corroborar nossa hipótese. É possível comparar a estrutura de autoridade da família camponesa irlandesa com aquela de outros grupos camponeses, tais como os Welsh [18], o campesinato tradicional chinês [19], guatemalteco [20] e franco-canadense [21], sobre os quais possuímos dados mais ou menos acessíveis, bem como sobre muitas sociedades camponesas históricas da Europa. Em todos estes casos, encontramos uma divisão familiar do trabalho e da sociedade bastante restrita, que se organiza geralmente pelas linhas de uma família extensa (com exceção do caso dos Welsh) e segundo um determinado grau de autoridade paternal. O grau de auto-suficiência familiar é maior entre os camponeses chineses, entre os quais se formam relativamente poucos grupos forâneos; e menor entre os índios camponeses guatemaltecos. Em todas estas sociedades, não existem pois, princípios integrativos sem parentesco, os quais dariam origem a grupos etários. Conforme foi mostrado anteriormente, a gradação etária formal do sistema escolar moderno não se origina destas sociedades [22]. Por outro lado, entretanto, constatamos que não existe aqui nenhum tipo de grupos etários, nem mesmo daqueles do segundo tipo (*e.g.*, entre os camponeses irlandeses). Atribui-se este fato à diferente atribuição da autoridade no contexto da família. Em todas estas sociedades pode-se encontrar um certo arranjo institucional, mediante o qual o jovem adulto casado alcança não somente maturidade sexual legítima, como também uma considerável

---

17. Op. Cit.
18. REES, A. D. *Life in a Welsh Village*. Cardiff, 1950, p. 82 e ss.
19. Ver H. FEI, *Peasant Life in China*, Cap. II; *A Chinese Village*.
20. WAGLEY, Ch. The Social and Religions Life of a Guatemalan Village. *American Anthropologist*. Memória n. 71, 1949, Caps. II, IV.
Ver também M. TUMIN, *Caste in Peasant Society*, Princeton, 1953.
21. MINER, H. *St. Denis. A French Canadian Parish*. Chicago, 1939; HUGHES, E. *French Canada in Transition*. Londres, 1946.
22. Ver H. MINER, op. cit., p. 182 e ss.

independência econômica e política de seu pai (ou do cabeça da família extensa). A conquista desta independência pode ser efetivada imediatamente após o casamento, ou após um período curto e específico (o número máximo de anos após o casamento, segundo nossa amostragem, é 4). A conquista da maturidade manifesta-se tanto na distribuição de uma parcela de terra para ser utilizada pelo jovem casal, como na construção de um lar separado para eles. Embora na maioria destas sociedades o máximo prestígio e autoridade difusa do pai e o respeito que desfruta constituam um importante elemento da estrutura social, esta autoridade não atua de forma a restringir ou a tornar impossível a conquista da maturidade social pelos jovens adultos. Conseqüentemente, não encontramos aqui nenhum grupo etário bastante articulado, formal ou informal, ou uma forte consciência de oposição entre os diferentes graus etários. Pelo contrário, existe uma notável complementaridade dos diferentes graus etários em cada família e grupo de descendência. Na maioria destas sociedades (e especialmente entre os Welsh) encontramos grupos informais de jovens que se juntam em reuniões recreativas e informais de tipo social. Estes grupos, entretanto, são inteiramente compostos de adolescentes solteiros, que abandonam o grupo imediatamente após o casamento e se unem então aos grupos familiares dos adultos [23]. Um desenvolvimento semelhante ocorre na paróquia franco-canadense de St. Denis. Aí encontramos que a maior intensidade das atividades nos assuntos comuns e políticos e a maior consciência sobre o fato de pertencer a um específico nível etário manifestam-se através dos adolescentes solteiros — que já terminaram a escola, mas que ainda não estão instalados nas fazendas próprias nem partiram para a cidade [24]. Da mesma maneira, nos *moschav* e *moschava* de Israel é o grupo de adolescentes solteiros (ou os jovens casais que ainda vivem com os pais) que mostra a importante predisposição a unir-se a movimentos juvenis de nível nacional [25].

Em todos estes casos a ativa participação nesses grupos cessa com o casamento, pela subseqüente conquista de maturidade adulta e independência totais, bem como pela absorção dos deveres e atividades dos adultos. Ao contrário do que ocorre com os camponeses irlandeses, entre estes grupos o casamento geralmente causa essa independência e, conseqüentemente, não surge nenhum grupo etário consistente, existindo somente grupos transitórios de adolescentes baseados mais no *status* familiar comum do que em qualquer tipo de identificação em termos etários. Aqui não se observam condições

---

23. REES, A. D. op. cit., p. 59 e ss.
24. H. MINER, op. cit., p. 59 e ss.
25. EISENSTADT, S. N. *Age Groups and Social Structure*. Op. cit.

favoráveis para o desenvolvimento de grupos etários acabados originados de um começo tão embrionário como os grupos transitórios de solteiros. A vital importância da atribuição da autoridade dentro da família para a emergência deste tipo de grupos etários evidencia-se claramente, de maneira negativa, em St. Denis e provavelmente entre os camponeses franco-canadenses [26]. Aí encontramos uma gradação etária bastante acentuada e formalizada, especialmente nos assuntos religiosos e rituais (ao contrário dos Murngin); *i.e.*, somente com o avançar da idade é que a criança adquire uma personalidade religiosa plena, conforme se pode constatar em várias cerimônias — batismo, confirmação, participação nas missas etc. Na maioria destas cerimônias, a participação social está em certa medida relacionada com os grupos etários. Estes grupos não continuam a existir fora das cerimônias. O agrupamento etário dissolve-se dentro das unidades familiares, nas quais está assegurada a independência do jovem casal. Somente os jovens solteiros formam um grupo informal, próprio. A forte ênfase ritual na idade avançada não está aqui unida aos arranjos institucionais, que restringiriam a conquista de independência social e, portanto, a gradação etária "gerontocrática" não ocasiona o surgimento de fortes agrupamentos etários, excetuando-se nas ocasiões rituais [27].

A importância destas condições, relacionadas com a estrutura de autoridade da família (e a ênfase intimamente relacionada com a proibição de qualquer tipo de manifestações sexuais dentro da família) podem ser apresentadas desde outro ponto de vista. Todas estas condições (autoridade, proibições sexuais etc.) de certa forma nada mais são que intensificações de certos elementos universais existentes em cada estrutura familiar. Alguns dos resultados destas condições — tensões entre as gerações durante o período de crescimento, da adolescência e da transição da família de orientação para aquela de procriação; proibição de atividades sexuais dentro da família; uma espécie de retraimento entre as gerações etc. — são provavelmente elementos mais ou menos universais em todas as estruturas familiares [28]. Todos estes resultados implicam um certo grau de categorização diferencial dos membros da unidade familiar e em determinados arranjos institucionais que compreendam estas categorizações. Isto é válido especialmente no que se refere ao

26. MINER, H. Op. cit.
27. Ver G. P. MURDOCK, *Social Structure*, Caps. I, II.
28. Ver, por exemplo, R. F. SPENCER & S. A. BARETT, Notes on a Bachelor House in the South China Area, *American Anthropologist*, v. 50, n. 3, 1948.
Uma análise mais ampla pode ser encontrada em K. ROB V. WIKMAN, *Die Einleitung der Ehe*, Abö, 1937. Ver também K. G. IZKOWITZ, The Community House of the Lament, *Ethos*, v. VIII, 1943.

período de transição da família de orientação para aquela de procriação e ao período de exploração heterossexual. Em muitas sociedades, encontramos alojamentos separados para adolescentes solteiros e jovens adultos do sexo masculino — podendo ser tanto um quarto perto do recinto da família, como uma casa à parte para uso dos solteiros. Tais alojamentos podem ser encontrados no Sudeste da Ásia, entre camponeses escandinavos [29], bem como em outros países. Em todos estes casos, constatamos que os solteiros (e às vezes também as meninas solteiras) formam grupos distintivos próprios, que se ocupam de explorações sexuais mútuas, festas noturnas "sociais" etc. O mesmo fenômeno aparece em várias aldeias balcânicas [30] e sabe-se que existe também em muitas outras sociedades familistas camponesas — tanto históricas como contemporâneas. O hábito de designar alojamentos separados para os jovens após estes alcançarem maturidade (física) sexual é também amplamente aceito entre as primitivas. A extensão da formalização destes arranjos e grupos difere de um a outro lugar e o material que temos à nossa disposição não é adequado para a efetuação de uma análise de todos os graus de formalização ou das condições sob as quais surgem. Parecem, entretanto, ser mais amplamente distribuídos e mais ou menos inerentes à estrutura de cada família e especialmente às sociedades familistas.

Alguns dos exemplos mais interessantes de uma total institucionalização e formalização encontram-se em vários dormitórios juvenis indianos, especialmente entre os Morung de Konya Nagas [31] e entre os Ghotul do Muria; podem ser encontradas muitas instituições similares entre várias tribos Naga, bem como outras da Índia [32]. Aí, os vários tipos de dormitórios formam o núcleo das "repúblicas infantis" e constituem o lar dos solteiros da tribo, no qual vivem e conduzem sua vida amorosa "livre", mas que abandonam (oficialmente pelo menos) após o casamento.

Existe uma grande variedade destas instituições entre as tribos indianas, que foram apropriadamente descritas e resumidas por Ch. von Fürer-Haimendorf[33]. Entretanto, é ainda muito difícil analisar as condições sob as quais surgem os vários tipos de dormitórios juvenis etc. Ou seja, somente

---

29. WICKMAN. Op. cit.
30. Ver, por exemplo, I. T. SANDERS, *A Balkan Village*, University of Kentucky Press, 1949.
31. Ver CH. VON FUERER HAIMENDORF, The Morung System of the Konyag Nagas, Assaun, *JRAI*, LXVIII, 1938.
32. Ver, por exemplo, ROY CHANDRA, *The Oraons of Chota Nagpur*; Sarat ROY CHANDRA, *The Birkas*, Ranchi, 1915; J. HUTTON, *The Sema Nagas*, Londres 1942; J. P. MILIS, *The Aa-Nagas*, Londres, 1926.
33. A análise comparativa mais completa pode ser encontrada em seu trabalho Youth Dormitories and Community Houses in India, *Anthropos*, XLV, 1950.

poderá ser indicado aqui seu significado geral dentro do contexto de nossa discussão.

Todos estes exemplos nos demonstram que os grupos especiais de adolescentes, solteiros etc., são encontrados nas sociedades familistas. Porém, somente sob condições muito específicas — condições que impeçam a conquista da maturidade sexual plena e independência social — nas quais o elemento etário é inteiramente subsidiário, podem desenvolver-se em grupos etários de qualquer tipo.

Um padrão similar pode ser encontrado naqueles setores das sociedades modernas, nos quais é forte o elemento de autoritarismo na estrutura familiar. Já foram mencionados em forma breve vários desses exemplos. Um deles observa-se entre as famílias de imigrantes, que provêm de sociedades camponesas familistas e entram na órbita da sociedade moderna e industrializada. Vimos como este autoritarismo tem alienado a jovem geração e provocado o surgimento de vários tipos de grupos juvenis e de iguais. É interessante notar que estes grupos apresentam a maioria das características delineadas acima e que sua integração em qualquer agência juvenil, escola etc., é muito difícil. O mesmo também é válido para o desenvolvimento de vários tipos de rebeliões juvenis na Alemanha moderna, desde o começo do século XIX até o desenvolvimento do "Movimento de Liberação Juvenil" e o movimento juvenil nazista [34]. Este caso será analisado mais pormenorizadamente no capítulo seguinte; contudo, mencionaremos aqui que neste caso temos um sistema familiar autoritário e tradicional trazido para a órbita de uma sociedade universalista e orientada para as realizações, o que corrói a estrutura de autoridade da família e coloca em destaque sua inabilidade para proporcionar a seus membros o *status* social pleno.

Outro exemplo interessante é o caso de certos setores das classes altas e da plutocracia americana, retratadas em diversas novelas populares, *e.g.*, The Late George Apley Kitty Foyle etc. Aqui, o extremo autoritarismo da família e em especial do pai provocou a alienação da geração mais jovem, levando às vezes seus componentes a afastarem-se de suas casas em busca de independência econômica e familiar. Vários documentos psiquiátricos demonstram que tal alienação pode até ocasionar problemas mentais. Porém, esta rebelião é geralmente temporária e com freqüência a geração mais jovem volta a assumir o elevado *status* social e responsabilidades que lhes são designados segundo valores familiares.

---

34. Sobre os movimentos juvenis alemães ver as notas dos Caps. 2 e 6.

IV

Podemos afirmar que os grupos etários, que surgem sob as condições estipuladas na segunda hipótese principal, diferem daqueles que se originam sob condições de divisão social do trabalho sem parentesco (universalistas). Algumas destas diferenças foram inferidas do material apresentado no decorrer da discussão precedente, mas serão agora sistemática e explicitamente apresentadas. Estas diferenças são de fácil constatação nas sociedades camponesas e primitivas antes mencionadas e de maneira um tanto mais diluída também nas sociedades modernas, em vários dormitórios juvenis etc.

1) A primeira diferença relaciona-se com a categorização dos membros com base na idade. Na maioria destas sociedades a definição etária baseia-se em grande medida na posição entre a estrutura de autoridade da unidade familiar (ou linhagem) e os graus etários são em grande medida definidos em termos destas posições, não como conotações gerais comuns a todos os membros de uma sociedade. Esta ênfase na posição *relativa* (como deve ser toda a posição de autoridade, pelo menos dentro dos limites de uma unidade social concreta) é mais forte aqui do que as orientações mais universalistas de outros grupos etários. Em alguns casos, como nas casas dos solteiros etc., a distinção é confusa, como também pode acontecer durante a transição de um grupo a outro (como entre os camponeses irlandeses). Conseqüentemente, a faixa de vida compreendida por estes grupos é geralmente determinada pela transição de uma posição de autoridade dentro da família a outra (conforme for claramente visto pelo fato de que entre os Tiv, os grupos etários deixam de atuar após a conquista do *status* dos mais velhos; na composição das aldeias etárias dos Nyakyusa; e das panelinhas etárias dos camponeses irlandeses).

2) A segunda diferença, intimamente relacionada com a primeira, é o fato de que em todos estes casos, a composição e organização dos grupos etários não está baseada na qualidade de membro universal em todo o sistema social, mas apenas na qualidade de membro na unidade familiar ou de linhagem (ou num grupo dessas famílias ou linhagens). Estes grupos etários não permeiam os vários grupos de descendência e de parentesco que compõem a sociedade, mas estão geralmente contidos neles (embora em alguns casos exista algum tipo de unidades paralelas nas diferentes unidades de linhagens). Em outras palavras, a categorização com base na homogeneidade etária não se aplica universalmente a todos os membros da sociedade total, mas fundamentalmente aos membros de uma determinada unidade familiar ou de parentesco. Nunca organizam nenhuma atividade comum a toda

a sociedade. Na medida em que existiam estas atividades, são organizadas como entre os Tiv, através das várias linhagens e associações de culto. Suas atividades e funções mais notáveis parecem ser desempenhadas dentro dos limites da unidade de parentesco e não fora dela.

3) Este fato verifica-se também na próxima característica importante, isto é, a ausência de qualquer tipo de hierarquia unificada de grupos etários. Tivemos a oportunidade de constatar nos capítulos anteriores que esse tipo de hierarquia pode não existir tanto devido à limitação imposta pela faixa de vida durante a qual são atuantes os grupos etários, como devido à debilidade e sua organização. No caso que estamos analisando não existe uma hierarquia unificada, a faixa etária é relativamente longa e a organização incorporada de cada grupo etário (ou aldeia etária) é muito valorizada. Entre os vários grupos etários não encontramos, entretanto, nenhum tipo de organização ou hierarquia unificadas. Não existem tarefas comuns a desempenhar, nem deveres comuns atribuídos aos grupos etários. Sua vida social é totalmente separada. Em alguns casos, como entre os Tiv, os membros de um conjunto etário raramente conhecem os nomes dos membros de outros conjuntos etários da sua mesma linhagem [35]. Não possuem chefes comuns e não existe transição de um conjunto a outro. Um conjunto mais idoso não exerce autoridade sobre um mais jovem e não se verificam relações de senioridade e junioridade que regulem especificamente as relações entre diferentes conjuntos etários. Cada conjunto etário dá orientação completamente separada e independente à sua existência. Na medida em que ocorrem quaisquer tipos de relações entre eles, são necessariamente mediadas por pessoas especialmente designadas para esse fim, que não pertençam ao conjunto etário: os chefes das aldeias dos Nyakyusa, os "conselheiros do conjunto" dos Tiv.

Assim, vemos que esses grupos etários não constituem uma organização unificada, tanto no tocante à sociedade como um todo, como às inter-relações entre diferentes grupos etários de qualquer grupo de linhagem específica.

4) Daqui decorre a quarta diferença estrutural destes grupos etários, de acordo com aqueles do primeiro tipo — ou seja, a relativa e pouca ocorrência de atividades integrativas globais que eles desempenham. Observamos este fato também na ausência de uma organização unificada, que mostre com exatidão que, na medida em que sejam atribuídas quaisquer atividades integrativas a estes grupos, não será com base numa hierarquia etária global, mas fundamentalmente como partes de várias unidades de parentesco e de descendência (e talvez outras unidades particularistas). Vê-se claramente este ponto no fato já mencionado de que tais ativi-

dades (como por exemplo, no aspecto econômico entre os Tiv e nos aspectos político e econômico entre os Nyakyusa) são supervisionadas não por chefes internos (ou cabeças) dos grupos etários, mas principalmente por pessoas que observam as relações pessoais ou de parentesco destes grupos. Estes são os chefes, conselheiros etc., cuja relação com o grupo assenta-se no fato de serem membros de uma unidade de descendência particularista comum. Os grupos estão ligados à organização global de toda a sociedade por intermédio também destas pessoas, *i.e.*, não conformam grupos totalmente autônomos dentro da estrutura.

5) A relativamente escassa ocorrência de atividades integrativas atribuídas a estes grupos pode também constatar-se na sua organização natural e interna. No tocante ao conteúdo de suas atividades (*e.g.*, econômicas) não se distinguem diferenças totais quanto ao outro tipo de grupos etários. Mas o significado dessas atividades varia consideravelmente. Primeiro, nota-se uma forte ênfase nos assuntos internos do grupo e na oposição do grupo a outros grupos (na maioria das vezes, aos mais velhos), em vez do cumprimento de deveres públicos ou participação na organização geral. Segundo, embora se note a ênfase usual nas relações expressivas e na união global, estes aspectos nem sempre constituem um quadro apropriado para atividades instrumentais mais amplas, que são incumbidas a seus membros em virtude de suas relações fora da unidade de parentesco. Pode-se encontrar aqui uma ênfase mais forte nas relações expressivas, que não possuem um nexo mais geral com os direitos e deveres com respeito a outros membros da sociedade. As atividades desses grupos etários poucas vezes apresentam caráter preparatório, antecipando futuras atividades adultas; como regra, diferem das atividades adultas muito mais do que aquelas de outros tipos de grupos etários.

6) Esta carência de significado integrativo, do ponto de vista do sistema social, da maioria das atividades destes grupos etários, corre paralelamente com sua dissociação de quaisquer tipos de cerimônias que confiram *staus* ao indivíduo. Contrariamente ao que ocorre em outros tipos de grupos etários, a qualidade de membro destes não indica ser uma conquista de *status* social. Este ponto é evidente na medida em que o ingresso a estes grupos nunca está condicionado à iniciação nem à circuncisão. Em algumas das sociedades nem sequer existem essas cerimônias; ao passo que, em outras não apresentam conexão alguma com o ingresso e com a qualidade de membro dos grupos etários.

7) Chegamos finalmente às características mais inclusivas e importantes destes grupos etários: ou seja, as tendências anormativas muito acentuadas e a ênfase na oposi-

ção entre as várias gerações. Vimos que, na maior parte das sociedades primitivas, não existe uma oposição tão desenvolvida; onde quer que exista uma oposição assim, esta resolve-se por meio da total institucionalização e regulação legítima, como entre os Nandi. Nestes casos agora em discussão, contudo, esta oposição não é inteiramente institucionalizada e o potencial anormativo é muito forte, embora não completamente disruptivo. Ainda mais importante é a oposição — tanto ideológica como estrutural — que conforma a base da identificação comum do grupo; até mesmo o simbolismo etário específico está montado em grande parte em termos de oposição. Prevalece sempre uma atitude ambivalente perante o mundo dos adultos (ou dos mais velhos), sendo que os valores básicos da sociedade não são totalmente aceitos. Diferentes grupos etários não somente podem tender a enfatizar diferentes aspectos dos valores comuns — como bem pode acontecer em todos os tipos de grupos etários — como também pode existir uma atitude não-conformista perante eles. Pode-se observar claramente este fato entre os camponeses irlandeses e até certo ponto entre os Nyakyusa. Esta oposição não é só ideológica; pode compreender várias manifestações de comportamento importantes, *e.g.*, ajuda própria e mútuo apoio jurídico (e econômico) entre os membros do conjunto etário dos Tiv e os habitantes das aldeias etários dos Nyakyusa. Em todos estes casos esta ajuda mútua (especialmente entre os Tiv) está dirigida contra o poder dos mais velhos.

Em nenhuma das sociedades discutidas anteriormente chega a produzir-se uma completa ruptura da continuidade do sistema social (e das personalidades de seus membros), devido a esta oposição e anormatividade potencial, mas tão--somente uma parcial insulação destas potencialidades anormativas. Obtém-se através de um certo grau de segregação das correspondentes esferas de comportamento conformista e anormativo e o conseqüente debilitamento radical das atitudes ambivalentes, o que possibilita uma instituição pelo menos parcial das fases anormativas "segregadas". Isto é possível, porque: (a) os membros dos grupos etários identificam-se mais ou menos integralmente com os valores da sociedade adulta e aspiram alcançar *status* social pleno, e portanto (b) conseguir que para a maioria deles o período passado no grupo etário seja uma forma de transição.

Observamos agora as diferenças básicas entre os grupos etários que surgem sob condições de princípios universalistas de distribuição de papéis e dos que surgem sob condições que bloqueiam a conquista do *status* dentro do contexto da família. Neste último tipo, o grau de identificação etária geral a nível da sociedade é relativamente débil como critério de atribuição da qualidade de membro, a faixa de suas atividades está geralmente limitada aos limites das unidades particularistas (família e linhagem) e sua função fundamental parece ser suavizar as tensões que surjam entre as diferentes gerações.

Os dois tipos de grupos etários são analiticamente distintos. Na totalidade dos exemplos discutidos anteriormente, esta distinção analítica é também concreta. Em princípio, podem naturalmente existir casos em que coexistem os dois tipos; *i.e.*, no âmbito de uma sociedade universalista pode existir uma estrutura familiar deveras autoritária. Diversos exemplos típicos, mencionados antes, podem ser encontrados nos casos de imigração, contato cultural, no desenvolvimento de determinados movimentos revolucionários modernos e em algumas sociedades tradicionais sob o impacto da industrialização. Sob estas condições de absoluta incompatibilidade — com a parcial exceção da classe alta americana, que será analisada em todos seus pormenores no próximo capítulo — os grupos etários geralmente não podem cumprir suas funções, no sentido de suavizar as tensões entre as gerações e tornam-se francamente anormativos e rebeldes. Embora seja difícil diferenciar entre a relativa influência dos dois conjuntos de condições sob as quais se originam os grupos etários, parece ser que a combinação destas condições tende a intensificar as tendências anormativas dos grupos etários.

6. As Funções dos Grupos Etários no Sistema Social (Grupos Etários Integrativos e Anormativos)

I

Nos capítulos precedentes tentamos identificar diversas diferenças na estrutura dos grupos etários, relacionando-as com as várias diferenças das principais características estruturais do sistema social e seus mecanismos integrativos. Tivemos êxito ao corroborar inteiramente nossa hipótese inicial em todos os seus detalhes e diferenciá-la bastante de acordo com diversos detalhes adicionais. Ao longo da nossa análise, entretanto, encontramos freqüentemente outras diferenças entre vários tipos de grupos etários, ou seja, na medida em que desempenham funções integrativas ou desintegrativas dentro do sistema social; em outras palavras, na medida em que ocorrem tendências anormativas nos grupos etários. Ao contrário de outras diferenças estruturais — e.g., a faixa de vida que os grupos etários abrangem, as diferenças entre o desempenho de tarefas e o treinamento dos grupos etários etc. — esta diferença não foi ainda sistematicamente analisada e explicada. Em outras palavras, ainda não analisamos nem os vários tipos de conformidade ou de anormatividade, nem as condições sociais sob as quais surgem. Concentrar-nos-emos agora nestes problemas. Embora venha a ser necessário repetir alguns dos pontos do material apresentado nos capítulos precedentes, o faremos somente na medida em que seja absolutamente necessário para a análise futura.

Antes de iniciarmos a análise do problema específico das funções integrativas (ou desintegrativas) dos grupos etários, devemos explicitar com maior precisão qual o significado de funções integrativas. Em suma: qualquer grupo, instituição etc. desempenha funções integrativas na medida em que contribui para a continuidade do sistema social. Por continuidade entenda-se desempenho contínuo dos principais papéis institucionais e da maioria das orientações gerais pelos membros da sociedade, independentemente das mudanças na composição biológica da qualidade de membro (*i.e.*, intercâmbio de gerações). Do ponto de vista das personalidades individuais é a manutenção da motivação do membro individual para desempenhar papéis institucionalizados e o desenvolvimento dessa motivação (ou disposição), que são os principais critérios de uma "função integrativa".

A análise anterior mostrou claramente que os grupos etários podem constituir um foco institucional básico, no tocante à continuidade e estabilidade do sistema social e um dos principais canais de transmissão da herança social. Até que ponto este canal desempenhe, efetivamente, essas tarefas de transmissão, esse é um importante índice de continuidade social, embora não certamente o único.

Antes de dar seguimento à nossa análise dos grupos etários integrativos e desintegrativos, indagaremos como e sob quais condições podem os grupos etários desenvolver tendências anormativas. Tentaremos explicitar esta possibilidade dentro do quadro de nossas hipóteses e suposições gerais e dele derivaremos então hipóteses mais específicas no sentido de responder sob que condições se desenvolvem os grupos etários num sentido ou noutro.

Foi postulado que os grupos etários surgem em sociedades nas quais a família (ou unidade de parentesco) não constitui a unidade fundamental da divisão econômica e social do trabalho e na qual o indivíduo adquire e aprende várias disposições gerais de papéis que não podem ser aprendidos dentro da família. Os grupos etários, que geralmente se articulam durante o período de transição da família de orientação, podem servir de canais para o aprendizado (de alguns, pelo menos) de algumas das disposições gerais de papéis. Pode-se dizer, portanto, que os grupos etários constituem uma esfera interligada entre a família e outras esferas institucionalizadas da sociedade (políticas, econômicas etc.).

Esta afirmação sobre a natureza interligada dos grupos etários deveria ser explorada em maior profundidade, já que representa de certa forma o ponto focal da presente análise. Em particular deveria ser explicado, em forma mais pormenorizada, o significado de "uma esfera de interligação" dentro do sistema social [1]. Considerando que vários setores institucionais da sociedade são geralmente regulados segundo diferentes princípios integrativos, torna-se óbvio portanto o fato de que as expectativas de papéis surgidas num deles não podem ser sempre totalmente gratificadas por outro. Nesses casos pode ocorrer uma falta de motivação para o desempenho de alguns destes papéis e frustrações no tocante à impossibili-

---

[1]. Esperamos poder elaborar este conceito numa publicação especial.

dade de desempenhar outros; e a estabilidade do sistema social pode correr perigo. Objetivando combater esses perigos todo sistema social emprega vários mecanismos de ajustamento, sendo que a "esfera de interligação" é um deles. Uma esfera de interligação organiza-se no sentido de permitir, por um lado, a gratificação de pelo menos algumas expectativas de papéis ativadas num setor institucional; ao passo que, por outro, ela relaciona estas gratificações obtidas de, pelo menos, algumas expectativas de papéis e projeta-as no sentido de outros setores institucionais. Pode-se dizer, portanto, que uma esfera de interligação revela as orientações no sentido de determinados setores da sociedade e que existem em estado latente noutro setor. A eficácia de tal esfera de interligação depende do quanto ela esteja compreendida, em forma permanente, dentro da estrutura da sociedade, de forma a permitir que as gratificações que concede e as aspirações que origina recebam total apoio normativo da sociedade, assegurando nela completa gratificação. Certas instituições religiosas (como o confessionário católico e algumas festas tradicionais judias, particularmente o Dia da Expiação) ou rituais coletivos centrais, levam esta característica[2]. Assim, por exemplo, a análise de muitas cerimônias primitivas demonstrou que nestas as esferas econômica, política e ritual da sociedade encontram-se intimamente entrelaçadas. Nestas cerimônias é fortemente enfatizada a importância das atividades econômicas da produção. Contudo, ao mesmo tempo, o aspecto puramente individualista ou familiar das atividades e realizações econômicas, aspecto este fortemente ressaltado na vida cotidiana, está subordinado aos valores coletivos e à hierarquia política da sociedade. Portanto, a conquista de prosperidade econômica está aqui subordinada à participação efetiva na esfera política e à identificação com seus valores [3].

É lógico, entretanto, que podem existir muitas esferas de interligação em qualquer sistema social. Nossa análise anterior nos demonstrou que os grupos etários constituem essa esfera de interligação (nas sociedades universalistas) entre a família e os sistemas gerais de valores, políticos e ocupacionais da sociedade. Vimos que, num grupo etário, o indivíduo busca estabelecer relações solidárias e gratificações semelhantes àquelas da família, sendo intensamente influenciado pelas aspirações e orientações existentes no contexto familiar. Ao mesmo tempo, a organização interna dos grupos juvenis e

---

[2]. Esta análise da função de algumas instituições religiosas está implícita na análise clássica de Durkheim sobre as festividades. Esperamos poder tocar estes aspectos mais pormenorizadamente no futuro.

[3]. Ver M. GLUCKMAN, *Rituals of Rebellion in S. E. Africa*, Manchester, 1953.

etários já enfatiza alguns tipos diferentes de papéis; *e.g.*, sua distribuição interna dos papéis é normalmente mais universalista, pode compreender maior competição etc. Estas relações são, de certa forma, organizadas de acordo com critérios existentes nas esferas econômica e política etc. da sociedade e são orientadas para e influenciadas por estas esferas e critérios. Nos grupos etários como aqueles dos Nupe, que servem de "escola de cidadania", é óbvia sua orientação no sentido dos valores gerais da sociedade e de sua esfera política. Este fato torna-se ainda mais evidente naqueles casos em que os grupos etários desempenham tarefas definidas nas esferas econômica, política e ritual. Em todos estes casos sua própria solidariedade é em grande medida dependente da bem sucedida manutenção destas orientações gerais e desempenho destas diferentes tarefas. Desta maneira, os grupos etários interligam a esfera da família, por um lado, e os sistemas políticos, econômicos e de valores, por outro. Revelam as orientações latentes no tocante a estas esferas existentes no seio da família. Esta esfera de interligação é de grande importância estrutural dentro do sistema social, por várias razões. Primeira, não interliga agrupamentos de papéis marginais e segregados, mas sim aqueles de maior importância do ponto de vista da socialização do indivíduo. Segundo, as expectativas de papéis que tenta gratificar são aquelas orientadas no sentido da obtenção de plena qualidade de membro na comunidade e identificação solidária com ela (a identificação desenvolveu-se no âmbito da família e foi construída com base na solidariedade familiar) e no sentido da conquista de *pleno status social* (nas esferas ocupacional, política etc.). Por conseguinte, estas expectativas de papéis dizem respeito às aspirações totais e imagens de *status* do indivíduo, tanto no que se relaciona com sua própria auto-imagem, como com sua identificação çom a comunidade. A conquista de ambas, num agrupamento de papéis, não é possível em todos os setores de uma sociedade universalista e especializada, devido à segregação da solidariedade instrumental e gratificações expressivas em diferentes esferas. A função dos grupos etários (juvenis) é proporcionar uma esfera de papéis, na qual possam combinar-se uma forte orientação solidária para com a comunidade, com relações universalistas e instrumentais muito mais amplas.

A possibilidade de alcançar um equilíbrio entre a identificação expressiva e solidária e as relações instrumentais nos grupos etários é muito importante também do ponto de vista da minimização de toda hostilidade em potencial ou rivalidade entre gerações. Numa sociedade universalista e orientada para as realizações, a preponderância das relações instrumentais pode intensificar essa rivalidade, considerando que a atribuição de recompensas não é regulada conforme critérios claramente qualitativos. A subordinação destas relações instrumentais às orientações globais expressivas e comunitárias nos grupos etários assegura que, em certa medida, esta competição será mantida dentro dos limites da solidariedade coletiva e da regulação qualitativa.

Os grupos etários podem cumprir suas funções integrativas somente na medida em que consigam manter esse equilíbrio entre o *status* expressivo e as orientações comunitárias, por um lado, e as relações instrumentais do sistema social por outro. A existência de uma tal combinação, entretanto, não é automática; ocorre somente sob determinadas condições específicas. Estas condições estão intimamente relacionadas com a gênese dos grupos etários como esfera de interligação entre a família e outras esferas institucionais da sociedade.

Se for válida esta análise dos grupos etários como esfera de interligação entre a família e a estrutura ocupacional etc. deveria também explicar as condições sob as quais desempenham papéis totalmente integrativos, parcialmente integrativos ou anormativos. Em conseqüência, postulamos que a proporção do cumprimento de funções integrativas pelos grupos etários está relacionada com o grau de harmonia entre a família e outras esferas institucionalizadas nas sociedades universalistas. Somente caso as expectativas e disposições originadas no âmbito da família não estejam em total desarmonia com, e em oposição a outros papéis institucionalizados e identificações, é que os grupos etários podem cumprir suas funções integrativas. Em outras palavras, pode-se afirmar que somente na medida em que estejam presentes algumas orientações na família — latentes ou manifestas — no tocante à sociedade em concreto na qual existe e a seus principais valores, é que os grupos etários podem cumprir esta função. Caso contrário, a discrepância entre as expectativas de papéis e orientações no sentido da comunidade e a possibilidade de realizar efetivamente estas expectativas de papéis será tão grande que não poderá ser superada. Só na medida em que houver alguma compatibilidade ou harmonia entre as estruturas de valores da família e de outras esferas institucionalizadas da sociedade é que poderão ser mais ou menos claramente definidos pela sociedade adulta os vários papéis atribuídos à juventude, nas esferas de interligação e de transição. Caso contrário, aquela esfera torna-se indefinida e desestruturada, ou então definida contraditoriamente e portanto não totalmente institucionalizada.

Tanto o grau de harmonia entre a estrutura familiar e outras esferas institucionais da sociedade, como a proporção de tendências integrativas ou anormativas dos grupos etários são, sem dúvida alguma, questões de graus, de intensidade.

Especificaremos, portanto, os critérios concretos de cada uma, começando pelos critérios de compatibilidade entre a família e outras esferas institucionais da sociedade. (Devemos relembrar que nossa análise é válida dentro do quadro básico das sociedades universalistas, nas quais existe uma certa carência de compatibilidade estrutural entre a família e outras esferas.) Estes critérios parecem ser os seguintes:

A. O grau de harmonia entre as principais orientações de valor (e hierarquia de valores) da família e de outras esferas.

B. O grau de compatibilidade entre as estruturas autoritárias de diferentes esferas. (Este ponto é de grande importância devido ao lugar ocupado pela família no desenvolvimento da atitude geral do indivíduo perante a autoridade.)

C. Até que ponto a família desempenha diferentes tarefas e papéis no âmbito das esferas de maior destaque da sociedade, *i.e.*, as esferas econômica, política, ritual etc. Existem exemplos quanto à proporção em que são atribuídas tarefas econômicas (produção), políticas ou funções rituais, *em certa medida,* à família. Inclusive nas sociedades sem parentesco isto pode acontecer, embora a família nestes casos não possa nunca, por definição, vir a ser a principal unidade de divisão do trabalho.

D. Até que ponto as aspirações de *status* e as referências da família são compatíveis com as possibilidades existentes na sociedade e seus subsetores e com suas principais orientações de valor. De especial importância aqui (essencialmente, é lógico, nas sociedades modernas) a questão da medida em que a família é capaz de orientar suas crianças no sentido de escolhas ocupacionais realistas e em que medida seu estilo de vida em geral é aceito — dentro da sociedade e por seus filhos.

Todos estes critérios especificam, de diferentes formas, o grau em que existem dentro da família orientações positivas — inclusive se forem latentes — no sentido da sociedade como um todo. Também de real importância, neste contexto, é o grau em que prevalece a harmonia entre a solidariedade interna e a orientação para a comunidade dentro da família e na solidariedade global da sociedade. Embora nas sociedades universalistas a solidariedade familiar não se transmita automaticamente à solidariedade da sociedade total, o grau de sua factibilidade é muito significativo.

A hipótese básica deste capítulo é que o grau de existência destes critérios determina o grau de conformidade ou anormatividade dos grupos etários. Antes de apresentar o material relativo a esta hipótese, entretanto, deveremos antes proceder à elaboração dos índices concretos destas tendências integrativas e desintegrativas. Iniciaremos explicando-os em detalhe.

O principal teste de conformismo ou anormatividade dos grupos etários é o grau de adequação dos objetos e papéis escolhidos por companheiros da mesma idade para o cumprimento de suas aspirações sociais gerais; de coincidência da participação solidária e plena num grupo de coetâneos com os papéis a eles atribuídos pelos centros de autoridade da sociedade. Essa harmonia pode também ser definida como grau de compatibilidade entre a socialização preparatória efetuada nos grupos etários e os principais padrões de símbolos, normas e valores institucionais da estrutura social e em que grau essa transmissão da esfera preparatória para as esferas totalmente institucionalizadas se realiza com êxito.

Quais são, então, os índices concretos dessa harmonia ou transição bem sucedida? Parece-nos que existem três níveis de índices. O primeiro refere-se às relações entre os valores e orientações do grupo etário primário e básico e as normas básicas da estrutura institucional da sociedade. O problema aqui é saber até que ponto as várias normas e valores da sociedade representam padrões de símbolos de orientação do grupo etário. Pode-se observar este ponto no grau de transmissão da solidariedade do grupo etário no sentido da sociedade total e até que ponto a ideologia grupal não acentua a hostilidade quanto a outros grupos etários e gerações e quanto aos valores da sociedade como um todo. A manutenção de todas estas referências e orientações para com a sociedade em geral implica a existência de canais efetivos de comunicação entre os grupos etários primários e a estrutura social total.

Um importante ponto a este respeito é a natureza da distribuição *interna* de papéis no âmbito do grupo etário ou do sistema de grupos etários. Sua orientação relativa às esferas política, econômica etc. e sua função de interligação realizam-se com mais sucesso, na medida em que esta distribuição seja baseada em critérios universalistas e em alguns casos também de realização.

Daí resulta o segundo nível ou grupo de índices, que determina até que ponto a participação nos grupos etários confere *status* social pleno e identidade sexual a seus membros. Conforme observamos anteriormente, por intermédio da qualidade de membro de um grupo etário, um indivíduo desenvolve novas atitudes psicológicas, novas normas de personalidade e uma nova identidade. Se esta identidade for compatível com a expectativa da sociedade em geral e se lhe conferir *status* social e legitimação da formação de uma nova unidade familiar, os grupos etários terão desempenhado uma função integrativa na estrutura social.

O terceiro nível de compatibilidade ultrapassa o estágio preparatório e de treinamento e refere-se até que ponto são atribuídos aos grupos etários papéis perfeitamente institucionalizados (*e.g.*, econômicos, políticos, cerimoniais) e estes desempenhados adequadamente por eles.

Além destes níveis, como índice geral relativo ao desempenho de funções integrativas para o sistema social por parte dos grupos etários, temos a natureza das relações internas e entre as gerações. Pode-se afirmar, em geral, que sua conformidade e funções integrativas são mais notáveis segundo o grau de heterocefalia do grupo etário — *i.e.*, dirigido numa ou noutra direção pelos membros de outros graus etários cuja autoridade seja plenamente aceita. Esta heterocefalia pode assumir a forma de autonomia e autocefalia da hierarquia total do grupo etário (como entre os Nandi etc.), por meio da qual os grupos etários mais velhos exigem respeito dos mais jovens e exercem certa autoridade sobre eles; ou pode assumir a forma de direção dos grupos etários por pessoas mais velhas, estranhas à hierarquia do grupo etário. Na medida em que se comprove a existência de interação harmoniosa entre as gerações e na medida em que os grupos etários e juvenis inculquem atitudes de respeito perante as gerações mais velhas, estarão ajudando a manter a continuidade do sistema social. Quando, entretanto, semearem a oposição às gerações mais velhas e aos seus valores, estarão assumindo cada vez mais um caráter anormativo.

Esboçamos aqui os três níveis fundamentais do grau de harmonia entre grupos etários e a estrutura social geral. Estes níveis são: (a) o grau de harmonia entre os valores e orientações dos grupos etários e as normas e valores institucionais básicos da estrutura social — compatibilidade que se manifesta numa socialização adequada e fácil interação com outras gerações; (b) até que ponto a identidade derivada da participação nos grupos etários é adequada para conquistar o *status* social pleno; e (c) até que ponto são atribuídos papéis inteiramente institucionalizados aos grupos etários. Estes três níveis foram apresentados aqui em escala ascendente, *i.e.*, a existência dos níveis "superiores" sempre pressupõe a existência de um anterior. Estes níveis definem os *graus* de ocorrência de orientações integrativas dos grupos etários. Assim, existem sociedades nas quais somente ocorre o primeiro nível de harmonia, em outras os primeiros dois e outras em que existem os três. Além destes, existem logicamente outros casos anormativos ou semi-anormativos, nos quais não existe nem sequer o primeiro nível de compatibilidade e nos quais os grupos etários estão engajados em práticas francamente anormativas. Examinaremos agora nosso material, a fim de verificar até que ponto ele confirma, elabora ou modifica a hipótese apresentada anteriormente. Analisaremos agora as sociedades onde os grupos etários desempenham funções totalmente integrativas e finalmente aquelas onde apresentam um caráter claramente anormativo.

II

Entre a maioria das tribos primitivas discutidas neste livro (com exceção dos Murngin, Tiv Tiv e Nyakyusa, discutidas no Cap. 5), constatamos identidade e compatibilidade muito acentuadas entre as orientações de valor da unidade de parentesco da sociedade total [4]. Em primeiro lugar, nota-se uma ênfase comum na solidariedade idêntica e nas orientações comunitárias e em todos os casos conhecidos constatamos que a comunidade total, quanto a seu valores simbólicos e rituais, constitui o principal grupo de orientações de referência da unidade de parentesco. A família apresenta forte orientação no sentido da comunidade; este fato pode ser verificado pela plena participação nas cerimônias rituais, assuntos comunais e governamentais e no preparo geral para aceitar a direção e jurisdição comunais. Não encontramos nunca uma indicação ou disposição, por parte da unidade familiar, para desenvolver uma orientação e identificação comuns e separatistas, ou para dissociar suas aspirações de *status* do quadro comunal. Embora a qualidade de membro da unidade familiar não seja suficiente para a conquista de plena participação na comunidade, não existe uma oposição marcada quanto aos valores da comunidade.

Em segundo lugar, a mesma harmonia pode ser encontrada na forte ênfase nos valores coletivos, difusos e qualitativos, com uma ênfase parcial na especialização de papéis (e realizações) entre certas tribos (Yako, Ibo etc.). Inclusive nestas tribos, o elemento de realização e especialização é importante principalmente com respeito aos princípios de distribuição de papéis entre diferentes membros e (como foi apresentado no Cap. 4) com respeito *não* ao conteúdo e orientações desses papéis e aos valores para a realização pelos quais se norteiam. As principais atividades especializadas nestas sociedades são orientadas no sentido de metas coletivas, sendo geralmente reguladas por autoridades comunais. Ao mesmo tempo, entretanto, conforme foi exposto no Cap. 4, é lógico que quanto mais elevado for o grau de especialização, tanto mais limitado será o alcance dos papéis institucionalizados atribuídos à unidade familiar.

---

4. Ver a numerosa bibliografia mencionada nos capítulos precedentes. Para efeito de uma análise mais geral, ver R. FIRTH, *Social Organization*, op. cit.

Nestas sociedades as unidades familiares e de parentesco desempenham várias tarefas em diversos campos institucionais. São geralmente importantes unidades de produção. A maior parte são também grupos rituais, com seus próprios deuses e cultos dos ancestrais. Ainda que estes não sejam os valores rituais mais importantes da sociedade, ocupam ainda assim um lugar legítimo e reconhecido nela. Estes grupos são normalmente também grupos jurídicos, com uma determinada responsabilidade mútua; devem também desempenhar várias tarefas políticas — embora não sejam as principais agências de controle político. As famílias são também importantes unidades de *status* e freqüentemente ajudam os indivíduos (*e.g.*, por meio de ajuda econômica ao tornar-se membro de uma associação) e alcançar aquele *status* que não é simplesmente atribuído em termos qualitativos.

Embora existam poucos dados específicos sobre este particular, parece possível encontrar um elevado grau de compatibilidade entre a estrutura de autoridade da unidade de parentesco e da sociedade total — compatibilidade essa que encontra uma de suas formas de expressão na atitude nitidamente paternalista dos chefes e reis nos reinos mais centralizados e na transformação geral e extensão das atitudes de respeito para com os mais velhos, dentro do sistema de parentesco que encontramos na maioria destas tribos. Entre algumas das tribos Yoruba e Ibo, por exemplo, constatamos uma emancipação gradual da criança de sua dependência econômica do pai, enquanto estiver vivendo com a família de orientação e for ativamente assistido pelo pai, no sentido de alcançar aqueles pré-requisitos de independência e autoridade, de grande importância na sua vida adulta.

Esta harmonia básica entre as orientações de valor e estrutura de autoridade da família e da sociedade global facilita a transição de um setor a outro. Essa transição não implica papéis e comportamento inteiramente contraditórios, mas efetua-se dentro de um quadro de valores e orientações de valor comuns. Estas duas esferas estão intimamente conectadas, no aspecto relativo ao equilíbrio entre gratificações instrumentais e expressivas; a primazia da participação e orientação comunitário-solidárias e expressivas existe na sociedade total, embora o alcance e importância da orientação instrumental seja maior em outros setores da sociedade, em comparação com o sistema de parentesco. Por conseguinte, a transição da unidade familiar (de parentesco) a outras esferas institucionalizadas, bem como a participação nelas, não implica uma perda da solidariedade com respeito à comunidade; e, assim, observa-se grande harmonia entre as disposições de papéis do indivíduo (com forte ênfase na orientação comunitária engendrada na família) e os papéis atribuídos a ele no contexto do sistema social.

Em conseqüência, observamos que em todas estas tribos os grupos etários com freqüência podem interligar a esfera familiar às esferas política, econômica etc. e cumprir suas funções plenamente integrativas, ou podem ser considerados pelo fato de aplicarem todos os critérios de funções integrativas expostos na primeira parte deste capítulo.

Encontramos geralmente nestas tribos uma completa correspondência entre a propensão do indivíduo a unir-se e participar de grupos etários e os papéis legítimos e oficiais que lhes são entregues pelos detentores da autoridade: os indivíduos encontram-se mais ansiosos por desempenhar aqueles papéis que são atribuídos aos grupos etários [5]. Os dados existentes comprovam inteiramente a suposição de que não se encontra nenhuma tendência *estrutural* no sentido da anormatividade nestes grupos etários, embora possam muito bem acontecer casos de anormatividade puramente individual. A expressão máxima desta correspondência encontra-se no fato de que, em todas estas sociedades, o ingresso aos grupos etários está ligado à conquista de *status* social pleno e maduro, geralmente mediante a iniciação; existem poucas outras formas de alcançar *status* social, a não ser através da iniciação e da qualidade de membro de um grupo etário. Em algumas das tribos, o *status* inicial de adulto não é alcançado somente através da qualidade de membro em grupos etários; o mesmo é válido para a conquista de outros graus de *status* mais diferenciados, os quais, nestes casos, são mais ou menos sinônimos dos graus etários.

Nestas tribos, a maioria dos graus de *status* atribuídos qualitativamente em termos universais são baseados nos graus etários e podem ser alcançados somente através de participação nos grupos etários. Este ponto é ainda mais evidente no fato de que a transição de um a outro grau etário não é uma preocupação individual, mas deve ser efetuada por um grupo incorporado, unindo desta forma a solidariedade do grupo com o sistema da sociedade total (encarregado da atribuição dos vários *status*).

Em todas estas tribos, a qualidade de membro dos grupos etários, e particularmente o ingresso na seção "ativa" da hierarquia do grupo etário, está intimamente relacionada também com a conquista de maturidade sexual e com a garantia de relações heterossexuais legítimas. Tais relações são geralmente permitidas somente após a iniciação e em

---

5. Ver, por exemplo, de E. E. EVANS-PRITCHARD, "The Nuer, Age Sets" em *Sudan Notes and Records*, op. cit., e J. PERISTIANYI, *The Social System of the Kipsigis*, op. cit. Exemplos paralelos podem ser encontrados na bibliografia sobre todas as outras tribos.

alguns casos especiais os privilégios sexuais são concedidos aos membros do grau mais ativo — os guerreiros [6]. Em algumas tribos, a procura de flertes e relações heterossexuais constitui uma das principais atividades do grupo etário.

Assim sendo, em todas estas tribos, o desenvolvimento e conquista da qualidade de membro e identidade pessoal na comunidade total, estão condicionados ao fato de ser membro da hierarquia do grupo etário e não podem ser obtidos fora. A qualidade de membro de grupo etário e o *status* alcançado após a iniciação num grupo etário são os símbolos principais da auto-identificação e *status* do indivíduo. Mediante a participação em grupos etários, o indivíduo desenvolve disposições gerais para atividades e papéis que deve cumprir na sociedade e torna-se assim habilitado a desempenhá-las.

A mesma harmonia pode ser descoberta, em todas estas sociedades, entre os valores e solidariedade do núcleo do grupo primário do grupo etário e aqueles da comunidade total. Esta harmonia expressa-se em certos arranjos estruturais, que existem sob uma ou outra forma na quase totalidade destas tribos primitivas: (a) A proclamação de um novo conjunto etário e/ou a promoção e sucessão de grupos etários são geralmente assuntos cerimoniais, dos quais participa toda a comunidade, ou seus representantes principais. (b) O grupo etário individual recebe seus emblemas e símbolos de identificação do representante oficial da tribo. (c) Os grupos etários atuam na qualidade de agência educacacional principal da sociedade, através da qual tanto o conhecimento ritual como o técnico são transmitidos a seus membros. (d) Os grupos etários são uma agência importante de controle social dentro da aldeia ou tribo. (e) As atividades dos grupos etários e sua formação desfrutam de plenas sanções rituais nestas sociedades.

Em todas estas tribos primitivas, contudo, não se verifica somente uma harmonia básica entre os valores dos grupos etários e aqueles da sociedade total; os grupos etários são também totalmente aceitos como incumbentes de papéis e tarefas que lhes são atribuídos dentro dos sistemas sociais. Em todos eles, encontramos que os grupos etários estão entre as agências mais importantes para o desempenho de tarefas jurídicas, institucionalizadas, centrais, integrativas etc. Entre os Nandi etc., são eles as agências principais para o desempenho desses papéis. Entre os Yako etc., são dirigidos por outras agências, nas quais se concentra o poder e a autoridade da sociedade e que por seu turno desempenham vários papéis — especialmente aqueles relacionados

---

6. Ver, por exemplo, L. S. B. LEAKEY, *Some Notes on the Masai*, op. cit.; J. KENYATTA, *Facing Mount Kenya*, op. cit.

com o labor do governo, leis etc., — limitando assim a extensão das atividades do grupo etário. Entre os Swazi etc., as atividades do grupo etário são também dirigidas por uma agência de fora, que mantêm o monopólio do poder político — o rei. Em todas estas sociedades, a extensão de papéis institucionalizados desempenhados pelo grupo etário é inversamente proporcional ao grau de especialização, baseados tanto na família e grupos de descendência, como em agências e grupos especiais e orientados para a realização. Em todos eles, entretanto, determinados papéis institucionalizados são desempenhados pelos grupos etários, fazendo-os um dos mais importantes campos institucionalizados da estrutura social. Seus papéis e grupos são geralmente reconhecidos tanto pelos membros como pelos não-membros; as normas derivadas de sua estrutura e valores grupais são também geralmente reconhecidas, interligadoras e cruciais para sua conduta; e seus limites e tarefas são clara e precisamente definidos.

No contexto destas sociedades primitivas, o elevado grau de institucionalização dos grupos etários manifesta-se no importante papel que os membros de outros grupos etários e/ou gerações cumprem em qualquer grupo etário determinado. Em todas elas qualquer grupo determinado está intimamente relacionado com os outros, tanto por meio de uma divisão de funções autônoma e automática entre distintos grupos etários, como por meio da direção de membros de graus etários que não os próprios. Entre os Yako, Ibo, Ibibio e algumas tribos Yoruba, todas as atividades do grupo etário são dirigidas por pessoas, em grande medida estranhas à hierarquia do grupo etário, *i.e.*, que pertencem a uma geração diferente. Mediante esta direção e sujeitos às regras estabelecidas e aplicadas pela autoridade destas pessoas é que os grupos etários recebem seu reconhecimento e a possibilidade de participar plenamente da comunidade. Entre os Nandi etc., as relações entre os grupos etários são reguladas através da sucessão automática, em virtude da qual cada grupo etário está intimamente relacionado com a hierarquia total. Entre os Nuer, Bantu Kavirondo, Gusii etc., onde não existem grupos etários incorporados, a manutenção de atitudes de respeito com relação aos mais velhos é um dos princípios fundamentais do sistema total do grupo etário, que encontra sua mais elevada expressão nos eventos rituais. Em todos estes casos, a acentuada interligação dos grupos etários e as gerações possibilita a continuidade entre as gerações e abranda ou anula qualquer tensão, competição ou hostilidade em potencial com respeito a recompensas dentro do sistema social. Entre o grupo Nandi (com exceção dos Suk) esta hostilidade em potencial entre as gerações é institucionalizada e sancionada nos vários rituais de sucessão, nos quais assume uma expressão simbólica e através dos quais é integralmente legalizada. Assim, em todas estas sociedades, a transição desde a infância à idade adulta efetua-se por intermédio de agências, sejam elas idênticas aos grupos etários ou bastante relacionadas com estes [7].

Entre as chamadas sociedades primitivas e grupos etários, os Nupe constituem uma interessante exceção parcial, ou talvez um caso marginal, entre as anteriormente discutidas sociedades primitivas e sociedades mais complexas (modernas, em particular). Entre os Nupe a relação entre a estrutura familiar e a sociedade total é mais complicada do que em outras sociedades primitivas. Este fato deve-se principalmente à especial combinação da estratificação relativamente rígida com forte ênfase nos valores comuns universalistas e a conseqüente mobilidade social — que foram todas analisadas em detalhe nos capítulos precedentes (3 e 4). Como resultado desta situação especial, existe também uma acentuada harmonia entre as principais orientações de valor da família e aquelas da estrutura social geral, mas não existe uma compatibilidade paralela entre a estrutura familiar e os elementos universalistas na estrutura social geral. A relação entre a família e a estrutura social geral difere também nos vários estratos, bem como entre os setores urbanos e rurais, conforme foi demonstrado nas análises anteriores.

Estas relações entre a estrutura familiar e a estrutura social geral repercutem na extensão das funções integrativas cumpridas pelos grupos etários. Devido às fortes e rígidas especialização e estratificação, os grupos etários dificilmente desempenham tarefas definidas na sociedade total (nas aldeias desempenham diversos papéis importantes do ponto de vista da comunidade). A única exceção parcial encontra-se no campo das instituições religiosas e rituais, nas quais os grupos etários desempenham importantes tarefas em diversas festividades religiosas comunais. Do contrário, os grupos etários constituem uma esfera relativamente segregada, que desempenha principalmente tarefas "preparatórias" tais como as "escolas para a cidadania" .

Assim sendo, do ponto de vista dos papéis plenamente institucionalizados, os grupos etários dos Nupe desempenham tão-somente limitadas funções integrativas. Por um lado, entretanto, constatamos uma total harmonia entre os valores do grupo etário e aqueles da sociedade, que possuem uma conotação universalista distinta. A educação para a cidadania proporcionada pelos grupos etários significa o desenvolvimento da identificação com os valores universais comuns da sociedade e com seus principais símbolos de identificação. Estes valores e a estrutura institucional na qual estão com-

7. *Ibid.*

preendidos constituem os principais padrões-símbolo no sentido dos quais estão orientados os grupos etários. O diversificado sistema de *status* interno dos grupos etários é modelado segundo o sistema da sociedade total. São, portanto, um canal preparatório muito importante para os membros da sociedade e é aqui que suas principais funções integrativas podem ser observadas. Uma das indicações da importância dos grupos etários, como canais preparatórios nestas sociedades, é o fato de que nestes grupos etários notamos com bastante freqüência que a distribuição *interna* de papéis é baseada em critérios universalistas e às vezes — embora raramente — em critérios de realização. Estes critérios, indicativos de determinados papéis futuros (adultos), estão restringidos aqui dentro dos limites das relações difusas e qualitativas. Efetua-se, desta forma, uma interligação bem sucedida entre a família e as outras esferas institucionais.

Somente naquelas tribos primitivas nas quais a estrutura da autoridade da unidade de parentesco é incompatível com a conquista da plena maturidade social é que encontramos forte tendência anormativa entre os grupos etários. Este ponto foi analisado quanto aos Tiv Tiv, Nyakyusa e Murngin no Cap. 5 e mencionado aqui somente como prova adicional da importância da estrutura de autoridade da unidade de parentesco.

III

O quadro na antiga Esparta [8] é bastante similar àquele descrito no caso das várias tribos primitivas. Encontramos aqui uma harmonia bastante completa entre as orientações da família e os valores gerais e critérios de *status* da comunidade. A maioria dos nossos índices aplicam-se aqui de forma bastante clara: a família formava parte integrante da comunidade; desempenhava várias tarefas integrativas, especialmente no campo econômico, identificava-se com os valores da sociedade e participava de suas cerimônias principais. Existem algumas indicações de que as mulheres não eram sempre tão receptivas à disciplina oficial como os homens, mas não existem indicações de aberta oposição aos valores da comunidade até o declínio de Esparta. Conseqüentemente, notamos que os grupos etários desempenhavam tarefas totalmente integrativas e eram bem sucedidos em sua função de esfera de interligação entre a família e outras esferas da estrutura social. Aqui também são totalmente válidos os principais índices. Existia total harmonia e correspondência entre os valores dos grupos etários e os da sociedade. A educação e a socialização

8. Ver H. MICHELL, op. cit.

efetuadas nestes grupos estava orientada inteiramente no sentido da futura vida militar dos espartanos, que se identificavam plenamente com ela. Embora houvesse provavelmente momentos de falta de disciplina, apatia etc., não abalavam o sistema como tal. A distribuição interna de papéis dentro destes grupos com sua forte ênfase na competição universalista etc., é também indicativa de suas orientações perante seus papéis futuros. É bem verdade também que, somente através da participação nos grupos etários, é que um espartano podia receber *status* social pleno como cidadão e desta forma ingressar na idade adulta. No decorrer de sua participação nos grupos etários era dirigido por membros de outros grupos etários e gerações e interagia com eles continuamente, aceitando sua autoridade e a disciplina que lhe impunham. Finalmente, os grupos etários desempenhavam tarefas na sociedade, principalmente militares. Apesar de não ser a maioria das funções integrativas da sociedade realizada por eles, desempenhavam, entretanto, aquelas tarefas que lhes eram atribuídas pelos detentores da autoridade. Suas funções inteiramente integrativas podem também ser observadas no importante lugar que ocupavam nas festividades e cerimônias públicas.

O quadro em Atenas [9] é similar em muitos aspectos, embora difira em detalhes e em complexidade. Como já tivemos oportunidade de verificar nos capítulos anteriores, foi de certa maneira o precursor da situação a ser encontrada nas sociedades modernas, o que será discutido neste momento. Parece que também aqui existia uma harmonia básica entre as orientações de *status* da maioria das famílias e os valores da sociedade. Não obstante, estas orientações e valores eram, como vimos, muito mais diferenciados do que em Esparta. Havia uma grande diferenciação entre as orientações particulares, individualistas, e as orientações mais patrióticas e comuns. É bastante conhecido o fato de que as relações entre as duas ocupavam o lugar da maior proeminência no pensamento político e social gregos, especialmente durante o período do declínio da cidade-Estado. Parece, porém, que, no conjunto, durante os séculos VI e V a. C., existia um acentuado grau de harmonia entre estas várias orientações e valores, mesmo se não fossem eqüitativamente distribuídas entre todas as classes de cidadãos e de suas famílias. De maneira geral, havia um sentimento distinto sobre a existência de um determinado estilo de vida, tão majestosamente expressado no discurso do funeral de Péricles.

---

9. Ver a bibliografia sobre Atenas mencionada nas notas dos Caps. 3 e 4, e especialmente H. MARROU, op. cit.

Em conseqüência, constatamos também que os vários grupos etários, escolas etc., desempenhavam principalmente funções integrativas, ainda que geralmente muito mais dentro da esfera preparatória e de treinamento do que de desempenho de tarefas definidas. Os valores das diversas escolas e *gymnasia* eram totalmente compatíveis com aqueles da sociedade e cultura atenienses em geral e treinavam seus alunos de forma a absorverem estes valores e a se identificarem com eles. Embora a supervisão das escolas feita pelo Estado fosse restrita, tanto seus alunos como aqueles dos *gymnasia* eram treinados para participar das várias festividades, competições etc., organizadas pelo Estado. Somente através da participação no grupo etário oficial e formalizado e a submissão ao treinamento dos *efeboi* é que o jovem ateniense ingressava integralmente na idade adulta e se tornava cidadão pleno de seu Estado. Nestes grupos também desempenhavam algumas definidas tarefas militares, as únicas oficialmente atribuídas aos grupos etários em Atenas. Nas escolas, *gymnasia* e nos grupos de *efeboi,* os jovens eram dirigidos por membros de grupos etários mais velhos, cuja autoridade era totalmente aceita. Entretanto, o fato de que os grupos etários "privados" e "públicos" fossem tão acentuadamente diferenciados em Atenas possibilitou-lhes às vezes tornarem-se focos da transformação social e cultural. Assim sendo, parece que a maioria dos movimentos culturais e filosóficos do século IV a. C. estavam intimamente relacionados com certas escolas e Sócrates era acusado de corromper a juventude. O sistema social de Atenas era muito mais propício a uma transformação inerente do que o de Esparta e os grupos juvenis geralmente constituíam um dos focos importantes dessa transformação. Com o declínio da cidade-Estado, os grupos etários públicos também desapareceram e somente os grupos mais privados, as escolas de vários tipos, continuaram a existir principalmente dentro do âmbito das classes altas.

IV

No contexto do quadro das várias sociedades modernas não se encontra nenhuma harmonia assim tão acentuada, ou uma compatibilidade entre as orientações de valor e estrutura de família e os fundamentais princípios integrativos da sociedade, como nas sociedades primitivas. Foram esboçadas diversas incompatibilidades estruturais básicas nos capítulos precedentes. A família moderna, a despeito da — ou talvez devido à — grande limitação do alcance de suas atividades, enfatiza os valores e orientações difusas, coletivas e particularistas. A solidariedade familiar e interdependência emocional de seus membros estão centradas nestas orientações de valor, que constituem os principais símbolos de identificação do grupo familiar. A este respeito, contudo, existe uma diferença básica entre a estrutura da família e os princípios integrativos das sociedades modernas, que estão orientados mais no sentido de valores universalistas individualistas e de realização [10]. A discrepância estrutural básica entre a família e a estrutura ocupacional é um fato universal nas sociedades modernas e é muito mais aguda do que na sociedade universalista primitiva. Tal discrepância não significa necessariamente uma total rejeição pela família das realizações e valores da sociedade, como de seus valores comuns básicos e orientações de *status* para seus membros. Essa rejeição total dos valores da sociedade ocorre somente sob condições limitadas muito específicas (que serão analisadas a seguir).

A maioria das famílias modernas mantêm uma forte orientação no sentido de critérios gerais de *status* da sociedade modelando por eles algumas de suas atividades. Estas orientações podem ser somente latentes nas atividades internas da família e nas relações diárias entre pais e filhos. São, no entanto, fortemente enfatizadas nas atividades ocupacionais do pai e em sua imagem humana geral e de certa forma também nos padrões de valor inculcados pela mãe. Esta orientação de *status* é mais evidente na direção ocupacional que a família pode exercer sobre seus filhos e nas tentativas dos pais por influenciar na escolha de suas futuras ocupações e estilo de vida. É neste sentido que pode haver uma conexão muito estreita entre a vida e valores da família e aqueles da estrutura social geral. Porém, inclusive nestas orientações e aspirações, podem estar presentes algumas acentuadas discrepâncias internas. Estas discrepâncias devem-se tanto às diferenças estruturais entre a família e outras esferas sociais, como ao fato de que a transição de uma a outra implica uma transformação relativamente brusca dos padrões de comportamento e dos valores.

Entre estas discrepâncias uma outra merece especial atenção — isto é, aquela entre a estrutura familiar e os princípios integrativos das sociedades modernas, com respeito à relativa importância das orientações e modelos individualistas e coletivos. O problema aqui é duplo. Primeiramente, em todas as sociedades modernas, a preponderância das orienta-

---

10. Ver sobre este ponto, T. PARSONS, "The Kinship System of the Contemporary United States", em seu *Essays*, op. cit., p. 233 e ss.; W. WALLER & R. HILL, op cit. Ver também K. MANNHEIM, "The Social Problems of Generations", em *Essays in the Sociology of Knowledge*, Londres, 1952 e "The Problem of Youth in Modern Society", em seu *Diagnosis of Our Time*, Londres, 1943.

ções para a particularidade e realização necessariamente implica uma tendência notadamente individualista, especialmente no que diz respeito aos critérios de escolha ocupacional e, de certa forma, também àqueles de atribuição de *status*. A unidade familiar possui sempre uma orientação mais marcadamente coletiva com relação a ela mesma e às vezes inclusive em relação à comunidade total. É no âmbito da família que se desenvolvem as primeiras disposições básicas para os papéis, no sentido de aceitar os modelos morais gerais e identificações da comunidade, desenvolvendo-se também as correspondentes expectativas de papéis. A transição, no sentido dos setores mais individualistas da sociedade, envolve necessariamente algum tipo de frustração destas expectativas de papéis. Isto não significa, entretanto, que, naquelas sociedades em que se registra uma forte orientação coletiva, esta discrepância esteja totalmente superada. Surge aqui o segundo aspecto do problema. O elemento individualista é inerente a qualquer quadro de aspirações de *status* (familiar) em qualquer sociedade moderna e uma forte ênfase coletiva pode tornar-se oposta a essas aspirações de *status* que estão compreendidas em cada família, através de sua ênfase no *seu* próprio avanço e realização.

Por conseguinte, não existe em nenhuma sociedade moderna uma completa correspondência entre os princípios estruturais e valores da família e aqueles da sociedade total. Nas sociedades modernas, apesar de fortes conexões entre a família e outras esferas sociais, na maioria das vezes expressas nas aspirações de *status* da família, a plena realização das orientações solidárias não é sempre possível nas esferas econômica, ocupacional e inclusive política. Embora as relações pessoais e familiares cumpram um importante papel ao engendrarem e manterem as orientações no sentido das *regras gerais* do comportamento moral, tão importantes na opinião geral das sociedades modernas, não são totalmente adequadas a este respeito, devido às várias discrepâncias analisadas acima. Conseqüentemente, a transição da família para a sociedade total é necessariamente repleta de grandes dificuldades emocionais, pois necessita de redefinição e transformação das expectativas de papéis do indivíduo.

Estas dificuldades emocionais correm paralelamente com algumas conseqüências adicionais. Por causa das discrepâncias estruturais entre a família e o sistema social total, é sempre possível o desenvolvimento de hostilidades e competição entre as gerações. Nestes casos, esta hostilidade nem sempre pode ser conservada dentro dos limites da solidariedade comum, já que esta solidariedade é debilitada pelas várias diferenças estruturais básicas [11].

11. Ver K. DAVIS, *The Sociology of Parent-Youth Conflict*, op. cit.

Devido a todos estes motivos, a interligação da esfera familiar com outras esferas da sociedade não é tão fácil aqui como nas sociedades primitivas e divide-se em dois ou três canais — as escolas, agências juvenis e grupos etários (juvenis). Nas sociedades modernas o surgimento dos grupos juvenis, como foi mostrado anteriormente, deve-se à relativa inadequação do canal mais oficialista — a escola — do ponto de vista das necessidades do adolescente. Porém, precisamente por esta razão, os próprios grupos etários nunca são totalmente adequados na sua qualidade de esfera de interligação e não podem cumprir funções plenamente integrativas. Este fato pode ser perfeitamente verificado, se lhes aplicarmos os principais critérios de integração.

Conforme foi exposto nos capítulos precedentes deste livro, pode-se dizer que nenhum dos grupos etários das sociedades modernas desempenha tarefas plenamente sancionadas, dentro das principais esferas institucionais do sistema social. Os grupos etários e os movimentos juvenis não desempenham com freqüência tarefas *de rotina,* no âmbito da esfera "adulta" da sociedade moderna; quando muito desempenham várias atividades simbólicas que enfatizam sua identificação com os valores máximos da sociedade, tais como formar parte das várias cerimônias etc. Inclusive naquelas sociedades como o *kibutz,* onde as crianças desempenham diversas tarefas semelhantes àquelas da sociedade adulta, tais como cultivar os campos e cuidar dos jardins etc., o significado destes papéis é diferente daquele da sociedade adulta e é mais de natureza preparatória e de valor simbólico.

Por conseguinte, verificamos também que nestas sociedades a qualidade de membro nos grupos etários (juvenis) não confere necessária e automaticamente pleno *status* social ao indivíduo, nem o capacita a desenvolver sua plena identidade, sua imagem sexual e a capacidade de manter relações heterossexuais legítimas e estáveis. É verdade que uma das principais "atrações" dos grupos etários para os membros individuais é sua expectativa de realizar suas aspirações de pleno *status,* experiência heterossexual etc., por meio da qualidade de membro nestes grupos. Tivemos oportunidade de observar a importância de suas cerimônias informais de iniciação com relação a este ponto. Entretanto, estas expectativas, como vimos anteriormente, não são plenamente gratificadas em nenhum grupo etário, embora a extensão de sua gratificação difira de um a outro tipo. Não encontramos em nenhuma sociedade moderna cerimônias e rituais que confiram *status* social pleno aos membros de um grupo etário, nem o direito de desfrutar de relações heterossexuais. Em todas as sociedades modernas, a conquista desse *status* é, em última instância, dependente do desempenho de vários papéis nas esferas especializadas e orientadas para a realização, fora do âmbito do mundo preparatório e artificial da juventude. A qualidade de membro no grupo etário pode servir como canal preparatório adequado para a *futura* (inclusive no futuro próximo) conquista dessa maturidade; não a confere automaticamente.

De acordo com a análise de Erikson sobre o desenvolvimento da identidade em várias sociedades modernas, em nenhuma delas é alcançada a maturidade ou identidade integrada do ego por intermédio da participação num único estágio preparatório; este desenvolvimento está condicionado à participação em outras esferas além do estágio preparatório. Tampouco se alcança plena maturidade heterossexual num grupo juvenil; pode ser alcançada somente após os estágios exploratórios dos grupos juvenis. Em muitos casos bem definidos, a incompatibilidade existe entre a solidariedade do pequeno grupo etário primário nuclear e o desenvolvimento das uniões heterossexuais [12].

O mesmo é válido, como vimos, para a harmonia entre os valores e a ideologia dos grupos etários e aqueles da sociedade total. Na maioria das sociedades modernas não há plena harmonia ou identidade entre os dois. Em muitos lugares coloca-se especial ênfase ideológica no período da juventude, como sendo um estágio especial da vida, durante o qual se estabelecem relações especiais mais diretas com os máximos valores da sociedade do que nos estágios posteriores da vida, o que implica a participação nas esferas institucionalizadas da sociedade. Em muitos grupos etários e movimentos juvenis modernos, especialmente naqueles mais organizados e formais — inclusive naqueles que pertencem aos setores e sociedades com forte orientação coletiva — prevalece a convicção de que o período da juventude é, ou deveria ser, mais intensamente orientado no sentido da coletividade do que na idade adulta. Na maioria dos movimentos juvenis e agências modernas, verifica-se um certo grau de "idealização" romântica da juventude, da crença em sua atitude e espírito mais idealista [13]. Esta idealização constitui um dos elementos básicos da ideologia juvenil moderna em toda a parte e enfatiza a distinção e relativa descontinuidade entre a juventude e a idade adulta.

O mesmo aplica-se à interação entre as gerações e os grupos etários modernos. Em muitos deles, com exceção dos grupos francamente anormativos e rebeldes, tais como o Movimento Juvenil Alemão, os grupos delinqüentes, ou

---

12. Ver P. LANDIS, *Adolescence and Youth*, Nova York, 1947, e T. PARSONS, op. cit.
13. Uma exposição sobre este ponto pode ser encontrada na bibliografia sobre os movimentos juvenis modernos apresentada nos capítulos precedentes e especialmente naquela sobre os movimentos juvenis alemães e de Israel e sobre a cultura juvenil americana.

o tipo mais informal de "bando" * ou "quadrilha da esquina" **, pode existir uma certa participação e direção de adultos, seja sob a forma de direção informal como líderes das agências juvenis, professores etc., ou como direção formal das organizações juvenis coletivas. Os adultos, entretanto, nunca são totalmente aceitos nestes casos. Persiste sempre uma oposição a eles, baseada na pretensa autonomia da juventude e na forte identificação mútua do pequeno grupo juvenil com forte ênfase em sua própria ideologia [14]. Parece que é inevitável uma determinada tensão em todos esses grupos entre o grupo nuclear e o líder oficialmente responsável, bem como a disposição para aceitar líderes com autoridade não-formal, carismática, baseada na plena aceitação e simbolização dos valores do grupo juvenil [15].

Por todas estas razões, a transição do grupo juvenil primário nuclear para a comunidade total, na maioria das sociedades modernas, não se realiza através de canais plenamente institucionalizados e estáveis, que asseguram uma transição fácil. Na maioria dos casos manifesta-se um certo grau de *anomie,* de anormatividade potencial e rebeldia, devido a que a transição de um conjunto de papéis a outro não está apoiada em sanções totalmente oficiais e cerimoniais.

Até que ponto esta transição se efetua através de canais e agências intimamente interligadas com os grupos juvenis, é portanto um índice muito importante das funções integrativas dos grupos etários nestas sociedades. Com efeito, estes grupos podem manter uma determinada função como agências seletivas, através das quais pelo menos alguns de seus membros são orientados no sentido de seus papéis adultos. Por todos estes fatores, em nossa análise dever-se-ia colocar grande ênfase nas inter-relações entre o sistema educacional (escolar) de uma determinada sociedade e seus vários grupos e organizações juvenis. Constatamos nos capítulos precedentes deste livro que a família, a escola e os grupos juvenis de uma determinada sociedade podem ser vistos como um sistema, ainda que diferenciados. Nesse contexto o sistema educacional serve como nexo entre os outros dois, assim como, naquele contexto, as expectativas da sociedade em relação às crianças são mais articuladas. Até que ponto este sistema é capaz de cooperar, de uma ou outra forma, com os grupos espontâneos e expectativas da juventude, é de enorme importância para a compreensão do grau

---

* No original: *crowd.* (N. do T.)
** No original: *corner gang.* (N. do T.)
14. Ver o trabalho de Fainsod sobre o *Komsomol;* H. Becker, *German Youth, Bond or Free,* op. cit.; V. Winkler-Hermaden, *Psychologie des Jugendfuehrers,* Iena, 1927; e a próxima publicação sobre a pesquisa dos movimentos juvenis de Israel.
15. *Ibid.*

em que os grupos juvenis desempenham funções integrativas ou semi-integrativas na sociedade.

Assim sendo, vemos que nas sociedades modernas os grupos etários geralmente manifestam somente o primeiro tipo de índices integrativos, na medida em que não desenvolvem tendências declaradamente anormativas, *i.e.*, uma harmonia geral entre as orientações de valor e aquelas da sociedade. Mesmo essa harmonia não é sempre completa e estes grupos juvenis servem geralmente como preparação necessária, embora insuficiente, para a conquista de pleno *status* social; ainda que eles próprios usualmente não confiram esse *status*. Além disso, não lhes são atribuídos papéis plenamente institucionalizados. Não se pode portanto dizer que constituam uma esfera totalmente institucionalizada dentro da estrutura social; na melhor das hipóteses, constituem uma esfera de "institucionalização secundária"[16], *i.e.*, uma esfera limitada e segregada, na qual existe uma relativa permissão para o desempenho de certos padrões de comportamento distintos dos papéis oficiais da sociedade totalmente sancionados.

Expliquemos mais minuciosamente o significado de "institucionalização secundária". Desenvolve-se quando certos padrões de comportamento e orientações de valor, que diferem dos padrões oficiais de uma determinada sociedade, surgem sob certas condições inerentes na estrutura social — condições que não podem ser invalidadas e que são, de certa forma, importantes para a estabilidade do sistema. A institucionalização secundária é um mecanismo de ajuste, mediante o qual estes padrões de comportamento podem ser realizados numa certa esfera limitada e segregada da sociedade; assim, por um lado, separa as tendências potencialmente anormativas, enquanto que, por outro, maximiza a gratificação dos membros e através desta sua solidariedade com o sistema social *.

Em conformidade com a nossa análise, a maioria dos grupos juvenis das sociedades modernas (com exceção dos casos abertamente anormativos e rebeldes) cumprem essas funções de "institucionalização secundária". Os grupos etários são uma esfera segregada — com poucos papéis plenamente sancionados atribuídos a essa esfera — que enfatiza orientações de valor diferentes daquelas totalmente institucionalizadas. Ao mesmo tempo, contudo, emergem sempre nestas sociedades expectativas de papéis relacionadas com estas orientações, e, por estarem tão intimamente relaciona-

---

16. Ver sobre este ponto, T. PARSONS, *The Social System*, op. cit., pp. 110 e 305 e ss. Nossa análise acompanha, neste particular, a análise de Parsons.

* Uma esfera de interligação pode, sob certas condições, mas não sempre, tornar-se um dos mecanismos de institucionalização secundária.

dos com o desenvolvimento da personalidade e da identificação com a comunidade, é que sua realização é tão importante para a manutenção da integridade pessoal e solidariedade com a sociedade total. Sua segregação numa esfera específica minimiza simultaneamente certas frustrações devidas à sua não-realização em algumas das esferas institucionais da sociedade e possibilita a maturação gradual da personalidade e a gradual preparação para os papéis adultos e transição a eles, através de uma contínua manutenção de uma determinada orientação coletiva básica. Na medida em que as relações do grupo etário são reativadas nos estágios mais avançados da vida, em várias ocasiões servem de receptáculo de solidariedade potencial perante o sistema social.

Da análise que acabamos de fazer podemos inferir uma característica muito importante dos grupos juvenis modernos. O indivíduo desenvolve sua identidade através da qualidade de membro em tais grupos: alcança maturidade psicológica e desenvolve sua identidade. Porém, todos estes processos psicológicos de maturação estão, em grande medida, divorciados da prescrição e desempenho de quaisquer papéis definidos. Portanto, o indivíduo nestes grupos é orientado principalmente no sentido de normas gerais, valores, e não no sentido de papéis específicos. É verdade que, nos diferentes grupos juvenis e de iguais, vários papéis são "representados" — papéis que possuem já algumas orientações universalistas e de realização. Entretanto, primeiramente, estes papéis estão ainda confinados aos limites dos grupos primários solidários. Segundo, grande parte deles são somente representados e tentados e não são feitas escolhas, nem se estabelecem compromissos. Em geral, o período de adolescência nas sociedades modernas foi apropriadamente definido por Erikson, como um período de "moratória" do ponto de vista da escolha de definidos papéis ocupacionais, políticos etc., e de um definido compromisso com essa escolha [17]. Este ponto, logicamente, está intimamente relacionado com a multiplicidade de papéis alternativos da sociedade moderna e com a necessidade de manter algumas *normas gerais,* conforme às quais são escolhidas estas alternativas. Pode-se dizer, portanto, que o sucesso da institucionalização secundária dos grupos juvenis modernos pode ser medida segundo o grau de desenvolvimento durante este período de moratória, dos atributos de maturidade psicológica básica de seus membros, da capacidade para escolher entre várias alternativas de acordo com as normas e valores morais gerais e de manifestar estabilidade de comportamento e emocional gerais.

17. Ver E. H. Erikson, *Wachstum und Krisen der gesunden Persönlichkeit,* Stuttgart, 1953.

V

A seção anterior continha uma descrição das características mais gerais das relações entre a estrutura familiar e os fundamentais princípios integrativos das sociedades modernas, bem como uma análise de suas repercussões no funcionamento dos grupos juvenis nas sociedades modernas. É óbvio, entretanto, que dentro deste quadro geral existe um elevado grau de variabilidade e de diferença, do ponto de vista tanto das relações da família com a estrutura social total, como do funcionamento dos grupos etários. É nossa tarefa agora verificar se esta variabilidade pode também ser considerada no quadro geral da nossa hipótese. Analisaremos primeiramente aquelas sociedades em que os grupos etários (juvenis) desempenham várias funções integrativas ou semi-integrativas, e segundo, aquelas cujos grupos são francamente rebeldes ou anormativos. A análise seguinte estará necessariamente fundada em termos abstratos e prosseguirá, até certo ponto, de maneira "idealista". Deve entender-se que, na prática, a distinção entre os vários tipos não é tão precisa como aqui é apresentada, considerando que sempre ocorre uma certa superposição. As limitações de espaço, a natureza do nosso material e a escassez de pesquisas sistemáticas sugerem-nos a necessidade de utilizar este método bastante abstrato.

Aparentemente, o elevado grau de harmonia entre a estrutura familiar e a estrutura social total — dentro do quadro básico de discrepâncias entre as duas nas sociedades modernas — acontece em sociedade ou subsociedades estabilizadas e orientadas no sentido da coletividade, tais como a URSS, nos *kibutzim* de Israel e em menor grau no Japão, Itália e Alemanha [18]. Pode parecer assim porque, primeiro, a forte orientação comunitária é mais ou menos integralmente institucionalizada dentro do quadro oficial destas sociedades; segundo este ponto de vista, pode haver uma continuidade básica entre a família e a comunidade total, embora possam existir grandes diferenças de ênfase. Segundo, esta forte ênfase coletiva pode também mitigar, em certa medida, a ênfase institucional na especificidade, já que este último elemento está freqüentemente compreendido dentro do quadro das realizações coletivas difusas e da qualidade de membro uni-

---

18. Ver S. N. HARPER, *Civic Training in Soviet Russia*, Chicago, 1929; R. SCHLESINGER, "Changing Attitudes in Soviet Russia" em *The Country*, Londres, 1949; S. N. EISENSTADT, *Age Groups and Social Structure*, op. cit.; J. EMBREE, *The Japanese Nation*, Nova York, 1945; J. EMBREE, *A Japanese Village*, Londres, 1946; e a bibliografia sobre a Alemanha, citada acima.
Uma análise em profundidade sobre a juventude da Rússia pode ser encontrada em K. DAVIS, *Human Society*, p. 229 e ss.

versalista-qualitativa na comunidade. Não obstante, este ponto constitui somente uma relativa mitigação da ênfase nas atividades instrumentais, considerando que essas relações são necessárias numa sociedade industrializada.

Contudo, apesar destes fatores de continuidade, existem diversas discrepâncias básicas e pressões nestas sociedades, entre a estrutura familiar e aquela dos setores oficiais, orientados em termos coletivos. Primeiro, as exigências da coletividade podem facilmente ultrapassar os limites da esfera privada da família, de sua solidariedade e estabilidade. Ocorre este fato em todas as sociedades deste tipo [19]. Segundo, em muitas famílias pode existir forte orientação no sentido de recompensas instrumentais nas várias esferas ocupacionais, que são necessariamente organizadas de acordo com vários critérios de realização e de especificidade e nas quais se abrem numerosas carreiras para o indivíduo. Embora devam render-se homenagens em todas as esferas aos ideais comuns, é muito rara uma identificação com eles e nota-se mais uma atitude cínica ou "realista". Isto é logicamente mais freqüente em sociedades amplas como da URSS etc., do que numa pequena comunidade como o *kibutz*[20]. Terceiro, nos estratos inferiores destas sociedades nota-se uma absoluta apatia com relação aos valores coletivos oficiais [21].

Portanto, podemos dizer que, embora algumas das diferenças e discrepâncias estruturais entre a estrutura familiar e os valores da sociedade sejam minimizadas do ponto de vista da ideologia oficial, existem muitas outras tensões e descontinuidades que se manifestam em apatia quanto aos valores oficiais e às vezes em desenvolvimento de orientações e valores secundários. Estas tensões são devidas ao fato de que, nestas sociedades, existe uma tendência a minimizar por completo a relativa segregação inerente, na complicada divisão de trabalho das sociedades modernas. Esta minimização é efetuada na maioria das sociedades (com exceção do *kibutz*) por meio de uma utilização do poder de caráter autocrático, que pode freqüentemente resultar num efeito oposto: maximização das tensões e pressões.

Estas tentativas oficiais de minimizar a discrepância entre a estrutura familiar e a sociedade como um todo corresponde ao grau relativamente elevado de funções integrativas dos grupos e organizações juvenis. Nestas organizações juvenis, coletivas e informais, as várias possibilidades integrativas que existem no quadro da esfera segregada "preparató-

---

19. Ver a análise de FAINSOD *sobre o Komsomol;* A. INKELES, *Public Opinion in Soviet Russia,* op. cit.; W. W. ROSTOW, *The Dynamics of Soviet Society,* Nova York, 1953, especialmente Caps. 13, 14; e M. FAINSOD, Controls and Tensions in the Soviet System, *American Political Science Review,* XLIV, nº 2, jun. 1950, pp. 266-283.
20. EISENSTADT, S. N. *Age Groups and Social Structure.* Op. cit.
21. Ver J. OLDS & E. JOSEPHSON, op. cit.

ria", parecem ser utilizadas ao máximo. Os membros desfrutam da mais ampla liberdade de participação nos vários ritos e cerimônias coletivas da sociedade total e o cumprimento simbólico das várias funções e papéis, que são avaliados como importantes contribuições para seu bem-estar e progresso. Através dessa participação e contribuição desfrutam também do sentimento de serem aceitos como membros plenos *em potencial* da sociedade, e de alcançar os vários pré-requisitos para essa qualidade de membro. Nestes casos, as organizações juvenis são usadas como canais legítimos e totalmente reconhecidos para a aquisção do *status* pleno, embora esta aquisição esteja nitidamente fora do alcance deles. Este fato pode ser observado de diferentes maneiras: primeira, na acentuada ritualização de suas atividades; segunda, no fato de servirem de canais para o recrutamento dos futuros membros da elite da sociedade; e terceira, na sua importância para futuras carreiras de diversos tipos [22]. A especial ênfase ideológica na juventude é portadora de um caráter anormativo um tanto menos acentuado aqui do que em outros casos, principalmente devido ao forte elemento de orientação coletiva no sistema de valores da sociedade, que enfatiza sua concordância com a inerente orientação coletiva do grupo juvenil e tenta afastar seu elemento utópico especificamente rebelde. E, entretanto, pode com freqüência orientar-se contra os valores fundamentais da família e de sua solidariedade interna.

Nos setores destas sociedades, nas quais a orientação coletiva é acentuada, a transição da família para a sociedade total ao nível formal é tão complicada como em outras sociedades ou setores destas e os grupos juvenis e etários podem cumprir de maneira mais eficaz sua função de interligação. No contexto de sua própria organização obtêm gratificações instrumentais semi-institucionalizadas e solidárias, encontrando-se intimamente inter-relacionados com os símbolos coletivos de identificação e com a participação expressiva na comunidade. Devido à sua natureza nitidamente "preparatória", constituem também uma esfera segregada no sistema social; mas a transição desta para a esfera totalmente institucionalizada efetua-se por meio de canais e agências que ocupam lugar de destaque em sua própria estrutura (como líderes e agências oficiais de partidos, ou comitês comunais que supervisionam as organizações juvenis). É também no âmbito destes grupos juvenis que a direção e supervisão geral e formal da sociedade total se estabelece e é aceita integralmente. Observa-se claramente este ponto também no fato de que é mínimo o grau de oposição entre a escola e a organização juvenil, já que as duas são aspectos

---

22. FAINSOD, M. Op. cit.; EISENSTADT, S. N. Op. cit.

paralelos da mesma organização unitária e formal[23]. Este padrão de grupos e organização juvenis existe, principalmente, na esfera oficial e formalizada. Nestas sociedades as próprias organizações juvenis servem de base de treinamento para as elites, sendo deveras seletivas. Entre muitos dos estratos inferiores, mais apáticos, as organizações juvenis não são muito eficazes. Conhecemos pouco sobre os vários grupos infantis informais nestes setores, mas há indicações de sua existência e inclusive de suas tendências potencialmente anormativas — ou pelo menos apáticas. Além disso, nos próprios grupos juvenis formais, desenvolve-se um grau bastante elevado de apatia lado a lado com várias orientações profissionais "realistas". Assim, parece que estas organizações são mais efetivas nos estratos mais elevados da sociedade, onde são mais bem sucedidas no cumprimento de suas funções interligadas. Em outros estratos servem como canais de mobilidade e desta forma freqüentemente intensificam o conflito em potencial entre a família e a estrutura política. Em pequenas comunidades como o *kibutz* são logicamente muito mais efetivas; embora aqui também se desenvolva um grau bastante considerável de apatia e de orientações particulares. Na maioria dos estratos, a acentuada orientação coletiva destes movimentos corre no sentido contrário da solidariedade interna inerente da família e sua organização rígida e formal tende somente a intensificar as tensões existentes entre a família e as esferas políticas do regime.

Entretanto, inclusive, o funcionamento relativamente estável das organizações juvenis, nas esferas oficiais das sociedades orientadas no sentido da coletividade, é possível somente na medida em que exista uma identidade mais ou menos completa na natureza e conteúdo das orientações comunitárias da família e da sociedade total, *i.e.*, na medida em que estes sistemas sociais mais ou menos se estabilizem, inclusive se seu funcionamento implicar grandes pressões e entre estas estão as pressões sobre a estrutura familiar. A maioria destes movimentos coletivistas pode surgir sob a forma de movimentos rebeldes e revolucionários, de um esquema social, cujos setores não compartilham de suas metas e identificações comuns e básicas. Por esta razão têm surgido muitos destes movimentos (com a exceção parcial dos *kibutzim* de Israel e outros movimentos juvenis de "pioneiros", que se transplantaram para um esquema social totalmente novo). Nestes estágios, as organizações juvenis formais criadas por estes movimentos, embora inteiramente identificadas com suas metas, possuem acentuada orientação contra as existentes identificações e orientações das famílias;

---

23. *Ibid.*

um dos seus objetivos fundamentais é não transpor as diferenças entre a família e a estrutura social total, mas sim destruir a ordem familiar vigente.

VI

Na maioria das sociedades modernas e de seus setores, existem algumas orientações coletivas que equilibram a ênfase puramente individualista, inerente ao sistema especializado e orientado para a realização. Estas orientações coletivas podem ser de caráter semitradicionalista, enfatizando principalmente certos padrões e estilos de vida; ou podem estar intimamente relacionadas com determinados partidos políticos, grupos religiosos, vários tipos de atividades comunais, ou inclusive com sentimentos gerais e difusos de patriotismo. Sua relativa força difere em várias sociedades e setores. Analisamos alguns dos casos desse tipo no Cap. 4 e constatamos que parecem ser mais pronunciados nos vários setores das sociedades européias do que, por exemplo, nos estratos correspondentes dos Estados Unidos (a menos que se baseiem numa marcada identificação étnica). Na maioria dos casos, entretanto, formam parte do padrão geral de vida dos vários estratos sociais (com a exceção parcial, possivelmente, de algumas das classes mais baixas) e do critério geral de *status*. Embora não neguem geralmente, em grande medida, a forte ênfase na realização e na especificidade, inserem-lhe uma orientação social mais difusa. Nestas sociedades o sistema escolar geralmente representa, de certa forma, esta ênfase coletiva. Um bom exemplo disto é a *école normale* e o papel que representou na vida social e cultural do Terceiro Império — além das escolas públicas inglesas, que já foram discutidas.

A relação entre a estrutura e valores da família e da sociedade geral (ou alguns de seus principais subgrupos) pode ser um tanto complexa nestas sociedades. Observando-se de um certo ângulo poder-se-ia dividir estas sociedades em três setores: a) o setor coletivo, no qual as famílias se identificam com os valores coletivos (como nas sociedades totalmente coletivizadas); b) o setor simplesmente individualista, no qual as famílias se identificam somente com os valores individualistas; e c) os setores transitórios, onde não existe essa identificação. Essa divisão, contudo, seria inadequada já que postula a total segregação desses setores. Na realidade, porém, essa segregação total não existe e ambas as orientações (individualista e particularista) estão entrelaçadas em todos os setores, embora em diferentes graus. Pode existir, portanto, uma grande complexidade nas relações entre as várias famílias e outras esferas institucionalizadas. Pelas seguintes razões:

a) Há uma distribuição desigual das orientações coletivas e individualistas, tanto entre os vários setores da sociedade e/ou entre os diferentes grupos familiares. Conseqüentemente, não existe necessariamente uma correspondência entre as orientações de uma família e aquelas de um determinado setor institucional à qual seus membros podem pertencer.

b) Devido a (a), nem o "setor" ou critério individualista nem o coletivo tem um monopólio da concessão do *status* dentro da sociedade e a plena participação e qualidade de membro no sistema social não podem ser alcançadas por intermédio de somente um setor. Assim, por exemplo, o membro urbano de um partido trabalhista pioneiro em Israel não pode negligenciar a utilização de critérios da realização nos campos econômicos e ocupacional, cuja conquista é necessária para a manutenção do seu *status* social; mesmo se for contra alguns aspectos da ideologia de seu partido.

c) Conseqüentemente, diferentes famílias possuem número tão grande quanto possível de posições de *status*, entre as quais escolhem para orientar seus filhos; embora devam considerar ambas as orientações, de certa forma podem escolher qual vão enfatizar. Assim, por um lado, podem existir muitas famílias cujas orientações de *status* são mais ou menos harmoniosas com as orientações coletivas de seus respectivos setores. Nesses casos a participação comum da família é fortemente ressaltada e tende a diminuir, de certa forma, sua segregação das várias atividades ocupacionais e cívicas. Por outro, podem existir muitas famílias cujas orientações de *status* não sejam tão harmoniosas com os critérios de *status* de seus setores, ou que enfatizem demasiadamente certos critérios de *status*. Podem ter tanto uma mais forte orientação coletiva como individualista. Nestes casos podem originar-se algumas contradições e discrepâncias internas no âmbito da família, sendo que no âmbito das disposições gerais transmitem-nas a seus filhos.

Nos setores francamente mais individualistas da sociedades modernas, a relação entre a família e a sociedade total é de certa forma mais simples. Nestes setores existe uma diferença estrutural máxima entre as duas esferas e uma extensão conseqüentemente máxima de segregação entre os campos das gratificações expressivas e instrumentais. O campo de ação da vida familiar é, em grande medida, ainda que não inteiramente, segregado daquela da vida ocupacional e cívica dos pais e a transição entre os dois necessariamente implica uma forte descontinuidade. Ao mesmo tempo, a família identifica-se com os critérios de *status* individualistas e enfatiza alguns desses valores, como sendo os valores *comuns* da sociedade e as regras normativas que sustentam estes valores como principais regras morais que recaem sobre seus membros. Desta forma, mantém-se uma harmonia básica entre os valores da família e aqueles da sociedade.

As funções cumpridas pelos grupos etários dentro destes setores e tipos de sociedades modernas correspondem às relações existentes entre a família e a estrutura social total. Nos setores "mistos", encontramos os grupos mais formalmente organizados e as organizações dos vários partidos políticos europeus e americanos, grupos religiosos, organizações juvenis cívicas e comunais e os vários movimentos juvenis de Israel. Em alguns casos já analisados no Cap. 4, a vida dos jovens está centrada em vários tipos especiais de escolas, tais como o sistema de escolas públicas inglesas. Em nenhum destes casos encontramos uma íntima interligação com as agências mantidas por adultos ou uma próxima participação comunal, como nos setores oficiais das sociedades coletivas. A qualidade de membro nestas organizações não é um pré-requisito necessário para a conquista de *status* social pleno e, embora estes grupos tendam a participar de várias atividades e celebrações comuns etc., o lugar que ocupam nelas não é tão articulado ou sancionado como no setor coletivo. Somente a qualidade de membro delas não assegura uma total participação na comunidade e nota-se uma acentuada tendência a ressaltar a descontinuidade ideológica entre o "estágio juvenil" e o mundo adulto. Com relação a este ponto existe uma forte ênfase na relação mais direta da juventude com os valores coletivos da sociedade, os quais, ao contrário daqueles dos setores mais coletivizados, não estão inteiramente impregnados na estrutura institucionalizada da sociedade.

A transição para a idade plenamente adulta e a distribuição de papéis totalmente mencionados efetua-se, somente em parte, através das agências relacionadas com as organizações juvenis dirigentes. Em muitos casos efetua-se sem se relacionar com os grupos etários e somente na medida em que o indivíduo aspire a papéis nos setores puramente coletivos (*e.g.,* papéis políticos num partido ou movimento, ou em estabelecimentos comunais) é que esta transição pode ser realizada de certa forma através dessas agências. Em outros casos, os grupos juvenis possuem um caráter autodissolúvel, já que suas atividades e identidade não continuam no mundo adulto *.

* Um caso interessante de grupos juvenis especiais, autodissolúveis, cuja participação é um pré-requisito importante para a conquista do *status* de adulto é aquele das "sociedades" de debutantes nos vários setores das classes altas na Europa e nos Estados Unidos [24].

24. Ver J. Bossard, *Parent and Child*, op. cit. Existem poucas análises completas destas sociedades. O melhor material a respeito pode ser encontrado nas obras históricas.

Assim, devido à forte ênfase destes grupos para as metas coletivas e sua forte ligação com o setor da comunidade orientado para a coletividade, desempenham várias funções seletivas na sociedade. Nos setores coletivos mantêm a estabilidade e continuidade da sociedade, sendo sua função algo semelhante àquela dos grupos juvenis formalizados das sociedades coletivas. Ao mesmo tempo, os adolescentes provenientes de setores mais individualizados, por possuírem orientações mais individualistas, podem também encontrar neles um repositório de identificações coletivas. Desta forma, os grupos são importantes para a manutenção da solidariedade global com o sistema social e um equilíbrio entre as orientações individualistas e coletivas. Em muitos casos (*i.e.*, em Israel) constatamos que os movimentos juvenis, com diferentes graus de ênfase coletiva, estão distribuídos *mais ou menos* eqüitativamente entre os vários setores, segundo suas orientações de valor, ajudando assim a manter o equilíbrio entre os setores e a orientação social básica de cada setor. Porém, essa correspondência não pode nunca ser total, considerando que existe uma necessária mobilidade entre os setores, sendo que os vários movimentos juvenis podem servir como um dos canais desta mobilidade. Se ocorrer, servem não como agências através das quais se mantém o equilíbrio interno e a continuidade do sistema social, mas como "destruidores" desse equilíbrio. (Podem tornar-se similares a alguns dos prolongamentos dos movimentos revolucionários que serão analisados em forma breve.) Das pesquisas sobre Israel sabemos que muitos membros que provêm de famílias opostas aos valores coletivos pioneiros do *Ischuv,* demonstram maior tendência a enfatizar a especificidade e descontinuidade do "estágio juvenil" em relação à sociedade adulta e a desenvolver uma identificação mais agressiva com seu grupo, do que os membros provenientes de famílias que aceitam a orientação destes valores[25]. Segundo este ponto de vista, em muitos casos pode ocorrer que uma forte identificação agressiva com um dado movimento juvenil ou organização possa limitar a escolha ocupacional do jovem e colocá-lo numa situação bastante difícil. A participação muito ativa num movimento juvenil pode prejudicar a sua educação e preparação para desempenhar uma ocupa-

Ver, por exemplo, W. THOMPSON, *Democracy in France*, Londres, 1952, ou D. W. BROGAN, *The English People*, 1942. Ver também a bibliografia sobre estes países que foi mencionada nos capítulos anteriores e E. M. EARLE (ed.), *Modern France*, especialmente Caps. 4, 5, 17, 19.

25. Ver a próxima publicação sobre os movimentos juvenis de Israel.

ção e pode orientá-lo somente no sentido de esferas selecionadas que oferecem oportunidades limitadas, *i.e.*, a esfera política. Por outro lado, pode muito bem acontecer que algumas das organizações orientadas para a coletividade, *e.g.*, aquelas que possuem vários programas de cidadania, não tenham êxito em abranger muitos estratos da juventude, que permanecem inteiramente apáticos perante interesses coletivos e centram suas atividades num círculo bastante limitado da família, de amizades, trabalho etc. [26]

Existem muitos destes exemplos de movimentos juvenis organizados por diversos partidos políticos nacionalistas e grupos étnicos, que desenvolvem símbolos muito agressivos de identificação participando da luta política e que constituem um importante canal de transformações sociais e políticas. Uma descrição pertinente a esta situação é dada pelo Canadá francês [27] e muitos exemplos similares podem ser encontrados em qualquer outra parte [28]. Nestes casos, é muito grande a similaridade destas organizações juvenis com os vários prolongamentos de partidos e movimentos francamente rebeldes (descritos abaixo).

Um dos aspectos fundamentais dos grupos juvenis nestas sociedades e setores é sua inter-relação com os sistemas escolares. Tivemos já a oportunidade de analisar, no Cap. 4, os vários tipos de inter-relação entre os sistemas escolares e os grupos juvenis. Vale a pena enfatizar aqui um aspecto adicional do problema — isto é, a influência que os vários movimentos e sua ideologia exerceram sobre os sistemas escolares de diversos países. Em muitos países europeus, tais como os Países Baixos, os países escandinavos etc., influenciaram direta ou indiretamente o currículo ao introduzir várias atividades esportivas, excursões etc. Sua influência sobre as várias tendências da chamada educação progressista também é múltipla. Podemos observar este fato no estabelecimento de muitos tipos novos de escolas na República de Weimar, bem como em diversos países da Europa Central [29]. Por esta via ajudaram a realizar importantes transformações no sistema educacional — fundamentalmente através de professores e educadores que eram membros dessas organizações

---

26. OLDS & JOSEPHSON, op. cit.
27. Ver E. H. HUGHES, *French Canada in Transition*, op. cit.
28. Ver, por exemplo, H. WENDEL, *Aus dem südslavischen Risorgimento*, Gotha, 1921; W. H. KIANG, *The Ideological Background of the Chinese Student Movement*, Columb:a, 1948.
29. Ver, por exemplo, B. A. KNOPPERS, *Die Jugenbewegung in den Niederlanden*, Emsdetten, 1931; G. THOMSON, The Influence of Youth Movements on German Education, tese de doutoramento não publicada, Universidade de Glasgow, 1934; R. ULICH, Germany, *Educational Yearbook*, Nova York, 1936; R. H. SAMUEL & R. THOMAS, *Education and Society in Modern Germany*, Londres, 1949; P. PICARD, *L'Action Sociale de la jeunesse Française de l'après Guerre*, Paris 1923; P. PETERSON, *Die neureouropäische Erziehungsbewegung*, Weimar, 1926.

— e aproximá-lo das expectativas dos grupos juvenis espontâneos e da juventude. Tornam-se, portanto, agentes da contínua transformação social dentro da estrutura aceita da sociedade.

Um efeito similar destes vários grupos juvenis pode também ser constatado em outras esferas da vida, particularmente nas organizações sociais e políticas. Os vários partidos políticos e organizações não somente propiciam a iniciação de muitos destes grupos e clubes juvenis; por sua vez, influenciam também atividades destes partidos, intensificando sua própria consciência, alertando-os para a necessidade de encontrar saídas para as aspirações políticas dos jovens. Muitas vezes encontramos clubes políticos especializados para gente jovem — *e.g., Young Conservative Association* etc.

Esta função dos diferentes tipos de grupos juvenis modernos pode também ser observada em suas relações com as pessoas mais velhas e o lugar geral que ocupam nas relações intergeracionais. Anteriormente vimos que na maioria destas organizações a aceitação da autoridade do adulto é somente parcial. Porém, ao mesmo tempo, os vários graus etários interagem e são geralmente inculcadas atitudes difusas de respeito para com os mais velhos. Embora estas atitudes não sejam plenamente prescritas ou institucionalizadas, provocam um efeito geral no comportamento das crianças e adolescentes e abrandam a rivalidade potencial intergeracional própria da maioria das sociedades que se orientam para as realizações. Este fato é específico especialmente dos setores em que o padrão de vida da família compreende várias orientações harmoniosas com as atividades dos grupos juvenis. Nestes casos, a institucionalização secundária dos grupos juvenis tende a facilitar bastante a transição da infância para o período adulto. Podemos verificar este fato já que a participação nos vários grupos juvenis também ajuda no desenvolvimento psicológico dos jovens, ao desenvolver neles a capacidade de manter relações estáveis com várias pessoas, de participar de atividades espontâneas, de escolher entre vários papéis, de enfrentar as mudanças nas relações sociais e nos padrões de atividades e de manter uma identificação geral com as principais normas e regras da vida social. Contudo, todas estas funções podem ser cumpridas por estes movimentos juvenis somente se, primeiro, forem totalmente bem sucedidos alcançando vários estratos de jovens apáticos; e, segundo, se não desenvolverem as atitudes potencialmente agressivas mencionadas anteriormente. Estas atitudes podem, até certo ponto, prejudicar o desenvolvimento da personalidade dos membros e proporcionar-lhes uma propensão agressiva e autoritária.

O quadro dos grupos juvenis nos setores e tipos de sociedades quase que totalmente individualistas é bastante similar àqueles descritos acima, só que o grau de segregação dos grupos juvenis na estrutura social é maior. Nestes grupos, é um tanto mais explícita do que nos casos anteriormente citados a ênfase nas necessidades psicológicas do indivíduo, que não encontra plena gratificação nos papéis juvenis que lhe foram atribuídos oficialmente pelas organizações mantidas por adultos. A qualidade de membro dos grupos de iguais é de grande importância para o desenvolvimento da personalidade do indivíduo e satisfaz muitas de suas necessidades e desejos. Numerosas pesquisas têm demonstrado que, sem a participação nesses grupos de iguais, o desenvolvimento psicológico do indivíduo é seriamente prejudicado, dando até origem a várias manifestações patológicas [30], apesar de que em todos estes casos a qualidade de membros dos grupos de iguais é tão-somente um estágio da emancipação da juventude da dependência da família, um estágio que deve ser superado, antes de conquistar plena maturidade social e heterossexual.

O padrão de relacionamentos e grupos derivados neste estágio, como vimos nos capítulos anteriores, difere em diversos pontos vitais da distribuição institucional de papéis na sociedade adulta e, às vezes, também daquela da organização juvenil mantida por adultos, a despeito do fato de que em todas se dá grande ênfase ao desenvolvimento do caráter e personalidade do indivíduo e a seus deveres cívicos, como sendo uma das metas centrais da ação. Até certo ponto a idealização romântica da juventude encontra destacada expressão aqui, tanto na ênfase ideológica na descontinuidade entre os estágios juvenis e adultos, como na real padronização das relações. A tensão entre o grupo autônomo e seus patrocinadores pode ser bastante intensa e freqüentemente assume a forma de subterfúgios diretos e recusas a obedecer [31]; e a transição definitiva para a sociedade adulta é desligada da vida do grupo de iguais, implicando o seu abandono e decomposição. De todos estes casos discutidos, este é claramente o tipo mais segregado de qualquer esfera institucional da sociedade e não é dirigido por seus agentes autorizados ou detentores da autoridade. Assim, pareceria que as principais funções destes grupos juvenis, talvez mais do que outros, são no sentido de possibilitar ao indivíduo desenvolver uma personalidade capacitada a escolher entre vários papéis adultos, mantendo ao mesmo tempo uma ainda que mínima

---

30. Ver a análise muito esclarecedora de J. N. DEMARATH em sua tese de doutoramento (não publicada), Universidade de Harvard, 1942, Adolescent Status and the Individual.
31. Ver, por exemplo, A. HOLLINGSHEAD, *Elmtown's Youth*, op. cit.

orientação coletiva e lealdade às principais normas da sociedade. Desta forma podem ajudar o indivíduo a adaptar-se a uma sociedade em constante e rápida transformação. Porém, o alcance de seu sucesso difere muito segundo as diversas circunstâncias, às vezes acidentais.

VII

Até aqui analisamos aqueles casos em que os vários grupos juvenis desempenham pelo menos funções semi-integrativas dentro do sistema social, apesar de sua segregação institucional — seja por intermédio de uma total regulação das relações entre as gerações, distribuição de papéis, seja através da preparação de diferentes membros para o desempenho dos papéis futuros. Entretanto, entre os vários tipos de grupos etários existem também tipos francamente anormativos, *i.e.*, aqueles que mantêm um comportamento totalmente inconformista, que impede a transmissão da herança social e da continuidade do sistema social.

Nos casos desses grupos etários anormativos, observa-se uma total discrepância entre as expectativas e aspirações do grupo juvenil e seus membros e as expectativas dos adultos em relação a eles. O grupo de referência e os padrões de símbolos do grupo etário primário são totalmente opostos ao sistema social existente e o grupo não mantém nenhuma comunicação efetiva com a sociedade adulta.

Nestes casos os grupos etários não são inteiramente bem sucedidos em conseguir alcançar um equilíbrio entre as relações instrumentais inerentes às principais esferas institucionalizadas da estrutura social e uma plena participação solidária na comunidade vigente; conseqüentemente, em geral tendem a desenvolver uma nova identificação primária, que (a) não é capaz de organizar totalmente as relações instrumentais dentro do quadro da comunidade existente, e portanto (b) orienta-se em direção a uma nova comunidade anormativa.

É deveras característico que em todos os casos de grupos juvenis anormativos se nota uma acentuada oposição entre os papéis e as organizações juvenis oficiais mantidas por adultos, particularmente a escola e os grupos juvenis espontâneos. Ainda que existam algumas discrepâncias entre eles em todas as sociedades modernas, no caso dos grupos juvenis anormativos tornam-se mais articulados e declaram-se em aberta oposição, geralmente em caráter paralelo com os conflitos entre as gerações. Nestes casos é interrompida repentinamente toda e qualquer continuidade entre as diferentes gerações e a geração mais jovem não vê nenhuma relação entre ela e a geração superior, nem apresenta nenhuma expectativa no sentido de se desenvolver segundo a imagem humana das pessoas mais velhas. Paralelamente, não mantém atitudes de respeito para com as pessoas mais velhas; é desta forma que também debilita a interação harmoniosa das gerações.

Concentremo-nos agora na análise dos tipos principais de grupos etários anormativos e as condições sob as quais surgem. Tentaremos verificar se sua anormatividade também pode ser explicada em termos das relações entre a estrutura da família e aquela da sociedade total.

Respondendo aos propósitos de nossa análise, dividiremos os vários grupos etários (juvenis) anormativos em quatro categorias principais:

a) grupos desorganizados de jovens delinqüentes, que surgem em situações de "contato cultural" [32];

b) grupos de delinqüentes juvenis de diferentes graus de organização e coesão [33];

c) organizações juvenis de movimentos e partidos revolucionários [34];

d) movimentos juvenis rebeldes (principalmente o movimento juvenil alemão numa de suas fases principais).

a) Analisaremos primeiramente, em forma breve, os vários exemplos de grupos juvenis desorganizados, em situações de contato cultural, conforme foi descrito no caso dos Sioux [35].

Na maioria destes casos, os acampamentos de jovens nem sequer desenvolvem forte identidade e ideologia comuns, nem ajuda seus membros a desenvolver ou integrar sua iden-

32. Ver, por exemplo, M. MEAD, *The Changing Culture of an Indian Tribe*, Nova York, 1932; G. MACGREGOR, *Warriors Whithout Weapons*, Chicago, 1946; E. HELLMAN, *Problems of Urban Bantu Youth*, Johannesburgo, 1940; A. JOSEPH (ed.), *The Desert People*, Chicago, 1949-50, e vários estudos sobre a juventude negra, publicados pelo Conselho Americano de Educação, tais como W. LLOYD WARNER (ed.), *Color and Human Nature*, Washington, 1941; A. DAVIES, & J. DOLLARD, *Children of Bondage*, Washington, 1940; F. FRAZIER, *Negro Youth at the Crossroads*, Washington, 1940.
33. Ver os principais textos sobre delinqüência juvenil; P. W. TAPPAN, *Juvenile Delinquency*, Nova York, 1949; W. RECKLESS, *The Crime Problem*, Nova York, 1950; e também análises como a de M. MERRILL, *Problems of Child Delinquency*, Londres, 1947.
Ver também a interessante análise de J. B. MAYS, A Study of Delinquent Community, *British Journal of Delinquency*, jul. 1952; e S. KOBRIN, Conflict of Values in Delinquency Areas, *American Sociological Review*, out. 1951 (v. XVI).
Um trabalho recente sobre uma abordagem recente no que se refere à delinqüência juvenil, relacionado de perto com a argumentação geral de nosso livro, pode ser encontrado em A. K. COHEN, *Delinquent Boys: The Culture of the Gang*, Glencoe, Free Press, 1955. Press 1955.
34. WENDEL, H. *Aus dem südslavischen Risorgimento*, op. cit.; WANG, T. C. *The Youth Movement in China*, Nova York, 1927; KOHN, Hans, *Imperialismus und Nationalismus im Vorderen Orient*, 1930.
35. MEAD, M. *The Changing Culture of an Indian Tribe*. Op. cit.

tidade do ego. Na maioria deles, verificamos que (a) as famílias dos membros encontravam-se desorganizadas desde um longo período de tempo, impossibilitadas de transmitir a seus filhos qualquer sistema coerente de valores, ou mesmo quaisquer orientações gerais, ou ainda de fornecer-lhes uma segurança emocional mínima após os primeiros anos da infância [36]; e que (b) as próprias famílias haviam geralmente perdido toda a orientação no sentido de uma plena participação na comunidade e encontravam-se, portanto, totalmente apáticas no que se relaciona a este ponto. Ambas estas características estão geralmente relacionadas com situações extremas de contato cultural, mediante as quais várias tribos indígenas são despojadas do quadro básico de sua vida. Este fato pode ajudar a explicar a natureza totalmente negativa e desorganizada desta anormatividade do grupo juvenil. Podemos considerá-la como sendo mais de tipo inorganizado, regressivo e está claramente relacionada com a carência de orientação no sentido de uma verdadeira comunidade, mais ampla e total e de toda a possibilidade de participação numa comunidade assim. Está também fortemente ligada à oposição da família em relação ao sistema escolar e à acentuada alienação da criança em relação a ela.

b) A anormatividade dos tipos mais organizados de grupos delinquentes, de coesão grupal mais forte e ideologia juvenil anormativa, possui um caráter diferente. Orienta-se principalmente contra a institucionalização dos *métodos* normativos da sociedade e não diretamente contra seus valores máximos. Embora institucionalmente estes grupos estejam inteiramente desligados do mundo adulto legítimo e se rebelem contra ele, as orientações quanto às suas metas inserem-se geralmente dentro do quadro da estrutura social. Sua *anomia* é fundamentalmente, segundo Merton, o tipo inovatório [37]. Surgem usualmente numa situação em que a orientação para a comunidade é possível; porém, prevalece uma carência básica de harmonia e compatibilidade entre os principais padrões de símbolos e valores da família e de sua estrutura de autoridade por um lado, e a comunidade vigente, seus valores e estrutura da autoridade, por outro. Uma dessas condições mais comuns é aquela das famílias que migraram das sociedades tradicionais para sociedades industrializadas [38]. Nestes casos, a família de orientação é geralmente particularista, qualitativa e tradicional, com um forte sistema

---

36. *Ibid.*
37. Ver R. MERTON, *Social Theory and Social Structure*, 1949, Cap. IV.
38. W. THOMAS & F. ZNANIECKI, *The Polish Peasant in Europe and America*, Nova York, 1927; J. CHILDE, *Italian or American?*, New Haven, 1944; os estudos sobre a juventude negra citados na nota 26; e também D. TOOTH, *Report on Juvenile Delinquency in the Gold Coast*, 1946.

autoritário; ao passo que a comunidade vigente é universalista e orientada para as realizações. Ao mesmo tempo, entretanto, geralmente não existe uma total regressão da comunidade (como pode acontecer no caso anterior), mas uma diferença de ênfase e avaliação. Para a família, a comunidade total existente não constitui um objeto da identificação primária ou da agência atribuidora de *status,* mas somente um meio para a continuação da existência física; e a família revela uma acentuada tendência a manter seus antigos modos de vida. Nesses casos, não somente os pais são incapazes de examinar seus filhos no sentido de papéis concretos e específicos, como nem sequer manifestar qualquer identificação positiva com relação ao seu novo esquema. Muitas pesquisas, especialmente nos Estados Unidos e em Israel, demonstram a íntima relação entre estas condições e o surgimento de grupos delinqüentes [39].

Algumas das principais características destes grupos delinqüentes podem ser explicadas pela natureza da discrepância entre o *background* de sua família e o novo esquema social. Entre eles encontramos, geralmente, não uma denúncia total e organizada do novo esquema, mas principalmente uma ênfase na realização das principais metas da comunidade, independentemente dos meios legítimos e institucionalizados desta realização. Normalmente vem acompanhada de forte ênfase nos vários aspectos simbólicos e "fraseológicos" do comportamento adulto — vestir-se com exageros, gastos indiscriminados de dinheiro e relações sexuais ilegítimas [40]. A ideologia "juvenil" acentuadamente anormativa está centralizada, nestes casos, em grande medida na exageração destes aspectos simbólicos do comportamento adulto, enfatizando desta maneira tanto a não-aceitação dos papéis inteiramente institucionalizados, como a cobiça destas metas.

Um aspecto muito importante destes grupos delinqüentes e de suas famílias é sua atitude ambivalente para com o sistema escolar de sua comunidade. A este respeito pode haver duas possibilidades principais. Pode ocorrer, por um lado, uma forte rejeição do sistema escolar e de seus valores e do longo período de preparação que ele implica. A este respeito, o quadro é similar àquele na maioria dos grupos das classes mais baixas descritos anteriormente, com exceção de que a discrepância é muito maior. A extensão desta

---

39. Ver, como resumo destas pesquisas: S. W. TAPPAN, *Juvenile Delinquency,* op. cit., pp. 133-140; H. V. HENTING, *The Criminal and the Victim,* 1948, pp. 359-397; N. RECKLESS, *The Crime Problem,* op. cit., pp. 71-73; Th. SELLIN, *Culture Conflict and Crime,* 1938; e S. N. EISENSTADT, Delinquent Group Formation Among Immigrant Youth, *British Journal of Delinquency,* jul. 1951.
40. Ver S. N. EISENSTADT, The Oriental Jews in Israel, *Jewish Social Studies,* 1950; e N. D. HUMPHREY, The Stereotype and the Social Types of Mexican American Youth, *Journal of Social Psychology,* 1945, p. 22.

discrepância pode também tornar-se maior, devido à inabilidade dessas famílias na direção de seus filhos adolescentes no sentido de escolhas apropriadas de ocupações — tanto devido à desorganização da própria família, como devido a que este fato aumentaria o nível de aspirações dos filhos além das possibilidades institucionais existentes. Nestes casos, pode também ocorrer que os pais desejem que os filhos freqüentem certos graus da escola demasiado avançados para suas possibilidades reais ou além dos seus interesses (podem ter uma apreciação mais realista de suas habilitações); se assim ocorrer, o conflito intensifica-se [41].

Um tipo um tanto similar de delinqüência parece surgir nos interstícios dos vários grupos e estratos sociais, nos quais existe uma atitude similar por parte da família perante a estrutura institucional da sociedade. Esta atitude pode estar intimamente relacionada com os diversos tipos de mobilidade frustrada. As várias pesquisas sobre a delinqüência, embora numerosas, não proporcionam um material sistemático que nos possibilite diferenciar nitidamente entre os vários tipos de formações juvenis delinqüentes e sua relação com os vários tipos de relações entre a família e a sociedade total. Tampouco sabemos exatamente até que ponto surgem vários tipos da delinqüência sem direta relação com a orientação e estrutura da família (embora geralmente isto pareça não ocorrer entre grupos juvenis anormativos organizados), ou sob quais condições a desorganização da família origina outros tipos de anormatividade, além dos grupos juvenis anormativos. Embora tenham sido acumulados muitos dados sobre este ponto, são pouco adequados para uma análise sistemática.

Das várias pesquisas sobre as tendências da delinqüência etc., sabe-se somente que esses grupos tendem a surgir sob determinadas condições como a guerra, quando o pai e a mãe trabalham fora de casa etc., condições essas que minimizam as eficazes funções de socialização da família e/ou ampliam o alcance das oportunidades não-institucionais e incomuns para os adolescentes, enfatizando assim, uma vez mais, a distinção da ordem "estabelecida" da sociedade adulta [42]. K. Davis, indicou, acertadamente, que o conflito "pais-filhos" é intensificado durante os períodos de acelerada mudança social [43]. Durante esses períodos a sociedade oferece, por assim dizer, muitas oportunidades além das aspi-

---

41. Ver sobre este particular, a bibliografia citada nas duas notas anteriores.
42. Ver as várias análises nas edições de nov. 1944 (Adolescents in Wartime) e de jan. 1949 (Juvenile Delinquency) do *Annals of the American Ac. of Pol. and Social Science*.
43. Ver K. DAVIS, *Adolescence and the Social Structure*, op. cit.; E. H. BELL, "Age Groups Conflict and Our Changing Culture" em *Social Forces*, v. 12, 1933; K. MANNHEIM, op. cit.

rações de *status* mais estáveis da família. É maximizada a discrepância em potencial que existe em todas as sociedades modernas entre a estrutura da família e aquela da sociedade total, dando portanto origem a várias formas de rebelião organizada, que discutiremos a seguir, bem como a várias formas de apatia social e separação de certos valores coletivos da geração mais velha. Pesquisas sobre a juventude alemã do pós-guerra parecem indicar isto claramente [44]. Muitas outras pesquisas deverão ser realizadas antes de que seja possível comprovar qualquer proposição sistemática sobre este problema. Neste momento, somente pode ser estabelecida uma conexão muito geral entre a família, suas relações perante a estrutura social e a formação de grupos delinquentes juvenis.

c) O terceiro tipo de grupo etário (juvenil) anormativo é composto das organizações juvenis de vários movimentos e partidos revolucionários. Na maioria desses partidos e movimentos europeus dos séculos XIX e XX e nos movimentos sociais e nacionalistas entre os povos não-europeus (coloniais), existiu uma organização juvenil especial e/ou uma ideologia juvenil muito diferente. Em alguns casos, o movimento compunha-se de pessoas jovens, estudantes, e possuía um estilo próprio de acordo. A Jovem Europa de Mazzini, os Jovens Turcos, os vários núcleos de estudantes na maioria dos movimentos nacionais e sociais dos séculos XIX e XX na Europa e Ásia — são todos exemplos de destaque deste tipo. Uma análise social detalhada de todos estes movimentos está ainda por ser escrita; somente quando isto ocorre é que será possível a elaboração de uma análise totalmente sistemática dentro do âmbito da nossa hipótese. Contudo, inclusive neste estágio, podemos indicar algumas linhas gerais.

Dois fatos são da maior significação: primeiro, que quase todos estes movimentos modernos desenvolveram uma "ideologia juvenil" especial. A essência destas ideologias (no que concerne à nossa análise) é que as transformações pelas quais lutam e que defendem são mais ou menos semelhantes à rebelião contra a "velha" geração e "velha" ordem — uma rebelião da juventude, uma manifestação do *rejuvenescimento* do espírito social e nacional. Nessas ideologias acentua-se a ênfase geral e recente de que a juventude é a portadora dos valores comuns da comunidade — nestes casos, de um *novo* tipo de valores — e que se orienta para a realização das metas sociais e políticas dos movimentos. Em alguns casos, como descrevemos antes, o movimento como um todo identifica-se com essa ideologia e valores românticos.

---

44. Ver K. BEDNARIK, op. cit., e H. SCHELSKI, op. cit.

Segundo, entre a maioria desses movimentos políticos com forte orientação coletivo-política, existe uma tendência universal a formar organizações juvenis especiais, com a ajuda das quais podem reunir vigorosas energias contra a ordem antiga. Geralmente ocorre uma tentativa proposital para desligar os jovens de suas famílias, para colocá-los contra estas últimas e contra a ordem que representam e assim intensificar o conflito entre as gerações. Esta tendência é intensificada quando estes movimentos estão prestes a ter êxito e a conquistar o poder político e tentam consolidar uma nova ordem social, que aboliria inteiramente a antiga. Em todos estes casos organizam-se formações juvenis especiais, revolucionárias, de outro tipo de rebeldia. Os exemplos mais indicativos deste tipo são as organizações juvenis fomentadas e desenvolvidas pelo partido nazista, o regime soviético da Rússia e as novas democracias populares da Europa Oriental [45].

Em todos estes casos os grupos juvenis espontâneos estão rigidamente entrelaçados com organizações mais gerais, algumas das quais se compõem de adultos e jovens, embora algumas incluam somente grupos juvenis, como era o caso em alguns dos partidos revolucionários russos, ou em certos movimentos nacionalistas do Oriente Próximo. De certa forma estes movimentos podem ser comparados com as organizações juvenis formalizadas das sociedades orientadas para a coletividade, sendo que a formação e organização de grupos juvenis ocorre geralmente devido à sua forte ênfase coletiva. Entretanto, ao contrário dos grupos juvenis de sociedades coletivas estabilizadas, estes grupos possuem um forte caráter anormativo e revolucionário. Mas esta anormatividade não é de natureza puramente "juvenil", é parte de uma rebelião mais geral e inclusive a ideologia juvenil especial é parte ou manifestação de uma ideologia revolucionária mais geral.

O fato importante, então, que requer uma explicação, é que quase todos os movimentos revolucionários modernos desenvolvem sempre essa ideologia e organizações juvenis, sendo que a maioria dos processos de transformação política e social, até certo ponto, são realizados através desses canais, enfatizando o aspecto ideológico. O ponto de partida da explicação deste fato deveria ser certas características mais ou menos universais destes movimentos modernos:

1) A maior parte deles tem uma orientação e ideologia francamente *coletivas,* nas quais os elementos particula-

---

[45]. Ver, além da bibliografia citada acima, o relatório muito interessante publicado no London Times de 17 de agosto de 1951: "The Jamboree and Its Rivals, Challenge of Dictated Youth Movements".

ristas e universalistas se encontram forte e ambivalentemente entrelaçados. Embora estes grupos se organizem em base particularista e enfatizem acentuadamente tanto sua própria solidariedade interna e símbolos de identificação como a forte ligação à sua coletividade nacional, tendem também a enfatizar alguns notáveis valores e modelos universalistas. Porém, estes são normalmente transferidos para o estágio utópico futuro; ao mesmo tempo, entretanto, constituem um aspecto importante da ideologia dos movimentos e são especialmente enfatizados nas suas campanhas de proselitismo.

2) Estes movimentos rebelam-se geralmente contra uma sociedade autoritária (tradicional) e particularista, ou uma combinação desta última com determinadas características universalistas e individualistas, aspirando a estabelecer uma coletividade completametne nova.

3) Sua ideologia e programas são normalmente expressos em termos seculares e sociais, enfatizando assim os problemas de reorganização do sistema social em termos ideológicos.

Devido a todas estas características, particularmente (1) e (3), estes movimentos têm que enfrentar problemas de reorganização do sistema social como um todo, em termos de valores universalistas e seculares — necessariamente enfatizando as categorias universais e sociais — e estão destinados a reunir forças sociais em torno desses símbolos de identificação.

Considerando que sua rebelião orienta-se contra a ordem social em sua totalidade, em termos de valores seculares universais, devem necessariamente focalizar sua atenção naqueles *grupos sociais universais* que possam ser recrutados e em cujo nome a rebelião possa ser realizada. Daí a forte ênfase na juventude e na organização rebelde dos grupos juvenis. É importante notar que em outros tipos de movimentos e transformações sociais, onde não se apresente a ênfase na rebelião *total* em termos seculares e universalistas, não surge essa ênfase na juventude [46].

Esta análise das características básicas dos movimentos rebeldes e revolucionários modernos já esclarece sobre as condições de seu desenvolvimento e especialmente sobre sua relação com a estrutura familiar. Como ocorre no caso de outros grupos juvenis anormativos, também sua anormatividade pode ser explicada através da falta de harmonia entre a estrutura familiar, na qual seus membros crescem, e a sociedade total da qual a família forma parte. Esta discre-

---

46. Podemos comparar, por exemplo, com a transição ocorrida no Japão na época da restauração Meiji. Ver H. NORMAN, *Japan's Emergence as a Modern State*, 1946.

pância apresenta aqui algumas características especiais, que podem ser mencionadas com relação às tendências específicas destes grupos juvenis.

A maioria destes movimentos surge em sociedades, nas quais a ordem social é minada pelo impacto dos desenvolvimentos modernos, universalistas, sociais, políticos e econômicos — através de desenvolvimentos internos, bem como da penetração de interesses e grupos estranhos, europeus. É bastante significativo que, na maioria destes países, o desenvolvimento político e intelectual tenha avançado muito mais do que o econômico. No aspecto econômico somente poucos setores tiveram algum desenvolvimento — comércio, trabalhos públicos, comunicações — ao passo que o desenvolvimento industrial ficou para trás. São inadequadas, por esta razão, as oportunidades econômicas e profissionais oferecidas às pessoas jovens e é também inadequada e muitas vezes limitada a habilidade da família na condução e promoção do desenvolvimento ocupacional de seus filhos. Isto é válido especialmente para os vários grupos de estudantes, grupos juvenis mais intelectuais, de jovens funcionários etc. A multiplicação destes grupos, que constituem o núcleo mais importante de todos estes movimentos revolucionários, foi um sintoma do desenvolvimento desigual das várias esferas da sociedade [47].

Na maioria das sociedades (ou setores das sociedades nas quais surgem estes grupos juvenis) a família, com seus valores e estrutura de autoridade, ergue-se como símbolo da ordem social geral contra a qual se rebelam. Portanto, a família não é aqui, como no caso dos tipos anteriores de grupos juvenis anormativos, oposta à sociedade geral vigente, mas identifica-se mais com seu setor "conservador", contra o qual outro setor se rebela. A orientação comunitária da família e seus símbolos e aspirações de *status* são considerados inadequados e "reacionários". No seu lugar são propostos novos símbolos de identificação coletivos, pelos movimentos revolucionários e por seus vários grupos juvenis. Estes símbolos de identificação orientam-se contra aqueles aos quais está ligado o sistema familiar e com o qual se identifica, os quais, devido à sua conotação universalista e social, devem enfatizar a rebelião contra a família e seus valores. Tal ênfase é de enorme importância, já que do contrário estes novos símbolos não

---

47. Ver, por exemplo, os bons estudos de casos e análises: J. FURNIVALL, *Colonial Policy and Practice*, Cambridge, 1948; R. EMERSON, L. A. MILLS & V. THOMPSON, *Government and Nationalism in S. E. Asia*, Nova York, 1942; R. TROUTTON, *Peasant Renaissance in Yougoslavia, 1900-1950*, Londres, 1952; H. KOHN, *Die Europäisierung des Orients*, Berlim, 1934; H. KOHN, *Nationalismus und Imperialismus im Vorderen Orient*, Frankfurt-Sobre-o-Meno, op. cit.; K. M. PANNIKAR, op. cit.; M. LEVY, op. cit.; e como padrão um tanto diferente: H. NORMAN, *Japan's Emergence as a Modern State*, op. cit.

podem forjar a identificação da geração mais jovem com os novos valores.

Pelo fato de que a família se opõe aqui principalmente como um símbolo da ordem social vigente, a rebelião da juventude não se expressa em termos puramente autônomos, mas constitui parte de uma rebelião mais geral, normalmente mantida por certas contra-elites no contexto da sociedade. Estas contra-elites, entre as quais alguns dos jovens estudantes podem jogar um papel importante, têm por objetivo a quebra da continuidade social e o estabelecimento de uma nova ordem social secular; devem, portanto, colocar ênfase especial na juventude. Esta ênfase é revigorada pelo fato de que elas próprias compõem-se geralmente de pessoas jovens. Mas é colocada não nos termos autônomos específicos da cultura juvenil, mas fundamentalmente em termos dos valores gerais com os quais a rebelião se identifica. Esta rebelião contra a família e a intensificação do conflito entre as gerações, em termos de uma rebelião social global, estão também intimamente relacionadas com uma atitude negativa quanto aos sistemas escolares destas sociedades. Geralmente estes sistemas escolares são do tipo de padrão tradicionalista, enfatizando acentuadamente a hierarquia social e política de seus países e supervisionados pelos seus principais centros de autoridade. Geralmente estão confinados aos estratos sociais médios-altos e inteiramente limitados por seus valores. Os próprios professores podem ser tanto membros destes grupos, identificando-se plenamente com seus valores, como de origem de classe mais baixa e desprezados pelos pais dos próprios alunos. O professor russo, de acordo com as descrições feitas nos clássicos russos, é testemunha fiel desta situação e é possível encontrar um padrão similar em muitos outros países onde estas rebeliões tenham ocorrido. Assim, podemos concluir que, na maioria destes movimentos, a rebelião contra a geração mais velha é freqüentemente de grande destaque no sistema escolar e às vezes ainda mais do que na família. Muitos destes grupos rebeldes iniciam-se clandestinamente nas escolas, academias militares e universidades e estas instituições estão entre os seus alvos mais importantes.

Isto explica o fato de que, na medida em que estes movimentos rebeldes e revolucionários são bem sucedidos em derrubar a ordem social vigente e em criar uma nova, a natureza de seus grupos juvenis transforma-se rapidamente. Tão logo se estabelece uma nova hierarquia social e estrutura familiar, que os identificam com a nova ordem social, estes grupos juvenis perdem inteiramente suas características rebeldes, anormativas e transformam-se geralmente em grupos legítimos e organizados coletivamente. Somente na medida em que o movimento rebelde se torne um elemento permanente da sociedade, contra a qual se rebela, é que seu movimento juvenil conserva seu caráter anormativo e serve de canal através do qual as várias personalidades anormativas são selecionadas e mobilizadas.

É lógico que essa carência de harmonia entre o "velho" e o "novo" existe em quase todos os casos de transformação social e que nesses casos a oposição aos "mais velhos" etc. está sempre presente. Porém, a plena identificação da família com uma determinada sociedade e a forte oposição a ela ocorre somente naqueles tipos de movimentos de mudança social que apresentam as características antes mencionadas. A agudização do conflito contra os valores da família como tal deve ocorrer fundamentalmente nesses movimentos seculares, universalistas e comunais, cujo objetivo se centra na total reorganização da sociedade.

d) O quarto tipo de movimento juvenil rebelde e anormativo é exemplificado pelo movimento juvenil alemão, cujo desenvolvimento descrevemos no Cap. 2. Este tipo constitui, sem dúvida, o exemplo mais notável de um movimento sectário e revolucionário [48], integralmente relacionado com a consciência e ideologia juvenis. Esta consciência e ideologia eram o ponto central da rebelião total contra a ordem social vigente como um todo, particularmente contra seus valores e símbolos de identificação comuns. Acreditava-se que, através da plena articulação da distinção da juventude, surgiria uma nova comunidade, um verdadeiro *Gemeinshaft,* que substituiria a ordem artificial vigente e "burocrática" e faria desaparecer todos os seus aspectos negativos. Não somente existia descontinuidade na ideologia deste movimento, entre os valores e os arranjos institucionais dos grupos etários primários e nucleares e aqueles da sociedade total (como nos outros tipos de grupos anormativos); porém, os grupos primários desenvolveram ativas orientações no sentido de novos tipos de grupos de referência, que se enfrentavam numa total oposição com os existentes. Predominou, em princípio, uma tendência quanto à completa descontinuidade da comunicação com a sociedade adulta vigente. Tanto as atividades como a ideologia dos movimentos demonstravam claramente esta concepção, num espírito de intensa ansiedade por *status* e insegurança pessoal: total rejeição das atividades orientadas para as particularidades e realizações, ênfase no romanticismo primitivo (notório pela forte ênfase na natureza, estilo no vestir etc.), e uma forte tendência para o erotismo masculino e para atitudes ambivalentes no que se relaciona a meninas e mulhe-

---

48. Foi apropriadamente definido neste sentido por H. BECKER, no *German Youth, Bond or Free,* op. cit.

res [49]. Estas atitudes expressavam-se numa total rejeição de todo tipo de autoridade institucionalizada, adulta, e uma marcada tendência no sentido de uma liderança juvenil e carismática. O objetivo patente do movimento era estabelecer uma sociedade adulta própria, de maneira a não ser impelido a efetuar a transição para a idade adulta dentro do quadro da ordem social estabelecida. Como foi demonstrado anteriormente, este ponto era o mais crítico na história do movimento, considerando que se tornara evidente o paradoxo e a impossibilidade de focalizar o movimento revolucionário sob o critério e estágio transitório da *juventude*. Este paradoxo possibilitou o surgimento, por um lado, de múltiplas influências na esfera da educação etc., e por outro lado, uma contínua sucessão de tensões insolúveis e rebeliões fracassadas, que conformaram o *background* do surgimento do movimento nazista; mas nunca tiveram êxito por si mesmos.

As condições que deram origem a este movimento são de grande importância para a nossa análise, que está intimamente baseada nas análises mais abrangedoras de T. Parsons [50], H. Becker [51], Erikson [52], Jungman [53] e outros [54]. O movimento juvenil alemão surgiu no momento em que a sociedade patriarcal e autoritária alemã, extremamente ligada às posições de atribuição qualitativa de *status* (*ständisch*) recebia o impacto do repentino desenvolvimento industrial (durante a era de Bismarck) que minou as bases econômicas da ordem tradicional e qualitativa, abrindo amplas esferas de realização instrumental. Contrariamente ao que ocorreu nas várias sociedades "subdesenvolvidas" analisadas antes, o ritmo do desenvolvimento industrial era muito rápido e as oportunidades ocupacionais aumentavam concomitantemente. Ao mesmo tempo, entretanto, este desenvolvimento industrial não possibilitou o surgimento de uma sociedade individualista voltada para as realizações, nem uma ordem social na qual as realizações econômicas ("progresso") estavam

---

49. Ver sobre este ponto especialmente H. BLUEHERE, *Die Deutsche Wandervogelbewegung also erotisches Phenomenon*, Berlim, 1912. E. JUNGMAN, *Autorität und Sexualmoral in der freien deutschen Jugendbewegung*, op. cit.
50. PARSONS, T. *Essays*. Op. cit., Caps. XII e XIV.
51. BECKER, N. *German Youth, Bond or Free*. Op. cit.
52. ERIKSON, E. H. *Childhood and Society*. Op. cit., o capítulo "Hitler's Imagery and German Youth".
53. F. JUNGMAN, op. cit., *Autorität und Sexualmoral*. Podem ser encontradas algumas interessantes comparações entre a juventude americana e alemã, que se relaciona de certa forma com nosso problema, em: D. V. McGRAHAM, A Comparison of Social Attitudes Among American and German Youth, *Journal of Abnormal and Social Psychology*, v. 41 e H. S. LEWIN, "A Comparison of the Aims of the Hitler Youth and the Boy Scouts of America" em *Human Relations*, v. I, 1947.
54. Ver, por exemplo, H. LICHTENBERGER, *Germany and Its Evolution in Modern Times*, Nova York, 1913, e R. H. SAMUEL & R. THOMAS, *Education and Society in Modern Germany*, Londres, 1949.

intimamente ligadas com as metas coletivas (*i.e.*, na qual a coletividade era a portadora e objeto do avanço econômico), como por exemplo na URSS. A sociedade industrial alemã da era bismarckiana e pós-Bismarck desenvolveu-se dentro de um quadro político tradicionalmente qualitativo, que até certo ponto se opunha ao surgimento da sociedade industrial e que resolveu refreá-la e mantê-la dentro de certos limites, no que se refere ao poder político e à concessão de *status*. Um dos efeitos principais foi o desenvolvimento de uma estrutura burocrática muito formalizada e orientada em termos de atribuição qualitativa.

A educação era um dos campos mais importantes onde as estruturas burocráticas e autoritárias se desenvolveram. Como em muitas outras sociedades modernas, constatamos um desenvolvimento muito rápido dos sistemas escolares e escolaridade formal. Aqui, entretanto, este sistema construiu-se de acordo com premissas mais autoritárias e era encarado como um dos canais fundamentais de treinamento de bons soldados para o Estado e para o rei. Era um dos sistemas educacionais mais centralizado e controlado pelo governo e toda sua atuação centrava-se nos preceitos de obediência e de autoridade. Historicamente, relacionava-se tanto com o *Aufklärung* e com o movimento romântico, que idealizava o Estado e era desta forma utilizado pelo Estado. Relacionava-se também com a ordem *Ständisch* da sociedade alemã e inculcava uma total identificação com seus valores e com sua hierarquia articulada. Entre todos os sistemas educacionais da Europa moderna era o mais formal e rígido e quase não permitia a possibilidade de existência de atividades juvenis informais. Era também usado como uma das principais agências para contrapor-se aos "maus" e desmoralizantes efeitos do industrialismo e liberalismo modernos.

Devido a todas estas tendências desenvolveu-se uma discrepância básica, embora complicada, entre a estrutura familiar e a estrutura social total, bem como uma acentuada brecha dentro da própria estrutura da família. Por um lado, a família baseava-se ainda internamente em valores qualitativos e autoritarismo relativamente fortes e orientava-se marcadamente no sentido de velhas imagens tradicionais de coletividade. Por outro, sua orientação qualitativa de *status* não podia apoiar-se inteiramente na esfera ocupacional (por orientar-se mais em termos de realizações). Assim, a autoridade do pai tornou-se mais débil de certa forma e já não podia servir de modelo adequado para aspirações de *status*; não obstante, sua autoridade era apoiada ainda fortemente pela estrutura burocrática e pelo sistema educacional formalizado. Agravaram-se as tensões internas dentro da família, tanto entre o pai "autoritário" e a mãe submissa por um lado, como entre eles e os filhos por outro. Os filhos não podiam identificar-se com o pai, cuja autoridade era exercida sobre eles, nem com a mãe, cuja imagem era deveras ambígua devido à mistura de "amor" (para com os filhos) e à submissão (para com o pai). Esta tensão interna era uma das principais razões para o escasso desenvolvimento de uma imagem sexual completamente integrada ou da capacidade de manter relações heterossexuais, que se manifestava, como vimos, no desenvolvimento do movimento juvenil alemão.

A tensão e a discrepância logicamente não se limitavam à família. Relacionavam-se, necessariamente, com uma discrepância paralela no que se refere à orientação voltada para a participação na comunidade geral e à conquista de *status* nessa comunidade. A orientação da família típica de classe média, em grande medida, estava vinculada à antiga ordem particularista de atribuição qualitativa e não à nova ordem industrial (realização), nem à nova comunidade de atribuição qualitativa em termos universalistas, que era apoiada pela burocracia *Junker* e pelo *Kaiser*. (Dever-se-ia logicamente enfatizar que, por motivos óbvios, esta análise aplica-se por completo principalmente à classe média e não às classes trabalhadoras e da aristocracia.) Assim, a família não podia orientar seus filhos nem no sentido da conquista de *status,* nem no sentido de completa e expressiva participação na comunidade total, já que não existia compatibilidade entre as expectativas das aspirações dessa comunidade e as possibilidades de sua realização dentro do contexto da estrutura institucional. Devemos frisar que a discrepância principal localizava-se entre uma orientação de valor particularista e qualitativa e outra universalista e qualitativa, e entre as duas e uma estrutura institucional baseada em grande medida na distribuição de papéis e valores orientados no sentido das realizações. Parece-nos que devido a este tipo de discrepância desenvolveu-se aqui a forma específica da rebelião juvenil. Esta discrepância entre a estrutura familiar e a estrutura social total podia ter sido solucionada pela juventude, não através da identificação com uma sociedade adulta, universalista e "revolucionária" (como realmente existia alguma identidade entre a identificação comum da família e a ordem social vigente), nem através de atividades puramente individualistas (delinqüentes); já que no contexto dos setores da classe média não se podia encontrar aceitação inequívoca das metas de realizações, relacionadas com o dinheiro e negócios, ou uma total rejeição dos símbolos comuns de identificação da sociedade.

Devido a todos estes fatores, a juventude que tinha que abandonar a família e entrar na sociedade adulta, manifestava um elevado grau de tensão, que nem sempre encontrava uma forma de alívio da esfera de institucionalização secundária, ou nos movimentos rebeldes adultos. Desta forma desenvolveu-se a revolta da juventude, cujo foco principal se tornou a própria juventude.

As características fundamentais deste movimento juvenil rebelde, descritas acima, podem também ser compreendidas desde sua gênese, na tensão interna da família e na tensão entre a família e a comunidade total. A notória rejeição da sociedade adulta, as inclinações homossexuais e a ansiedade pelo estabelecimento de uma nova comunidade (*Gemeinschaft*) que superaria, por assim dizer, os adornos "materialistas" e "formalistas" da ordem existente — todos estes pontos podem ser claramente relacionados com a análise descrita acima.

No movimento juvenil alemão, a potencial forma anormativa dos grupos etários modernos demonstrava-se mais claramente, bem como suas limitações. Desligados de qualquer grupo organizado, legítimo ou revolucionário, refletiam a futilidade de uma rebelião puramente juvenil. Suas influências eram múltiplas. Alguns dos grupos juvenis e seus líderes tentaram encontrar um lugar legítimo na sociedade, fundamentalmente por meio de influências no sistema educacional e escolas reformadas. Foram parcialmente bem sucedidos após a queda do Império. Alguns deles uniram-se a vários movimentos políticos e sociais durante a República de Weimar e tentaram inculcar-lhes o novo espírito de juventude e de vigor. Porém, a energia e vitalidade do "movimento" juvenil "livre" — que foi ajudado somente pelas contínuas sublevações sociais e econômicas da República de Weimar não foram dispendidas nestas múltiplas tentativas; nem puderam encontrar uma saída legítima dentro das circunstâncias instáveis e mutáveis do período da República. Embora existissem e tivessem se desenvolvido muitos movimentos juvenis organizados na Alemanha, como aqueles de outros países modernos, restava sempre um resíduo de tensões não solucionadas entre a juventude alemã, que conformaram as principais sustentações para o surgimento do movimento nazista, e os quais foram utilizados, explorados e freados por aquele movimento e regime.

A análise apresentada acima preocupou-se em distinguir entre diversos tipos distintos de grupos etários anormativos e as condições sob as quais estes surgem. Foi exposto que as condições estruturais diferentes podem ser responsabilizadas pelos diferentes tipos e estruturas da anormatividade. Às vezes estas condições têm sido definidas em termos bastante gerais, visto que até a presente data da pesquisa não nos foi possível avançar mais. Mas acreditamos ser evidente o fato de que a distinção analítica destas condições (e dos tipos de anormatividade), não implica necessariamente uma diferenciação total e concreta. As condições analisadas acima são, de certa maneira, inerentes à estrutura das sociedades modernas. Na medida em que em todas as sociedades modernas existem muitos setores e estratos diferentes, é bem possível que vários ou todos os tipos destas condições possam coexistir neles e originar várias superposições com grupos juvenis mais integrativos. Estes tipos de condições podem, às vezes, inclusive unir-se a outras e transformarem-se noutras.

Deveria ser evidente também que, tanto por motivos de espaço como de escassez de pesquisas sistemáticas adequadas, estamos impossibilitados de tratar aqui todos os casos concretos e formas dos grupos juvenis anormativos das sociedades modernas. Não podemos estender-nos muito sobre o desenvolvimento dos vários tipos de rebelião juvenil ou de acentuação da ideologia juvenil na literatura, arte, padrões de modas etc. Tratamos somente de formular análises estruturais gerais, mediante as quais nossa hipótese foi verificada e elaborada. São necessárias muitas outras pesquisas comparativas e sistemáticas, antes de podermos avançar nesta pesquisa de caráter bastante geral, no sentido de determinar o lugar ocupado pela cultura juvenil etária nos processos de transformação social.

VIII

Chegamos, portanto, ao final de nossa averiguação. Observamos de que maneira em todas as sociedades as relações etariamente heterogêneas e em diferentes sociedades universalistas os grupos homogêneos etariamente constituem um dos mais importantes canais para a transmissão da herança social e para a manutenção da continuidade social, bem como um dos principais focos de continuidade ou descontinuidade social. Demonstramos que em todas as sociedades universalistas esta transmissão deve efetuar-se tanto por intermédio de grupos etários heterocéfalos como autocéfalos; seu fracasso é notório na orientação anormativa das atividades e de identificação do grupo etário.

Esta transmissão da herança social, contudo, não está organizada exatamente da mesma forma em todas as sociedades (universalistas) e uma breve verificação das principais diferenças pode proporcionar alguns esclarecimentos sobre o problema mais geral das condições de estabilidade dos sistemas sociais. Foi demonstrado que em algumas sociedades (como os Nandi etc.) o mecanismo total de transmissão da herança social e cultural está centrado na instituição dos grupos etários. Esta transmissão efetua-se através das mais rígidas prescrições de papéis em cada estágio da vida e através da mais completa ligação das necessidades do indivíduo e desenvolvimento da personalidade com a distribuição oficial de papéis no sistema social. O elemento de escolha é muito restrito e os papéis mais concretos encontram-se totalmente entrelaçados com as disposições dos papéis desenvolvidos durante o processo de socialização.

Nas sociedades mais diferenciadas e especializadas, já não existe esta interconexão entre as disposições das necessidades e prescrições dos papéis, entre disposições gerais dos papéis e distribuições concretas de papéis, tanto no sistema social geral como na estrutura dos grupos etários. Neste caso a transmissão da herança social é enfocada mais ou menos sob o aspecto do desenvolvimento de uma personalidade autônoma, sem uma prescrição muito precisa de papéis. O alcance da escolha amplia-se e torna-se mais importante e a continuidade social fica mais dependente da manutenção de regras básicas de escolha e do universo de escolhas, do que da prescrição de quaisquer papéis determinados. Verifica-se claramente este fato pela progressiva ênfase nas atividades "preparatórias" dos grupos etários e sua relativa segregação institucional. Assim, o debilitamento das funções integrativas e plenamente institucionalizadas dos grupos etários e sua relegação para a esfera de institucionalização secundária não indica necessariamente a emergência de um sistema social instável, mas sim de um sistema cuja continuidade está preocupada com a manutenção de um universo de escolhas (papéis alternativos). Nesse sistema a ênfase fundamental é colocada na manutenção dos básicos papéis de escolha e dos símbolos gerais de identificação da sociedade. Esse sistema é necessariamente mais dependente da plena maturidade psicológica e autonomia de seus membros, do que de qualquer prescrição detalhada de papéis: daí a razão da maior ênfase nestes grupos etários no que se refere à preparação "psicológica" de seus membros.

Ao mesmo tempo, entretanto, é evidente que esse sistema implica um elemento mais forte de transformação, e talvez inclusive de instabilidade, do que aqueles sistemas nos quais a transmissão da herança social se realiza por intermédio de rígidas prescrições de papéis. Assim, os grupos etários também se tornam focos de potencial anormatividade e transformação, sendo que o limite entre a transformação e a instabilidade é muito vago. A ausência de quaisquer rígidas prescrições de papéis, de quaisquer claras definições dos papéis da juventude estabelecidas pelos adultos nas sociedades modernas, torna os grupos juvenis um dos mais importantes canais, mediante os quais ocorrem as inúmeras transformações das sociedades modernas tornando-se, às vezes, canais de franca rebelião e anormatividade. A importância vital das relações etárias em todas as sociedades e dos grupos etários em todas as sociedades universalistas é claramente constatável no fato de que a fácil transmissão da herança social, várias tentativas de transformação e várias manifestações de descontinuidade, são em grande medida realizadas por seu intermédio, ainda que não em forma total.

Bibliografia Adicional:

Desde o término deste manuscrito, foram publicadas diversas novas publicações sobre distintas sociedades africanas mencionadas neste livro pelo Levantamento Etnográfico da África. Entre elas, as que mais se relacionaram com o nosso objetivo são as seguintes:

BUTT, A. *The Nilotes of the Anglo-Egyptian Sudan and Uganda.*

GULLIVER, P. & GULLIVER, P. U. *The Central Nilo-Hamites.*

HUNTINGFORD, G. W. B. *The Northern Nilo-Hamites.*

KUPPER, H. *The Swazi.*

SHAPERA, I. *The Tswana.*

COLEÇÃO ESTUDOS

1. *Introdução à Cibernética*, W. Ross Ashby.
2. *Mimesis*, Erich Auerbach.
3. *A Criação Científica*, Abraham Moles.
4. *Homo ludens*, Johan Huizinga.
5. *A Lingüística Estrutural*, Giulio Lepschy.
6. *A Estrutura Ausente*, Umberto Eco.
7. *Comportamento*, Donald Broadbent.
8. *Nordeste 1817*, Carlos Guilherme Mota.
9. *Cristãos-Novos na Bahia*, Anita Novinsky.
10. *A Inteligência Humana*, H. J. Butcher.
11. *João Caetano*, Décio de Almeida Prado.
12. *As Grandes Correntes da Mística Judaica*, Gershom Scholem.
13. *Vida e Valores do Povo Judeu*, Cecil Roth e outros.
14. *A Lógica da Criação Literária*, Käte Hamburger.
15. *Sociodinâmica da Cultura*, Abraham Moles.
16. *Gramatologia*, Jacques Derrida.
17. *Estampagem e Aprendizagem Inicial*, W. Sluckin.
18. *Estudos Afro-Brasileiros*, Roger Bastide.
19. *Morfologia do Macunaíma*, Haroldo de Campos.
20. *A Economia das Trocas Simbólicas*, Pierre Bourdieu.
21. *A Realidade Figurativa*, Pierre Francastel.
22. *Humberto Mauro, Cataguases, Cinearte*, Paulo Emílio Salles Gomes.
23. *História e Historiografia*, Salo W. Baron.
24. *Fernando Pessoa ou o Poetodrama*, José Augusto Seabra.
25. *As Formas do Conteúdo*, Umberto Eco.
26. *Filosofia da Nova Música*, Theodor Adorno.
27. *Por uma Arquitetura*, Le Corbusier.

28. *Percepção e Experiência*, M. D. Vernon.
29. *Filosofia do Estilo*, G. G. Granger.
30. *A Tradição do Novo*, Harold Rosenberg.
31. *Introdução à Gramática Gerativa*, Nicolas Ruwet.
32. *Sociologia da Cultura*, Karl Mannheim.
33. *Tarsila — Sua Obra e seu Tempo*, Aracy Amaral.
34. *O Mito Ariano*, Léon Poliakov.
35. *Lógica do Sentido*, Gilles Deleuze.
36. *Mestres do Teatro I*, John Gassner.
37. *O Regionalismo Gaúcho e as Origens da Revolução de 1930*, Joseph L. Love.
38. *Sociedade, Mudança e Política*, Hélio Jaguaribe.
39. *Desenvolvimento Político*, Hélio Jaguaribe.
40. *Crises e Alternativas da América Latina*, Hélio Jaguaribe.
41. *De Geração a Geração*, S. N. Eisenstadt.
42. *Política Econômica e Desenvolvimento no Brasil*, N. Leff.
43. *Prolegômenos a uma Teoria da Linguagem*, Louis Hjelmslev.
44. *Sentimento e Forma*, S. K. Langer.
45. *A Política e o Conhecimento Sociológico*, F. G. Castles.
46. *Semiótica*, Charles S. Peirce.
47. *Ensaios de Sociologia*, Marcel Mauss.
48. *Liberdade, Poder e Planejamento*, Karl Mannheim.
49. *Poética para Antonio Machado*, Ricardo Gullán.
50. *Soberania e Sociedade no Brasil Colonial*, Stuart B. Schwartz.
51. *A Literatura Brasileira*, Luciana Stegagno Picchio.
52. *A América Latina e sua Literatura*, UNESCO.
53. *Os Nueres*, E. E. Evans-Pritchard.
54. *Introdução à Textologia*, Roger Laufer.
55. *O Lugar de todos os Lugares*, Evaldo Coutinho.
56. *Sociedade Israelense*, S. N. Eisenstadt.
57. *Das Arcadas ao Bacharelismo: 150 anos de Ensino Jurídico no Brasil*, Alberto Venancio Filho.

Composto na Linotipadora
IRMÃOS MILESI LTDA.
(C.G.C. 61.439.378/0001-80)
Rua Visconde de Parnaíba, 2466 — São Paulo

Impresso nas oficinas de
VANER BÍCEGO-Gráfica São Jorge
Rua 21 de abril, 1154 — conj. C
(C.G.C. 62.099.650/0003-55)
BRÁS — C.E.P. 03047
São Paulo — S.P.